A. G. T. Leisering, H. M. Hartmann

Der Fuss des Pferdes

A. G. T. Leisering, H. M. Hartmann

Der Fuss des Pferdes

ISBN/EAN: 9783741193699

Hergestellt in Europa, USA, Kanada, Australien, Japan

Cover: Foto ©Lupo / pixelio.de

Manufactured and distributed by brebook publishing software (www.brebook.com)

A. G. T. Leisering, H. M. Hartmann

Der Fuss des Pferdes

Der Fuß des Pferdes

in Rücksicht auf

Bau, Verrichtungen

und

Hufbeschlag.

Gemeinfaßlich in Wort und Bild dargestellt.

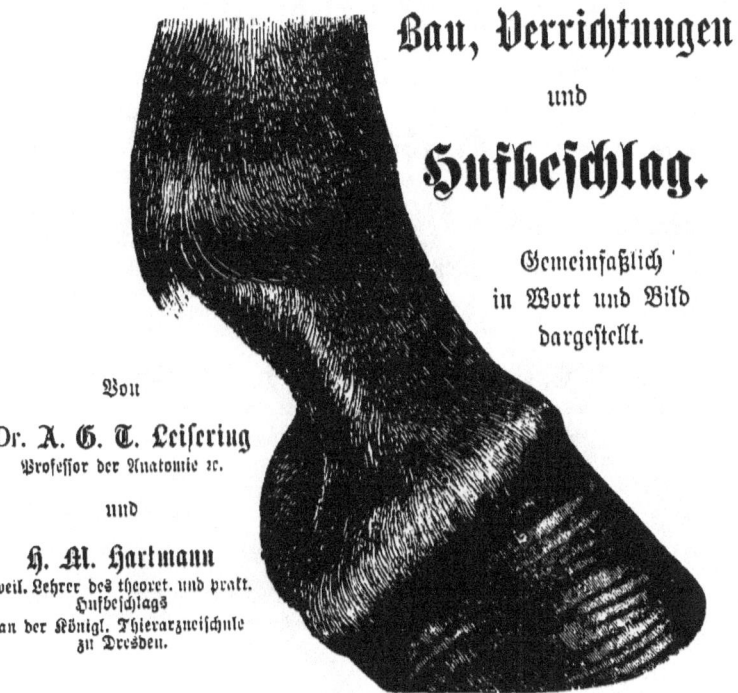

Von

Dr. A. G. T. Leisering
Professor der Anatomie ꝛc.

und

H. M. Hartmann
weil. Lehrer des theoret. und prakt.
Hufbeschlags
an der Königl. Thierarzneischule
zu Dresden.

Vierte Auflage

mit Zusätzen von E. Neuschild, Lehrer des theoret. und prakt. Hufbeschlages an der
K. Thierarzneischule zu Dresden.

Mit 112 grösstentheils von M. Krantz nach der Natur auf Holz gezeichneten und von Prof. H. Bürkner
geschnittenen Abbildungen.

Dresden,
G. Schönfeld's Verlagsbuchhandlung.
1876.

Der Fuß des Pferdes

in Rücksicht auf

Bau, Verrichtungen

und

Hufbeschlag.

Gemeinfaßlich in Wort und Bild dargestellt

von

Dr. A. G. T. Leisering und **H. M. Hartmann**
Professor der Anatomie ꝛc. weil. Lehrer des theoret. und prakt. Hufbeschlags
an der Königl. Thierarzneischule zu Dresden.

Vierte Auflage

mit Zusätzen von E. Neuschild, Lehrer des theoret. und prakt. Hufbeschlages an der
K. Thierarzneischule zu Dresden.

Mit 112 grösstentheils von M. Krantz nach der Natur auf Holz gezeichneten und von Prof. H. Bürkner
geschnittenen Abbildungen.

Dresden.
G. Schönfeld's Verlagsbuchhandlung
1876.

Vorrede zur ersten Auflage.

Die Lehrschmiede der hiesigen Königl. Thierarzneischule ist nicht allein zum Unterrichte im Hufbeschlage für die Eleven, welche sich zu Thierärzten ausbilden wollen, bestimmt, sondern sie ist auch Unterrichtsanstalt für solche junge Männer, die in der Königl. Armee als Beschlagsschmiede ihre Verwendung finden, und für diejenigen Personen vom Civil, die sich im Hufbeschlage noch weiter ausbilden und vervollkommnen wollen. Daß unter so bewandten Umständen der Lehrer des Hufbeschlages, namentlich wenn er in vielen Beziehungen von dem Althergebrachten und in den meisten Lehrbüchern über Hufbeschlag fast stereotyp Gewordenen abweicht, von seinen Zuhörern und Zöglingen häufig angegangen wird, das von ihm über den Hufbeschlag theoretisch Vorgetragene und praktisch Gelehrte zusammenzustellen und zu veröffentlichen, ist nicht besonders zu verwundern.

Aber nicht bloß die Besucher der Lehrschmiede sind die für den Hufbeschlag sich interessirenden Personen. Abgesehen von einzelnen Pferdebesitzern, Offizieren 2c., haben unter dem, die Landwirthschaft nach allen Richtungen hin belebenden Einflusse des Herrn Geh. Regierungs-Raths Dr. Reuning, auch viele Mitglieder landwirthschaftlicher Vereine angefangen, dem Hufbeschlage ihre besondere Aufmerksamkeit zuzuwenden, und der gegenwärtige Lehrer des Hufbeschlags an der Königl. Thierarzneischule, Herr Hartmann, wurde vielseitig aufgefordert, in landwirthschaftlichen Vereinen über den Beschlag der Pferde Vorträge zu halten. So viel es Zeit und Entfernung gestatteten, kam Herr Hartmann diesen Aufforderungen nach, und da demselben auch bei diesen Gelegenheiten mehrfach der Wunsch zu erkennen gegeben wurde, das Vorgetragene zu veröffentlichen, so entschloß er sich zu der vorliegenden Arbeit.

Da die Hartmann'sche Arbeit nun aber zugleich als Grundlage für den Hufbeschlagsunterricht der Eleven der Thierarzneischule und der Beschlagszöglinge der Lehrschmiede dienen soll, so durfte aus naheliegenden Gründen die anatomische und physiologische Beschreibung des Pferdefußes nicht fehlen. Diesen Theil der Arbeit habe ich auf besonderen Wunsch des Herrn Hartmann übernommen.

Ich hätte mir meine Arbeit sehr leicht machen können, wenn ich es nicht verschmäht hätte, dieselbe blos hinter dem Schreibtische anzufertigen. Da ich es aber, trotz der vielen anatomischen Beschreibungen und Abbildungen, die wir bereits über den Fuß des Pferdes besitzen, doch nicht für überflüssig erachtete, eigene und theils mühsame und zeitraubende Untersuchungen über meinen Gegenstand anzustellen und die nöthigen Abbildungen, nach von mir gefertigten Präparaten nach der Natur zeichnen zu lassen, so ist es erklärlich, daß ich, wenn ich auch weit davon entfernt bin, eine erschöpfende Monographie über den Fuß des Pferdes und dessen Funktionen geliefert zu haben, doch eigentlich mehr brachte, als in meiner ursprünglichen Absicht lag. Für diejenigen, welche sich nur eine oberflächlichere Kenntniß des Pferdefußes anzueignen wünschen, ist Manches vielleicht überflüssig. Für diejenigen aber, die den Pferdefuß etwas gründlicher kennen lernen wollen, dürfte keineswegs zu viel gegeben sein. Im Uebrigen habe ich für Die, welche sich nur für das Nothwendige interessiren, durch den Druck die Einrichtung getroffen, daß das Wesentliche von dem für sie mehr Unwesentlichen gesondert wird.

Das zweite von Herrn Hartmann bearbeitete Buch dieser Schrift enthält die Lehre vom Hufbeschlage. Der Standpunkt den der Verfasser dieses Buches einnimmt, ist bereits in engeren und weiteren Kreisen bekannt. Er hält sich an die Natur des Pferdes und des Fußes desselben und ist Feind aller Künsteleien. Nach ihm macht der Hufbeschlag nicht etwa Fortschritte, wenn er sich bemüht künstliche Hufeisen ꝛc. zu erfinden, sondern wenn er sich bemüht, dieselben möglichst zu vereinfachen. Ganz besonderes Gewicht legt er aber darauf, das dem Hufe eine naturgemäße und nicht barbarische Behandlung zu Theil werde. Daß Herr Hartmann unter diesen Umständen einen mehr selbständigen Standpunkt einnimmt und sich somit auch nicht in einer beengenden Abhängigkeit zu den bereits vorhandenen Lehrbüchern über den Hufbeschlag befindet, versteht sich hiernach von selbst. Seine Arbeit ist das Resultat einer langjährigen eigenen Erfahrung.

Ich bin weit davon entfernt, unsere Arbeit mit Lobeserhebungen in die Welt einzuführen. Der Mensch schafft nur Stückwerk. Das glaube ich jedoch mit Recht beanspruchen zu können, daß man dieselbe nicht mit jenen Machwerken in eine Kategorie stelle, wie sie besonders in der jetzigen Zeit von unbeschäftigten Thierärzten und Landwirthen, pensionirten Militärs und solchen schriftstellernden Personen, welche die von ihnen bearbeiteten Gegenstände oft kaum dem Namen nach und nur aus Büchern kennen, zu Dutzenden auf den Büchermarkt gebracht werden. Aus solchen Fabrikaten kann für die Sache selbst nie etwas Ersprießliches hervorgehen.

Dresden, am Johannistage 1861.

Leisering.

Vorrede zur zweiten Auflage.

Die vorliegende, von meinem verstorbenen Freunde Hartmann und mir verfaßte Schrift war bereits vor Jahr und Tag soweit vergriffen, daß an eine neue Auflage derselben gedacht werden mußte. Hartmann hatte die Absicht in dem von ihm bearbeiteten Theile umfassende Veränderungen und Erweiterungen eintreten zu lassen, denn er fühlte es sehr wohl, daß es darin noch manches zu verbessern und zu ergänzen gäbe. Leider machten ihn aber seine langandauernden, körperlichen Leiden zu geistigen Arbeiten unfähig. Wenn nun nach dem Tode Hartmanns allerdings auch der Gedanke nahe lag, eine Kraft zu gewinnen, welche die schon von Hartmann angestrebten Veränderungen bei einer neuen Bearbeitung des den Hufbeschlag betreffenden Theiles eintreten lassen könne, so glaubte ich indeß aus verschiedenen Gründen es meinem verstorbenen Freunde schuldig zu sein, hiervon ganz abzusehen, um so mehr als nicht jede Veränderung, und wenn sie auch von noch so competenter Seite gekommen, immer als eine wirkliche Verbesserung zu betrachten gewesen wäre. Hartmann's Schrift ist durchaus originell und basirt auf physiologischen Grundsätzen; sie mag Irrthümer enthalten, ich gebe das sehr gern zu, aber sie ist eine gesunde Frucht, die auf einem freien unbeeinflußten Boden aufgewachsen ist. An einer solchen Schrift aber zu ändern, ohne zu schaden, ist, wenn es des Verfassers eigene Hand nicht mehr thun kann, gewiß sehr schwer, wenn nicht unmöglich. Nach vorhergehender Verständigung mit dem Herrn Verleger habe ich mich daher entschlossen, Hartmann's Theil ohne alle Veränderungen (einige bloß redactionelle ausgenommen) wieder abdrucken zu lassen. Auf diese Weise glaube ich im Sinne meines verstorbenen Freundes und auch im Interesse der Sache gehandelt zu haben.

Was den von mir bearbeiteten Theil betrifft, so habe auch ich keinen Grund gehabt, erhebliche Veränderungen vorzunehmen. Auf dem

Gebiete der Anatomie und Physiologie des Pferdefußes ist, außer einer Arbeit von Rawitsch (Mag. für die gesammte Thierheilkunde von Gurlt und Hertwig 28. Jahrg. S. 444 u. f.) nichts Nennenswerthes erschienen. Die meisten der von Rawitsch ausgesprochenen Ansichten stehen den meinigen viel näher als er es selber zu glauben scheint. Hierüber verweise ich auf die betreffenden Kapitel. Erfreulich ist mir der Beifall gewesen, den viele der von mir gegebenen Abbildungen, theils durch die Kritik, theils durch die Reproduction, erhalten haben. Die Herren John Gamgee und James Law haben in ihrer general and descriptive Anatomy of the domestic animals, vorzüglich ausgeführte Copien von meinen Abbildungen aufgenommen, und dabei, wie es sich von Ehrenmännern von selbst versteht, auch die Bezugsquelle genannt. Weniger gewissenhaft sind deutsche Schriftsteller über den Hufbeschlag gewesen. Diesen bin ich indeß in meinem eigenen Interesse und dem der trefflichen Künstler, die sich bei meinen Abbildungen betheiligt haben, nur dankbar für das Verschweigen der Quelle.

Dresden, im Juni 1866.

Leisering.

Vorrede zur dritten Auflage.

In verhältnißmäßig kurzer Zeit ist die dritte Auflage des vorliegenden Buches nöthig geworden. Wie ich in der Vorrede zur zweiten Auflage schon hervorhob, hatte der sel. Hartmann es selbst anerkannt, daß Veränderungen und Erweiterungen des von ihm bearbeiteten Theiles wünschenswerth wären. Der Beschlaglehrer an der hiesigen K. Thierarzneischule Herr Neuschild hat in der gegenwärtigen Auflage den den Hufbeschlag betreffenden Theil durchgesehen und dort, wo er es für nöthig erachtete mit Zusätzen, resp. Abbildungen versehen. Durch diese Einrichtung ist das Eigenthümliche der Hartmann'schen Arbeit erhalten geblieben, da aus derselben nur wenige, gar nicht zur Sache gehörige Sätze gestrichen wurden. Außerdem hat Herr Neuschild einen von vielen Seiten her gewünschten geschichtlichen Ueberblick des Hufbeschlages gegeben, der in Stelle der Einleitung der früheren Auflagen getreten ist.

Dresden, im Februar 1870.

Leisering.

Vorrede zur vierten Auflage.

Die vorliegende vierte Auflage hat insofern eine Erweiterung erfahren, als in der Einleitung des ersten Buches auf das ganze Skelet des Pferdes Rücksicht genommen worden ist, was in den vorhergehenden Auflagen nicht der Fall war. Für den Thierarzt hat dies freilich keine weitere Bedeutung, da ihm für diesen Zweck andere und ausführlichere literarische Hülfsmittel zu Gebote stehen; für den Beschlagschmied aber und für jeden sich für den Hufbeschlag interessirenden Laien dürfte eine solche Erweiterung, durch welche ich gleichzeitig mir gegenüber häufig ausgesprochenen Wünschen nachkomme, nicht ganz ohne Nutzen sein, zumal ich der Abbildung des Pferdeskelets auch noch eine Abbildung der oberflächlichen Muskellage des Pferdes angeschlossen habe.

Im zweiten Buche hat Herr Neuschild das Kapitel über die Stellungen und Gangarten, die von Hartmann nur ganz kurz berührt worden waren, wesentlich vervollständigt und für diesen Zweck die vortrefflichen Holzschnitte, welche die normalen Schenkelstellungen des Pferdes veranschaulichen, aus der „Beurtheilungslehre des Pferdes und des Zugochsen von F. Roloff, Halle 1870" dem Buche einverleibt. Herrn Prof. Roloff sind wir für die Bereitwilligkeit, mit welcher er uns seine Abbildungen zur Verfügung stellte, zum größten Danke verpflichtet.

Sowohl in dem anatomischen, als auch in dem den Hufbeschlag behandelnden Theile sind die wirklichen Bereicherungen, welche unser Gegenstand erfahren hat, gewissenhaft berücksichtigt, oder um den gegebenen Raum nicht zu sehr zu überschreiten, wenigstens doch angedeutet worden.

Als ein nicht zu unterschätzendes Zeichen, daß das vorliegende Buch, trotzdem es sich schon über 15 Jahre lang im Buchhandel befindet, sich immer noch einer vorzugsweisen Beachtung von Seiten der Sachverständigen erfreut, verdient der Umstand hervorgehoben zu werden, daß in dem in einer renommirten Buchhandlung erschienenen neuesten Werke über den Hufbeschlag: „die Beschlagkunde von A. Rueff, Vorstand der K. Thierarzneischule in Stuttgart. Berlin 1876" sämmtliche dem anatomischen Theile beigegebenen Abbildungen, mit Ausnahme der Knochen, unserem Werke*) entnommen worden sind.

Dresden, im Juli 1876.

Leisering.

---

*) Ohne unser Wissen und Zuthun. Die Verlagshandlung.

Inhalts-Verzeichniß.

Erstes Buch.
Der Fuß des Pferdes in Rücksicht auf Bau und Verrichtungen, dargestellt von Theodor Leisering.

Seite.

Einleitung 1

Erste Abtheilung.
Der Bau des Fußes.

Erstes Kapitel. Von den Knochen des Fußes 14
   1. Das untere Ende des Schienbeins 15
   2. Das Fesselbein 15
   3. Die beiden Gleichbeine, Sesambeine 16
   4. Das Kronbein 17
   5. Das Hufbein 18
   6. Das Strahlbein 21

Zweites Kapitel. Von den Verbindungen der Fußknochen 22
   1. Das Fessel- oder Köthengelenk 23
   2. Das Kronengelenk 28
   3. Das Hufgelenk 29

Drittes Kapitel. Von den Bewegungsorganen des Fußes 31
   1. Die gemeinschaftliche Strecksehne des Fußes 32
   2. Die Beugesehne des Kronbeines 32
   3. Die Beugesehne des Hufbeines 34

Viertes Kapitel. Von den elastischen Theilen des Fußes 36
   1. Die Hufknorpel 38
   2. Das Strahlkissen 40

Fünftes Kapitel. Von den Blutgefäßen und Nerven des Fußes . . . 44
   A. Blutgefäße 45
      1. Blut zuführende Gefäße — Arterien . . . 46
      2. Blut wegführende Gefäße — Venen 50

	Seite.
B. Nerven	53
Sechstes Kapitel. Von den Schutzorganen des Fußes	55
A. Die Hufhorn absondernden Theile	59
1. Der Fleischsaum	60
2. Die Fleischkrone	61
3. Die Fleischwand	63
4. Die Fleischsohle	65
5. Der Fleischstrahl	66
B. Die abgesonderten Horntheile	67
1. Die Hornwand	68
2. Die Hornsohle	81
3. Der Hornstrahl	85

Zweite Abtheilung.

Die Verrichtungen des Fußes	89
Erstes Kapitel. Von dem feineren Bau des Hufhorns	92
Zweites Kapitel. Von dem Wachsthum des Hufes	103
Drittes Kapitel. Von den mechanischen Verrichtungen des Fußes	124

Zweites Buch.

Der Fuß des Pferdes in Rücksicht auf den Hufbeschlag,
dargestellt von Moritz Hartmann mit ergänzenden Zusätzen versehen von
Clemens Neuschild.

Einleitung	143

Erste Abtheilung.

Beschlag gesunder Hufe	153
Eigenschaften guter Hufeisen	154
a. Nothwendige, wesentliche Eigenschaften der Hufeisen	154
1. Form	154
2. Breite	155
3. Flächen und Ränder	158
4. Nagellöcher	160
b. Unwesentliche, zufällige Eigenschaften der Hufeisen	163
1. Stolleneisen	171
2. Griffeisen	173
Wintereisen	174

Ausführung des Hufbeschlags

	180
1. Umgang mit Pferden zum Zwecke des Hufbeschlages und über das Aufhalten, namentlich widerspenstiger Pferde	180

X

Seite.

2. Beurtheilung des zu beschlagenden Pferdes in Betreff der Hufe und des alten Beschläges und Abnehmen des alten Eisens 183
3. Zubereitung der Hufe zum Beschlage 184
4. Wahl der Eisen 190
5. Das Richten der Eisen 193
6. Hufnägel 198
7. Aufnageln der Eisen 201
 Hufpflege 205

Zweite Abtheilung.

Beschlag kranker Hufe 209
Untersuchung kranker Hufe 213
Eintheilung der Hufkrankheiten 215
Formveränderungen des Hufes 218
 1. Flachhuf und Vollhuf 218
 2. Bockhuf 223
 3. Zwanghuf 225
 4. Schiefer Huf 239
Zusammenhangsstörungen der Hornkapsel 243
 1. Hornspalten 243
 2. Hornkluft 249
 3. Hohle oder getrennte Wand 250
 4. Strahlfäule 254
Verletzungen der vom Hufe eingeschlossenen Theile 257
 1. Vernagelung 257
 2. Nageltritt 261
 3. Steingallen 263
Fehlerhafte Stellungen und Gangarten 277
 1. Stelzfuß 282
 2. Einhauen 284
 3. Streichen 285

Anhang.

1. Ueber den Beschlag des Reh- oder Knollhufes 288
2. Verbandeisen 289
3. Notheisen 292
4. Die Ausbesserung der Pferdehufe durch das Defays'sche künstliche Horn 293
5. Einige Worte über den Einfluß, welchen Pferdebesitzer und Kutscher auf den Hufbeschlag ausüben 297
6. Ueber den Beschlag anderer Thiere 300

Erstes Buch.

Der Fuß des Pferdes

in Rücksicht auf

Bau und Verrichtungen

dargestellt

von

Theodor Leisering.

Einleitung.

Das Pferd, von dessen Fuß in Rücksicht auf Bau und Verrichtungen in dem ersten Buche dieses Werkes die Rede ist, gehört, wie allgemein bekannt, zu den Säugethieren, welche wiederum eine besondere Abtheilung der Wirbelthiere ausmachen. Die Wirbelthiere zeichnen sich dadurch aus, daß sie ein inneres festes Gerüst haben, dessen Axentheil aus Ringen (Wirbeln) besteht, welche die wichtigsten Theile des Nervensystemes einschließen und daß sie meist vier Gliedmaßen haben.

Wirft man einen Blick auf die erste Figur, S. 2, so sieht man daß diese in ihren Umrissen ein Pferd darstellt; gleichzeitig nimmt man aber auch wahr, daß in derselben ein Gerüst vorhanden ist, welches der Form des Pferdes genau entspricht. Dies Gerüst besteht aus vielen einzelnen, aber miteinander verbundenen Knochen, weshalb dasselbe den Namen Knochengerüst oder Skelet erhalten hat. Da jeder einzelne Knochen sich nun vor allen anderen thierischen Gebilden durch seine Härte, Steifigkeit und Umbiegsamkeit auszeichnet, so ist das Knochengerüst auch befähigt die feste Grundlage des ganzen Körpers zu bilden. Ueber dies Gerüst spannen sich die weichen Körpermassen entweder hinüber oder befestigen sich an ihm, oder laufen an demselben hin, oder aber sie werden in Höhlen eingeschlossen, die entweder ganz oder theilweise von Knochen umgeben sind.

Die Knochen der Gliedmaßen sind als die Stützen anzusehen, auf welchen das Gewicht des Körpers ruht; für die Bewegungen des Pferdes sind die Gliedmaßenknochen aber noch insofern überaus wichtig,

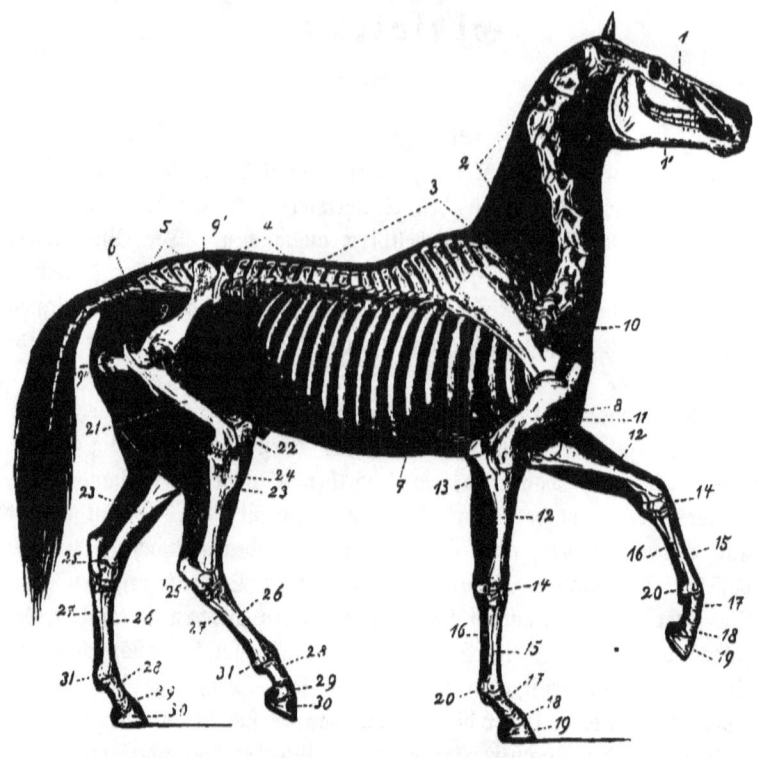

Fig. 1. Skelet des Pferdes.

1. Kopfknochen 1' Unterkiefer.
2. Halswirbel.
3. Rückenwirbel.
4. Lendenwirbel.
5. Kreuzbein.
6. Schweifwirbel.
7. Rippen.
8. Brustbein.
9. Becken 9' Darmbein. 9" Sitzbein.
10. Schulterblatt. Die punktirte Linie deutet die Lage des Schulterblattknorpels an.
11. Armbein.
12. Speiche.
13. Ellenbogenbein.
14. Vorderknie.
15. Schienbein.
16. Griffelbein.
17. Fesselbein.
18. Kronenbein.
19. Hufbein.
20. Sesambein.
21. Backenbein.
22. Kniescheibe.
23. Unterschenkelbein.
24. Wadenbein.
25. Sprunggelenk.
26. Schienbein.
27. Griffelbein.
28. Fesselbein.
29. Kronenbein.
30. Hufbein.
31. Sesambein.

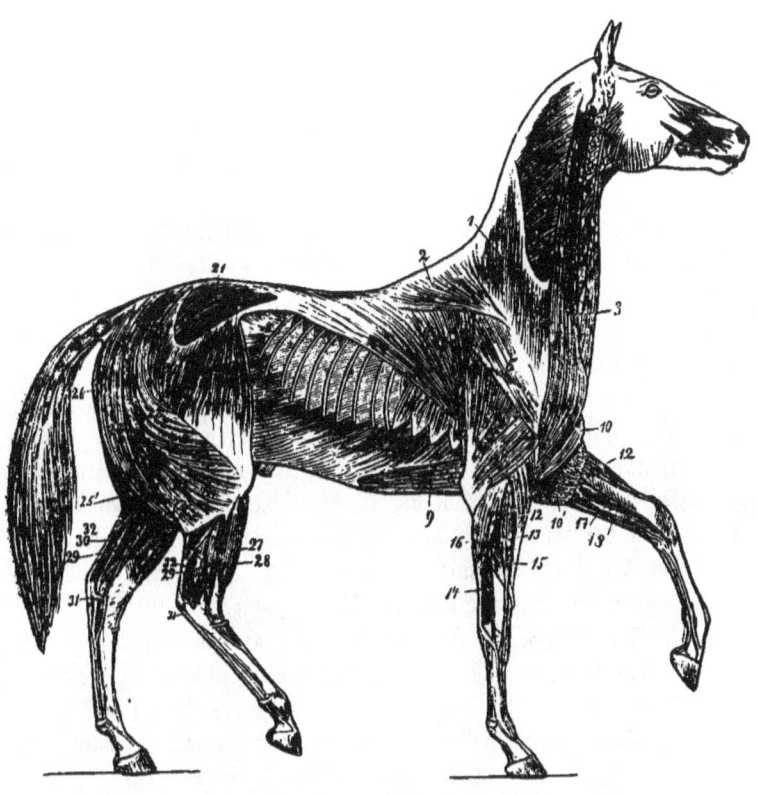

Fig. 2. Oberflächliche Muskellage des Pferdes.

1. Ungleich viereckiger Muskel.
2. Dreieckiger Muskel.
3. Gemeinschaftlicher Kopf=Hals= Armbeinmuskel.
4. Breiter Rückenmuskel.
5. Langer Auswärtszieher des Armb.
6. Langer Strecker des Vorarmes.
7. Dicker „   „   „
8. Mittlerer „   „   „
9. Großer Brustmuskel.
10. Breiter „
11. Breiter gezahnter Muskel.
12. Schienbeinstrecker.
13. Gemeinschaftlicher Zehenstrecker.
14. Strecker des Fesselbeines.
15. Schiefer Strecker d. Vorderfußwurzel.
16. Aeußerer Beuger d. „
17. Innerer Beuger der Vorderfuß= wurzel.
18. Beuger des Schienbeins.
19. Spanner der Schenkelbinde.
20. Aeußerer Gesäßmuskel.
21. Großer „
22. Langer Auswärtszieher.
23. Mittlerer „
24. Kurzer „
25. Langer Einwärtszieher.
26. Dicker „
27. Gemeinschaftlicher Zehenstrecker.
28. Seitenstrecker.
29. Dicker Beuger des Hufbeines.
30. Seitenbeuger.
31. Kronbeinbeugesehne.
32. Achillessehne.

als sie gleichzeitig ein Hebelwerk darstellen, durch dessen Verschiebungen die verschiedensten Ortsbewegungen zu Stande kommen und wodurch es möglich wird, daß sich die Thiere von einer Stelle zur anderen begeben können.

Da weder die Knochen noch diejenigen Gebilde, durch welche sie miteinander verbunden sind — die Bänder — die Eigenschaft besitzen, sich selbstständig zu bewegen, so stehen sie mit Organen in Verbindung, die sich im hohen Grade zusammenziehen und wieder ausdehnen können und welche somit die eigentliche Knochen=bewegende Kraft darstellen. Diese Organe sind die Muskeln, die hauptsächlich die äußere Fläche des Skeletes bedecken und deren Zahl und Umfang so beträchtlich ist, daß sie die Hauptmasse des Körpers ausmachen. In ihrer Gesammtheit stellen die Muskeln das Fleisch des Körpers dar. Von der Anordnung der Muskeln wird man sich einen ungefähren Begriff machen können, wenn man Fig. 2 betrachtet, in welcher die oberflächliche Muskelschicht des Pferdes dargestellt ist.

Es sind mithin die Knochen in ihrer Verbindung miteinander und die das Knochengerüst umgebenden Muskeln nicht allein wesentlich für die Bestimmung der Körperform, sondern es beruht auf beiden auch die Bewegungsfähigkeit der Thiere. Die Knochen nennt man daher auch wohl die unthätigen (passiven), die Muskeln die thätigen (activen) Bewegungsorgane.

Betrachtet man die einzelnen Knochen, nachdem man die sie bedeckenden Weichtheile entfernt hat, so sieht man, daß sie von einer dünnen aber festen Haut, der Knochen= oder Beinhaut, umgeben sind. Nur an solchen Knochenstellen, wo zwei oder mehrere Knochen zusammenstoßen und sich beweglich verbinden, fehlt die Beinhaut; statt ihrer findet man solche Stellen von einer Schicht einer sehr glatten, festen, aber etwas nachgiebigen Masse, dem Gelenkknorpel, überzogen.

Das ganze Knochengerüst (Fig. 1) wird eingetheilt in die Knochen des Kopfes, des Rumpfes und der Gliedmaßen.

Die Knochen des Kopfes (1) sind zwar zahlreich, doch sind sie mit Ausnahme des Unterkiefers, so fest und unbeweglich mit einander verbunden, daß das knöcherne Kopfgerüst nur aus zwei Knochenstücken zu bestehen scheint. Die Kopfknochen umschließen verschiedene Höhlen, von denen die Schädelhöhle, in welcher das Gehirn liegt, die Augenhöhlen, die Nasenhöhlen und die Maulhöhle die nennenswerthesten sind.

Der **Rumpf** oder **Stamm** besteht aus der Wirbelsäule (2—6), den Knochen des Brustkastens und den Beckenknochen.

Die **Wirbelsäule** trägt den Kopf und ist die Hauptstütze des ganzen Skeletes; sie besteht aus lauter einzelnen, genau in der Mittellinie des Körpers liegenden, mit einander verbundenen Knochen, die man **Wirbel** nennt. Da sich in jedem Wirbel ein großes Loch befindet, so wird durch die Aneinanderreihung sämmtlicher Wirbel (mit Ausnahme der Schwanzwirbel) ein Kanal gebildet, welcher **Wirbelkanal** heißt; in demselben liegt das Rückenmark, welches eine Fortsetzung des Gehirns darstellt. Das Pferd besitzt 7 Halswirbel, 18 Rückenwirbel, 6 Lendenwirbel, 5 Kreuzwirbel, die aber zu einem Stücke, dem Kreuzbein, verwachsen sind und 16 bis 18 Schweifwirbel.

Zu den **Knochen des Brustkastens** gehören die Rippen und das Brustbein. Die **Rippen** (7) stehen mit den Rückenwirbeln in gelenkiger Verbindung; von ihnen finden sich beim Pferde an jeder Seite 18, von denen sich die vorderen 8 Paare direkt mit dem Brustbeine verbinden; diese nennt man daher auch **wahre Rippen**, während die hinteren 10 Paare, die das Brustbein nicht erreichen, **falsche Rippen** genannt werden. Das **Brustbein** (8) ist unpaarig und liegt in der Mittellinie des Körpers zwischen den beiden vorderen Gliedmaßen. Die von den Knochen des Brustkastens eingeschlossene große Höhle heißt die **Brusthöhle**; in ihr haben das Herz und die Lungen ihre Lage. Die Knochen des **Beckens** verbinden sich nach oben mit dem Kreuzbein, nach unten stoßen sie zusammen und bilden einen ringförmigen Gürtel, mit welchem die hinteren Gliedmaßen in beweglicher Verbindung stehen. Der am höchsten gelegene Theil der Beckenknochen heißt das **Darmbein** (9'); sein weit nach außen vorspringender Winkel heißt der **Hüftwinkel**, der untere am weitesten nach hinten tretende Theil der Beckenknochen wird das **Sitzbein** (9") genannt.

Der knochenfreie, zwischen dem Brustkasten und dem Becken liegende Raum, der nach oben durch die Lendenwirbel begrenzt, unten und von den Seiten aber durch muskulöse und häutige Wände geschlossen wird, heißt die **Bauchhöhle**; dieselbe steht mit der Beckenhöhle in offener Verbindung und nimmt den Magen, den Darm, die Leber, die Milz, die Nieren, einen Theil der Geschlechtstheile u. s. w. auf. Von der Brusthöhle wird die Bauchhöhle durch eine muskulöse Querwand geschieden, die man das **Zwerchfell** nennt.

Die **Gliedmaßen** sind, wie wir schon gesehen haben, gleichsam die Säulen, auf welchen der Körper ruht; ihre Knochen, durch deren Hebelwirkungen die Bewegungen zu Stande kommen, verbinden sich in gewissen Winkeln miteinander und sind hinsichtlich ihrer Masse am stärksten und compaktesten und meist von röhrigem Bau (Röhrenknochen).

Die **Knochen der vorderen Gliedmaßen** stehen beim Pferde mit den Knochen des Rumpfes nicht in einer direkten Verbindung, sondern befestigen sich an den Rumpf wesentlich nur durch Muskeln und die äußere Haut. Sie haben eine größere Körperlast zu tragen, als die der hinteren Gliedmaßen und fangen die ihnen vom Hintertheil zugeworfene oder zugeschobene Last auf. Man unterscheidet folgende:

1. Das **Schulterblatt** (10); dasselbe ist ein flacher Knochen, welcher sich nach oben noch durch einen ebenfalls flachen, sehr elastischen Ergänzungsknorpel, den Schulterblattknorpel, verlängert. Nach unten verbindet sich das Schulterblatt mit

2. dem **Armbeine** (11), in dem Schulter- oder Buggelenk; mit dem Armbein verbinden sich

3. die **Knochen des Vorarms** im Ellenbogengelenk. Der vordere, stärkere der beiden Knochen heißt die **Speiche** oder der **Kegel** (12); der hintere, schwächere, welcher über das Gelenk hervorragt, wird das **Ellenbogenbein** (13) genannt. Nach unten steht die Speiche mit

4. den **Knochen der Vorderfußwurzel** oder des **Vorderknies** (14) in Verbindung; diese Knochen sind nur klein und fast würfelförmig; sie liegen in zwei Reihen übereinander; in der oberen Reihe befinden sich vier, in der unteren drei Knochen. Die untere Reihe der Vorderfußwurzelknochen ruht auf

5. den **Knochen des Vordermittelfußes**. Von diesen ist der mittlere, welcher das **Schienbein** oder die **Vorderröhre** (15) genannt wird, der bei Weitem stärkste Knochen und reicht bis zum

Fesselbeine hinab, mit dem er sich gelenkig verbindet. Die an jeder Seite des Schienbeins liegenden kleineren, schmalen Knochen heißen die **Griffelbeine** (16).

6. Die Knochen des unteren Theiles der vorderen Gliedmaßen oder die Knochen der Zehe heißen Fesselbein, Kronbein und Hufbein; von ihnen und von den hier noch in Betracht kommenden Sesambeinen wird, da sie dem Fuße des Pferdes zur Grundlage dienen, weiter unten noch specieller die Rede sein (17—20).

Die Knochen der hinteren Gliedmaßen sind mit den Knochen des Beckens durch ein Gelenk verbunden. Da die hinteren Gliedmaßen den Körper vorwärts treiben und beim Ziehen die größte Kraft zu entwickeln haben, so sind die Muskeln, welche für ihre Bewegung bestimmt sind, auch die stärksten am ganzen Thier. Man unterscheidet an der hinteren Gliedmaße:

1. Das **Oberschenkelbein** oder **Backenbein** (21); es ist dies der stärkste und längste Röhrenknochen; an seinem unteren Ende, nach vorn zu, liegt die **Kniescheibe** (22). Nach unten verbindet sich das Oberschenkelbein mittelst des Kniegelenkes mit

2. den **Knochen des Unterschenkels**. Der größte dieser beiden Knochen wird das **Unterschenkelbein** (23) genannt, während der kleinere nach außen liegende Knochen das **Wadenbein** oder der **Dorn** (24) heißt. Unter dem Unterschenkelbein liegen

3. die **Knochen der Hinterfußwurzel** oder des **Sprunggelenkes** (25); es sind deren sechs, welche in drei Reihen übereinander liegen und sich sehr fest miteinander verbinden; die beiden Knochen der oberen Reihe sind die wichtigsten und größten der Sprunggelenksknochen; sie heißen das **Fersenbein** und das **Rollbein**. Das erstere ragt mit einem langen Fortsatze über das eigentliche Gelenk nach hinten hervor und dient zum Ansatze starker Sehnen.

4. die **Knochen des Hintermittelfußes** (26 u. 27) und

5. die **Knochen der Zehe** (28—31) verhalten sich ganz ähnlich wie die Knochen an der vorderen Gliedmaße und haben auch dieselben Benennungen erhalten.

Sämmtliche hier genannte, das Knochengerüst des Thierkörpers darstellende Knochen sind entweder unbeweglich oder beweglich mit einander verbunden. Die unbeweglichen Verbindungen nennt man im Allgemeinen Nähte; sie kommen nur an den Kopfknochen vor. Die Verbindung der Knochen durch Knorpel, wie dies z. B. an der Wirbelsäule stattfindet, gestattet nur eine höchst beschränkte Beweglichkeit zwischen je zwei Wirbeln, doch summirt sich dieselbe derartig, daß die Wirbelsäule als Ganzes mannigfache und beträchtliche Bewegungen auszuführen im Stande ist. Am beweglichsten ist sie in ihrem Hals- und Schwanztheile. Solche Verbindungen aber, bei welchen die Knochen aneinander hin- und hergleiten können, nennt man bewegliche Verbindungen oder Gelenke. Diese finden sich an den Gliedmaßen und von ihnen wird in dem betreffenden Capitel das Nähere angegeben werden.

Das das Knochengerüst bekleidende Fleisch, von welchem die Bewegungen der einzelnen Knochen abhängig sind, ist keineswegs eine einzige zusammenhängende Masse, sondern es ist, da die Bewegungen der Knochen ja sehr verschieden ausfallen und in gewissen Reihenfolgen stattfinden müssen, aus lauter einzelnen Theilen zusammengesetzt, von welchen jeder seine besonderen Bewegungszwecke zu erfüllen hat. Es zerfällt daher die gesammte Fleischmasse des Körpers in sehr viele einzelne, bestimmt geformte Fleischstücke oder Muskeln, welche je nach ihren Verrichtungen die verschiedenste Größe und Gestalt haben und entweder nach ihren Wirkungen oder nach ihren Befestigungspunkten benannt werden. In der Regel heften sich die Muskeln mit mehr oder weniger starken, glänzenden, den Bändern ähnlichen Fasermassen, welche man Sehnen oder Flechsen nennt, an die Knochen an. Erfordert es die Form, die Verrichtung ꝛc. gewisser Theile, wie dies z. B. an den unteren Enden der Gliedmaßen des Pferdes der Fall ist, so sind die Sehnen sehr lang und stark und wirken auf die Knochen, welche sie zu bewegen haben, ganz so wie Zugseile, die aus der Entfernung diejenigen Gegenstände, an welche sie befestigt sind, in Bewegung setzen. Zur Erleichterung des Hin- und Hergleitens solcher langen Sehnen sind dieselben in besondere Scheiden eingeschlossen, welche eine schleimig-schlüpfrige, eiweißartige Flüssigkeit absondern. Diese Scheiden nennt man Sehnenscheiden oder Schleimscheiden.

Sind die Knochen des Skeletes, besonders aber die Knochen der Gliedmaßen in einem normalen Zustande und ihre Verbindungen regelmäßig, sind die Muskeln gehörig entwickelt und sie und ihre Sehnen nicht in der einen oder der andern Weise durch krankhafte Vorgänge verändert oder untauglich geworden, so wird die Stellung der Gliedmaßen und der Gang der Thiere ebenfalls normal und regelmäßig sein. Da dies aber häufig nicht der Fall ist und Unregelmäßigkeiten und Fehler der Stellung und des Ganges beim Beschlagen der Pferde mit berücksichtigt werden müssen, so wird hierauf an den betreffenden Stellen des von dem Hufbeschlage handelnden zweiten Buches die nöthige Rücksicht genommen werden. Für diejenigen aber, die sich specieller mit den mechanischen Verhältnissen des ganzen Pferdekörpers und dem Gangwerke desselben vertraut machen wollen, sind die „Beurtheilungslehren" des Pferdes von Günther oder Roloff zu empfehlen.

Der untere Theil der Gliedmaßen des Pferdes wird Fuß genannt.

Da das Pferd dem Menschen hauptsächlich nur durch seine Bewegungen nützlich wird und die unteren Theile der Gliedmaßen bei den Bewegungen vorzüglich in Anspruch genommen werden, so ist der Fuß in Bezug auf die Gebrauchsfähigkeit des Pferdes einer der wichtigsten Theile des ganzen Pferdekörpers. Das beste, gesundeste Pferd wird zu einem unbrauchbaren Thiere, wenn seine Füße ihrem Zwecke nicht entsprechen.

Diejenigen Krankheiten, durch welche Pferde längere oder kürzere Zeit hindurch unbrauchbar werden, kommen verhältnißmäßig am häufigsten an den unteren Enden ihrer Gliedmaßen vor; die Fußkrankheiten der Pferde aber gehören zu denjenigen kleinen Leiden, die die Pferdebesitzer zu einer gelinden Verzweifelung bringen können. Die Pferde fressen, aber sie arbeiten nicht!

Der Grund, daß die Füße der Pferde so häufig Krankheiten unterworfen sind, liegt nicht allein darin, daß diese Theile im Stehen sowohl als in den Bewegungen verhältnißmäßig mehr als andere Organe in Anspruch genommen werden und hierbei mancherlei schädlichen Einflüssen ausgesetzt sind, sondern ganz besonders darin, daß sie die meisten Eingriffe von Menschenhand zu ertragen haben, Eingriffe, welche nur zu oft zu wahren Mißhandlungen werden.

10

Viele Fuß-, beziehungsweise Hufkrankheiten könnten vermieden werden, wenn man den Pferdefuß nicht als eine leblose, todte Masse,

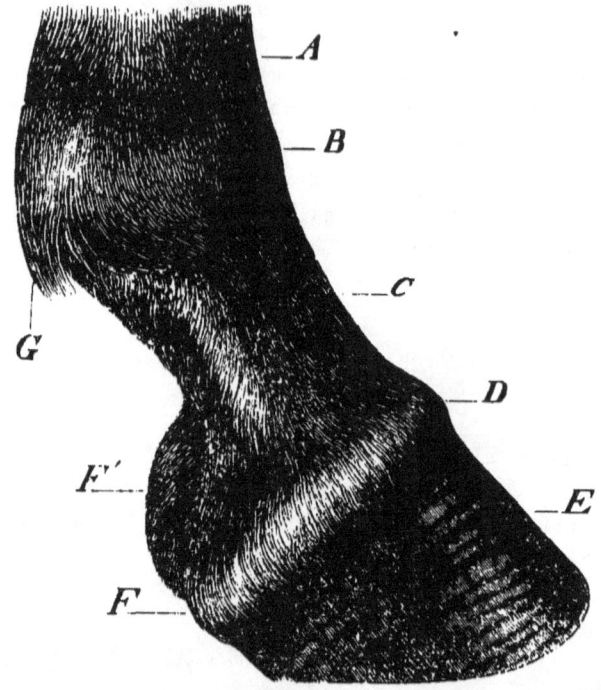

Fig. 3.

sondern als ein lebendiges, zweckmäßig gebautes Organ betrachtete, das sich unangemessene Eingriffe und naturwidrige Behandlung nicht ungestraft gefallen läßt. Viele Fuß- resp. Hufkrankheiten würden leichter und in kürzerer Zeit wieder hergestellt werden, wenn man sich bei der Behandlung den Bau und die Verrichtungen der Theile klar zum Bewußtsein brächte. Für Jeden, der mit Pferden zu thun hat, ist es daher seines eigenen Vortheils wegen wichtig, sich eine gewisse Einsicht in den Bau und in die Verrichtungen des Pferdefußes zu verschaffen. Für den Beschlagschmied aber, zu dessen Obliegenheiten es gehört, gesunde Füße gesund zu erhalten, und für den Thierarzt, dessen Amt

---

Fig. 3. Rechter Vorderfuß von der Seite und etwas von hinten gesehen. A unteres Ende des Schienbeins. B Fesselgelenk. C Fessel. D. Krone. E Huf. F äußerer Ballen. F' innerer Ballen. G Köthenzopf.

es ist, kranke Füße wieder herzustellen, ist eine genaue Kenntniß dieses Theiles des Pferdekörpers ein unerläßliches Erforderniß.

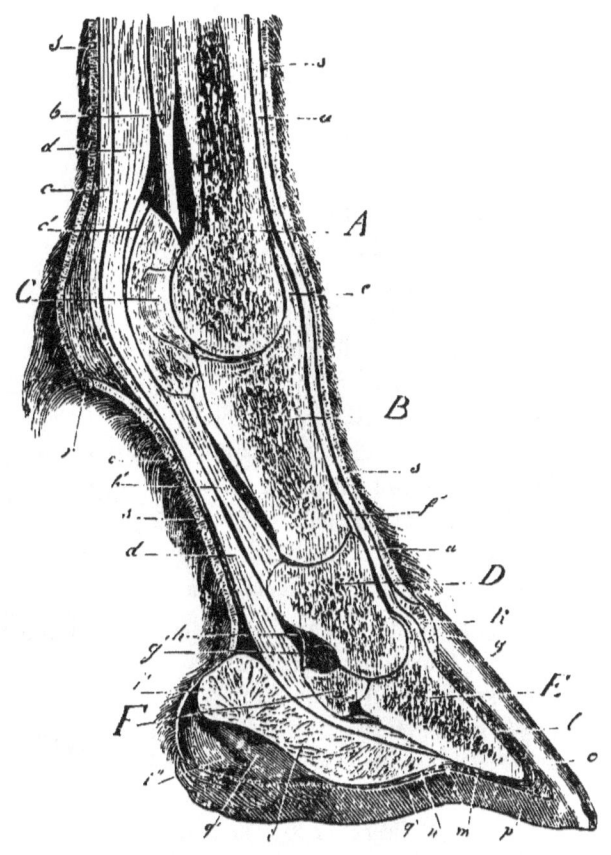

Fig. 4.

Fig. 4. Innere Hälfte eines in der Mittellinie senkrecht durchgeschnittenen rechten Vorderfußes. A unteres Schienbeinende. B Fesselbein. C inneres Gleichbein (um dasselbe sichtbar zu machen, ist ein Theil des Zwischengleichbeinbandes entfernt worden.) D Kronbein. E Hufbein. F Strahlbein. a Streckfehne. b oberes Gleichbeinband oder Beuger des Fesselbeines. b' unteres Gleichbeinband. c Sehne des Kronbeinbeugers. c' der von dieser ausgehende und die Hufbeinbeugesehnen umfassende Ring. d Beugesehne des Hufbeins. e Kapselband des Fesselgelenkes. f Kapselband des Kronengelenkes. g und g' Kapselband des Hufgelenkes. h Schleimscheide des Hufbeinbeugers. Der Buchstabe i bezeichnet alles, was zum Strahlkissen gehört. i sog. zelliger Strahl. i' zelliger Ballen. i'' zeigt die Grenze an, wie weit sich das Strahlkissen, das hier theilweise vom Hahnen=

Welchen Theilen der Pferdegliedmaßen man den Namen „Fuß" beilegen soll, ist wegen der Willkür, mit welcher man sich dieses Ausdrucks bedient, unentschieden. Einige nehmen Gliedmaße und Fuß für gleichbedeutend; andere bezeichnen mit diesem Ausdruck die von der Hornkapsel eingeschlossenen Endglieder der Gliedmaßen, also das, was man im gewöhnlichen Leben auch mit dem Gesammtausdruck „Huf" zu bezeichnen pflegt; noch andere zählen bei Pferden das zum Fuße, was bei uns Menschen dazu gehört, nämlich die Fußwurzel, den Mittelfuß und die Zehen; nach dieser letzteren Ansicht würde der Fuß des Pferdes an den Vorderfüßen das Vorderknie und an den Hinterfüßen das Sprunggelenk mit einbegreifen müssen. Für den Zweck, welchen ich in dieser Schrift verfolge, halte ich die bloße Betrachtung der von der Hornkapsel eingeschlossenen Theile für unzureichend, die Betrachtung der ganzen Gliedmaße aber, oder des schon am Vorderknie resp. Sprunggelenke beginnenden Theils derselben für überflüssig. Ich begreife unter „Fuß" denjenigen Theil der Pferdegliedmaße, welcher vom Fesselgelenk abwärts geht, also denselben Theil, der bei uns Menschen den Fingern oder Zehen entsprechen würde, und auch von Schriftstellern bei den Pferden die Zehe genannt wird. Das Fesselgelenk ziehe ich seiner Wichtigkeit wegen mit in die Betrachtung hinein.

Diesen von mir als „Fuß" aufgefaßten Theil der Pferdegliedmaße stellt Fig. 3 dar. Aeußerlich unterscheidet man daran: das untere Ende des **Schienbeins** (A), das **Fessel- oder Köthengelenk** (B) mit dem an seinem hintern Theile vorkommenden **Behange oder Köthenzopfe** (G), den **Fessel oder die Köthe** (C), die **Krone** (D), den **Huf und die von ihm eingeschlossenen Theile** (E) und die nach hinten über diesem liegenden **Ballen** (F).

Betrachtet man einen Pferdefuß, wie ihn Fig. 3 darstellt, so scheint er demjenigen, der sich nie um seine Zusammensetzung gekümmert hat, ein höchst einfaches Ding zu sein. Durchschneidet man einen solchen Fuß aber senkrecht in seiner Mittellinie und betrachtet die

---

kamm des Strahles verdeckt ist, nach unten erstreckt. k Kronenwulst. l Fleischwand. m Fleischsohle. n Fleischstrahl. o Hornwand. p Hornsohle. q Hornstrahl. q' die innere Hälfte des Hahnenkammes vom Hornstrahl, welche in der Grube des Strahlkissens liegt. r der Sporn. s äußere Haut.

Durchschnittsfläche desselben, die in Fig. 4 dargestellt ist, so wird man wahrnehmen, daß der Bau dieses Organes keineswegs so einfach ist, als man vielleicht glaubte; und doch sieht man an einem derartigen Durchschnitt noch lange nicht alle Theile, die am Fuße vorkommen.

Um den Bau und die Verrichtungen des Fußes kennen zu lernen, muß man alle seine einzelnen Theile kennen lernen. Dies geschieht, wenn man ihn in einer gewissen Reihenfolge zerlegt, oder noch besser, wenn man einen schon zerlegten Fuß in einer gewissen Ordnung im Geiste wieder aufbaut.

Viele, ja vielleicht die meisten Beschreibungen des Pferdefußes beginnen zuerst mit der Betrachtung der äußeren Fußtheile und gehen so allmälig zu den innern über. In gewissen Beziehungen läßt sich gegen diese Art der Beschreibung nichts einwenden; bei einiger Geschicklichkeit in der anatomischen Praxis reicht ein Fuß hin, Alles daran zu zeigen. Aber man verfährt hierbei wie ein Baumeister, der ein Gebäude niederreißt und mit dem Dache anfängt. Ich glaube, daß demjenigen, der mit der Construction eines Gebäudes nicht schon vertraut ist, bei dem Niederreißen manches unklar bleiben dürfte, was ihm beim Aufbau klar und verständlich geworden wäre. Denn wer einen Bau gründlich kennen lernen will, muß auch mit dem Grunde beginnen. Die Knochen aber sind das Fundament des überaus künstlichen Baues, den wir Fuß nennen.

Erste Abtheilung.

Der Bau des Fußes.

Erstes Kapitel.
Von den Knochen des Fußes.

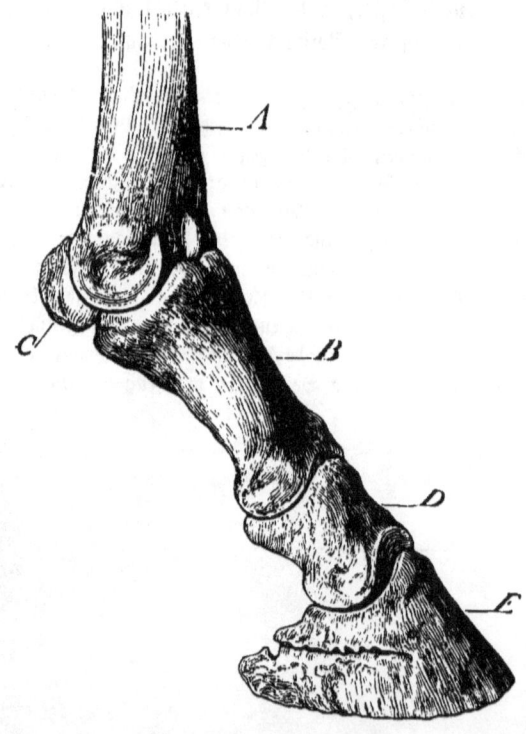

Wenn man sich mit dem Fuße des Pferdes vom Fesselgelenk abwärts bekannt machen will, so muß man 1. das untere Ende des Schienbeins, 2. das Fesselbein, 3. die beiden Gleichbeine, 4. das Kronbein, 5. das Hufbein und 6. das Strahlbein kennen lernen. Das Lageverhältniß dieser Knochen zu einander giebt Fig. 5 an, das Verhältniß der Knochen zu den sie umgebenden Theilen ist aus Figur 4 ersichtlich.

Fig. 5. Die Knochen des Fußes von der Seite und etwas von vorn gesehen. A unteres Ende des Schienbeins. B Fesselbein. C äußeres Gleichbein. D Kronbein. E Hufbein.

1. Das untere Ende des Schienbeins (Fig. 4 u. 5 A).

Das Schienbein ist derjenige lange, rundliche Knochen, welcher an den Vorderfüßen am Vorderknie, an den Hinterfüßen am Sprunggelenk anfängt und senkrecht oder fast senkrecht bis zum Fesselgelenke hinuntergeht.

Sein unteres Ende stellt eine quer von einer Seite zur andern liegende Knochenwalze dar, welche von Gelenkknorpel überzogen ist. Man bemerkt an ihm drei Erhöhungen und zwei Vertiefungen. Die mittlere Erhöhung ragt am weitesten vor und zieht sich vorn sowohl als hinten am höchsten hinauf; die Seitenerhöhungen sind breiter und haben zwischen sich und der mittleren Erhöhung die beiden sehr seichten Vertiefungen. An den beiden Seitenflächen des unteren Schienbeinendes finden sich rauhe Gruben zur Anheftung von Bändern. Nach vorn und unten berührt die Gelenkwalze das obere Ende des Fesselbeines, nach hinten und unten die vorderen Flächen der Gleichbeine.

2. Das Fesselbein (Fig. 4 u. 5 B, Fig. 6 u. 7 A)

liegt zwischen dem Schienbeine und dem Kronbeine in schräger Richtung nach unten und vorn und bildet mit dem Schienbeine einen Winkel, der bei richtigem Fesselstande etwa 45 Grad betragen soll; an den Hinterfüßen ist der Fesselstand immer steiler als an den Vorderfüßen. Das Fesselbein hat ungefähr den dritten Theil der ganzen Schienbeinlänge, doch tritt in diesem Verhältniß zwischen Vorder- und Hinterfüßen ebenfalls ein kleiner Unterschied ein, da die vorderen Schienbeine kürzer als die hinteren sind. Man unterscheidet an dem Fesselbein ein oberes Ende, ein Mittelstück und ein unteres Ende.

Das obere Ende ist der stärkste Theil am ganzen Knochen

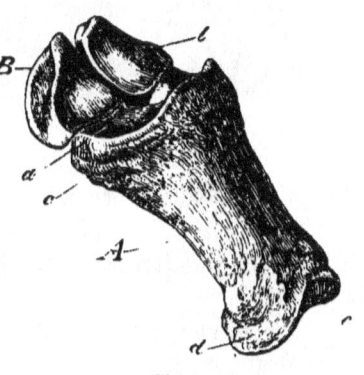

Fig. 6.

Fig. 6. Fesselbein und beide Gleichbeine in der Stellung wie in Fig. 5. A Fesselbein. B Gleichbeine. a. obere Gelenkfläche des Fesselbeines. b. Gelenkfläche der Gleichbeine. c rauhe Stelle des obern Endes. d rauhe Stelle des untern Endes, beide zu Bandanheftungen. e untere Gelenkfläche.

und trägt eine Gelenkfläche (Fig. 6a), welche von einem etwas vor=
stehenden Rande rings umgeben ist; sie entspricht genau der vordern
Hälfte des unteren Schienbeinendes; es findet sich nämlich in der
Mitte der Gelenkfläche eine bedeutende Vertiefung, eine Art Falz, für
die mittlere Erhöhung des unteren Schienbeinendes und neben der=
selben zwei seichte Vertiefungen für die seitlichen Schienbeinerhöhungen.
Die Knochenmasse, in welcher sich die seitlichen Vertiefungen befinden,
geht in einen nach hinten und außen vorspringenden Höcker (siehe
Fig. 6c und Fig. 7 oberes Ende von A) über, der zu Bandanhef=
tungen bestimmt ist.

Das Mittelstück hat eine vordere und eine hintere Fläche und
zwei Seitenränder. Die vordere Fläche ist leicht abgerundet und ziemlich
glatt; die hintere Fläche ist mehr flach und zeigt ein deutlich markirtes

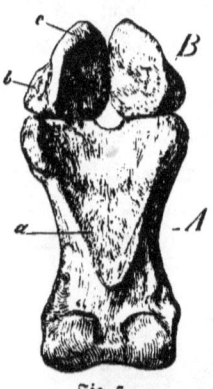

Fig. 7.

Dreieck (Fig. 7a), das an jedem der beiden
schon erwähnten Höcker des oberen Endes anfängt,
sich nach unten zuspitzt und fast bis zum unteren
Ende hinabreicht; dies Dreieck ist von Band=
anheftungen rauh. Die Seitenränder sind ab=
gerundet und in ihrem unteren Theile sehr rauh.

Das untere Ende ist überknorpelt und
glatt; es hat in der Mitte eine schwache Vertiefung
(Fig. 6c) und zu beiden Seiten gewölbte Er=
höhungen; oberhalb dieser Erhöhungen finden sich
rauhe Bandhöcker (Fig. 6d).

3. Die beiden Gleichbeine (Sesambeine) (Fig. 4 u. 5 C, Fig. 6 u. 7 B)
sind kleine, rundlich dreiseitige Knochen, die am hinteren Theile des unteren
Schienbeinendes liegen und gewissermaßen als Ergänzungsknochen des
Fesselbeines zu betrachten sind. Jeder von ihnen hat drei Flächen und
zwei Enden.

Die vordere Fläche (Fig. 6b) ist mit Gelenkknorpel überzogen,
ausgehöhlt und fast dreieckig; sie dacht sich an dem Rande, mit welchem

---

Fig. 7. Fesselbein und beide Gleichbeine von hinten gesehen. A Fessel=
bein. B Gleichbeine. a rauhes Dreieck zu Bandanheftungen. b Fläche, an
welche sich das obere Gleichbeinband befestigt. c Fläche, welche von dem Zwischen=
gleichbeinbande bedeckt ist.

die beiden Knochen in Berührung treten, so ab, daß durch die Ver=
einigung beider eine Rinne entsteht, welche der Breite der mittleren Ver=
tiefung des oberen Fesselbeinendes entspricht. Durch die Verbindung der
beiden Knochen unter sich und mit dem Fesselbeine vervollständigen die
vorderen Gleichbeinflächen die Gelenkvertiefung zur Aufnahme der
Schienbeinwalze, welche mit ihrer hinteren Hälfte darauf gleitet. Die
beiden von einander abgewandten Flächen (Fig. 7 b) (nämlich die
äußere des äußern und die innere des innern Gleichbeines) sind von
Bandanheftungen sehr rauh und zeigen eine beträchtliche Vertiefung.
Die einander zugewandten Flächen (Fig. 7 c) sind gewölbt und glatt;
sie nähern sich vorn und treten nach hinten immer mehr von einander.

Das obere Ende ist spitzig und entsteht durch das Zusammen=
treten aller drei Flächen; das untere Ende ist abgerundet.

4. Das Kronbein (Fig. 4 u. 5 D, Fig. 8 u. 9)
liegt unter dem Fesselbeine und über dem Huf= und Strahlbeine; es hat
ungefähr die halbe Höhe des Fesselbeines. Seiner Gestalt nach kann
man es mit einem Würfel vergleichen, der von vorn nach hinten etwas
zusammengedrückt ist; man unterscheidet daher auch
an ihm, wie an einem Würfel, sechs Flächen. Die
obere und untere Fläche des Kronbeines sind Gelenk=
flächen, von denen die obere (Fig. 8 a) zwei seit=
liche Vertiefungen und eine schwache mittlere Er=
habenheit, die untere (Fig. 8 d u. 9 b) dagegen,
gerade wie das untere Ende des Fesselbeines, zwei
seitliche Erhabenheiten und eine mittlere Vertiefung
zeigt. Der Rand, durch den die obere Gelenkfläche
begrenzt wird, ist vorn und zu den Seiten scharf,
hinten dagegen sehr stark und wulstartig; man nennt
diesen hinteren Rand, da hier das Fesselbein beson=
ders seinen Stützpunkt findet, auch wohl die Kron=
beinlehne; starke Bänder und Sehnen befestigen

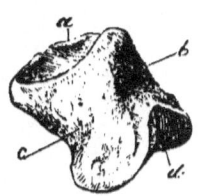

Fig. 8.

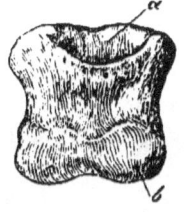

Fig. 9.

Fig. 8. Kronbein von vorn und der Seite gesehen. a obere Gelenkfläche
b vordere Fläche. c Seitenfläche. d untere Fläche.
Fig. 9. Kronbein von hinten gesehen. a glatte Stelle der Kronbeinlehne,
auf der die Hufbeinbeugesehne gleitet. b untere Gelenkfläche.

sich an demselben; hinten hat er eine glatte Stelle (Fig. 9 a), die als Gleitfläche für die Hufbeinbeugesehne dient.

Die vordere und hintere Fläche (Fig. 8 b u. 9) sind bei gesunden Kronbeinen ziemlich glatt und haben eine Menge kleiner Löcher, die Seitenflächen (Fig. 8 c) dagegen sind stets rauh und narbig.

5. Das Hufbein (Fig. 4 u. 5 E, Fig. 10, 11, 12)

ist der unterste Knochen des Fußes und steckt ganz im Hufe und den Weichtheilen des untersten Fußendes, zu denen es sich wie der Kern zu den Schalengebilden verhält. Wegen seiner Lage, oder vielleicht auch darum, daß es in seiner äußeren Gestalt Aehnlichkeit mit dem Hufe hat, hat es seinen Namen erhalten.

Man betrachtet an dem Hufbeine drei Flächen, drei Fortsätze und drei Ränder.

Die vordere Fläche sieht der Hufwand zu, und heißt darum auch Wandfläche (Fig. 10 a, Fig. 11); sie verhält sich im Allgemeinen auch wie die Hufwand, d. h. sie wölbt sich von einer Seite zur andern kreisförmig und steigt von oben nach unten und vorn und den Seiten in schräger Richtung hinab. Aus der Mitte der Wandfläche hebt sich ein beträchtlicher Fortsatz nach oben empor, den man, da er dem Kronbein zur Stütze dient, auch Kronfortsatz genannt hat. Da dieser Fortsatz

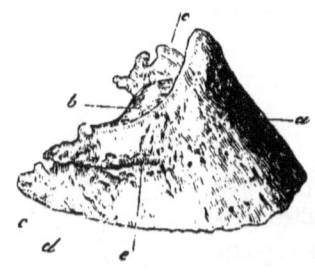

Fig. 10.

einige Aehnlichkeit mit der Kappe oder dem Aufzuge an einem Hufeisen hat, so hat man ihn auch wohl Hufbeinkappe genannt. Nach hinten zu geht die vordere Fläche an jeder Seite in Fortsätze über, welche man die Hufbeinäste (Fig. 10 c c) nennt. Durch das Vorhandensein des Kronfortsatzes erhält die vordere Fläche des Hufbeins in der Mitte ihre größte Höhe, nach den Seiten hin nimmt sie an Höhe ab und ist bei normalen Hufbeinen an den Hufbeinästen am

Fig. 10. Hufbein von der Seite und vorn gesehen. a vordere Fläche, die nach oben in den hervorragenden Kronbeinfortsatz übergeht. b obere oder Gelenkfläche. c äußerer Hufbeinast. d Ausschnitt desselben, welcher sich durch die Auflagerung des Hufbeinknorpels zum Loch umbildet, das zu e, der Wandrinne, führt.

niedrigsten. An der vorderen Fläche bemerkt man noch an jeder Seite eine von den Hufbeinästen herkommende Rinne, die **Wandrinne** (Fig. 10 o), die sich nach der Mitte zu verliert; außerdem finden sich daran eine Anzahl größerer oder kleinerer Löcher und feiner Spalten, durch welche die vordere Fläche ihrem Ansehen nach einem Stücke Bimsstein nicht unähnlich wird.

Die **obere Fläche** (Fig. 10 b und Fig. 11) ist eine Gelenkfläche und zur Aufnahme des Kronbeins bestimmt; sie wird indeß, da sie für die untere Kronbeinfläche nicht hinlänglich groß genug ist, nach hinten noch durch das Strahlbein vervollständigt. Im Ganzen hat

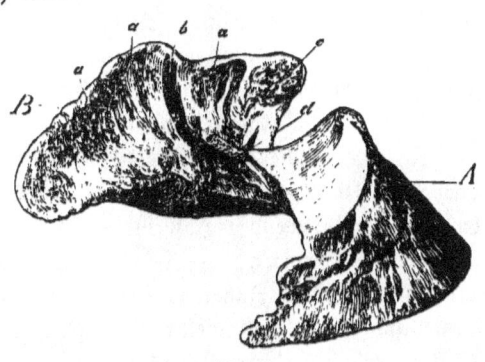

Fig. 11.

die obere Fläche eine halbmondförmige Gestalt und fällt, da sich die hintere Fläche des Kronfortsatzes an ihrer Bildung mit betheiligt, schräg nach hinten ab; in der Mitte zeigt sie eine schwache Hervorragung, nach beiden Seiten schwache Vertiefungen; nach hinten findet sich an ihr eine kleine Abdachung, an welche sich das Strahlbein anlegt (Fig. 18).

Die **untere Fläche** — **Sohlenfläche** — (Fig. 12) ist leicht ausgehöhlt; stellt man ein Hufbein auf eine ebene Fläche, so liegt es nur mit dem untern Rande auf. An der Sohlenfläche bemerkt man zwei halbmondförmige Abtheilungen, von denen die hin-

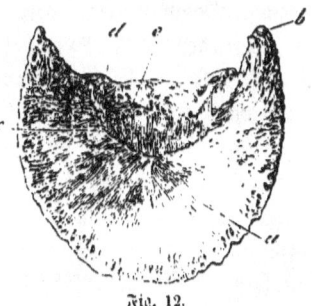

Fig. 12.

Fig. 11. A Hufbein von der Seite und hinten gesehen; die obere Fläche wird in dieser Figur ihrer ganzen Ausdehnung nach sichtbar. B innerer Hufknorpel, von der der Mittellinie des Fußes zugewandten Fläche gesehen.

Fig. 12. Untere Fläche des Hufbeines. a vorderer, von der Fleischsohle bekleideter Theil derselben. b Hufbeinast. c rauher halbmondförmiger Rand, an welchen sich die Hufbeinbeugesehne anheftet. d Sohlenrinne, sie führt zu e, dem Sohlenloch.

tere gleichsam in die vordere eingeschoben ist. Die vordere Abtheilung (Fig. 12 a) ist von der Fleischsohle überzogen und ziemlich glatt; nur nach hinten, wo sie in die Hufbeinäste (Fig. 12 b) übergeht, wird sie rauh und löcherig. Die hintere kleinere Abtheilung bildet gewissermaßen einen Ausschnitt aus der vorderen und zeigt folgendes Bemerkenswerthe: ihr halbmondförmiger Rand (Fig. 12 c), welcher sie von der vorderen Abtheilung scheidet, ist rauh und dient der Hufbeinbeugesehne zur Anheftung. In der Mitte, dicht hinter diesem Rande, findet sich eine Beule, welche aus festerer Knochenmasse besteht und einem Bande zum Ansatz dient.

Zu jeder Seite dieser Beule findet sich ein ziemlich bedeutendes Loch (Fig. 10 c) — inneres, äußeres Sohlenloch — zu dem eine, von dem entsprechenden Hufbeinaste herkommende Rinne — innere, äußere Sohlenrinne — führt (Fig. 12 d). Diese Löcher setzen sich als Kanäle ins Innere des Hufbeines fort und treffen in einem Bogen zusammen; von diesem bogenförmigen Kanal, den sie bilden, gehen mehrfach kleinere Nebenkanäle in verschiedenen Richtungen ab. — Rinnen, Löcher und Kanäle sind zur Aufnahme von Blutgefäßen und Nerven bestimmt (vergl. Fig. 32).

Die Fortsätze sind bereits genannt. Der Kronfortsatz dient zur Anheftung der Strecksehne; die beiden Hufbeinäste ragen am weitesten nach hinten; jeder von ihnen ist durch einen zwischen seiner Masse liegenden Ausschnitt (Fig. 10 d), welcher in die Wandrinne führt, in eine obere und untere Abtheilung gesondert; oft findet es sich auch, daß die beiden Abtheilungen hinten durch Knochenmassen vereinigt sind, und in diesem Falle ist statt des Ausschnittes ein Loch vorhanden. An den Hufbeinästen ist der sogenannte Hufknorpel (Fig. 11 B), auf den wir später ausführlicher zurückkommen werden, befestigt; es kommt nicht so selten vor, daß dieser Knorpel, besonders an seinen Ansatzstellen, verknöchert, wodurch dann die Hufbeinäste viel größer erscheinen, als sie in Wirklichkeit sind.

Die drei Ränder sind: ein oberer, ein unterer und ein hinterer.

Der obere Rand geht von einem Hufbeinaste zum andern in der Richtung nach vorn und oben und trennt die Gelenkfläche von der Wandfläche; er geht über den Kronfortsatz hinweg und ist zu beiden Seiten desselben etwas ausgetieft und rauh; hier heften sich Bänder an.

Der untere Rand trennt die Wandfläche von der Sohlenfläche und ist scharf und schneidend, in seiner Mitte findet sich oft ein kleiner Ausschnitt. Der Bogen, den er macht, richtet sich nach dem Bogen, den die Wandfläche beschreibt; da das Hufbein im Hufe vorn etwas gesenkt liegt, wie es der Fußdurchschnitt (Fig. 4) bildlich darstellt, so ist der vordere Theil dieses Randes der unterste Knochenpunkt am ganzen Thier. Dicht über diesem Rande finden sich eine Anzahl größerer Löcher zum Durchtritt arterieller Gefäße.

Der hintere Rand trennt die Gelenkfläche von der Sohlenfläche und geht quer von einem Hufbeinaste zum anderen; nach hinten stößt er mit dem Strahlbeine zusammen.

6. Das Strahlbein (schiffförmige Bein, halbmondförmige Bein) (Fig. 4 F und Fig. 13 u. 14)

ist ein kleiner, länglicher Knochen, welcher hinter und unter dem Kronbeine, zwischen den beiden Hufbeinästen resp. Hufknorpeln in der Weise liegt, daß er die obere Hufbeinfläche nach hinten fortsetzt und vergrößert (siehe Fig. 18 a und Fig. 4 E u. F). Man unterscheidet an dem Strahlbeine eine obere und eine untere Fläche, einen vorderen und einen hinteren Rand, ein inneres und ein äußeres Ende.

Die obere, etwas nach vorn geneigte Fläche (Fig. 13) ist eine Gelenkfläche; sie hat in der Mitte eine kleine Erhabenheit und neben dieser zwei seichte Vertiefungen, die genau der Erhabenheit und den Vertiefungen der Gelenkfläche des Hufbeines entsprechen; beide bilden daher auch gemeinschaftlich die Articulationsfläche für das untere Ende des Kronbeines.

Fig. 13.   Fig. 14.

Die untere, etwas nach hinten gekehrte Fläche (Fig. 14) ist glatt und hat in der Mitte eine von vorn nach hinten laufende Erhabenheit (Fig. 14 b); sie dient der Hufbeinbeugesehne zur rollenartigen Gleitfläche.

Fig. 13 und 14. Fig. 13 stellt die obere Fläche des Strahlbeines, Fig. 14. die untere Fläche desselben dar; a vorderer Rand. b Erhabenheit der unteren Fläche.

Der vordere Rand (a) beschreibt einen Bogen und ist sehr breit; der obere, mittlere Theil desselben ist mit Gelenkknorpel versehen und stößt mit der ähnlich gestalteten Abdachung der Gelenkfläche des Hufbeines zusammen. Der untere Theil dieses Randes zeigt eine in der Längsrichtung des Knochens laufende Rinne; er ist löcherig und rauh, und dient zur Anheftung des hier sehr starken Kapselbandes des Hufgelenkes.

Der hintere Rand ist ziemlich gradlinig aber uneben; es befestigen sich die Aufhängebänder des Strahlbeines an demselben.

Die beiden Enden spitzen sich zu und dienen ebenfalls zu Bandanheftungen.

Zweites Kapitel.
Von den Verbindungen der Fußknochen.

Die Verbindungsmittel, durch welche die Knochen gelenkig zusammengefügt werden, heißen Bänder; im Allgemeinen unterscheidet man Kapselbänder und Faser-, Hülfs- oder Haftbänder.

Die Kapselbänder oder Gelenkkapseln umgeben alle zum Gelenke gehörigen Knochentheile wie eine Kapsel und bestehen aus zwei über einander liegenden Schichten.

Die äußere Schicht ist fest und faserig und wird an verschiedenen Stellen des Gelenkes verschieden stark angetroffen; man kann sie als eine Fortsetzung der Knochenhaut, welche von einem Knochen zum andern hinüberspringt, ansehen.

Die innere Schicht (Synovialkapsel) ist eine zarte, weiche, feinzottige und gefäßreiche Haut, die die äußere Schicht von innen her bekleidet und mit ihr sehr innig verbunden ist; diese Schicht geht ebensowenig wie die äußere auf den Knorpelüberzug der Knochenenden über, wie man in manchen Büchern wohl noch angegeben findet; sie bildet daher auch keine eigentlichen in sich geschlossenen Säcke. Diese Schicht ist es, welche die Aufgabe hat, die Flüssigkeit, die zum Einschmieren und Schlüpfrigerhalten des Gelenkes erforderlich ist, abzusondern. Die Flüssigkeit selbst ist schleimig-schlüpfrig, klebrig, und dem Vogeleiweiß sehr ähnlich; sie hat eine weiß-gelbliche oder gelblich-röthliche Farbe und wird Gelenkschmiere oder Gliedwasser (Synovia) genannt.

Die Faser-, Hülfs- oder Haftbänder bestehen aus weißlich glänzenden, faserigen Massen und bilden starke, von einem Knochen zum anderen hinübergehende Verbindungsstränge von verschiedener Dicke und Länge. Sie haben eine so große Widerstandsfähigkeit, daß ein Zerreißen derselben zu den Seltenheiten gehört; in der Regel zerbrechen die Knochen bei ausreichender Gewalt eher. Die Stellen, an welche sie sich befestigen, sind, wie wir bei den Knochen vielfach gesehen haben, meist rauh und uneben.

Diejenigen Gelenke, die am Fuße des Pferdes in Betracht kommen, gehören zu denen, welche man Gewinde-, Wechsel- oder Charniergelenke nennt. Bei diesen ist nur eine Streckung und eine Beugung möglich; bei der Bewegung kommen die Knochen zwar in verschieden große Winkel zu einander zu stehen, aber die Bewegungslinie derselben bleibt immer in einer Ebene; Abweichungen nach den Seiten lassen die Charniergelenke entweder gar nicht oder nur in einem sehr geringen Grade zu. Man kann die Bewegungen dieser Gelenke mit denen vergleichen, die ein Taschenmesser oder eine Thür macht.

Bei der Bewegung der Wechselgelenke gleitet eine gewölbte Fläche (Gelenkrolle) auf einer ausgehöhlten, aus zwei nebeneinander liegenden Gruben bestehenden Fläche (Gelenkausschnitt, Gelenkvertiefung) hin und her. Damit dies Auf- und Abgleiten leicht und ungestört von Statten gehen könne, sind bei den Gelenken (wie bei jeder mechanischen Vorrichtung, bei der zwei Flächen längere Zeit hindurch an einander hin- und hergleiten müssen), zwei Dinge erforderlich, nämlich: glatte Flächen und eine einschmierende Flüssigkeit. Für beide hat die Natur beim Bau der Gelenke in der vollkommensten Weise Sorge getragen. Die glatten Gelenkflächen werden durch den schon früher S. 4 genannten Gelenkknorpel hergestellt, der mit seiner großen Glätte auch noch eine gewisse Elasticität verbindet. Für die einschmierende Flüssigkeit ist durch eine eigene Vorrichtung gesorgt, die wir bei den Verbindungsmitteln der Gelenke näher kennen gelernt haben.

Am Fuße des Pferdes kommen folgende Gelenke vor: 1. das Fesselgelenk, 2. das Krongelenk und 3. das Hufgelenk.

1. Das Fessel- oder Köthengelenk.

Bei diesem Gelenke bildet das untere Schienbeinende die Gelenkrolle. Das obere Ende des Fesselbeines und die vorderen Flächen der Gleichbeine setzen sich zur Gelenkvertiefung in der Art zusammen, daß die Gelenkfläche des Fesselbeines die vordere, die Gleichbeine die hintere Hälfte derselben bilden. Zur Erzielung der nöthigen Festigkeit dieses Gelenkes ist wegen der beiden Gleichbeine ein starker Aufwand von Bändern nöthig.

a) **Allen Knochen**, die zur Bildung des Fesselgelenkes beitragen, **gemeinschaftlich ist das Kapselband** (Fig. 4 e).

Dies umschließt das untere Schienbeinende und das obere Fesselbeinende in ihrem ganzen Umkreise; an die Gleichbeine heftet es sich nur um den äußern Rand der Gelenkflächen an. Hinten tritt es noch eine Strecke weit zwischen dem Schienbeine und dem oberen Gleichbeinbande nach oben; seine äußere Schicht ist hier sehr dünn. Vorn dagegen, zwischen Schienbein und Fesselbein ist diese Schicht sehr dick, und verschmilzt nach den Seiten hin mit den beiden Seitenbändern; ebenso steht dieselbe mit der hier über sie hinweggehenden Strecksehne in sehr inniger Verbindung.

b) **Schienbein und Fesselbein** werden durch ein **inneres und ein äußeres Seitenband** (a) verbunden*).

Jedes derselben besteht aus einer oberflächlichen, schwächeren Schicht, die an der vorderen Schienbeinfläche entspringt und auf das Mittelstück des Fesselbeines hinabreicht, und aus einer tiefern, kurzen, aber sehr starken Schicht, die in den Bandgruben des unteren Schienbeinendes entspringt und sich an einer rauhen Stelle an den Seiten des oberen Fesselbeinendes befestigt.

c) **Die Verbindung und Befestigung der Gleichbeine** ist ungleich mannigfaltiger, als die vorher betrachteten Verbindungen.

1. **Miteinander** sind die Gleichbeine durch das **Zwischengleichbeinband oder Querband** (b) verbunden. Diese Verbindung ist so fest, daß beide Gleichbeine fast eine einzige Masse darstellen, und eine Beweglichkeit zwischen ihnen beinahe gar nicht stattfindet.

Das Zwischengleichbeinband besteht aus sehr festem, faserigen Gewebe, dessen Fasern quer zwischen den einander zustehenden Flächen

---

*) Da die Bänder in den Fig. 15, 16 und 17 durchgehend gleiche Bezeichnung haben, so ist nur der betreffende Buchstabe ohne Angabe der Figur hinzugefügt worden.

laufen und den Raum, den die beiden Knochen zwischen sich lassen, vollständig ausfüllen. Nach oben setzt sich dies Gewebe über die Gleichbeine hinaus fort, so daß hierdurch eine ovale, nach hinten etwas ausgehöhlte Scheibe gebildet wird, welche die Größe der Gleichbeine bedeutend übertrifft. Die hintere Fläche dieser Scheibe ist sehr glatt und dient als Gleitfläche für die Sehne des Hufbeinbeugers und des diese umfassenden Ringes des Kronbeinbeugers (siehe Fig. 4).

2. Nach oben sind die Gleichbeine befestigt, oder werden vielmehr getragen durch das **Aufhängeband der Gleichbeine**, das obere Gleichbeinband oder Spannband (c und Fig. 4 b und Fig. 19 b). Dies Band ist bei Pferden ein sehr starker sehniger Strang, der in seinem Innern stets mehr oder weniger Muskelfasern wahrnehmen läßt, weshalb er auch als **Fesselbeinbeugemuskel** beschrieben wird.

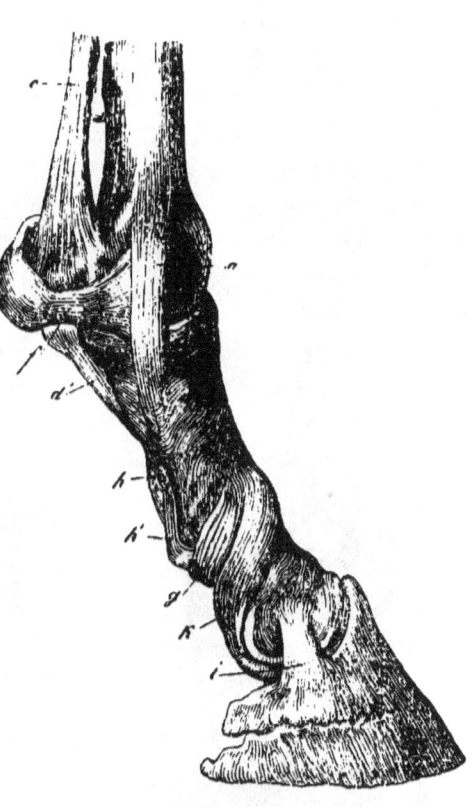

Fig. 15.

Fig. 15, 16 und 17. Fig. 15 stellt die Fußknochen mit Bändern von der Seite, Fig. 16 und 17 von hinten gesehen dar. Die Bezeichnungen beziehen sich auf alle drei Figuren. a äußeres Seitenband des Fesselgelenkes. b Zwischengleichbeinband. c oberes Gleichbeinband. d mittlerer Schenkel des unteren Gleichbeinbandes. d' Seitenschenkel desselben Bandes. e gekreuztes Fesselbeingleichbeinband. f Seitengleichbeinband. g äußeres Seitenband des Krongelenkes.

Mit seinem oberen Ende nimmt das Aufhängeband der Gleichbeine an den Vorderfüßen am Vorderknie, an den Hinterfüßen am Sprunggelenke seinen Anfang und verschmilzt mit den anderen Bandmassen,

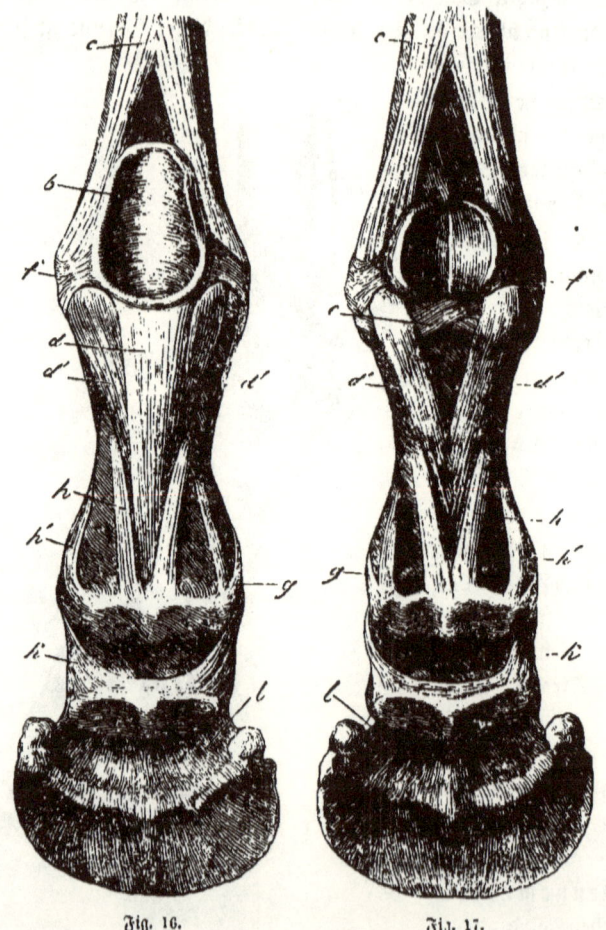

Fig. 16.   Fig. 17.

welche die hintere Fläche dieser Gelenke bedecken; dann geht es unmittelbar an der hinteren Schienbeinfläche liegend, zwischen den beiden

---

h mittlere, hintere Kronfesselbeinbänder. h' äußere, hintere Kronfesselbeinbänder. i äußeres Seitenband des Hufgelenkes. k Aufhängebänder des Strahlbeines. l starke Faserzüge des Hufgelenkkapselbandes oder unteres Strahlbeinband.

Griffelbeinen nach unten, spaltet sich am unteren Drittel des Schien=
beins in zwei Schenkel, und befestigt sich mit jedem derselben an die
entsprechenden (gleichnamigen) Flächen der Gleichbeine.

Von hier aus schickt jeder Schenkel noch einen beträchtlichen,
schräg nach unten und vorn laufenden flachen Strang ab, welcher sich
auf der vorderen Fläche des Fesselbeines mit der Streckjehne des
Fußes verbindet (Fig. 19 b').

3. Nach unten befestigen sich die Gleichbeine durch zwei Bänder,
nämlich durch das untere Gleichbeinband und das gekreuzte
Band.

Das untere Gleichbeinband (d u. d' und Fig. 4 b') ist
ein starkes Band, an welchem sich drei Schenkel unterscheiden lassen.

Der mittlere Schenkel (d) ist der oberflächlichste; er ent=
springt am unteren Ende beider Gleichbeine und tritt, indem er die
beiden Seitenschenkel theilweise bedeckt und sich auch durch einzelne
Fasern mit ihnen verbindet, nach unten, um an dem starken hinteren
Rande der oberen Kronbeinfläche (der Kronbeinlehne) zu endigen;
hier verschmilzt er mit den beiden Schenkeln der Kronbeinbeugesehne
zu einer einzigen Masse.

Die beiden Seitenschenkel (d') entspringen von dem unteren
Theile des gleichnamigen Gleichbeines, gehen nach unten und innen
und treten in einem spitzen Winkel zusammen; sie befestigen sich an
der hinteren Fläche des Mittelstückes des Fesselbeines bis nahe über
dem unteren Ende desselben und bedecken das an der hinteren Fläche
des Fesselbeines beschriebene rauhe Dreieck.

Das gekreuzte (Fesselbeingleichbein=) Band (o) bildet
eine aus flach neben einander liegenden und gekreuzten Fasern be=
stehende Bandmasse, welche von den Seitenschenkeln des unteren Gleich=
beinbandes bedeckt ist; die Faserzüge desselben entspringen am oberen
Theile der hinteren Fesselbeinfläche und enden, nachdem sie sich einander
gekreuzt haben, an den unteren Theilen der Gleichbeine.

4. Nach den Seiten hin befestigen sich die Gleichbeine durch
die beiden Seitengleichbeinbänder (f), diese entspringen am
unteren Theile der entsprechenden Flächen der Gleichbeine und spalten
sich in zwei Schenkel, von denen der obere sich in der Bandgrube

des unteren Schienbeinendes, der untere sich an dem Seitentheil des oberen Fesselbeinendes befestigt.

2. Das Kronengelenk

ist, da zu seiner Bildung nur zwei Knochenflächen, nämlich das untere Ende des Fesselbeines und die obere Fläche des Kronenbeines zusammentreten, das einfachste Gelenk des Fußes; das Fesselbein bildet die Gelenkrolle, das Kronbein die Gelenkvertiefung; letztere wird durch die sich an der Kronbeinlehne befestigende, aus verschmolzenen Sehnen und Bändern bestehende feste Masse von hinten her noch vervollständigt.

Die Bänder, welche sich an der Bildung des Krongelenkes betheiligen, sind:

1. Das Kapselband (Fig. 4 f); es befestigt sich an dem Umfassungsrande der betreffenden Gelenkflächen; seine äußere Schicht ist vorn und an den Seiten ziemlich stark und innig mit der Strecksehne des Fußes und den Seitenbändern verbunden; hinten schließt es sich an die aus Sehnen und Bändern bestehende faserknorpelige Masse an und ist hier sehr dünn und weit.

2. Ein inneres und ein äußeres Seitenband (g); dies sind kurze, aber ziemlich starke Bänder, die an den Seitentheilen des unteren Fesselbeinendes entspringen und an dem oberen Theile der Seitenflächen des Kronbeines endigen; sie sind mit den Aufhängebändern des Strahlbeines stets so innig verschmolzen, daß man, um sie darzustellen, eine künstliche Trennung vornehmen muß.

3. Die hinteren Kronfesselbeinbänder; es sind deren vier vorhanden. Die beiden mittleren (h) entspringen an der hinteren Fläche des Fesselbeines, etwa in der Mitte dieses Knochens an den Seitenrändern des rauhen Dreiecks und nehmen den unteren Theil des mittleren Schenkels des unteren Gleichbeinbandes zwischen sich; die seitlichen (h') entspringen an den Seitenrändern des Fesselbeines im unteren Drittheil des Knochens und begrenzen außen resp. innen die Endschenkel der Kronbeinbeugesehne; sie sind schwächer als die mittleren und werden von den Schenkeln des Halteapparates der Hufbeinbeugesehne bedeckt, mit denen sie meist so innig vereinigt sind, daß man sie auch als zu diesen gehörig betrachten kann.

Wie schon angedeutet, verschmelzen bei ihrem Ansatze an die Kronbeinlehne diese Bänder mit dem mittleren Schenkel des unteren Gleichbeinbandes und den Endschenkeln des Kronbeinbeugers so innig, daß sie eine einzige Masse bilden und einzeln oft nur künstlich darzustellen sind.

3. Das Hufgelenk

wird durch den Zusammentritt der Gelenkflächen von drei Knochen gebildet; die Rolle befindet sich an der unteren Kronbeinfläche, die Gelenkvertiefung wird durch die oberen Flächen des Hufbeines und des Strahlbeines gebildet.

a) **Gemeinschaftlich** sind alle drei Knochen durch das **Kapselband** (Fig. 4 g) verbunden. Dasselbe umfaßt, wie bei den übrigen Gelenken, die das Gelenk bildenden Knochenflächen in ihrem Umkreise. Seine äußere Schicht ist vorn stark und mit der Strecksehne fest verbunden, nach hinten erweitert sich das Kapselband beträchtlich, so daß es eine Art Blindsack bildet (Fig. 4 g'), welcher an der hinteren Fläche des Kronbeines hinaufsteigt; hier ist die äußere Schicht sehr dünn, zwischen Strahl- und Hufbein jedoch verstärkt sie sich durch Faserzüge, die von vorn nach hinten laufen, so beträchtlich, daß man diese Züge auch als ein besonderes Band, das untere Strahlbeinband oder Strahlhufbeinband beschrieben hat.

b) **Kronbein und Hufbein** werden verbunden durch ein **inneres und ein äußeres Seitenband** (i). Diese Bänder sind ungemein stark, und entspringen in den Bandgruben der Seitenflächen des Kronenbeines, gehen etwas schräg nach hinten und unten und endigen in besonderen Gruben des Hufbeins, welche sich am oberen Rande zwischen der Hufbeinkappe und den Hufbeinästen finden; nach hinten werden sie von dem Hufbeinknorpel begrenzt, dessen Gewebe sich in dem Gewebe der Seitenbänder verliert.

c) **Das Strahlbein** befestigt sich am Fesselbein, am Hufbein und an den Hufknorpeln.

Mit dem Fesselbeine verbindet sich dasselbe durch die **Strahlfesselbeinbänder oder Aufhängebänder des Strahlbeins** (k und Fig. 18 b). Diese entspringen gemeinschaftlich an dem hinteren Strahlbeinrande, der ganz von ihnen eingenommen wird, steigen dann jederseits schräg an den Seitenflächen des Kronbeins, an welche sie sich theils auch befestigen, nach vorn und aufwärts und enden am vorderen Theile des unteren Fesselbeinendes, indem sie sich mit den Seitenbändern dieses Knochens und des Kronbeins vermischen.

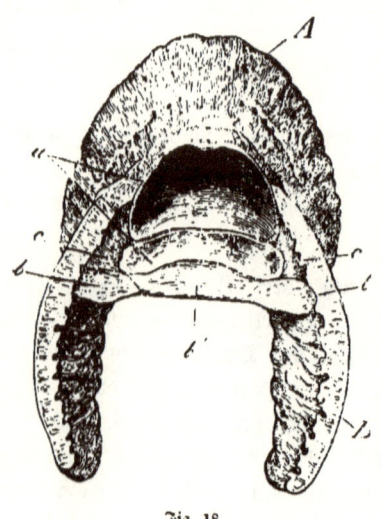

Fig. 18.

Durch diese Bänder wird das Strahlbein getragen, weshalb sie als die eigentlichen Aufhängebänder desselben aufgefaßt werden müssen.

Mit dem Hufbein, namentlich aber mit den Hufknorpeln verbindet sich das Strahlbein durch seine Seitenbänder oder Hufknorpel-Strahlbeinbänder (Fig. 18 c).

Diese bestehen aus kurzen aber starken Bandmassen, welche von den Enden des Strahlbeines quer an die Hufknorpel der betreffenden Seite gehen und sich hier sowohl als an den Hufbeinästen befestigen.

Fig. 18. A Hufbein. B die in der Höhe des Hufgelenkes wagerecht abgeschnittenen Hufknorpel; von oben gesehen. a die durch die obere Hufbeinfläche und die obere Strahlbeinfläche gebildete Gelenkvertiefung zur Aufnahme der unteren Gelenkfläche des Kronenbeines. b die abgeschnittenen Aufhängebänder des Strahlbeines. b' der an dem hinteren Rande des Strahlbeines sich befestigende Theil derselben. c Seitenstrahlbeinbänder oder Hufknorpelstrahlbeinbänder.

Drittes Kapitel.

Von den Bewegungsorganen des Fußes.

An dem Endtheile der Gliedmaßen des Pferdes kommen keine Muskeln vor. Die Muskeln, welche auf die Fußknochen zu wirken bestimmt sind, vermitteln die Bewegungen der letzteren lediglich durch lange, starke Sehnen aus der Ferne; sie selbst sind am Vorderfuß oberhalb des Vorderkniees um den Vorarm, am Hinterfuß oberhalb des Sprunggelenkes um den Unterschenkel herumgelagert. Im Bau und in der Anordnung der Sehnen, welche für unseren Zweck nur allein in Betracht kommen, findet zwischen Vorder- und Hinterfüßen kein wesentlicher Unterschied statt.

Die Bewegungen der Fußknochen finden nur in zwei Richtungen statt; durch die Bewegungen nach vorn werden sie gestreckt, durch die nach hinten gebeugt. Es liegen mithin die Streckschnen vorn, die Beugesehnen hinten an den Knochen des Fußes.

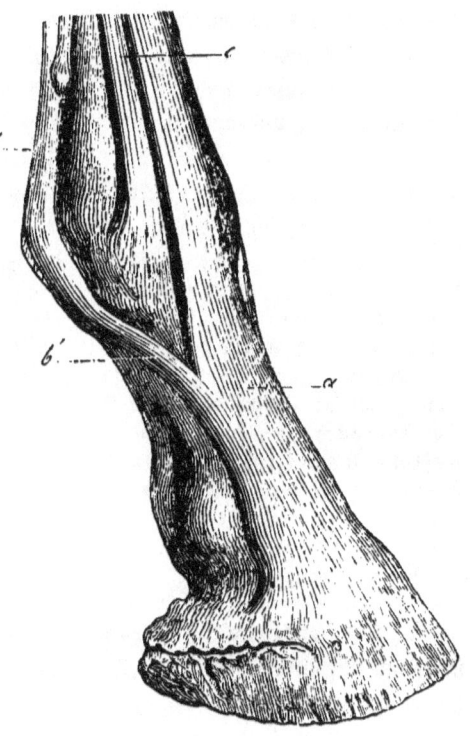

Fig. 19.

Fig. 19. Rechter Vorderfuß von vorn und von außen gesehen. a die gemeinschaftliche Strecksehne des Fußes. b oberes Gleichbeinband oder Beuger des Fesselbeines. b' Schenkel desselben, welcher nach vorn geht und sich mit der Strecksehne verbindet. c Strecker des Fesselbeines (fehlt an den Hinterfüßen).

1. Die gemeinschaftliche Streckschne des Fußes (Fig. 19 a).

Fesselbein, Kronbein und Hufbein haben eine gemeinschaftliche Streckschne. Am Vorderfuß erhält das Fesselbein noch eine besondere, die neben der gemeinschaftlichen nach außen liegt und am oberen Ende des Fesselbeines endigt (Fig. 19 c).

Die gemeinschaftliche Sehne tritt, an der vorderen Fläche des Schienbeins liegend, über die vordere Fläche des Fesselgelenkes nach unten, und erhält gegen das untere Ende des Fesselbeines jederseits noch eine beträchtliche Verstärkung vom oberen Gleichbeinbande (Fig. 19 b'); durch diese Verstärkung wird sie 4—5 Cm. breit, tritt über das Kronengelenk, das Kronenbein und das Hufgelenk und endigt an dem Kronenfortsatze des Hufbeins; sie befestigt sich an alle Knochen des Fußes und an die vorderen Flächen der Kapselbänder der Fußgelenke, und wird sowohl durch die Verstärkungsstränge, welche sie vom oberen Gleichbeinbande erhält, als auch durch bandartige Sehnenmassen, die vom unteren Ende des Fesselbeines an sie herantreten, in ihrer richtigen Lage erhalten.

Der Muskelkörper, aus welchem die gemeinschaftliche Streckschne am Vorderfuße hervorgeht, heißt Strecker des Kron- und Hufbeins; er wird auch längerer gemeinschaftlicher Zehenstrecker und Armbeinmuskel des Kron- und Hufbeines genannt (Fig. 2, 13).

Am Hinterfuße betheiligen sich mehrere Muskeln an der Bildung dieser gemeinschaftlichen Sehne, und zwar a) der lange Zehenstrecker (auch vorderer Strecker des Kron- und Hufbeines und Backbeinmuskel des Fessel-, Kron- und Hufbeines genannt Fig. 2, 27); b) der Seitenstrecker der Zehe (auch langer Wadenbeinmuskel und Schenkelbeinmuskel des Fessel-, Kron- und Hufbeines genannt Fig. 2, 28); c) der kurze oder untere Zehenstrecker (auch Rollbeinmuskel des Hufbeins genannt.)

2. Die Beugeschne des Kronbeins (Fig. 20 b u. Fig. 21 a)

läuft an der hinteren Fläche des Schienbeines herab und bedeckt von hinten die Sehnen der übrigen Beugemuskeln. In der Gegend der durch die beiden Gleichbeine gebildeten Gleitscheibe (Fig. 20 f) verbreitert sie sich, höhlt sich auf ihrer vorderen Fläche etwas aus und erhält hier einen Ring (Fig. 20 b'), mittelst dessen sie die vor ihr liegende Hufbeinbeugeschne (a''') umfaßt; dann tritt sie an der hinteren Fesselfläche immer noch die Hufbeinbeugeschne bedeckend, herab und spaltet sich zu deren Durchtritt etwas unter der Mitte des Fesselbeines in zwei Schenkel (Fig. 20 b" u. 26 b), die sich an den Seitentheilen der Kronbeinlehne befestigen und hier mit den Bändern zu einer fast untheilbaren, sehr festen Masse verschmelzen; mit einer schwächeren Abtheilung endigt sie an den Seitenrändern des Fesselbeines*), nahe über dem unteren Ende desselben. Sie wirkt demnach nicht allein auf das Kronbein, sondern auch auf das Fesselbein.

Der Muskel, aus welchem die Kronbeinbeugesehne hervorgeht, heißt am Vorderfuße Beuger des Kronbeins und wird auch oberflächlicher oder durchbohrter Zehenbeuger genannt; nach seinen Ansatzpunkten nennt man ihn auch den Arm-Kronbeinmuskel. Am Hinterfuße heißt er Beuger des Kronbeins oder Back-Kronbeinmuskel. In Fig. 2 sind diese Muskeln ganz verdeckt.

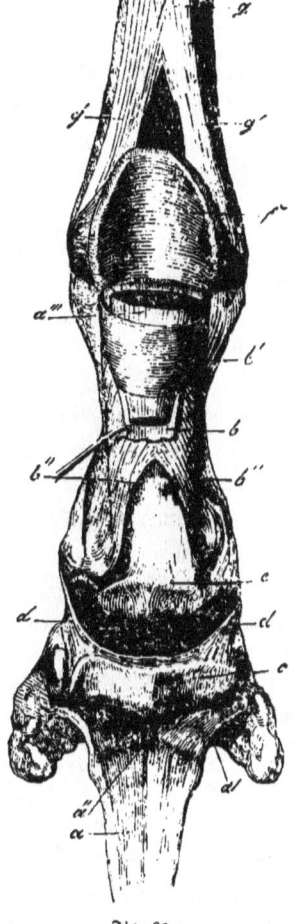

Fig. 20.

Fig. 20. Rechter Vorderfuß von hinten gesehen. a unteres Ende der Hufbeinbeugesehne, abgeschnitten und frei herunterhängend, so daß die vordere Fläche derselben sichtbar wird. a' unterer breiter Theil dieser Sehne, mit welchem sie sich am Hufbein befestigt. a" Rinne zur Aufnahme der an der unteren Strahlbeinfläche befindlichen Erhöhung. a''' abgeschnittenes Stück der Hufbeinbeugesehne, welches von dem Ringe des Kronbeinbeugers umfaßt wird. b Sehne des Kronbeinbeugers; sie ist nach hinten so umgebogen, daß ihre vordere Fläche sichtbar wird. b' Ring derselben. b" Endschenkel derselben; durch die Oeffnung, welche sie zwischen sich haben, tritt die Hufbeinbeugesehne. c Strahlbein. d Aufhängebänder desselben. e hintere Fläche des Kronenbeins, an welcher die Hufbeinbeugesehne hingleitet. f die von dem Zwischengleichbeinbande gebildete Gleitfläche für die Hufbeinbeugesehne. g oberes Gleichbeinband oder Beuger des Fesselbeines. g' Endschenkel desselben, welche sich an die Gleichbeine befestigen.

*) Sonderbarer Weise war die Anheftung der Kronbeinbeugesehne an das Fesselbein immer übersehen worden; es wundert mich dies um so mehr, als gerade der Pferdefuß so oft und so genau durchforscht ist.

3. Die Beugesehne des Hufbeins (Fig. 20 a, Fig. 21 c)
geht am Vorderfuße aus fünf, am Hinterfuße aus drei Muskelbäuchen hervor. Auf ihrem Verlaufe am Schienbeine ist sie rundlich und liegt zwischen der Sehne des Kronbeinbeugers und dem oberen Gleichbeinbande. Auf der Gleitscheibe der Gleichbeine tritt sie durch den Ring der Kronbeinbeugesehne (20 b'), verliert hier ihre rundliche Beschaffenheit, wird breit und zweischneidig; dann tritt sie durch die Oeffnung, welche durch die Spaltung der Kronbeinbeugesehne gebildet worden ist, hindurch (Fig. 21), gleitet hier auf der mit glatten, faserigen Massen überzogenen hinteren Fläche der Kronbeinlehne (20 o) und markirt sich an ihrer vorderen Fläche durch eine halbmondförmige Aufwulstung (20 a''), an welche sich Schleimscheiden befestigen; hierauf tritt sie als eine breite, fächerförmige Sehnenmasse (20 a') über das Strahlbein (c), wie über eine Rolle hinweg und bedeckt dasselbe ganz; wo die untere Fläche des Strahlbeines eine Erhöhung hat, zeigt die Hufbeinbeugesehne eine tiefe Rinne; sie endigt im ganzen Umkreise des Randes, welcher den halbmondförmigen Ausschnitt der unteren Hufbeinfläche begrenzt; der untere Theil ihrer hinteren Fläche ruht, noch von einer besonderen Vorrichtung (Fig. 21 o) getragen, auf dem Strahlkissen.

Von den fünf (in Fig 2 ganz verdeckten) Bäuchen, aus welchen die Hufbeinbeugesehne am Vorderschenkel hervorgeht, gehören drei dem tiefen Zehenbeuger oder durchbohrenden Beuger an, einen bildet der Ellenbogenmuskel und einen der Speichenmuskel. Nach ihrem Ansatze werden sie zusammen auch Arm-, Vorarmbeinmuskel des Hufbeins genannt. — Die drei Bäuche am Hinterschenkel sind der dicke Beuger des Hufbeins (Fig. 2. 29), der hintere Unterschenkelmuskel und der dünne oder Seitenbeuger des Hufbeins (Fig. 2, 30); die beiden ersten werden auch zusammen als großer Schenkelhufbeinmuskel, der letztere als kleiner Schenkelhufbeinmuskel beschrieben.

Damit die Beugesehnen des Fußes, ebenso wie die Strecksehne desselben, in ihrer gehörigen Lage bleiben, werden sie von hinten her durch eigene Halteapparate, die ihre Befestigungspunkte an den Fußknochen haben, umspannt. Diese bestehen:

1. aus einem breiten, starken Ringbande, welches an den Seitenflächen der Gleichbeine entspringt und die Kronbeinbeugesehne von hinten einschließt (Fig. 21 d u. Fig. 25 f).

2. aus einer **fibrösen Hautplatte**, welche die Sehne des Kronbeinbeugers unter dem Fesselgelenke wie ein Gurt umfaßt (21 d'); sie befestigt sich mit ihren zwei oberen, stärkeren Zipfeln oder Schenkeln (Fig. 21 d'') jederseits am oberen Ende des Fesselbeines hinter dem Seitenbande; mit ihren zwei unteren, schwächeren Schenkeln tritt sie im unteren Drittel des Fesselbeines an die Seitenränder desselben. Nach oben zu vereinigt sich die Platte mit dem Ringbande, und ist in der Regel in ihrem mittleren Theile sehr innig mit der Kronbeinbeugesehne verbunden.

3. aus einer mehr **elastischen bandartigen Hautplatte** (Fig. 21 e), welche das untere Ende der Hufbeinbeugesehne bedeckt und hier sehr innig mit ihr verbunden ist. Sie entspringt am Hufbeine an der Einpflanzungsstelle der Hufbeinbeugesehne, und geht mit zwei starken, langen, ebenfalls etwas elastischen Schenkeln (Fig. 21 e'), indem sie nach oben steigt und die Ansatzstelle des Kronbeinbeugers verdeckt, bis etwa in die Mitte des Fesselbeines und befestigt sich an den Seitenrändern desselben. Der untere Theil der Hufbeinbeugesehne wird von ihr wie von einem Hängegurte unterstützt. Da die Schenkel des Kronbeinbeugers nach unten, und die Schenkel dieser elastischen Platte nach oben auseinanderweichen, so schließen sie einen ovalen oder

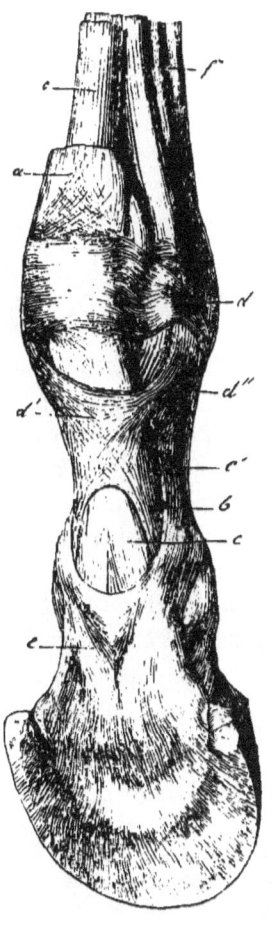

Fig. 21.

Fig. 21. Rechter Vorderfuß von hinten und ein wenig von der Seite gesehen. a Kronbeinbeugesehne. b Endschenkel derselben. c Hufbeinbeugesehne. d Ringband, welches sich an den Gleichbeinen befestigt. d' fibröser Gurt, welcher sich mit vier Schenkeln am Fesselbeine befestigt. d'' die oberen Schenkel desselben (die unteren sind in der Figur nicht sichtbar). e fibrös-elastische Hautplatte (Huffesselbeinband), die die untere Fläche des Hufbeinbeugers bedeckt und mit ihren Schenkeln bei e' am Fesselbein endigt. f oberes Gleichbeinband oder Fesselbeinbeuger.

verschoben viereckigen Raum ein, welcher von einer dünnen Haut, die einer Schleimscheibe des Hufbeinbeugers angehört, von außen her verschlossen ist.

Diese elastische Platte ist auch unter dem Namen **Huffesselbeinband** beschrieben worden; sie ist aber offenbar viel eher als eine Unterstützungsvorrichtung der Hufbeinbeugesehne, als ein Knochenverbindungsmittel anzusehen.

Viertes Kapitel.
Von den elastischen Theilen des Fußes.

An diejenigen Theile des Pferdefußes, welche wir bis jetzt kennen gelernt haben, schließen sich noch Organe an, die die ersteren gleichsam vervollständigen und ergänzen; es sind dies die beiden **Hufknorpel** und das **Strahlkissen**. Diese sind, da sie bei anderen Thieren nicht in der Art wie beim Pferde vorkommen, dem Pferdefuße eigenthümlich und unterscheiden ihn von allen anderen Thierfüßen; sie sind für seinen Aufbau, seine Form, sowie für seine mechanischen Verrichtungen von der wesentlichsten Bedeutung. Ihrer physikalischen Eigenschaften wegen hat man sie die **elastischen Theile des Fußes** genannt.

Mit dem Namen Elasticität oder Federkraft bezeichnet man bekanntlich diejenige Eigenschaft der Körper, mittelst welcher sie, wenn ihre Gestalt in irgend einer Art geändert worden ist, von selbst die ursprüngliche Gestalt wieder annehmen, sobald die Kraft, welche diese Veränderung hervorbrachte, zu wirken aufhört; es werden mithin alle Körper elastisch oder federkräftig genannt werden müssen, die das Bestreben haben, Raum und Gestalt herzustellen, wenn ihnen keine Kraft mehr hemmend entgegensteht, die sich also, wenn sie zusammengedrückt worden sind, von selbst wieder ausdehnen, wenn sie ausgedehnt worden sind, von selbst wieder zusammenziehen, wenn sie zurückgebogen sind, von selbst wieder zurückbiegen. — Die bekanntesten Körper, welche die Eigenschaften der Elasticität im hohen Grade zeigen, sind: Gummi elasticum oder Federharz, Fischbein, gehärteter Stahl, geschlagenes Messing ꝛc.

Da sich der Thierkörper in Verhältnissen befindet, in denen ihm für viele seiner Verrichtungen die Elasticität unumgänglich noth=

wendig ist, so haben auch viele seiner Bestandtheile elastische Eigenschaften. Ganz besonders aber sind es zwei, in denen die Federkraft in einem außerordentlich hohen Grade bemerklich ist, und welche daher auch in den Bewegungsorganen eine ausgedehnte Verwendung finden. Diese beiden Bestandtheile des Thierkörpers sind die Knorpel und das elastische Gewebe.

Die Knorpel sind, im Allgemeinen betrachtet, dichte, steife Gebilde, welche im frischen Zustande eine weißliche, im getrockneten eine bräunliche Farbe haben und eine große Widerstandsfähigkeit und Festigkeit besitzen; sie sind dabei unempfindlich und fast blutlos. Neben ihrer Steifigkeit zeigen sie aber einen hohen Grad Biegsamkeit und Elasticität, namentlich wenn sie in Form von Platten, und mit vielem faserigen, sehnigen Gewebe vermischt, als sogenannte Faserknorpel vorkommen. Im Thierkörper werden sie daher außer zur Bildung der Gelenke, bei denen wir sie bereits als Gelenkknorpel kennen gelernt haben, auch zur Bildung solcher Theile verwendet, welche eine bestimmte Form besitzen sollen, aber zugleich biegsam und nachgiebig sein müssen.

Das elastische Gewebe kommt im Thierkörper sehr verbreitet vor und zwar meist in Verbindung mit dem sogenannten Binde- oder Zellgewebe; solche Theile, die zum größten Theile aus elastischem Gewebe bestehen, zeichnen sich durch ein gelbliches oder gelbes Ansehen aus; bei näherer Untersuchung mit dem Vergrößerungsglase (Mikroskop) sieht man, daß dies Gewebe aus ganz feinen Fasern besteht, die sich aber vielfach netzartig mit einander verbinden; aus den feinsten Fasern setzen sich Bündel, kleinere und größere Stränge, Bänder und ganze Häute zusammen; die Elasticität ist in diesem Gewebe so groß, daß sich die feinsten Fäserchen an ihren abgerissenen Enden umrollen, und das größere Stücke, besonders wenn sie in der Richtung ihrer Fasern ausgedehnt werden, mit einem Rucke wieder zusammenfahren; in dieser Hinsicht kann man dasselbe am besten mit dem Gummi elasticum vergleichen. Dies Gewebe zeigt sich, wie die Knorpel, unempfindlich und fast blutlos.

Da nun die elastischen Theile des Pferdefußes einestheils aus Knorpeln, anderntheils aus einem Polster bestehen, welches sehr viel elastisches Gewebe enthält, so sieht man, da auch die Hornmassen, von welchen diese Theile eingeschlossen sind, elastische Eigenschaften haben, daß die Natur gerade das federkräftigste Material, worüber sie überhaupt nur im Thierkörper zu verfügen hatte, zum Aufbau des Fußes beim Pferde verwendet hat.

1. Die Hufknorpel.

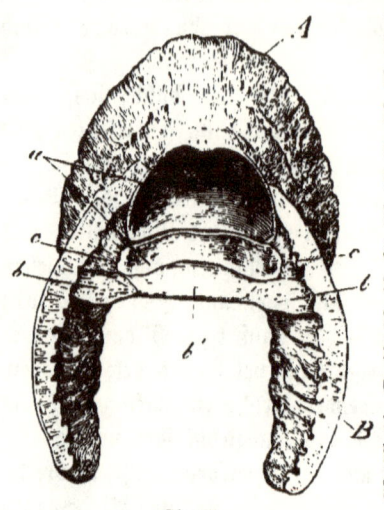

Fig. 22.

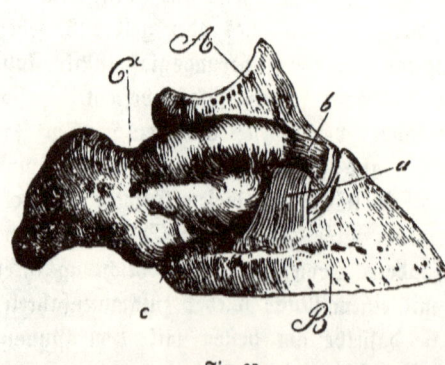

Fig. 23.

Hufbeinknorpel oder Schildknorpel lagern sich auf den Aesten des Hufbeins auf und vergrößern diese gleichsam nach hinten und oben, weshalb sie auch wohl als Ergänzungsknorpel des Hufbeins betrachtet worden sind. Jeder Hufknorpel stellt eine verschoben viereckige Platte dar, welche so weit nach oben tritt, daß sie etwas über die Hälfte der betreffenden Seitenfläche des Kronbeins hinaufragt; nach vorn reichen die Hufknorpel, bis zur Strecksehne des Fußes, nach hinten springen sie weit über das Hufbein hinaus, neigen sich etwas gegeneinander und schließen das Strahlkissen und die Beugesehne des Hufbeins von den Seiten und etwas von hinten her ein.

An jedem Hufknorpel unterscheidet man zwei Flächen, vier Ränder und vier Winkel.

Fig. 22. A Hufbein. B Hufknorpel in der Höhe des Hufgelenkes wagerecht abgeschnitten. Man sieht, daß die unteren Ränder derselben sich einander zuneigen. c die Seitenstrahlbeinbänder, welche sich an der inneren Fläche der Hufknorpel befestigen.

Fig. 23. Rechter Vorderfuß von der äußeren Seite gesehen. A Kronbein. B Hufbein. C äußerer Hufknorpel. a äußeres Seitenband des Hufgelenkes. b Hufknorpelkronbeinband. c Hufknorpelhufbeinband.

Die äußere Fläche (Fig. 23 C) ist gewölbt und von vielen Blutgefäßen bedeckt; an ihrem vorderen und oberen Theile ist sie ziemlich glatt; an ihrem hinteren und unteren Theile dagegen zeigt sie eine Anzahl größerer und kleinerer Löcher, durch welche Blutgefäße treten. Die innere Fläche (Fig. 24 B) bedeckt mit ihrem vorderen Theile das Kronbein von der Seite; sie ist ausgehöhlt und mit vielen starken strangartigen Bandmassen (a) versehen, die meist am oberen Rande entspringen und in verschiedener Richtung nach unten gehen; zwischen diesen Bandmassen bilden sich Rinnen und Kanäle, in denen venöse Gefäßnetze liegen; in der Mitte der inneren Fläche, mehr der vordern Hälfte zu, zieht sich gewöhnlich eine größere Rinne (b) von oben nach unten und vorn nach der betreffenden Sohlen= rinne des Hufbeins hin; in dieser Rinne liegen die stärkeren Gefäße, welche zum Hufbein gehen. — In der Nähe des unteren vorderen Winkels heften sich an die innere Hufknorpel=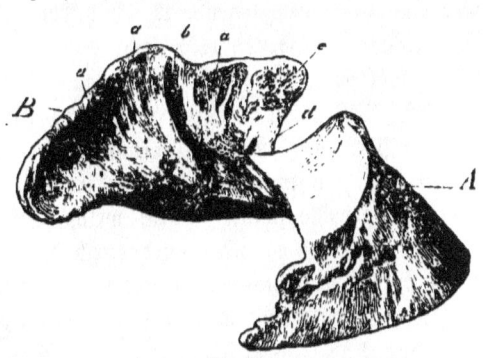

Fig. 24.

fläche die Seitenstrahlbein= oder Hufknorpelstrahlbeinbänder (d) an; ebenso entspringt hier ein starker, elastischer Strang — das Huf= knorpelfesselbeinband (siehe Fig. 25 c und Fig. 27 d) — welcher sich mit dem Aufhängebande des Ballens verbindet und mit diesem gemeinschaftlich am Fesselbein endigt. Der obere Rand ist etwas zugeschärft und neigt sich den eingeschlossenen Theilen zu; er verhält sich nicht bei allen Hufknorpeln gleich; bei einigen zeigt er sich mehr geradlinig, bei andern ist er mehr oder weniger ausgeschweift. Der untere Rand ist der dickste Theil des Hufknorpels; in seiner vor=

Fig. 24. Hufbein und innerer Hufknorpel von der Seite und hinten ge= sehen. A Hufbein. B innere Fläche des Hufknorpels. a Bandmassen, welche sich an derselben hinspannen. b Rinne, die zur Sohlenrinne des Hufbeins führt. c Ansatzstelle des Hufknorpelkronbeinbandes. d Ansatzstelle des hier abgeschnittenen Seitenstrahlbeinbandes.

deren Parthie verbindet er sich mit dem betreffenden Hufbeinaste theils durch Auflagerung, theils durch Bandmassen — **Hufknorpelhufbeinband** (Fig. 23 c) — welche an das Hufbein treten. Seine Knorpelmasse schiebt sich zwischen den Ausschnitt des Hufbeinastes hinein und schließt denselben in der Art, daß nur noch für die Gefäße, welche zur Wand gehen, ein Loch übrig bleibt; dies ist auch die Stelle, wo die Verknöcherung des Hufknorpels am häufigsten beobachtet wird. Die hintere Parthie des unteren Randes biegt sich den eingeschlossenen Theilen zu (Fig. 22) und schweift sich gewöhnlich nach oben hin etwas aus; sie verbindet sich so innig mit dem Strahlkissen, theils durch knorpelige, theils durch faserige Fortsetzungen, daß beide hier eine zusammenhängende Masse bilden, in welcher sich keine deutliche Grenze nachweisen läßt (Fig. 29). Der **vordere Rand** läuft schräg von vorn und oben nach unten und hinten und ist sehr innig mit den Seitenbändern des Hufgelenkes (Fig. 23 a), in welchen er sich gewissermaßen verliert, verbunden. Der **hintere Rand** läuft in derselben Richtung, wie der vordere, ist zugeschärft und hat mehr oder weniger Ausschnitte, durch welche Gefäße hindurchtreten. Der **vordere obere Winkel** wird durch das Zusammenstoßen des vorderen und oberen Randes gebildet; er befestigt sich an den Seitenflächen des Kronbeins mittelst starker Bandmassen — **Hufknorpelkronbeinband** — (Fig. 23 b und Fig. 24 c). Der **vordere untere Winkel** befestigt sich auf dem Hufbeinaste. Der **hintere obere Winkel** wird durch das Zusammenstoßen des oberen und hinteren Randes gebildet und rundet sich etwas ab. Der **hintere untere Winkel** tritt mit dem Strahlkissen in Verbindung.

2. Das Strahlkissen,

das **elastische Polster** oder **elastische Kissen** (Fig. 25 a und Fig. 4 i) ist eine zusammenhängende Masse, die, obwohl sie als aus zwei gesonderten Theilen (dem zelligen Ballen und dem zelligen Strahl) bestehend beschrieben wird, dennoch nur als ein zusammenhängendes, untrennbares Ganze aufgefaßt werden kann. — Es ist schwer für seine Form einen ganz passenden Vergleich zu finden; die Mehrzahl der Vergleiche, die man gemacht hat, treffen nicht in allen Stücken zu; am besten bleibt es immer noch, das Strahlkissen mit einem Keile, der sich nach allen Seiten hin zuspitzt, oder mit einer liegenden vierseitigen Pyramide, deren Grund nach einer Seite hin aufgewulstet, nach der andern eingeschnitten ist, zu vergleichen.

Das Strahlkissen liegt mit seinem gewulsteten, dickeren Ende (dem Grunde) nach hinten und wird hier von dem hinteren Theile der Hufknorpel umfaßt; von hier geht es, indem es sich in allen Seiten verschmälert, unter der Sehne des Hufbeinbeugers liegend, nach vorn und endet mit seiner Spitze etwa an der Grenze des vordern Drittheils der unteren Fußfläche; es bedeckt mithin die Mittellinie der hinteren beiden Drittel der vom Hufe befreiten Fußfläche.

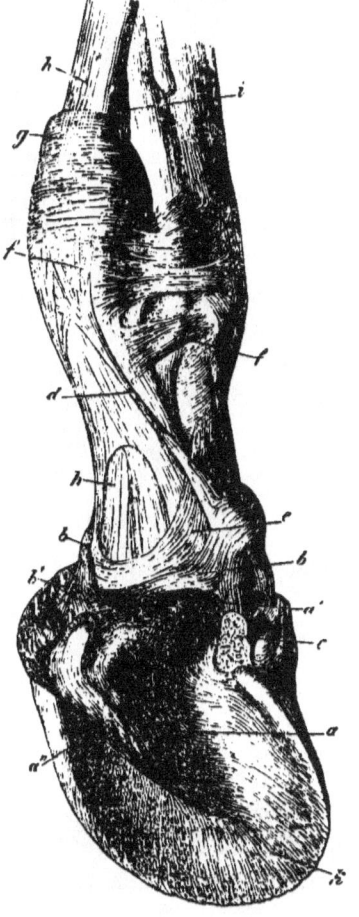

Fig. 25.

Fig. 25. Rechter Vorderfuß von der Seite, von hinten und unten gesehen. Diese Figur veranschaulicht die Lage des Strahlkissens. Der äußere Hufknorpel und die das Strahlkissen und die untere Hufbeinfläche bedeckenden Theile (Fleischstrahl und Fleischsohle) sind entfernt worden. a Strahlkissen, a' Ballentheil desselben; alles übrige gehört dem sogenannten Strahltheile an. a" Grube an der unteren Fläche, in welcher der Hahnenkamm des Hornstrahles liegt. b aus dem Ballentheil hervorgehendes Aufhängeband des Strahlkissens. b' kleinere elastische Stränge, die an den Hufknorpel gehen. c elastischer Strang, welcher vom Hufknorpel kommt (Hufknorpelfesselbeinband) und sich mit dem Aufhängebande des Strahlkissens verbindet. d Hautsehne, welche am hinteren Theile des Fesselgelenkes in der Haut entspringt und mit b und c gemeinschaftlich am Fesselbein endigt. e bandiger Unterstützungsapparat des Hufbeinbeugers. f bandiger Unterstützungsapparat des Kronbeinbeugers. g Kronbeinbeuger. h Hufbeinbeuger. i oberes Gleichbeinband oder Fesselbeinbeuger. k Sohlenfläche des Hufbeins, an welche sich das Strahlkissen sehnig befestigt.

Der obere Theil des hinteren Endes (Fig. 25 a', 26 a, 27 a und 28 b) ist wulstig, abgerundet und ragt nach beiden Seiten über den unteren Theil hervor; in der Mitte bemerkt man an demselben

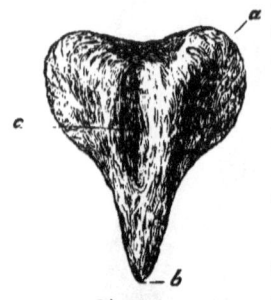

Fig. 26.

einen leichten Ausschnitt, durch den das Strahlkissen hier eigentlich in zwei gesonderte Wülste zerfällt, welche, da sie den sogenannten Ballen am Pferdefuße zur Grundlage dienen und größtentheils nur von der äußeren Haut bedeckt sind, den Namen zelliger Ballen erhalten haben. Die Masse, aus welcher der zellige Ballen besteht, ist hauptsächlich nur gelbes elastisches Gewebe, das sich in Form von elastischen Häuten,

mehr oder weniger dicken, elastischen Strängen und Bündeln oder kugelartigen Zusammenballungen rc. hier vorfindet; sie enthält weniges fibröses Gewebe und ist daher der weichste Theil des ganzen Strahlkissens, aus ihr geht jederseits ein starker elastischer Strang hervor,

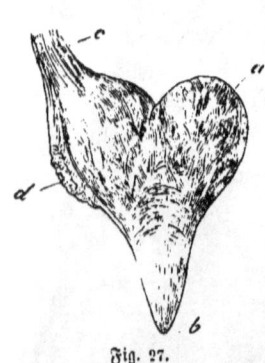

Fig. 27.

der schräg nach vorn und oben läuft und sich am unteren Ende des Fesselbeines, gemeinschaftlich mit einem ähnlichen elastischen Strange, der mehr vom vorderen Theile des Strahlkissens und der inneren Fläche des Hufknorpels kommt, befestigt; diesen elastischen Strang nenne ich, da er den Ballen gleichsam am Fesselbeine aufhängt: Aufhängeband des Ballens oder Ballen-Fesselbeinband (Fig. 25 b u. Fig. 27 c.)

Aehnliche aber kleinere, aus dem Ballen hervorgehende Stränge befestigen sich am hinteren Rande des Hufknorpels (Fig. 25 b'). An dem Befestigungspunkte des Aufhängebandes des Ballens endet auch

---

Fig. 26. Strahlkissen von unten gesehen. a Grund desselben (Ballen). b Spitze. c Grube zur Aufnahme des Hahnenkamms des Hornstrahles.

Fig. 27. Strahlkissen von oben gesehen. a Grund desselben (Ballen). b Spitze. c aus demselben hervorgehendes Aufhängeband. d Stelle, an welcher sich das elastische Hufknorpelfesselbeinband mit dem Strahlkissen verbindet.

noch eine Hautsehne (Fig. 25 d), welche in der Gegend des Köthen=
zopfes aus der unteren Fläche der äußern Haut entspringt; da diese
aber nicht elastischer, sondern fibröser Natur ist, so scheint zwischen
beiden ein weiterer Zusammenhang nicht
stattzufinden. Die Seitentheile des
Grundes ragen über den unteren Theil
des Strahlkissens hervor und sind, wie
schon erwähnt, so innig mit dem hinteren

Fig. 28.

Theile der Hufknorpel verbunden, daß sich eine scharfe Grenze zwischen
beiden nicht ziehen läßt; es dringen hier knorpelige Massen in elastische und
elastische Massen in knorpelige ein (siehe Fig. 29). Nach vorn setzt
sich der zellige Ballen in
die stark in schräger Rich=
tung nach unten und vorn
abfallende obere Fläche
des Strahlkissens fort (Fig.
27 u. 28); von dieser Fläche
aus gehen mehr oder weniger
breite elastische Platten an
das elastische Unterstützungs=

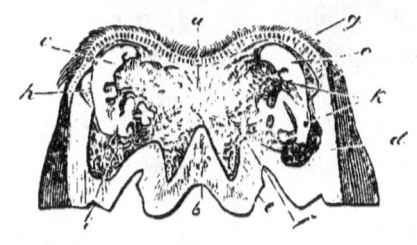

Fig. 29.

band der Hufbeinbeugesehne und befestigen sich theils an dieses, theils
lassen sie sich noch weiter nach oben hinauf verfolgen. Der untere
Theil des Grundes, die untere und die beiden Seitenflächen des
Strahlkissens sind von dem Fleischstrahle bekleidet und bilden gleich=
sam das Modell, über welches der Hornstrahl geformt wird; man
nennt diesen ganzen Theil des elastischen Polsters daher auch den

---

Fig. 28. Senkrecht in der Mittellinie durchgeschnittenes Strahlkissen. a Durch=
schnittsfläche. b Ballentheil. c Grube des Strahlkissens.

Fig. 29. Senkrechter, von einer Seite zur andern geführter Fußdurchschnitt.
Der Schnitt führt durch die Mitte der Strahlgrube und fällt dicht hinter den
Punkt, wo der Hahnenkamm anfängt, sich nach vorn und abwärts zu senken.
a hinterer Theil des Strahlkissens; er ist durch b, den Hahnenkamm, in zwei
gleiche Hälften getheilt und wird durch c c die Hufknorpel von den Seiten her
umfaßt; man sieht, daß dieselben Fortsetzungen in das Strahlkissen hineinschicken.
d durchgeschnittene Trachtenwand. e Schenkel des Hornstrahles. f Verbindungs=
stelle der Eckstreben mit dem Hornstrahl. g äußere Haut. h Kronenwulst.
i Huflederhaut, welche hier zahlreiche Blutgefäße bedeckt. k Gefäßlöcher, die durch
den Hufknorpel gehen.

zelligen Strahl; die Masse des Zellstrahles ist viel fester und härter als im zelligen Ballen; das elastische Gewebe ist in geringer, das sehnige (fibröse) in überwiegender Menge vorhanden.

Der untere Theil des Grundes und der hintere Theil der unteren Fläche sind durch eine mehr oder weniger tiefe Spalte oder Grube in zwei gleiche Hälften geschieden (Fig. 26 c und 28 c), weshalb man hier an dem Zellstrahle einen äußeren und einen inneren Schenkel unterscheidet; nach oben verlieren sich diese Schenkel in dem Ballen ihrer Seite (Fig. 26 a), nach vorn zu vereinigen sie sich vor der Spalte und bilden dann eine gleichmäßige, sich nach vorn zuspitzende Fläche. Die beiden Seitenflächen sind glatt und begrenzen die beiden Schenkel von der Seite; sie laufen nach der Mittellinie des Fußes zu und treffen in der Spitze des Strahlkissens zusammen (Fig. 26 und 27 b).

Das elastische Polster befestigt sich theils durch die genannten elastischen Stränge und Häute, theils durch seine innige Verbindung mit dem Hufknorpel; seine Hauptbefestigung aber erhält es dadurch, daß der sogenannte Zellstrahl nach allen Richtungen faserige Massen an die untere Fläche des Hufbeins schickt, welche sich innig mit dem Knochen verbinden.

Fünftes Kapitel.
Von den Blutgefäßen und Nerven des Fußes.

Zwischen Knochen, Bändern, Sehnen und elastischen Theilen einerseits und den den Fuß von außen her bedeckenden Theilen andererseits, finden sich noch eine Anzahl von Organen, die für den Aufbau des Fußes und für seine mechanischen Verhältnisse allerdings nicht die Bedeutung haben, als die bereits betrachteten, die aber nichts destoweniger auf die Lebenserscheinungen desselben, sein Wachsthum, seine Ernährung, Empfindung ꝛc., den allergrößten Einfluß ausüben. Diese Organe sind die Blutgefäße und Nerven.

A. Blutgefäße.

Die Blutgefäße oder Adern stellen ein System häutiger Röhren dar, welche das Blut von seinem Mittelpunkte, dem Herzen zu den einzelnen Körpertheilen hinbringen, und von diesen Theilen dem Herzen wieder zuführen. Da das Blut, von dem das Wachsthum und die Ernährung des ganzen Thierkörpers ausgeht, aber beständig in einem fort ausströmt, so ist es klar, daß diejenigen Röhren, die dasselbe vom Herzen wegleiten, es nicht auch gleichzeitig wieder dahin zurückbringen können. Aus diesem Grunde sind zweierlei Arten von Blutgefäßen vorhanden; diejenigen, welche vom Herzen kommen, nennt man Schlag= oder Pulsadern, oder Arterien; diejenigen, welche zum Herzen gehen, heißen schlechtweg Blutadern oder Venen.

Die Arterien lassen sich im Allgemeinen (allerdings giebt es auch Ausnahmsfälle) von den Venen sowohl am todten, als am lebenden Thiere leicht unterscheiden. Die Arterien sind dickwandiger, weniger weit und nicht so zahlreich vorhanden, als die Venen; sie enthalten bei todten Thieren in der Regel kein Blut, während die Venen noch mehr oder weniger damit angefüllt sind. An lebenden Thieren fühlt man, wenn man größere Arterien mit dem Finger drückt, ein regelmäßig wiederkehrendes leichtes Schlagen (Puls, woher der Name Puls= oder Schlagadern); öffnet man dieselben, so spritzt hellrothes Blut in einem Bogen heraus. Bei den Venen fühlt man keinen Schlag; ihr Blut ist dunkelroth und spritzt nicht.

Außer den blutführenden Gefäßen giebt es noch andere, eine gelbliche oder gelb-röthliche Flüssigkeit enthaltende Gefäße, die sehr dünnwandig und klein sind, in der Regel die Venen begleiten und ihren Inhalt auch schließlich in Venen ergießen. Der Inhalt dieser Gefäße heißt Lymphe, sie selber Lymphgefäße. Sie finden sich auch am Pferdefuße vor, sind hier aber so zart, daß sie kaum in die Augen fallen. Es würde hier zu weit führen, auf die Lymphe und die Lymphgefäße näher einzugehen.

Ueber das Verhalten der Blutgefäße ist im Allgemeinen Folgendes zu merken: Bei ihrem Abgange vom Herzen sind die Arterien große, starkwandige Röhrenstämme, welche sich auf ihrem Wege nach den einzelnen Körpertheilen immer mehr theilen und dünnwandiger werden, größere Aeste spalten sich in kleinere, diese geben Zweige ab, die sich nach allen Richtungen hin ausbreiten und sich endlich im Gewebe der Organe auflösen. Dieses Verhalten der Arterien kann man am besten mit einem Baume vergleichen, dessen Stamm sich erst in stärkere dann in schwächere Aeste theilt, die sich ihrerseits dann wieder in Zweige, Reiser ꝛc. auflösen und bis in's Unendliche verkleinern. Bei ihrer Auflösung in dem Gewebe derjenigen Organe, welche die Arterien mit Blut zu versorgen haben, stellen sie ein Netz dar, welches aus unendlich feinen, mit bloßem Auge nicht mehr wahrnehmbaren Röhrchen, den Haargefäßen (Capillargefäßen), besteht. Diese Haargefäße treten, nachdem sie eine kleine Strecke weit als feinste Gefäßchen gegangen sind, ganz in derselben Weise wieder zusammen, wie sie aus den Arterien entstanden, d. h. sie bilden nach und nach größere Gefäße, welche jetzt die Bestimmung haben, das Blut zum Herzen zurückzuführen und nun den Namen Venen oder Blutadern erhalten; diese verhalten sich auf ihrem Verlaufe zum Herzen umgekehrt wie die Arterien; es setzen sich aus kleinen Reisern und Zweigen nach und nach Aeste zusammen, aus denen endlich diejenigen Stämme hervorgehen, welche im Herzen endigen.

Wenn die Arterien und Venen für die einzelnen Organe als Zugangs- und Abzugskanäle des Blutes auch von großer Wichtigkeit sind, so hat doch das Haargefäßnetz für die Ernährungs- und Absonderungsvorgänge selbst eine nicht mindere Bedeutung. Nur durch die zarten Wände der Haargefäße kann die in dem hellrothen Arterienblute enthaltene Ernährungsflüssigkeit in das Gewebe der verschiedenen Organe eindringen. Jedes Organ eignet sich aus dieser Ernährungsflüssigkeit dann das an, was es gerade zu seiner Erhaltung und Absonderung nöthig hat.

Alle Theile des Pferdefußes enthalten mehr oder weniger Blut und haben daher auch Blutgefäße; die einzigen Ausnahmen hiervon machen die hornigen Gebilde; diese können wir versetzen, ohne daß eine Blutung eintritt. Diejenigen Theile dagegen, welche die Horngebilde erzeugen, erhalten auffallend viel Blut und sind die blutreichsten Organe am ganzen Fuße*).

1. Blutzuführende Gefäße — Arterien.

Ehe das Blut vom Herzen zu den Füßen gelangt, muß es durch eine große Anzahl verschieden benannter Arterien fließen. Am Schienbein (sowohl des Vorder- als des Hinterfußes) heißt das Hauptgefäß, das es bis in die Gegend des Fesselgelenkes hinunterführt, große Schienbeinarterie.

Dieses Gefäß spaltet sich 3—5 Cm. über dem Fesselgelenke vor den Beugesehnen des Fußes in zwei gleichstarke Aeste, die nun

---

*) Denjenigen Lesern, welche mit der Benennung der Hufhorn erzeugenden Theile noch nicht vertraut sein sollten, ist zu rathen, diese erst kennen zu lernen, ehe sie an das Studium der Gefäße gehen.

zu beiden Seiten des Fußes bis zum Hufbein hinuntergehen und bis dahin Seitenarterien des Fußes (a) genannt werden; am Hufbein spaltet sich jede Seitenarterie abermals und bildet die äußere

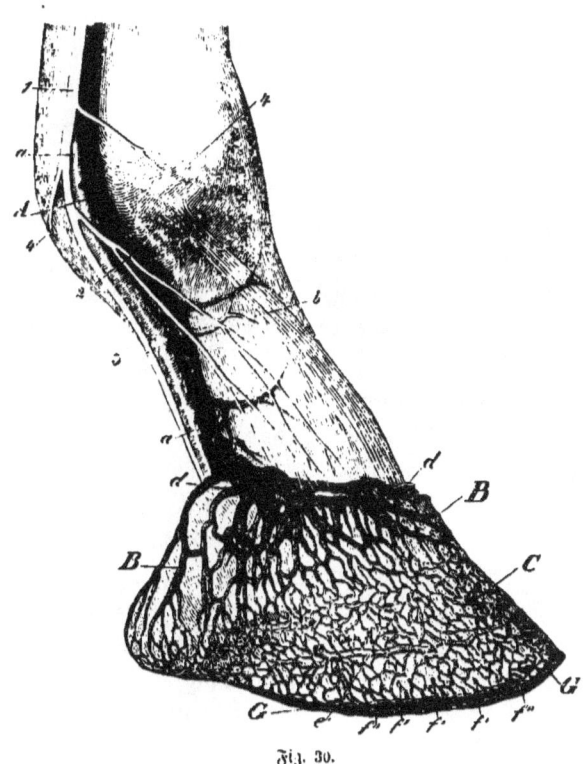

Fig. 30.

(Fig. 30 e) und die innere Hufbeinarterie (Fig. 32 f). Das nähere Verhalten der Gefäße ist folgendes:

Fig. 30. Vorderfuß von der Seite gesehen mit präparirten Gefäßen und Nerven. a Seitenarterie des Fußes. b vordere Fesselbeinarterie. d vordere Arterie des Kronbeines. e' in der Wandrinne verlaufender Zweig der äußeren Hufarterie. f Zweige der inneren Hufarterie, welche durch die Löcher oberhalb des unteren Hufbeinrandes heraustreten; sie verbinden sich mit einander und bilden f" die Arterie des unteren Hufbeinrandes. A Seitenvene des Fußes. B oberflächliches Venennetz der Fleischkrone. C Venennetz der Fleischwand. G Vene des unteren Hufbeinrandes. 1 Seitennerv des Fußes. 2 dessen vorderer Zweig. 3 dessen hinterer Zweig. 4 Hautzweige desselben

1. Jede Seitenarterie des Fußes (a) ist ein ziemlich bedeutendes Gefäß, welches an den Seitenrändern der Beugesehnen liegt und an diese oder an ihre Halteapparate durch Zellgewebe befestigt ist. Ungefähr in der Mitte des Fesselbeines giebt sie ab:

a. Die Arterie des Fesselbeines; diese ist ein sehr kurzes Gefäß, welches in einem rechten Winkel aus der Seitenarterie entspringt und sich dann sofort in zwei Zweige theilt.

aa. Die vordere Arterie des Fesselbeines (Fig. 30 b) tritt nach vorn und spaltet sich in einen kürzeren, nach oben gehenden und in einen oder mehrere längere, nach unten gehende Zweige, welche häufig Gefäßverbindungen mit den gleichnamigen Arterien der andern Seite eingehen. Sie verzweigen sich in der Strecksehne, der Haut und im Fesselgelenke; der nach unten gehende Zweig hilft Fleischsaum und Kronenwulst mit Blut versorgen.

bb. Die hintere Arterie des Fesselbeines (Fig. 32 b) tritt nach hinten und versorgt die Beugesehnen und deren Schleimscheiden, das untere Gleichbeinband, Fesselbein ec., und bildet mit der gleichnamigen der anderen Seite einen Gefäßbogen.

b. Die Fersenarterie oder Arterie des Fleischstrahles (Fig. 31 u. 32 c) entspringt etwa am unteren Ende des Fesselbeines, wendet sich nach hinten und unten der Mittellinie des Fußes zu, und verzweigt sich im Strahlkissen, hauptsächlich aber im Fleischstrahl; außerdem giebt sie noch Zweige an den Eckstrebentheil der Kronenwulst und den Eckstrebentheil der Fleischwand. —

c. Etwa in der Mitte des Kronenbeins entspringen entweder gemeinschaftlich oder einzeln aus der Seitenarterie

aa. Die vordere Arterie des Kronenbeins oder Arterie der Kronenwulst (Fig. 30 d); sie ist von beiden der stärkere Zweig und hauptsächlich für Fleischsaum und Fleischkrone*) bestimmt;

---

*) Zwischen dieser Arterie und der Arterie des Fesselbeines entspringt nicht selten aus der Seitenarterie ein ebenfalls zur Fleischkrone gehender Zweig, der ebenfalls den Namen Kronenwulstarterie erhalten hat. Da dieser Zweig indeß sehr unbeständig ist, so ist es gerechtfertigter, der vorderen Arterie des Kronenbeines diesen Namen zu geben; sie ist es hauptsächlich, aus welcher die Kronenwulst ihr Blut empfängt.

sie verbindet sich mit der gleichnamigen der anderen Seite immer zu einem sehr schönen Gefäßbogen.

bb. Die **hintere Arterie des Kronenbeins** (Fig. 32 d) tritt nach hinten, vereinigt sich ebenfalls mit der gleichnamigen der anderen Seite zu einem Gefäßbogen und versieht die Kapselbänder des Krongelenkes und des Hufgelenkes, das Kronbein, Beugesehnen, Bänder und Haut.

Sobald die Seitenarterie zwischen Strahlbein und Hufbeinästen angelangt ist, theilt sie sich in zwei Aeste, von denen der eine nach außen auf die Wandfläche des Hufbeins, der andere in das Innere desselben tritt. Der erstere heißt

2. die **äußere Hufbeinarterie oder Arterie der Fleischwand** (Fig. 30 o' u. 32 e); sie giebt, ehe sie nach außen tritt, einen Zweig ab, der sich im Strahlkissen und in der Fleischsohle verzweigt; alsdann geht sie durch das zwischen Hufbeinästen und Hufknorpeln befindliche Loch nach außen und theilt sich sofort in drei Zweige. Der bedeutendste Zweig (Fig. 30 o') läuft in der Wandrinne nach vorn und verbreitet sich in dem größten Theile der Fleisch=

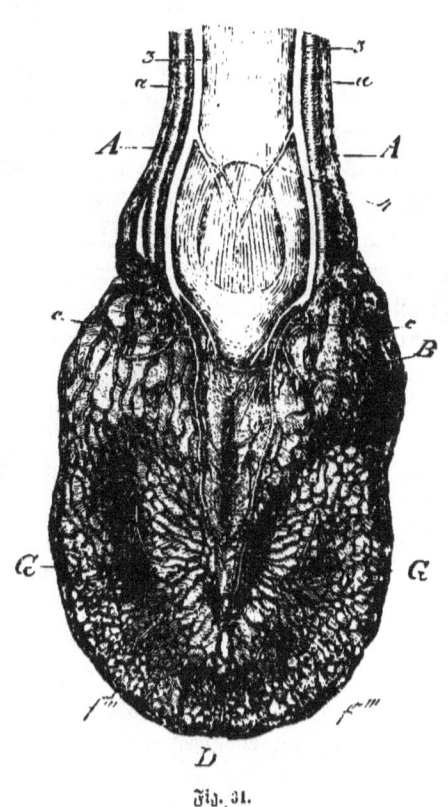

Fig. 31.

Fig. 31. Fuß von hinten und unten gesehen. a Seitenarterie des Fußes. c Fersenarterie oder Arterie des Fleischstrahles. f''' Zweige der inneren Hufbeinarterie, welche sich in der Fleischsohle verzweigen. A Seitenvene des Fußes. B Venennetz der Ferse. D Venennetz der Fleischsohle. G Vene des unteren Hufbeinrandes. 3 hinterer Zweig der Seitennerven des Fußes. 4 Hautzweige desselben.

wand; der nach hinten laufende tritt auf die äußere Fläche des hinteren Theiles des Hufknorpels und versieht die hier liegenden Theile mit Blut; der nach unten laufende geht Verbindungen mit der folgenden Arterie ein.

3. Die innere Hufbeinarterie (auch Arterie der Fleischsohle genannt) (Fig. 32 f) ist als der fortlaufende Stamm der Seitenarterie anzusehen; sie tritt, nachdem sie einige Zweige an das Hufgelenk (Fig. 32 g) abgegeben hat, in der betreffenden Sohlenrinne liegend, durch das Sohlenloch in das Innere des Hufbeins und vereinigt sich hier mit der gleichnamigen Arterie der anderen Seite zu einem Gefäßbogen, aus welchem nun nach allen Richtungen kleine Arterien (Fig. 32 f') abgehen, die theils zur Ernährung des Hufbeins, hauptsächlich aber für die Hufhorn erzeugenden Theile bestimmt sind. Diese letzteren treten durch 8—12 und mehr kleine Kanäle hindurch, die an der Wandfläche des Hufbeins, dicht oberhalb des unteren Randes desselben ausmünden (Fig. 30 f'), laufen hauptsächlich nach dem unteren Rande zu und vereinigen sich mit dem in derselben Richtung laufenden unteren Zweige der äußeren Hufbeinarterie zu einem mehr oder weniger zusammenhängenden Gefäße, welches den unteren Rand des Hufbeins umgürtet, und die Arterie des unteren Hufbeinrandes genannt werden könnte (Fig. 30 f'). Von hier aus treten Zweige nach hinten auf die untere Fußfläche und versorgen hauptsächlich die Fleischsohle (Fig. 31 f''').

2. Blutwegführende Gefäße — Venen.

Nachdem das Blut durch die, besonders in den Horn erzeugenden Theilen ziemlich weiten Haargefäße des Fußes gegangen ist, sammelt es sich in den rückführenden Gefäßen an; diese bilden mehrere Schichten übereinander liegender Netze und stehen in so vielfacher Verbindung mit einander, daß der Rückfluß des Blutes, wenn er aus irgend einem Grunde an einer Stelle unterbrochen sein sollte, dennoch nach jeder anderen beliebigen Richtung erfolgen kann. Sämmtliches Blut, das die Arterien, die wir kennen gelernt haben, in den Fuß brachten, sammelt sich schließlich in einer größeren Vene an, die neben der Seitenarterie des Fußes nach aufwärts läuft und Seitenvene des Fußes (A) genannt wird. Zu ihrer Zusammensetzung tragen bei:

1. **Das Venennetz der Fleischsohle** (Fig. 31 D); dies ist die netzartige Verbindung derjenigen kleinen Venen, welche die untere Fußfläche dicht bedecken; zu seiner Zusammensetzung tragen nicht allein die Venen der Fleischsohle bei, sondern auch die des Fleischstrahles, des Eckstrebentheils der Fleischkrone und des Eckstrebentheils der Fleischwand; seinen Abfluß nimmt es theils durch das Netz der Fersenvene (Fig. 31 B), theils durch das tiefe Kronenvenennetz (Fig. 32 E); es kann sich aber auch durch das Netz der Fleischwand entleeren, mit dem es in einer eigenthümlichen Verbindung steht.

2. **Das Venennetz der Fleischwand** (Fig. 30 C) ist im Allgemeinen dem der Fleischsohle ähnlich; das in ihm enthaltene Blut ergießt

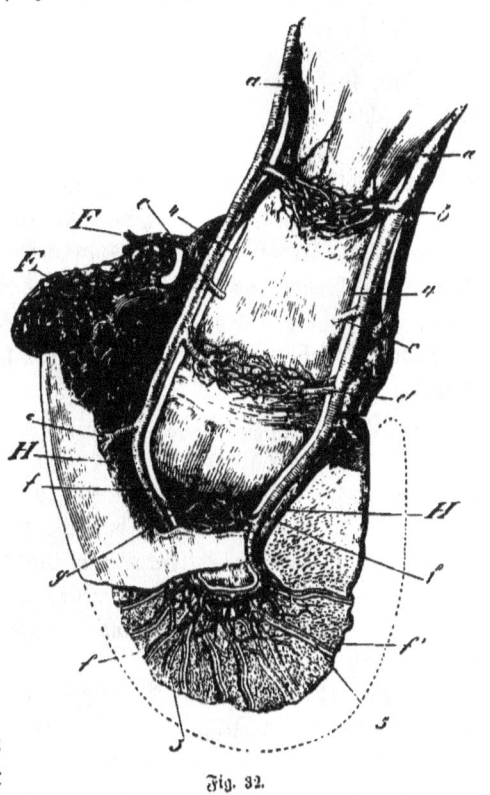

Fig. 32.

Fig 32. Rechter Vorderfuß von außen, hinten und unten gesehen. Der äußere Hufknorpel ist entfernt und vom Hufbein außen und vorn soviel weggenommen, daß die in demselben liegenden Gefäße sichtbar werden; die punktirte Linie giebt den Umriß des noch unversehrten Hufbeins an. a Seitenarterie des Fußes. b hintere Fesselbeinarterie. c abgeschnittene Fersenarterie. d hintere Kronbeinarterie. f innere Hufbeinarterie verbindet sich mit der der anderen Seite im Hufbeine zu einem Bogen, aus welchem f' Zweige an die vordere Hufbeinfläche treten. g Zweige derselben an das Hufgelent. E tiefes Venennetz der Fleischkrone; es bedeckt den Hufknorpel von innen. F abgeschnittene Zweige des oberflächlichen Venennetzes der Fleischkrone: aus beiden geht die in der Figur nicht bezeichnete Seitenvene des Fußes hervor. H innere Hufbeinvene. 4 hinterer Zweig des Seitennerven; er begleitet die Gefäße in das Hufbein; 5 Zweige desselben, welche die Arterienzweige zur Fleischwand begleiten.

4*

sich entweder in die Kronenvenennetze oder nimmt seinen Weg durch das Sohlennetz. Als eigenthümliches Verbindungsglied zwischen dem Venennetze der Fleischsohle und dem der Fleischwand ist

3. die Vene des unteren Hufbeinrandes (Fig. 30 und 31 G) anzusehen; diese stellt nicht geradezu eine zusammenhängende Vene dar, sondern ist vielmehr als aus mehreren mehr oder weniger langen, schlauchartigen Blutbehältern (Blutsäcken, Sinus) zusammengesetzt, aufzufassen, welche den unteren Hufbeinrand rings umgürten und von viel bedeutenderer Weite sind, als die Venen des Sohlen- und des Wandnetzes, mit welchen sie in Verbindung stehen.

4. Das Venennetz der Fleischkrone liegt um die ganze Fleischkrone herum und bedeckt mit Ausnahme seiner vorderen Parthie sowohl die äußere als auch die innere Fläche der Hufknorpel, dieser Lage wegen muß man es in ein oberflächliches und tiefes abtheilen.

a. Das oberflächliche von ihnen (Fig. 30 B) bedeckt die äußere Fläche der Hufknorpel und setzt sich aus den Venen der Fleischwand zusammen; die Venen, aus denen es besteht, sind größer und die Maschen weiter als die des Wandnetzes. Am oberen Rande des Hufknorpels und am hinteren oberen Winkel desselben setzen sich einige größere Venen daraus zusammen, welche vereinigt mit den größeren Venen des tiefen Kronennetzes und des Fersennetzes die Seitenvene des Fußes bilden.

b. Das tiefe Netz der Fleischkrone (Fig. 32 E) liegt an der inneren Fläche des Hufknorpels und füllt die Unebenheiten desselben aus, welche wir S. 39 an demselben kennen gelernt haben. Es besteht ebenfalls aus ziemlich starken Venen, die mit dem oberflächlichen Netze durch die Löcher des Hufknorpels hindurch in vielfacher Verbindung stehen. In der Regel wird von diesem Netze aufgenommen

5. die innere Hufbeinvene (Fig. 32 H); diese Vene tritt aus dem Sohlenloche des Hufbeins heraus und liegt in der Sohlenrinne neben der inneren Hufbeinarterie; sie setzt sich lediglich aus den Venen zusammen, welche das zur Ernährung des Hufbeins bestimmt gewesene Blut wieder sammeln und zurück führen; mit der Fortleitung des in den Horn erzeugenden Theilen gebrauchten Blutes hat sie im Allgemeinen weiter nichts zu schaffen. Auf ihrem Wege nimmt

sie oft die Gelenkvenen des Hufgelenkes auf, die sich indeß auch separat in das tiefe Netz der Krone ergießen können.

6. Das **Venennetz der Ferse** (Fig. 31 B) ist eigentlich weiter nichts, als der nach hinten und oben über den Ballen sich erstreckende Theil des Sohlennetzes; die Maschen des Netzes werden weiter, die Venen größer; sie setzen sich zu einigen Venenstämmen zusammen, die, wie schon erwähnt, die Seitenvene bilden helfen. — Auf ihrem Verlaufe nach oben liegt die **Seitenvene des Fußes** (A) vor ihrer Arterie, an den Seitenrändern der Beugesehnen; sie nimmt außer einigen unbenannten Hautvenen noch die **vorderen** und **hinteren Fesselvenen** auf. Nachdem beide Seitenvenen über das Fesselgelenk getreten sind, vereinigen sie sich vor den Beugesehnen, gerade so, wie sich die Arterien theilten. Das in ihnen enthaltene Blut gelangt erst ins Herz, nachdem es seinen Weg noch durch eine große Menge verschieden benannter Venen gemacht hat.

B. Nerven.

Die Nerven sind weiße, mehr oder weniger dicke, rundliche Stränge, die aus dem Gehirn und Rückenmark kommen, und auf ihrem Verlaufe meist die Arterien zu begleiten pflegen, sie theilen sich wie diese in Aeste und Zweige und verlieren sich endlich in den Geweben, zu denen sie gehen, so, daß man sie mit bloßem Auge nicht mehr verfolgen kann. Wenn die Blutgefäße das Material für die Ernährung zu- und abführten, so überwachen und reguliren die Nerven gewissermaßen die einzelnen Ernährungs- und Absonderungsvorgänge, weswegen auch sie für Erzeugung und Wachsthum der Theile von großer Bedeutung sind. Außerdem sind sie es, welche die Bewegung und Empfindung der Organe vermitteln. Ganz ohne Nerven sind nur die Theile am Fuße, welche ganz ohne Gefäße sind, d. h. die hornigen Massen; man kann am Hufhorn und den Haaren herumschneiden, so viel man will, ohne daß die Thiere Schmerz äußern. Reichlich dagegen ist die äußere Haut und die mit ihr in Verbindung stehenden Horn erzeugenden Gebilde mit Nerven versehen. Hierdurch wird es auch erklärlich, daß die Pferde bei den meisten Fußkrankheiten, bei Quetschungen, Vernagelungen, Entzündungen, aber auch bei zusammengezogenen Trachten ꝛc. sehr viel Schmerz erdulden müssen.

Die Nerven, welche den Fuß versehen, stammen aus dem Rückenmark und heißen am unteren Theile der Gliedmaße, da sie die Seitenarterien und Seitenvenen des Fußes begleiten, **Seitennerven des Fußes**.

Jeder **Seitennerv** (Fig. 30 1) (innerer und äußerer) spaltet sich am Fesselgelenk in zwei Zweige.

Der vordere Zweig (Fig. 30 2) geht zwischen der Seitenarterie und Seitenvene eine Strecke abwärts und löst sich dann in eine Menge kleiner Zweige auf, die sich in der Haut, dem Fleischsaum, der Fleischkrone und der Fleischwand verbreiten.

Der hintere Zweig (Fig. 30 u. 31 3, Fig. 32 4) ist der stärkere und liegt hinter der Arterie, die er bis dahin, wo sie den Gefäßbogen im Hufbein macht, begleitet; auf seinem Wege bis zum Sohlenloche giebt er noch Zweige für die Haut (Fig. 30 u. 31 4), die Gelenke und namentlich für Fleischstrahl und Fleischsohle ab. Der mit der inneren Hufarterie in das Hufbein eindringende Nerv theilt sich in sehr feine Zweige, die die Arterienzweige aus dem Hufbein heraus zur Wand begleiten und sich in dieser verlieren (Fig. 32 5)*). In der Horn erzeugenden Lederhaut, besonders in dem sog. Fleischstrahl hat man beim Pferde auch die mit den Nerven in Verbindung stehenden eigenthümlichen Gebilde nachgewiesen, welche unter dem Namen der Pacini'schen oder Vater'schen Körperchen bekannt sind.

---

*) In Bezug auf Fig. 32 erlaube ich mir zwei Bemerkungen. 1. habe ich die Nervenanastomose, welche die Gefäßanastomosen begleitet, nicht gesehen; sie ist in der Abbildung durch ein Mißverständniß des Xylographen entstanden. 2. sind die die Arterien f' begleitenden Nerven viel zu stark dargestellt; sie haben in natürlicher Größe kaum die Stärke, welche sie in der Abbildung zeigen.

Sechstes Kapitel.

Von den Schutzorganen des Fußes.

Diejenigen Theile, welche wir bis jetzt an dem Fuße des Pferdes betrachtet haben, werden von außen her von ganz demselben Organe, welches alle übrigen Körpertheile überzieht und gegen äußere Einflüsse schützt, ebenfalls eingeschlossen und vor nachtheiligen Einwirkungen bewahrt. Dies Organ ist die **äußere Haut, allgemeine Decke**, oder wie es im gewöhnlichen Leben bei Thieren vorzugsweise genannt wird, **das Fell**.

Wegen der besonderen Zwecke aber, welche die allgemeine Decke an den äußersten Fußenden zu erfüllen hat, weicht sie hier so wesentlich von demjenigen Verhalten, das sie an allen übrigen Körpertheilen zeigt, ab, daß wir sie am äußersten Fußende besonders betrachten müssen.

1. **Verhalten der allgemeinen Decke bis zum Hufe.**

Die Haut, welche vom Fesselgelenk bis zum Hufe den Fuß überzieht, ist durchaus übereinstimmend mit derjenigen, welche alle anderen Körpertheile bekleidet. Man unterscheidet an ihr zwei Schichten, von denen die untere die stärkere ist und Lederhaut genannt wird; die obere dünnere Schicht sieht der Außenwelt zu und heißt Oberhaut (Epidermis).

Die Lederhaut ist ein mehr oder weniger dickes, faseriges Gebilde, welches sich mit seiner unteren Fläche mittelst Zellgewebes (Unterhaut=Zell= oder Bindegewebe) an diejenigen Theile befestigt*), die es gerade bedeckt, und sehr viel Blutgefäße und Nerven enthält. Sie ist nicht allein Schutz=, sondern auch Absonderungs= und Empfindungsorgan; Schnitte, welche die Lederhaut verletzen, sind stets sehr schmerzhaft.[1])

Die Oberhaut ist die äußere Schicht der allgemeinen Decke und wird von der äußeren Fläche der Lederhaut abgesondert. Ge=

---

*) In der Gegend des Köthenzopfes entspringen von der unteren Fläche der Lederhaut zwei schmale, aber ziemlich starke, fibröse Sehnen, welche jede an der betreffenden Seite schräg nach außen und unten laufen und am unteren Theile des Fesselbeines in Gemeinschaft mit den Aufhängebändern des Ballens endigen (Fig. 25 d).

nauer (unter dem Vergrößerungsglase) betrachtet, besteht dieselbe aus lauter einzelnen, über= und nebeneinander geschichteten, verhornten Zellen, die verschiedene Lagen bilden und den Thierkörper gleichsam als eine dünne Hornschicht überziehen. Da die Oberhaut weder Gefäße noch Nerven hat, so ist sie völlig empfindungslos; diese Eigenschaft und ihre hornige Beschaffenheit machen sie besonders geschickt, die sie absondernde sehr empfindliche Lederhaut gegen von außen kommende Einflüsse zu schützen.[2])

In der Lederhaut finden sich unendlich viele kleine sackartige Einstülpungen, in deren Grunde ein kleiner, warzenförmiger Körper wahrgenommen wird; die Einstülpungen werden **Haarsäckchen** oder **Haarbälge** und die darin befindlichen Wärzchen **Haarwärzchen** oder **Haarpapillen** genannt, da sie es sind, von denen die Entstehung der Haare ausgeht. Die aus den Haarsäckchen hervorwachsenden Haare durchbohren die Oberhaut und treten, je nach dem Orte ihres Vorkommens, als bald längere, bald kürzere, dickere oder dünnere, ungefärbte oder verschieden gefärbte, fadenförmige Körper nach außen; sie gehören, wie die Oberhaut, zu den Horngebilden und bestehen aus ähnlichen, aber langgestreckten Zellen; sie sind ebenfalls hauptsächlich zum Körperschutze vorhanden.[3])

[1]) In den verschiedenen Körpergegenden zeigt die Lederhaut verschiedene Dickenverhältnisse, die sich auch noch nach Race, Alter ꝛc. abändern können; am Pferdefuße hat sie eine ziemlich bedeutende Stärke und Festigkeit. Betrachtet man ihren Bau näher, so sieht man, daß sie aus vielfach in= und durcheinander gewebten (verfilzten) Fasern besteht; hierdurch erhält die Lederhaut eine so große Widerstandsfähigkeit, daß sie, nachdem sie von den todten Thieren entfernt und in geeigneter Weise bearbeitet (gegerbt) ist, als das Jedermann bekannte Leder für die verschiedensten Zwecke benutzt werden kann. Daher auch ihr Name.

[2]) Je jünger die Zellenschichten der Oberhaut sind, d. h. je näher sie der Lederhaut, als ihrer Absonderungsstätte, liegen, um so weicher und rundlicher sind die einzelnen Zellen; man hat daher die unmittelbar auf der Lederhaut liegende Zellenschicht auch als eine eigene **Schleimschicht** (Malpighisches Schleimnetz) bezeichnet. Je mehr die Zellen durch später gebildete nach außen gedrängt werden, desto mehr flachen sie sich ab, werden eckig, unregelmäßig, schuppenartig und liegen auch, etwa wie die Schuppen eines Fisches, auf= und nebeneinander; auf dem Wege nach außen verändern die Zellen aber nicht allein ihre Gestalt, sondern auch ihre Beschaffenheit; sie werden fester, trockner und wandeln sich in Horn um (sie verhornen). — Da die Absonderung der Oberhaut

ununterbrochen stattfindet, so würde diese sich zuletzt so auf der Lederhaut an=
häufen, daß die übrigen Verrichtungen der letzteren darunter leiden könnten;
damit dies aber nicht geschehe, schilfern sich die ältesten Oberhautschichten fort=
während ab, oder werden bei Pferden auch wohl beim Putzen mit abgerissen und
entfernt, wie man sich aus dem beim Striegeln entfernten sogenannten Pferde=
staub überzeugen kann.

³) Die Haare, welche den Fuß überziehen, gehören zu denjenigen, welche
man Deckhaare nennt. Die an der hinteren Fläche des Fesselgelenkes vor=
kommenden längeren und stärkeren, büschelförmig stehenden Haare heißen, zum
Unterschiede von den Deckhaaren, Behang oder Köthenzopf (Fig. 3 G); sie
schließen einen kleinen, mehr oder weniger entwickelten Hornzapfen, den Sporn
(Fig. 4 r), ein und zeigen sich hinsichtlich ihrer Entwickelung ungemein ver=
schieden; im Allgemeinen kann man annehmen, daß edlere und feinere Pferde
einen schwächeren Behang haben, als gemeine und gröbere.

Damit die Haare nicht spröde und brüchig werden und ihre Fähigkeit, den
Körper vor von außenher eindringender Feuchtigkeit zu bewahren, vermehrt
werde, finden sich in der Nähe eines jeden Haarsäckchens in der Lederhaut noch
ein oder zwei drüsenartige Körperchen eingebettet, welche eine fettige Masse ab=
sondern, durch die jedes Haar bei seinem Austritt aus der Haut gewissermaßen
eingeölt wird. Diese Körperchen haben den Namen Talgdrüsen erhalten.
Außerdem finden sich in der Lederhaut auch noch die sogenannten Schweiß=
drüsen, welche zur Absonderung des Schweißes bestimmt sind und als Schutz=
organe des Fußes nicht weiter in Betracht kommen.

2. **Verhalten der allgemeinen Decke an den äußer=
sten Fußenden, d. h. in ihrem vom Hufe eingeschlossenen
Theile.**

An den äußersten Fußenden, welche mit dem harten Erdboden,
mit Steinen ꝛc. fortwährend in Berührung kommen, ist natürlich ein
Schutz, wie ihn die Lederhaut den übrigen Körpertheilen durch Ober=
haut und Haare gewährt, nicht mehr ausreichend genug. Die unte=
ren Fußenden mußten durch andere Mittel, durch stärkere, compactere
Massen vor äußeren Einflüssen bewahrt werden. Zur Herstellung
solcher geeigneten Schutzmittel für die unteren Fußenden bediente sich
die Natur aber weder eines neuen Organes, noch neuer Substanzen;
sie benutzte das schon vorhandene Schutzorgan, die äußere Haut,
und dieselben Massen, welche die Haut abzusondern im Stande ist
das Horn, auch hier als Schutzwerkzeuge, änderte beide aber der=
artig ab, daß sie den gesteigerten Anforderungen in ihrer neuen Form
nun allenthalben entsprechen konnten. Die Lederhaut verliert

am unteren Fußende ihre Eigenschaft, Oberhaut, Haare
2c. zu erzeugen, sie wird zur Hufhorn absondernden
Haut, die ich der Kürze wegen Huflederhaut nennen werde, wogegen ich zur besseren Unterscheidung den Oberhaut, Haare 2c. erzeugenden Theil der Lederhaut Haarlederhaut benennen will.

Dieselbe Lederhaut, welche den ganzen Körper überzieht, bekleidet also auch die Fußenden; da aber solche Oberhaut, wie sie am übrigen Körper vorkommt, Haare und Talgdrüsen und die Producte der letzteren, hier dem Zwecke nicht mehr entsprechen, sondern eher nachtheilig als nützlich gewesen sein würden, so fehlen sie; nur Schweißdrüsen*) finden sich in der den Strahl absondernden Lederhaut in geringerer Anzahl. An den Fußenden war es erforderlich, daß größere, fest miteinander verbundene Hornmassen erzeugt wurden, und wir sehen auch wirklich, daß diesen Anforderungen bis in's Kleinste entsprochen worden ist. Das Material, aus welchem der Körper alle seine Gewebe bildet und seine Absonderungen besorgt, das Blut, ist in erstaunlicher Menge in den Huf erzeugenden Gebilden vorhanden, wie wir bereits aus der Betrachtung der Blutgefäße kennen gelernt haben.

Zu der durch den größeren Blutreichthum hervorgerufenen größeren Absonderungsfähigkeit der Lederhaut kommt an dem unteren Fußende nun auch noch eine sehr bedeutend vergrößerte Absonderungsfläche hinzu; es treten hier Zotten und Blätter auf, die an den übrigen Theilen der Lederhaut fehlen, und durch welche nicht allein die Möglichkeit gegeben ist, daß die Hornabsonderung im größeren Maaßstabe vor sich geht, sondern daß das erzeugte Horn auch den zweckmäßigsten Bau, die zweckentsprechendste Ineinanderfügung, Festigkeit und Elasticität erhält. Noch mehr: durch die Erzeugung verschieden harter Hornmassen ist auch dem inneren Leben des Fußes und dessen Mechanik überall Rechnung getragen. Die Schutzorgane des Pferdefußes sind wahre Meisterstücke der Schöpfung!

Der große Gefäßreichthum der Huflederhaut und die hieraus entspringende röthere Färbung derselben ist Ursache gewesen, daß man dieselbe als „Fleisch-

---

*) Die Schweißdrüsen (Knäueldrüsen) im Strahle des Pferdes wurden von Ercolani entdeckt und schon im Jahre 1861 beschrieben. Diese Entdeckung des berühmten italienischen Forschers war indeß in Deutschland unbekannt geblieben; hier wurden sie zuerst von Frank gesehen und ausführlicher in der Zeitschrift für Thiermedicin 1875 beschrieben. Nach Piana, der den Gegenstand weiter verfolgte, ist die Anzahl der Knäueldrüsen beim Pferde sehr variabel; nach ihm kommen sie hauptsächlich am hinteren Theile des Strahles an der inneren Seite der Strahlschenkel vor, fehlen aber in dem vorderen Strahltheile und an den Ballen. Beim Esel hingegen fand Piana sie in allen Theilen des Strahles in doppelten, selbst in dreifachen Lagen.

theile des Fußes" betrachtet und benannt hat. Dieser Name, so unpassend er auch immer sein mag, da das Fleisch (die Muskeln) und die Hufhorn absondernde Lederhaut nichts mit einander gemein haben, kann jedoch vorläufig noch nicht entbehrt werden; er ist in Deutschland der gebräuchlichste und wird selbst in wissenschaftlich gehaltenen anatomischen Werken fortgeführt. Man muß sich bei der Anwendung dieses Namens nur bewußt bleiben, daß es sich, wenn von den vom Hufe eingeschlossenen Theilen die Rede ist, um kein Fleisch, keine Muskelmassen, sondern eben nur um eine gefäß- und nervenreiche, Hufhorn absondernde Haut handelt.

Der Name „Leben", mit dem besonders die Schmiede die Huf erzeugenden Theile zu benennen pflegen, ist zwar ein unbestimmter Ausdruck, aber für die Anschauungsweise weniger unterrichteter Leute ganz passend, da gerade durch ihn die in der Huflederhaut vor sich gehenden Empfindungs- und Ernährungsverhältnisse unbewußt ausgedrückt werden.

A. Die Hufhorn absondernden Theile.

An dem von der Hornkapsel entblößten unteren Fußende unterscheidet man fünf von einander abweichende Abtheilungen der Huflederhaut: von vorn und von den Seiten her sind sichtbar der Fleischsaum, die Fleischkrone und die Fleischwand, von unten her sieht man einen geringen Theil der Fleischkrone und der Fleischwand, die ganze Fleischsohle und den ganzen Fleischstrahl.

Um das Verhalten der von der Hornkapsel eingeschlossenen, von der Haarlederhaut so abweichenden Huflederhaut kennen zu lernen, ist es am zweckmäßigsten, wenn man den abgeschnittenen Fuß längere Zeit im Wasser liegen (maceriren) läßt. Je nach Jahreszeit und Temperatur des Aufbewahrungsortes löst sich der Huf in bald längerer, bald kürzerer Zeit ab; in der Stubenwärme geschieht dieß in der Regel in 4—8 Tagen, bei Kälte dauert es gewöhnlich viel länger. Mit dem Hufe pflegen sich auch gleichzeitig Haare und Oberhautschichten der Haarlederhaut abzutrennen und man thut Behufs des Studiums wohl, diese dann mit einem stumpfen Instrumente vollends abzustreichen. Das Abreißen der Hufe von Füßen unlängst getödteter oder gestorbener Pferde ist einestheils sehr schwierig, und eignet sich auch zum Studiren der Huflederhaut aus dem Grunde nicht, da die letztere mehr oder weniger bei dem gewaltsamen Abreißen verletzt und zerstört wird.

Will man die äußere Form eines Hufes möglichst erhalten, so füllt man denselben mit Gypsbrei aus; anderen Falles pflegt er mehr oder weniger einzutrocknen und seine charakteristische Form zu verlieren.

1. Der Fleischsaum (Fig. 33 u. 34 b).

Der Fleischsaum bildet einen circa 5—6 Mm. breiten Streif, welcher zwischen Haarlederhaut und Kronenwulst liegt und sich rings um den Fuß bis zum Ballen hinzieht; in seinem vorderen Theile ist er etwas breiter, als in seinen Seitentheilen; seine größte Breite erreicht er jedoch in der Nähe der Ballen, über welche er hinübertritt und unmerklich in den Fleischstrahl übergeht. Von der Haarlederhaut trennt sich der Fleischsaum nicht scharf, doch liegt er etwas vertiefter als sie; bei genauer Betrachtung unter Wasser sieht man, daß die letzten Haare schon kleine, dem Fleischsaume angehörige Zöttchen zwischen sich haben; von der Kronenwulst ist er durch eine scharf ausgeprägte linienartige Vertiefung geschieden, so daß er gewissermaßen einen zwischen Haarlederhaut und Fleischkrone liegenden flachen Falz darstellt. Auf seiner äußeren Fläche finden sich sehr viele dicht nebeneinanderliegende feine und kurze, 1—2 Mm. lange Zotten, die durch ihr dichtes Zusammenliegen dem Fleischsaum an einem frisch ausgeschuhten Fuß, namentlich wenn man mit dem Finger oder einem harten Körper darüber hinfährt, ein glänzendes Ansehen verleihen; hierdurch unterscheidet er sich schon bei einer oberflächlichen Betrachtung von der von Haaren entblößten Haarlederhaut, die eine feingrubige, und von der Kronenwulst, die eine mehr rauhe Beschaffenheit hat. Der Fleischsaum sondert das weiche Horn des Saumbandes und die aus diesem hervorgehende Deckschicht der Wand ab. Man hat denselben meist zur Fleischkrone gezählt; da er aber entschieden anderes Horn als diese absondert, so habe ich ihn von der Fleischkrone getrennt und als eine eigene Abtheilung der Huflederhaut hingestellt.

Denjenigen, welche die Erzeugung des Hornsaumes oder des sogenannten Saumbandes von der Haarlederhaut ableiten, dasselbe für eine heruntergewachsene Oberhautschicht erklären und sich von einer eigenen Erzeugungsstätte desselben nicht überzeugen zu können glauben, schlage ich folgendes einfache Experiment vor: man nehme einen Pferdefuß und säge die Horntheile desselben circa 2 Cm. unter der Krone ringsum bis auf die sogenannten Fleischtheile ein und lasse den Fuß einige Tage maceriren. Dann löse man den durch den Sägeschnitt von den übrigen Huftheilen abgetrennten Streif an einer Stelle los und ziehe ihn recht langsam und vorsichtig vom Fuße ab; hierbei sieht man, daß sich die feinen Papillen der von mir Fleischsaum genannten Abtheilung aus dem Hornsaume gerade so, wie die Papillen der Fleischkrone aus der Kronenrinne der Hornwand herausziehen.

2. Die Fleischkrone, Kronenwulst (Fig. 33 u 34 c).

Die Kronenwulst stellt eine etwa 2 Cm. breite, rings um den Fuß bis zur Ballengegend gehende und sehr deutlich in die Augen fallende Wulst dar, welche zwischen dem Fleischsaum und der Fleischwand ihre Lage hat. Von dem Fleischsaum wird sie durch die erwähnte linienartige Vertiefung geschieden. Zu den unter ihr liegenden Theilen verhält sie sich so, daß sie mit ihrem oberen Rande in der Mittellinie des Fußes über den höchsten Punkt der Hufbeinkappe, bis etwa ins untere Drittel des Kronbeins hinaufragt und hier die Streckjehne des Fußes bedeckt; mit ihren Seitentheilen senkt sie sich in schräger Richtung nach hinten und bedeckt die Seitenflächen des Kronbeins und den oberen vorderen Theil der Hufknorpel; mehr nach hinten hin ragen diese aber ziemlich bedeutend über sie und den Fleischsaum empor (vergl. Fig. 34). — Die Kronenwulst ist auf ihrer vorderen Fläche gewölbt und in der Mitte des Fußes am breitesten und stärksten, nach den Seiten hin

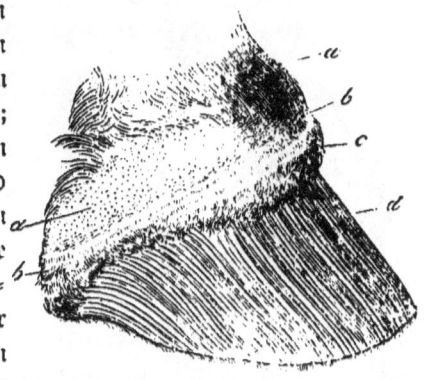

Fig. 33.

verschmächtigt sie sich etwas und tritt weniger hervor; in der Ballengegend verliert sie endlich ihre wulstige Beschaffenheit ganz und wird flach.

Die Fleischkrone ist sehr reichlich mit Zotten *) besetzt, welche viel stärker und länger sind, als die des Fleischsaumes; obwohl sie

---

*) Wenn Rawitsch Mag. S. 460 behauptet, daß die Kronenwulst an ihrem unteren Rande keine Papillen mehr habe, so kann ich mich diesem Ausspruche nicht anschließen. Ich finde sie bis dahin, wo die Fleischwand mit ihren allerdings nur schmalen Falten anfängt. Einen Beweis für das Vorhandensein der Zotten bis in die unmittelbarste Nähe der Fleischwand liefern sogar seine eigenen Abbildungen. In Fig. 6 und 7 derselben sieht man nämlich Durch-

---

Fig. 33. Fuß, von dem die Hornkapsel nach mehrtägiger Maceration entfernt ist. a Haarlederhaut; links sind die Haare durch Abstreichen entfernt. b Fleischsaum. c Kronenwulst. d Fleischwand. Am unteren Rande sind die den Fleischblättchen angehörigen Zotten zu sehen.

sehr von einander im Allgemeinen abweichen, so kann man diese in der Länge doch auf 4 — 6 Mm. festsetzen; ich habe bei meinen Messungen aber auch 2 und 8 Cm. lange gefunden. Diese Zotten der Fleischkrone hören aber noch nicht, nachdem letztere den Fleischstrahl erreicht hat, auf, sondern setzen sich am hinteren Theile des Fußes, einen Winkel bildend, als ein 8 —12 Mm. breiter, aus 8 —12 Reihen Zotten bestehender Streif zwischen dem Eckstrebentheil der Fleischwand und dem Fleischstrahl auf die untere Fläche des Fußes fort und vereinigen sich etwa an oder vor der Mitte des Fleischstrahles mit den gleichartig beschaffenen Zotten der Fleischsohle. Da dieser auf der unteren Fußfläche sich befindliche Zottenstreif es ist, welcher den Eckstrebentheil der Hornwand absondert, so nenne ich ihn Eckstrebentheil der Fleischkrone; aus seiner unmittelbaren Verschmelzung mit den Zotten der Sohle (vergleiche Fig. 36) wird auch ersichtlich, daß Eckstrebe und Hornsohle unmittelbar in einander übergehen, worauf

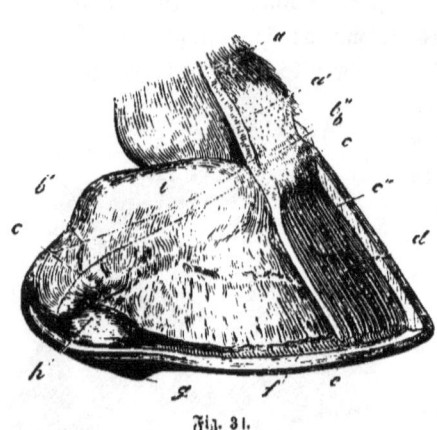

Fig. 31.

---

schnitte der Hornröhrchen noch auf der äußersten Grenze der Schutzschicht; und wo sich Hornröhrchen finden, da sind auch Papillen vorhanden. Die Grenzzotten sind aber in der Regel viel kleiner als die entfernteren.

Fig 34. Fuß, von dem die äußere Hälfte der Hornwand und der größte Theil der sog. Fleischtheile entfernt ist, um das Verhältniß derselben zum Hufknorpel zu zeigen. a Schnittfläche der Haarlederhaut, welche sich senkrecht durch die Huflederhaut bis nach unten fortsetzt und woraus ersichtlich wird, daß letztere eine Fortsetzung der ersteren ist. a' haarlose Stelle der Haarlederhaut. b Fleischsaum. b' Linie, welche dem oberen Rande desselben entspricht. b'' Durchschnittsfläche des Hornsaumes. c Kronenwulst. c (links) Linie, welche dem oberen Rande der Kronenwulst entspricht. c'' Durchschnittsfläche der Zehenwand. d Fleischwand. e Hornsohle. f weiße Linie. g Hornstrahl. h Strahlkissen. i Hufknorpel.

ich später noch zurückkommen werde. Die wulstartige Beschaffenheit der Fleischkrone rührt theils von einer an dieser Stelle vorkommenden bedeutenden Verdickung des Lederhautkörpers her (siehe Fig. 34 c, die Schnittfläche der Lederhaut), der hier sehr fest ist und eine fast knorpelartige Härte annimmt, theils aber auch von den vielen unter der Fleischkrone liegenden Blutgefäßen (siehe Fig. 30 B). Die Fleischkrone sondert die mittlere Schicht der Hornwand ab.

Fig. 35.

3. Die Fleischwand (Fig. 33 u. 34 d, Fig. 36 a).

Unter der Kronenwulst nimmt die Huflederhaut eine Beschaffenheit an, die von der des Fleischsaumes und der Fleischkrone sehr verschieden ist; sie verdünnt sich beträchtlich in ihrem Hautkörper (vergl. den Lederhautschnitt in Fig. 34) und zeigt statt der Zotten auf ihrer äußern Fläche eine große Menge parallel nebeneinander liegender, in gerader Richtung von oben und hinten nach unten und vorn hinabsteigender Blättchen. Diese Blättchen sind unter dem Namen Fleischblättchen bekannt. Die ganze Abtheilung der Huflederhaut, an welcher Fleischblättchen vorkommen, wird als Fleischwand bezeichnet.

Die Fleischwand bedeckt die vordere Fläche des Hufbeines und den unteren Theil des Hufknorpels; an dem hinteren Theile der Wandfläche des Fußes wendet sie sich in einem spitzen Winkel der Mittellinie und unteren Fußfläche zu und geht, zwischen dem Eckstrebentheil der Fleischkrone und dem hinteren Theil der Fleischsohle liegend, $2\frac{1}{2}$—$3\frac{1}{2}$ Cm. weit nach vorn und innen, und bildet hier den Eckstrebentheil der Fleischwand (Fig. 36 a).

Fig. 35. Horn erzeugende Zotten aus der Kronenwulst; mäßig vergrößert. Einige von ihnen haben sich über die andern hinübergeschlagen.

Wenn an einem ausgeschuhten Fuße die einzelnen Fleischblätt=
chen stellenweise auch sehr dicht aneinander zu liegen scheinen, so sind
sie in Wirklichkeit doch durch tiefe Zwischenfurchen von einander ge=
trennt; in diesen Zwischenfurchen liegen in einem nicht ausgeschuhten
Fuße die Hornblättchen der Hornwand. Im Allgemeinen verhalten
sich die Fleischblättchen wie die Blätter in einem Buche, d. h. sie
sind mit ihrem hinteren Rande an den das Hufbein und die Gefäße
bedeckenden Lederhautkörper befestigt, während ihr vorderer Rand und
ihre Seitenflächen frei sind. Die einzelnen Blättchen fangen an ihrem
oberen Ende, unmittelbar unter der Kronenwulst, schmal an und ver=
breitern sich, indem sie nach unten steigen; etwa in ihrer Mitte er=
langen sie die größte Breite; dieselbe Breite behalten sie auch bis zu
ihrem unteren Ende bei; hier lösen sie sich in Zotten auf, die denen
der Fleischsohle gleichen. In dem Zehentheile des Fußes finden sich
die breitesten Fleischblättchen, nach den Seiten und Trachtentheilen
verschmälern sie sich allmälig und sind an dem Eckstrebentheil der
Fleischwand am schmälsten. Ganz dasselbe Verhältniß findet auch
hinsichtlich ihrer Länge statt. Die Fleischblättchen des Zehentheiles
sind die längsten, die des Eckstrebentheiles hören, sich immer mehr
verkürzend, allmälig ganz auf. Die Breite wechselt von 1 Mm. bis
3 ja selbst 4 Mm.; die Länge von 2 Mm. (am Eckstrebentheil)
bis zu 5 — 7 Cm. (an der Zehe). Dies hängt von der Größe
des Fußes ab. Ebenso ist die Zahl der Fleischblättchen nicht ganz
beständig; in der Regel zähle ich auf einen Centimeter circa 25,
so daß auf die ganze Fleischwand an und auch über 600 kommen;
hierbei kommt natürlich die Größe des Fußes ebenfalls mit ins
Spiel. Betrachtet man die Fleischblättchen mit bloßem Auge, so er=
scheinen sie ganz glatt; untersucht man sie aber bei starker Vergröße=
rung, so sieht man auf beiden Seiten derselben eine Anzahl kleiner
in der Längsrichtung der Blättchen laufender Leistchen*); es wieder=
holt somit jedes Fleischblättchen die Beschaffenheit der ganzen Fleisch=

---

*) Diese Leistchen werden am besten anschaulich, wenn man das Object
färbt; ich habe mich hierzu mit Vortheil der Jodtinctur bedient. Man sieht aber
aber auch sehr gut, wenn man Essigsäure oder Kalilösung zusetzt. Von Zotten,
wie man sie an den übrigen Theilen der Huflederhaut wahrnimmt, findet sich an
den Blättchen der Fleischwand im normalen Zustande nichts vor. An seinen

wand im Kleinen. Die Fleischwand sondert die Blattschicht der Hornwand ab und betheiligt sich auch in geringem Grade an der Bildung der inneren Fläche der Schutzschicht derselben. Sie dient besonders zur Verbindung der Huflederhaut und der Hornwand; die Festigkeit dieser Verbindung wird durch das wechselweise Eingreifen der kleinen Leisten jedenfalls noch wesentlich vermehrt. (Vergl. Fig. 43.)

In der Mitte des Fußes findet man in vielen Fällen am unteren Rande einen kleinen Einschnitt, der etwas auf die Wand hinaufsteigt; in diesem Einschnitt zeigen sich die Zotten schon am unteren Theile der Wand; sie finden sich genau da, wo sich die im Hornschuh befindliche kleine Hornaufwulstung erzeugt. Ich halte diesen Einschnitt lediglich für die Andeutung einer Zweispaltung des Pferdefußes, die sich auch oft an derselben Stelle des Hufbeines findet, wie Seite 21 schon erwähnt worden ist.

4. Die Fleischsohle (Fig 36 b).

Nachdem sich die Huflederhaut um den unteren Rand des Hufbeines geschlagen hat, verliert sie (mit Ausnahme des schon genannten Eckstrebentheils der Fleischwand) ihre blättrige Beschaffenheit und läßt wiederum Zotten wahrnehmen, die theils denen des Fleischsaumes, theils denen der Kronenwulst gleichkommen.

Derjenige Theil der unteren Fußfläche, an welchem die Zotten lang und stark sind, wie an der Kronenwulst, wird die Fleischsohle (Fig. 36 b) genannt. Dieser Theil, der nicht selten schwarzfleckig oder schieferfarbig ist, bedeckt das ganze vordere Drittheil der Sohlenfläche und zieht sich, da das Strahlkissen sich von hinten in die Mitte der Sohlenfläche einschiebt und diese in den hinteren Zweidritteln gleichsam in zwei Hälften theilt, jederseits zwischen den unteren Rand der Fleischwand und den Eckstrebentheil derselben mit einer Spitze hinein; mit der Kronenwulst steht sie, wie bereits erwähnt,

---

Querschnitten sieht man allerdings zottenartige Verlängerungen; diese sind aber weiter nichts als die querdurchschnittenen Leistchen. Bei etwaigen Unregelmäßigkeiten in der Leistchenbildung findet man dieselben immer wieder vor, wenn man mehrere von derselben Stelle entnommene Schnitte untersucht, was bei einer Zottenbildung nicht so der Fall sein würde.

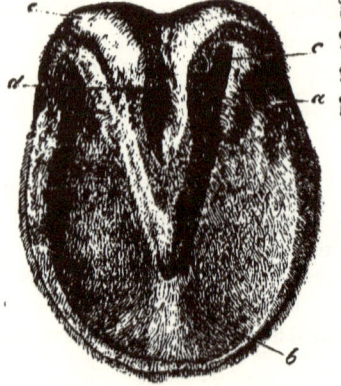

durch einen Streif starker Zotten (dem Eckstrebentheil der Kronen=
wulst), der sich zwischen dem Eckstrebentheil der Fleischwand und dem
Fleischstrahl hinzieht, in Verbindung.
Die Fleischsohle bedeckt das sehr starke
venöse Gefäßnetz der Sohle und son=
dert das Horn der Hornsohle ab.

Fig. 36.

5. Der Fleischstrahl (Fig. 36 c).

Der Fleischstrahl ist der das Strahlkissen überziehende Theil der
Huflederhaut; er senkt sich in die Grube des Strahlkissens (d) ein
und fließt in der Ballengegend (e) mit dem Fleischsaume unmerklich
zusammen, so daß man zwischen beiden eine scharfe Grenze nicht fest=
stellen kann. Im Allgemeinen ist der Fleischstrahl nicht so gefäßreich
wie die Fleischsohle und unterscheidet sich daher schon durch die hellere
Färbung von ihr. Hinsichtlich seiner Zotten stimmt er mit dem
Fleischsaume überein, d. h. er hat viel dünnere, kürzere und dichter
zusammenstehende Zotten, als die Fleischsohle und die Kronenwulst.
Auf der unteren Fläche sind die Zotten etwas länger als an den
Seitentheilen und am Grunde. Der Fleischstrahl sondert das Horn
des Hornstrahles ab.

Unter der Bezeichnung Fleischstrahl begreift man vielfach auch noch das
Strahlkissen sammt seinem hornerzeugenden Ueberzuge. Dies ist anatomisch
aber nicht statthaft. Der Fleischstrahl überzieht das Strahlkissen gerade nur so,

---

Fig. 36. Untere Fläche eines Fußes, von dem nach mehrtägiger Maceration die Hornkapsel entfernt ist. a Eckstrebentheil der Fleischwand. b Fleischsohle. c Fleischstrahl. d Grube des Strahlkissens, in welche sich der Fleischstrahl ebenfalls einsenkt. e Ballentheil des Fleischsaumes, der sich unmittelbar
mit dem Fleischstrahle vermischt.

wie die Fleischsohle die Sohlenfläche des Hufbeines und die Fleischwand die Wandfläche desselben Knochens. Das Strahlkissen und die Huflederhaut sind ganz verschiedene Gebilde; ersteres ist nicht etwa eine solche Aufwulstung der letzteren, wie die Kronenwulst, sondern ein aus elastischem und fibrösem Gewebe für sich bestehendes Organ, das auch seine besonderen physiologischen Zwecke zu erfüllen hat.

B. Die abgesonderten Horntheile.

Die von der Huflederhaut abgesonderten Hornmassen werden in ihrer Gesammtheit und in ihrem Zusammenhange Huf (Fig. 37) genannt; dieser stellt eine das untere Fußende umgebende Kapsel (Hornkapsel) dar und verhält sich ungefähr zum Fuße des Pferdes, wie ein in allen seinen Theilen genau anschließender Schuh zu dem menschlichen Fuße (Hornschuh). Die Verbindung des Hufes mit der Huflederhaut ist sehr fest und so innig, daß sich diese Theile im gesunden Zustande niemals von einander trennen; nur bei gewissen Fußkrankheiten können sich Weichtheile und Horntheile mehr oder weniger von einander lösen; in seltenen Fällen kann sogar die gänzliche Abtrennung des Hufes von der Huflederhaut schon während des Lebens eintreten. Eine Zeit lang nach dem Tode löst sich bei eintretender Fäulniß der Huf vom unteren Fußende immer ab. Dieses Ablösen nennt man das Ausschuhen.

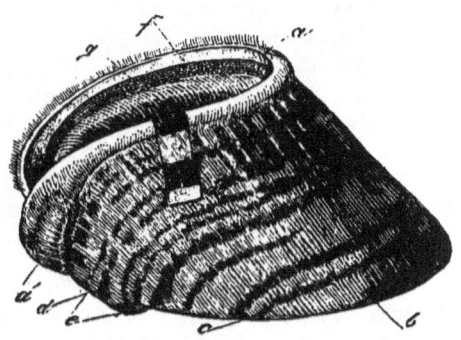

Fig. 37.

Fig. 37. Frischausgeschuhter Huf von der Seite und etwas von vorn gesehen. a Der Hornsaum oder das Saumband; nach dem mehrtägigen Liegen im Wasser ist dasselbe aufgequollen; der obere Rand zeigt noch angeklebte Haare, die innere Fläche (Saumrinne) feine Löcher. An den Trachten bei a' wird das Saumband breiter und geht nach hinten zu in die Hornballen über. Bei a'' ist ein Stückchen herausgeschnitten und mit der aus ihm hervorgehenden Deckschicht von der Schutzschicht der Wand losgetrennt. Von der Spitze bis b Zehentheil der Wand, von b bis c Seitenwand, von c bis d Trachtenwand. e Etwas hervorragender Hornstrahl. f Kronenrinne mit ihren zahlreichen Oeffnungen. g Blattschicht.

Man hat sich vielfach bemüht, Vergleiche für die Form des Hufes aufzufinden. So hat man denselben unter andern mit einem umgestülpten Trichter, mit dem Abschnitte eines schiefen Kegels ꝛc. verglichen. Ein berühmter englischer Thierarzt, Bracy Clark, verglich den Huf mit einem schrägen Cylinderabschnitt; er sagt darüber: „um nun diese Figur (d. h. den Cylinderabschnitt) des Hufes mathematisch zu beweisen, nehmen wir einen ungefähr 2 Durchmesser langen Cylinder von Holz, schneiden ihn in der Mitte mit einer feinen Säge in einem Winkel von ungefähr 30—35 Graden gegen seine Achse schräg auseinander und stellen diese Abschnitte mit der Abschnittsseite auf den Tisch; wir werden alsdann ihre auffallende Aehnlichkeit mit 2 Hufen gewahr werden, nämlich in Hinsicht ihrer äußeren Gestalt." — An allen solchen Vergleichen läßt sich mehr oder weniger aussetzen; sie treffen nicht überall zu. —

Der Huf ist nur zu vergleichen mit demjenigen Theile des Pferdefußes, welchen er einschließt. Dieser bildet für ihn gerade so die Form wie der Leisten für den über ihn gearbeiteten Schuh. Der Huf zeigt außen Erhöhungen und Vertiefungen, wo sich diese am ausgeschuhten Fuße vorfinden; im Innern dagegen verhält es sich umgekehrt; hier finden sich Vertiefungen, wo am Fuße Erhöhungen, und Erhöhungen, wo am Fuße Vertiefungen vorhanden sind. Der Huf ist mithin der Abdruck des unteren Fußendes, dieses das Modell für den Huf; jede Abweichung vom Normalen, die am unteren Fußende vorkommt, drückt sich meist auch am Hufe aus.

An dem Hornschuh unterscheidet man in der Regel drei verschiedene Theile; diese darf man sich indeß nicht als einzelne, leicht trennbare Stücke denken, sondern muß sie, trotzdem sie sich durch Lage und Zweck wesentlich von einander unterscheiden, vielmehr nur als drei Abtheilungen eines und desselben zweckmäßig construirten, untheilbaren Ganzen betrachten. Keine dieser Abtheilungen kann ohne Nachtheil für das Ganze entfernt oder zu sehr geschwächt werden. Von dieser Untheilbarkeit des Hornschuhes überzeugt man sich am besten, wenn man einen Hornschuh von innen genau betrachtet; nirgend findet man scharfe Theilungsgrenzen; eines geht unmerklich in das andere über und verschmilzt mit demselben.

Die drei Abtheilungen des Hufes sind: die Hornwand, die Hornsohle und der Hornstrahl.

1. Die Hornwand

ist der Theil des Hufes, welcher bei auf dem Boden stehenden Fuße größtentheils sichtbar ist (Fig. 37), und letzteren von vorn und von den Seiten her schützt. Wenn man den Huf mit einem Schuh vergleicht, so würde die Wand das Oberleder desselben, aber mit dem Unterschiede vorstellen, daß sie bis an den Boden herabreicht und die Sohle zwischen sich nimmt.

Das Verhalten der Hornwand entspricht sowohl hinsichtlich ihrer Lage, Verlauf und Richtung, als auch hinsichtlich ihrer Zusammensetzung genau den sie erzeugenden Fleischtheilen.

Sie steigt, von der Grenze der Haarlederhaut anfangend, schräg von oben nach unten und den Seiten hinab, nimmt nach hinten an Länge (Höhe) ab und biegt sich an ihren hintersten Puncten jederseits nach der Mittellinie des Fußes zu um (vergl. Fig. 38, 39 und 40); dann läuft sie eine Strecke weit nach vorn und verliert sich unmerklich in der Sohle. Aus diesem Verlaufe ergiebt sich, daß die Hornwand den Fuß nicht wie ein Ring umschließt, sondern vielmehr Faltungen oder Winkel bildet, von denen der mittlere nach hinten offen ist und den Strahl aufnimmt, während die beiden seitlichen nach vorn offen sind und jederseits die hinteren Spitzen der Sohle umfassen.

An der Hornwand unterscheidet man eine äußere (vordere) glatte oder leicht der Quere nach gerillte, von einer Seite zur andern gewölbte (Fig. 37) und eine innere (hintere) in demselben Maaße ausgehöhlte Fläche (Fig. 40 u. 41); einen oberen, an die Haarlederhaut grenzenden (Kronenrand) (Fig. 37 a) und einen unteren, über die Sohle vorstehenden Rand (Tragrand) (Fig. 38 u. 39 a).

Zur näheren Bestimmung der Hufgegenden theilt man die Wand durch gewisse, von oben nach unten gedachte Linien noch verschieden ein. Eine durch die Mittellinie des Hufes gedachte Linie theilt die Wand in die innere und äußere Wandhälfte (Innenwand, Außenwand). Durch vier Linien, welche so gezogen werden, daß der äußere Umfang der Wand in fünf gleiche Theile gebracht wird, erhält man die Eintheilung in die Zehenwand, die Seiten- und Trachtenwände. An jeder Wandhälfte sind demnach zu unterscheiden:

a) der vordere oder Zehentheil (Fig. 37 von der Fußspitze bis b und Fig. 38 u. 39 a—a); dieser erstreckt sich von der Mittellinie nach der Seite auf eine Entfernung, welche einem Zehntel des

äußeren Wandumfanges gleichkommt; die Zehentheile der beiden Wand=
hälften bilden gemeinschaftlich die Zehenwand; es kommt mithin nur
eine ein Fünftel des Wandumfanges betragende Zehenwand am Hufe vor.

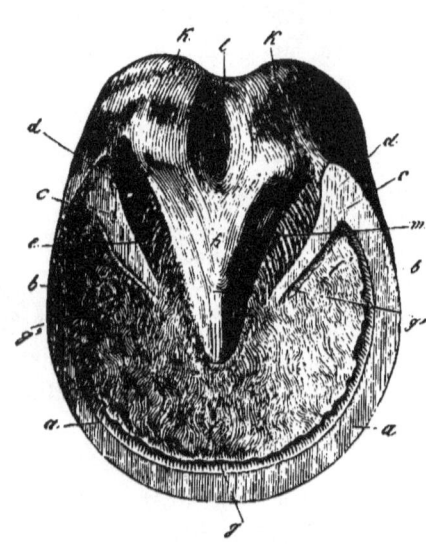

Fig. 38.

b) der mittlere oder
Seitentheil jeder Wand=
hälfte (Fig. 37 b—c und
Fig. 38 u. 39 a—b) erstreckt
sich von der Linie, wo die
Zehenwand aufhört, auf eine
Entfernung, welche einem
Fünftel des äußeren Wand=
umfanges gleichkommt, nach
hinten und heißt die Seiten=
wand. Je nachdem die Sei=
tenwand an der inneren oder
äußeren Wandhälfte zur Be=
trachtung kommt, wird sie
innere oder äußere Sei=
tenwand genannt.

c) der hintere oder
Fersentheil (Fig. 37 c—e, Fig. 37 und 38 b—d) erstreckt sich von
der Linie, wo die Seitenwand aufhört, bis zur Umbeugungsstelle der
Wand und beträgt ihrerseits ebenfalls ein Fünftel des äußeren Wand=
umfanges; dieser Theil bildet die Fersen= oder Trachtenwand,
von der man ebenfalls eine innere und äußere unterscheidet.

d) die Umbiegungsstelle (Fig. 38 u. 39 d, Fig. 40 a—b),
d. h. diejenige Stelle, wo die Wand, indem sie sich nach vorn um=
schlägt, ihre Richtung ändert und einen Winkel, den Eckstreben=
winkel bildet.

e) die umgebogene, zwischen Sohle und Hornstrahl nach vorn
und der Mittellinie des Hufes hinlaufende Wandstrecke wird die Eck=

Fig. 38. Untere Fläche des rechten Vorderfußes. a—a Tragrand der
Zehenwand, a—b der der Seitenwand, b—c der der Trachtenwand. d Eck=
strebenwinkel. e Eckstrebenwand. f Sohle. f' Aeste derselben. g weiße Linie,
sie zieht sich bei g' zwischen Eckstrebenwand und Sohle hinein. h Hornstrahl.
i Strahlschenkel. k Hornballen. l Strahlgrube. Zwischen Eckstrebenwand und
Seitenflächen des Strahls liegen m die seitlichen Strahlfurchen.

strebenwand, die Eck= oder Querstrebe genannt (Fig. 38 und 39 c u. e, Fig. 40).

Zehen=, Seiten= und Trachtenwand bieten hinsichtlich ihrer Richtung, Länge und Dicke gewisse Verschiedenheiten dar, die sich nicht allein zwischen Vorder= und Hinterhufen desselben Pferdes, sondern sogar zwischen der inneren und äußeren Wandhälfte eines und desselben Hufes bemerklich machen.

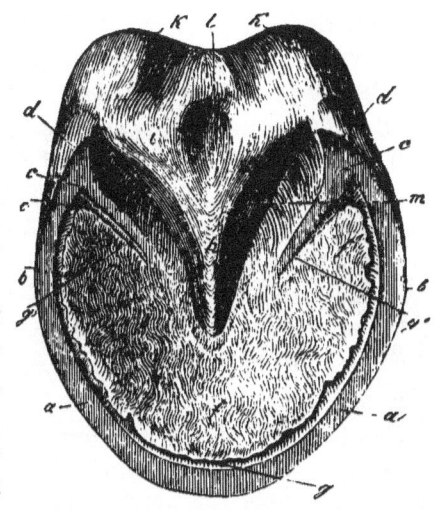

Fig. 39.

Was die Richtung der Wand anlangt, so hat die Zehenwand die größte Neigung gegen den Erdboden und liegt bei aufgesetztem Fuße an den Vorderfüßen etwa in einem Winkel von 45 Graden, an den Hinterfüßen in einem Winkel von 50—55 Graden zu demselben.

An den Seiten= und Trachtenwänden verliert sich die starke Neigung zur Bodenfläche allmälig und nähert sich bei normalen Hufen immer mehr dem Senkrechten; bei nicht normalen kann sogar eine umgekehrte Richtung, namentlich an den Trachtenwänden vorkommen; die Wand läuft hier in solchen Fällen von oben nach unten und wendet sich der Mittellinie des Hufes zu. — An der stets weniger steilen Außenwand bleibt die Neigung zum Erdboden immer etwas größer als an der Innenwand; daher kommt es auch, daß der Tragrand der Außenwand immer einen größeren Bogen beschreibt, als der der inneren Wandhälfte (vergl. Fig. 38 und 39).

Die beschriebene Richtung der Wand bringt es auch mit sich, daß ihr Tragerand einen größeren Umfang hat als ihr Kronenrand (vergl. Fig. 37).

Fig. 39. Untere Fläche des rechten Hinterhufes. Die Bezeichnungen sind wie bei Fig. 38.

Die Länge der Wand nimmt von der Zehe bis zur Umbiegungsstelle ebenfalls allmälig ab und zwar an den Vorderhufen mehr als an den Hinterhufen. Genaue Maßangaben lassen sich in Bezug auf die Länge nicht machen, da man hierin nach Race der Thiere, Alter, Gebrauch ꝛc. große Abweichungen wahrnimmt, ohne daß die Hufe als nicht normal anzusehen wären. Wenn man sich die Zehenwand bis zur horizontalen Bodenfläche fortgesetzt denkt, so ist im Allgemeinen das Längenverhältniß derselben zu der Seiten- und Trachtenwand an den Vorderhufen wie 3 : 2 : 1. Da aber die Zehe durch den Gebrauch sowohl als beim Beschlagen verkürzt wird, so stellt sich dies Verhältniß in der Regel wie $2\frac{1}{2}$: 2 : 1 heraus. An den Hinterhufen ist es wie 2 : $1\frac{1}{2}$: 1.

Ebenso wie die Länge sich von der Zehe zu den Trachten allmälig vermindert, so vermindert sich auch die Dicke der Wand, sowohl an den Vorder- als Hinterhufen, aber auch dies Verhältniß läßt sich wegen der häufigen Abweichungen durch bestimmte Zahlen kaum ausdrücken. Im Allgemeinen verhält sich die Dicke der Zehenwand zur Seiten- und Trachtenwand an den Vorderhufen wie 4 : 3 : 2, an den Hinterhufen wie 3 : $2\frac{1}{2}$: 2. Eine Veränderung der Wanddicke dagegen in der Richtung von oben nach unten findet nicht statt; auf senkrechten Schnitten ist die Wandstärke in ihrer ganzen Länge gleich.

Es ist fast unbegreiflich, das die meisten Schriftsteller über Hufbeschlag angeben konnten, die Wand des Hinterhufes nähme von der Zehe nach den Trachten hin an Stärke zu. Eine wirkliche Messung der Wandstärke an durchgesägten Hufen können diese unmöglich vorgenommen haben.

Der **Eckstrebenwinkel** (Fig. 38, 39 d) (Tracht, Eckwand) ist, wie erwähnt, die Umbiegungsstelle jeder Wandhälfte an ihrem hintersten Theile. Da an ihm Trachtenwand und Eckstrebenwand in einander übergehen, so bildet er eine dickere Hornmasse als jede dieser Wandabtheilungen für sich; er stellt eine starke dreikantige Hornsäule dar, die schräg nach unten und vorn läuft und das betreffende hintere Strahlende berührt.

Die **Eckstrebenwand** (Eckstrebe, Querstrebe) ist eine Fortsetzung der in dem Eckstrebenwinkel umgebogenen Trachtenwand. Sie läuft in einer Richtung nach vorn, daß eine in dieser Richtung fortgesetzte Linie eine eben solche Linie, die man von der Eckstrebenwand der andern Wandhälfte zöge, genau vor der Strahlspitze schneiden würde. Sie selbst erreicht indeß die Strahlspitze nie, sondern verschmilzt schon vor derselben unmerklich mit der Hornsohle. Von oben nach unten neigt sich jede Eckstrebenwand in der Art, daß der obere Rand derselben der Mittellinie des Hufes zugewendet ist, der untere dagegen sich dem Tragerande der Trachtenwand nähert; es liegen mithin die oberen Ränder der Eckstreben näher beisammen als ihre unteren.

Wegen dieser schrägen Stellung hat jede Eckstrebe eine der Mittellinie des Hufes abgewandte obere (äußere) (Fig. 41 f) und eine derselben zugewandte untere (innere) Fläche (Fig. 38 u. 39 o). Die obere Fläche liegt innerhalb des Hornschuhes und trägt Hornblättchen; die untere dagegen liegt frei und wird von der Strahlfurche ihrer Seite begrenzt; in ihrem oberen Theile vereinigt sie sich mit dem oberen Theile der betreffenden Seitenfläche des Strahles (vergleiche das Hellgehaltene in Fig. 40 a—a'). Der obere Rand (Fig. 41 e) ist als eine Fortsetzung der Kronenrinne anzusehen und enthält kleine Oeffnungen; der untere Rand verhält sich wie der Tragerand der übrigen Wandtheile (vergl. Fig. 38 u. 39).

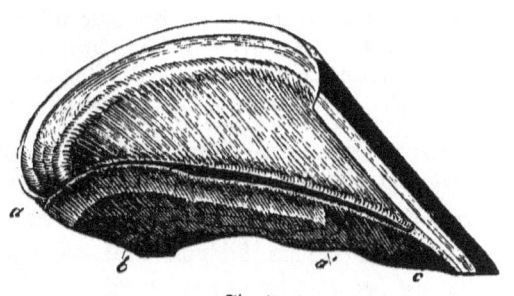

Fig. 40.

Ueber das Verhältniß der Eckstrebenwände herrschen noch sehr häufig unrichtige Anschauungen. Die Mehrzahl der Schriftsteller nimmt an, daß sie als bestimmt ausgesprochene Wandtheile jederseits bis zur Strahlspitze laufen und dort zusammenstoßen. Dies ist jedoch keineswegs der Fall, obwohl es bei oberflächlicher Betrachtung des Hufes von unten her so scheinen kann.

Fig. 40. Ein in der Mittellinie senkrecht durchschnittener Huf, aus welchem der Hornstrahl entfernt ist, um das Verhältniß der Eckstrebenwand zu zeigen. Bei a—b biegt sich die Wand nach der Mittellinie des Hufes und wird zur Eckstrebenwand, welche nach vorn läuft und unmerklich in c die Sohle übergeht. a—a' (das heller Gehaltene) zeigt die Stelle an, von welcher der Hornstrahl abgeschnitten wurde.

Ueber die Länge der Eckstreben kann, wenn man das Innere eines Hufes betrachtet, kein Zweifel aufkommen. Da ein Theil nur so lange als Wand aufgefaßt werden kann, als er Hornblättchen trägt, so giebt das Vorhandensein der Hornblättchen für die obere Fläche der Eckstreben genau an, wie weit sie sich erstrecken. Bei Betrachtung der unteren Fläche dagegen ist die Sache anders; ein Irrthum ist hier aus zweierlei Gründen möglich. Erstens nämlich wächst die Eckstrebenwand wie jeder andere Wandtheil in schräger Richtung nach unten und vorn, aber auch zugleich dem Tragerande zu; es muß sich mithin dieselbe auf der unteren Hufsfläche weiter nach vorn erstrecken als auf der oberen. Zweitens geht der Eckstrebentheil der Kronenwulst ohne Grenze in die Fleischsohle über und beide werden von dem Strahl begrenzt; da nun das Sohlenhorn in derselben Richtung herabwächst wie das Eckstrebenhorn, und beide unmittelbar an der Strahlfurchenseite verschmelzen, so kann natürlich von einer Feststellung der Grenze zwischen beiden an dieser Seite auch keine Rede sein. Untersucht man aber die untere Fläche des Fußes in der Art, daß man die weiße Linie zwischen Sohle und Eckstrebenwand aufsucht und diese verfolgt, so wird man finden, daß sich diese Linie (Fig. 38 u. 39 g') nie bis zur Strahlspitze erstreckt, sondern schon vorher aufhört. Eckstreben und Sohle sind schon vor der Strahlspitze zu einer einzigen Masse verschmolzen. Die Eckstrebenwände sind daher recht eigentlich als Verbindungsglieder der Hornwand und Hornsohle aufzufassen. Bis zu dieser Verbindung hin stehen die genannten Hufabtheilungen durch die weiße Linie in einem weniger festen und mehr trennbaren Zusammenhange. Dieser Umstand ist jedenfalls auch für die Physiologie des Fußes nicht ohne Bedeutung.

Betrachtet man die Wand ihrer **Zusammensetzung** nach, so sieht man, daß sie nicht in allen ihren Theilen aus gleichartigen Hornmassen besteht. Man kann an derselben drei aufeinanderfolgende Schichten unterscheiden, die auch vollkommen den sie erzeugenden Abtheilungen der Huflederhaut entsprechen.

A. Die **äußere** oder **Deckschicht** ist die oberflächlichste der drei Schichten und wird vom Fleischsaume abgesondert. Sie besteht aus Weichhorn, welches am Hufe lebender Thiere weich, biegsam, sehr elastisch und namentlich im trockenen Zustande glänzend ist. Haben die Thiere mit den Füßen längere Zeit im Wasser gestanden (wie bei Fußbädern), oder haben die todten Füße längere Zeit im Wasser gelegen, so quillt dies Horn stark auf, wird weiß und zeigt in diesem Zustande eine faserige Beschaffenheit.

Der von diesem Horne gebildete obere Hufrand ist unter dem Namen **Hornsaum** oder **Saumband** bekannt (Fig. 37 a—a' und Fig. 41 a); er stellt einen mehr oder weniger breiten, außen (beson=

ders im aufgequollenen Zustande) gewölbten Streif dar, welcher entsprechend der Falzung des Fleischsaumes sich rings um den Fuß bis zu dem Ballen hinzieht; in der Zehenwandgegend ist er etwas breiter als an den Seitenwänden; in der Trachtenwandgegend verbreitert er sich immer mehr und tritt nun als Hornballen (a') auf die weichen Ballentheile. Wo die Weichhornmassen hinten in der Mittellinie des Hufes zusammenstoßen, ziehen sie sich in eine nach oben gerichtete Spitze aus, welche den Hahnenkammfortsatz des Hornstrahls um etwas überragt. Die innere Fläche dieses Streifes liegt in einem ausgeschuhten Hufe mit ihrem oberen Theile theils frei, theils bedeckt sie den oberen Rand der folgenden Wandschicht und den hinteren Theil des Hornstrahles, mit dessen Horn sie unmerklich verschmilzt. Der obere freie Theil des Hornsaumes erscheint in einem solchen Hufe meist auch ausgehöhlt (Saumbandrinne) und zeigt zahlreiche, sehr feine Löcher, in welchen die hornerzeugenden Papillen des Fleischsaumes stecken; an frischen Fußdurchschnitten dagegen (vergl. Fig. 34 b'') stellt er eine convexe Fläche dar, welche in die falzartige Vertiefung, die der Fleischsaum darstellt, hineinragt.

Wenngleich die Deckschicht sich am oberen Hufrande als Hornsaum und Hornballen auch am deutlichsten ausprägt und am augenfälligsten ist, so beschränkt sie sich doch keineswegs nur auf den obersten Rand der Wand; sie wächst vielmehr als eine **dünne Hornschicht** über alle Wandtheile (mit Ausnahme der Eckstrebenwand) hinunter (Fig. 37 a''). Diese Schicht verleiht dem Hufe ein mehr oder weniger glänzendes Ansehen und hat deshalb den Namen **Glasur** erhalten. An Hufen, welche viel der Raspel ausgesetzt gewesen sind, oder bei Pferden, die viel im losen Acker gearbeitet haben, ist diese dünne Weichhornlage meist zerstört; man findet sie jedoch in der Regel auf den Trachtenwänden in der Nähe des Strahles und auch in der Nähe des oberen Hufrandes, woselbst sie mehr von der Raspel verschont zu bleiben pflegt, fast noch an jedem Hufe vor. An jungen Hufen ist sie immer vorhanden.

Die Glasur des Hufes ist ein Kapitel, über das merkwürdiger Weise noch die verschiedensten Ansichten bestehen. Einige betrachten sie als gar nicht vorhanden, andere sehen sie als eine von der Haarlederhaut heruntergewachsene Oberhautschicht an, noch andere halten sie für ein eigenes für sich bestehendes

Häutchen ꝛc. Wenn ich mich nun auch keineswegs zum Schiedsrichter in dieser Glasurfrage aufwerfen will, so glaube ich doch, daß die auseinandergehenden Ansichten größtentheils davon herrühren, daß man die von mir als Deckschicht bezeichnete Hornmasse, wenn sie auch hier und da angedeutet ist, nicht genug gewürdigt hat. Nach meinen Untersuchungen muß ich die Glasur, d. h. eine die starke Wandmasse von außen her bedeckende dünne Hornschicht als bestehend anerkennen. Ich halte sie aber für nichts Apartes, sondern lediglich für eine vom Fleischsaume erzeugte und vom Hornsaume her herunterwachsende Weichhornschicht. Hiervon kann man sich schon an lebenden Thieren, an deren Hufen man diese Schicht häufig zersetzt und zerrissen findet, überzeugen. Besonders studirt man das Verhalten derselben aber an eingeweichten von Schmieden und Kutschern recht vernachlässigten todten Hufen. Man sieht an solchen nicht allein den aufgequollenen Hornsaum sehr deutlich, sondern kann auch die mitaufgequollene weißlich=streifige Fortsetzung desselben über die Wand verfolgen; man kann bei längerem Maceriren Hornsaum und Deckschicht im Zusammenhange ablösen (wie es bei á" Fig. 37 geschehen ist) und sich davon überzeugen, daß beide im unmittelbarsten Zusammenhange stehen und letztere aus ersterem hervorgegangen ist*). Trocknet man nun einen solchen Huf, so verschwindet die weißliche Färbung und statt deren nimmt Hornsaum und Deckschicht eine mehr spröde, glänzende Beschaffenheit an.

Daß der Hornsaum und die Deckschicht nicht von der Lederhaut herabgeschobene Oberhautmassen sein können, geht einmal aus ihrem Verhalten zum Fleischsaume, und dann auch aus ihrer mikroskopischen Beschaffenheit hervor; die aufgequollenen weißen Streifen verhalten sich wie Hornröhrchen. Daß sich aber überhaupt Oberhautmassen auf den Huf hinunterschieben, läugne ich nicht; sie liegen jedoch locker darauf, lassen sich durch leichtes Schaben mit stumpfen Körpern entfernen und bei eingeweichten Hufen leicht abwaschen; sie bilden bei der mikroskopischen Untersuchung nie röhrenförmige Fäden, sondern unregelmäßig gruppirte Massen von Oberhautzellen.

Auch den Anhängern der Ansicht, daß sich ein eigenes dünnes Häutchen auf der Wandfläche des Hufes findet, die sie für die Glasur ansehen, mache ich Concessionen. Dies Häutchen findet sich wirklich, namentlich an stark unter Schmiere gehaltenen Hufen vor; man kann es, wenn die Hufe längere Zeit eingeweicht waren, als ein mehr oder weniger großes, zusammenhängendes Blättchen von der Deckschicht abziehen. Recht schön ist dasselbe auch an ganz jungen Hufen nachzuweisen. Bei diesen bildet es, völlig zusammenhängend, die die ganze Wand bekleidende, glänzende obere Lage der Deckschicht, und sie ist es, die solchen Hufen ein Ansehen giebt, als wenn sie lackirt wären. Aber auch dies Häutchen ist nichts Apartes; es besteht aus zusammenhängenden, flach neben

---

*) Bei kranken Hufen habe ich die Deckschicht, die die ganze Wandfläche des Hufes fast bis zum unteren Rande hin bedeckte, im aufgequollenen Zustande öfter über einen halben Cm. stark gefunden.

einander liegenden Hornzellen, die der Deckschicht angehören und sich zugleich mit den Hornröhrchen der Deckschicht hinunterschieben. Bei solchen Hufen, die öfter der Raspel ꝛc. ausgesetzt sind, lösen sich diese Zellen wahrscheinlich unter dem Einflusse wechselnder Trockenheit und Nässe und werden von der Schmiere am Hufe zurückgehalten. Das sich dies Häutchen nicht findet, wenn die ganze Deckschicht zerstört ist, versteht sich von selbst; oft findet man es aber auch nicht, wenn noch Spuren der letzteren vorhanden sind.

Eine eigenthümliche Auffassung des Saumbandes ist die des englischen Thierarztes Bracy Clark. Dieser hält nämlich das Saumband oder den Hornsaum gleichsam für einen zum Strahl gehörigen Theil ohne das Verhältniß der von ihm herunterwachsenden Deckschicht zur Wand zu berücksichtigen. Und doch ist ihm das Vorhandensein der Deckschicht nicht entgangen. An einer Stelle sagt er ausdrücklich: „ich habe das Horn des Strahlenbandes (so nennt er den Hornsaum, für den er auch den Namen periople vorgeschlagen hat) fast bis auf die Hälfte des Fußes herabgehen sehen." Meiner Ansicht nach ist die isolirte Darstellung des Saumbandes in Verbindung mit dem Strahl weiter nichts als ein anatomisches Kunststück, bei dem man die über den Huf herabgehende Deckschicht nicht beachtet hat. Hornsaum und Hornballen haben mit dem Strahl nicht mehr zu thun als mit der Wand; sie gehören mit zum Aufbau eines zweckmäßig construirten Hufes und haben mit dem Strahl nur die Eigenschaft gemein, daß sie wie dieser aus Weichhorn bestehen und nach hinten mit demselben verschmelzen. Für die Wand bildet der Hornsaum aber den obern Rand, der aus physiologischen Gründen weich sein und sehr elastische Eigenschaften haben muß. Daß Hornsaum und Hornballen vom Strahl ganz verschieden sind, zeigt sich schon, wenn man die Entwickelungsgeschichte des Hufes verfolgt. Es zeigt sich nämlich beim Fötus, der sich etwa in dem Alter von 20—24 Wochen befindet, zwischen der künftigen Haarlederhaut und dem Hüfchen ein scharf markirter Streif, der künftige Hornsaum und Hornballen, welcher noch keine merkliche Hornabsonderung wahrnehmen läßt, während Wand, Sohle und Strahl dies schon sehr auffallend thun, und sich schon ganz mit jungen Hornmassen bedeckt haben.

B. Die mittlere Schicht oder Schutzschicht wird von der Fleischkrone erzeugt und ist bei Weitem die stärkste der drei Schichten. Sie besteht aus einem sehr zähen, festen, widerstandsfähigen Horn, welches im Wasser fast gar nicht aufquillt und sich von allem Hufhorn am schwersten schneiden läßt; da sie die Hauptmasse der Wand bildet, so ist sie es, welche den Theilen, die sie bedeckt, den nöthigen Schutz gewährt. Was von Lage, Richtung, Dicke und Eintheilung der Wand im Allgemeinen gesagt worden ist, bezieht sich besonders auf diese Schicht.

Die Schutzschicht nimmt ihren Anfang in einer Rinne (Fig. 37 f,

Fig. 41 b), welche zugleich ihren oberen Rand bildet und den Namen Kronenrinne erhalten hat. Diese Rinne ist genau so ausgehöhlt, wie sich die Kronenwulst, die von ihr aufgenommen wird, wölbt; sie ist in ihrem vorderen Theile am breitesten und verschmälert sich nach hinten zu allmälig; in der Ballengegend schlägt sie sich in einem Winkel nach vorne um, verliert von hier ab ihre Aushöhlung und läuft als leicht gewölbter, von innen nach außen abgedachter, flacher Streif (Fig. 41 c), der jetzt den oberen Rand der Eckstrebenwand darstellt, zwischen Hornstrahl und Eckstrebentheil der Blattschicht der Wand nach vorn, um sich in der oberen Fläche der Hornsohle zu verlieren.

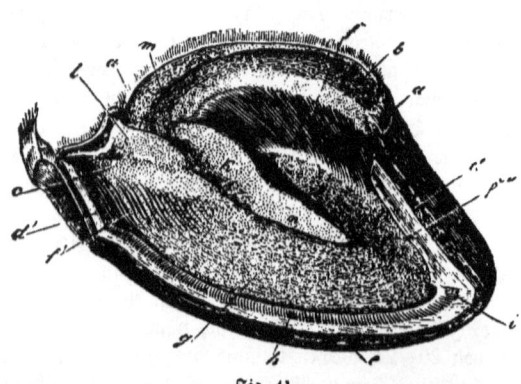

Fig. 41.

Die Kronenrinne zeigt auf ihrer ganzen Ausdehnung eine sehr große Zahl feiner Löcher, welche die Oeffnungen kleiner trichterförmiger Vertiefungen sind, in denen die hornerzeugenden Zotten der Kronenwulst aufgenommen werden, und welche sich im Allgemeinen verhalten, wie die in Fig. 46 dargestellten Trichter auf der Oberfläche der Hornsohle. Die Löcher der Kronenrinne sind bedeutend stärker als die des Hornsaumes; sie zeigen

---

Fig. 41. Die äußere Wand des Hufes ist durch einen wagerechten Sägeschnitt oberhalb des Tragerandes und durch senkrechte Schnitte durch die Mitte der Zehenwand und durch den hinteren Theil der Trachtenwand entfernt worden. a Saumband. b Kronenrinne; sie schlägt sich bei c nach innen und vorn um und stellt den oberen Rand der Eckstreben dar. d Durchschnittsfläche der Schutzschicht im Zehntheil, d' im Trachtentheil. e Wagerechte Durchschnittsfläche der Wand oberhalb des Tragerandes. f Blattschicht; dieselbe schlägt sich bei f' nach innen und vorn um und bildet ihren Eckstrebentheil. 1" freistehendes Hornblättchen, daß sich in dem weißen Theil der Schutzschicht verliert. g Hornsohle. h Weiße Linie. i Kleiner Hornvorsprung in der Mitte des Zehentheiles. k Strahltheil, welcher mit dem oberen Rande der Eckstrebenwand verschmilzt. l Hahnenkamm des Hornstrahles; er theilt die muldenförmige Vertiefung der oberen Strahlfläche in m die beiden oberen Strahlgruben.

aber auch unter sich in der Art eine Verschiedenheit, daß die etwa im unteren Drittel der Kronenrinne befindlichen um etwas größer sind und nicht so dicht beisammen stehen, als die den oberen Theil derselben einnehmenden Oeffnungen. In der unmittelbarsten Nähe der Blattschicht finden sich wiederum eine bis zwei Reihen Löcher von geringerer Größe. Ungefähr so weit, als die Löcher in der Kronenrinne einen größeren Durchmesser haben, findet sich die Schutzschicht auf ihrem inneren Theile weiß gefärbt, selbst dann, wenn die ganze Wand von dunkler Farbe ist; auch an hellen Hufen unterscheidet sich dieser Theil durch eine noch hellere Färbung. Von diesem Verhalten überzeugt man sich an durchgesägten Hufen.

Auf ihrer äußeren Fläche läßt die Schutzschicht oft bei ganz normalen Hufen leichte Querrinnen (Ringe) wahrnehmen, die in Folge gewisser Fußkrankheiten mitunter sehr erheblich sein können. Diese Schicht bildet auch den Tragerand, welcher über die Hornsohle nach unten hervortritt und mit dem Erdboden in Berührung kommt.

C. Die **Blatt**- oder **Verbindungsschicht** (Fig. 37 g, Fig. 40, Fig. 41 f) ist die innerste Schicht der Hornwand und besteht aus einer großen Anzahl parallel nebeneinander liegender Hornblättchen, welche die innere Fläche der Schutzschicht bedecken, am unteren Rande der Kronenrinne anfangen und bis zur Hornsohle hinabsteigen.

Die Blattschicht verhält sich im Allgemeinen wie die Fleischwand, von der sie erzeugt wird; sie greift mit ihren Hornblättchen in die Zwischenräume, welche die Blättchen der Fleischwand zwischen sich lassen, dergestalt ein, daß je ein Fleischblättchen von zwei Hornblättchen und je ein Hornblättchen von zwei Fleischblättchen umfaßt wird. Sie schlägt sich wie die Fleischwand an den Eckstrebenwinkeln nach der Mittellinie des Hufes zu um und läuft, indem ihre Blätter immer kürzer werden und endlich ganz verschwinden, etwa 3—5 Cm. weit, als Eckstrebentheil der Blattschicht (Fig. 41 f'), nach vorn und bedeckt die obere Fläche des Eckstrebentheils der Schutzschicht.

Die einzelnen Hornblättchen lassen sich am frischausgeschuhten Hufe leicht hin- und herbewegen und fühlen sich glatt und schlüpfrig an; im getrockneten Zustande sind sie dagegen ziemlich steif und meistens ein wenig wellenförmig hin- und hergebogen. Was ihre Zahl,

Verlauf, Breite ꝛc. anlangt, so verhalten sie sich hierin genau wie die Fleischblättchen, von denen sie ja eigentlich nur der Abdruck sind; natürlich tritt bei ihnen das umgekehrte Verhältniß ein; ihr freier Rand ist z. B. nicht wie bei den Fleischblättchen nach vorn resp. außen, sondern nach innen, dem Mittelpunkte des Hufes zu gerichtet. Mit ihrem oberen Ende fangen die Hornblättchen am unteren Rande der Kronenrinne schmal an; mit ihrem unteren Ende (Fig. 42 a) scheinen sie sich da, wo sie mit der Hornsohle zusammenstoßen, ebenfalls zu verschmälern und zu verschwinden; hier bemerkt man auch zwischen den Hornblättchen kleine Löcher (Fig. 42 b), welche zur Aufnahme von Hufleberhautzotten bestimmt sind. Dies Verschmälern und Aufhören der Hornblättchen an ihrem unteren Ende ist jedoch nur scheinbar; in Wirklichkeit laufen sie in ihrer ganzen Breite zwischen Schutzschicht der Wand und Hornsohle hinab und bilden mit dem von hier ab in ihren Zwischenräumen neuerzeugten Horn jetzt das Verbindungsmittel zwischen Schutzschicht der Hornwand und der Hornsohle. Von diesem Verhalten kann man sich an senkrechten Hufdurchschnitten leicht überzeugen. Die zwischen Wand und Hornsohle liegenden Hornblättchen werden mit der ihre Zwischenräume ausfüllenden Hornmasse in ihrer Gesammtheit die weiße Linie genannt, von welcher bei der Hornsohle noch ausführlicher die Rede sein wird.

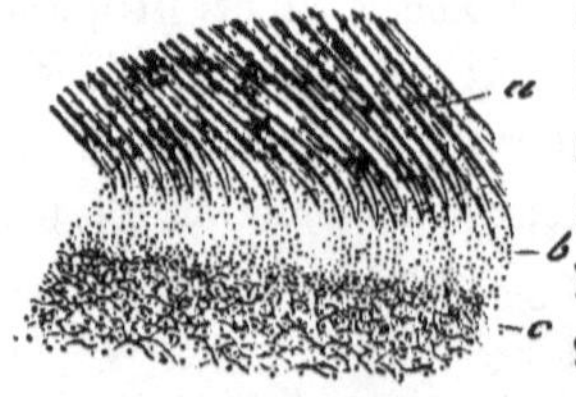

Betrachtet man die einzelnen Hornblättchen genauer, so nimmt man, besonders im frischen Zustande derselben, an jedem eine Streifung (Fig. 49 d—e) wahr, welche von dem freien Rande in schräger Richtung nach oben und außen läuft; versucht man ein Hornblättchen zu zerreißen, so ist es hauptsächlich diese Richtung, in welcher die Spaltung desselben stattfindet (Fig. 49 f). Unter dem Mikroskop sieht man, daß die Hornblättchen gerade wie die Fleischblättchen kleine, in ihrer Längsrichtung verlaufende parallele Leistchen

---

Fig. 42. Ein Theil der innern Huffläche, wo Hornwand und Hornsohle zusammenstoßen (fast Naturgröße). a Blattschicht. b Stelle, wo sich dieselbe mit der Hornsohle verbindet; man sieht zwischen den einzelnen Hornblättchen Löcher zur Aufnahme der hornerzeugenden Zotten. c Hornsohle.

haben; diese Leistchen greifen abwechselnd in die Leistchen der Fleisch=
blättchen ein und bestehen aus weichen, noch nicht verhornten Zellen,
welche in ihrer Gesammtheit der Schleimschicht oder dem Malpighi=
schen Schleimnetz gleichzuachten sind. Das Verhältniß der Horn=
blättchen zu den Fleischblättchen ergiebt sich aus Fig. 43, welche
einen Querschnitt dieser Theile darstellt.

Die Blattschicht ist als das eigentliche Verbindungsmittel der

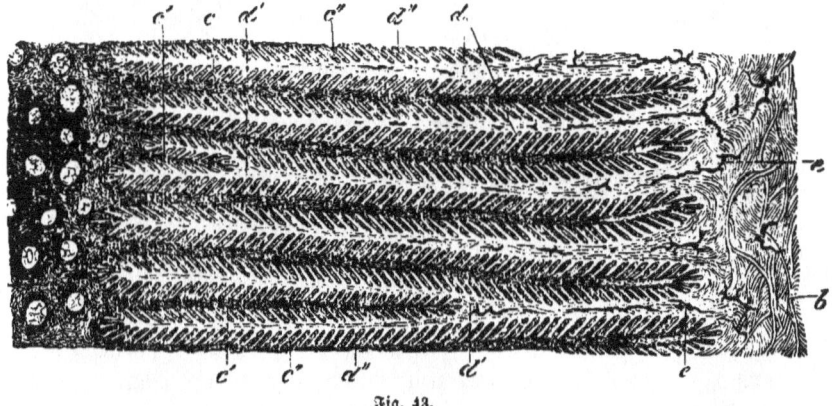

Fig. 43.

Hornwand mit der Fleischwand zu betrachten, weshalb ich ihr auch
den Namen Verbindungsschicht beigelegt habe.

2. Die Hornsohle (Fig. 38 u. 39 f, Fig. 41 g)

wird von der Fleischsohle abgesondert und stellt eine starke Platte
dar, welche die untere Fläche des Fußes zum größten Theile bedeckt.

Fig. 43. Querschnitt durch die Verbindungsschicht des Hufes. a innerster
Theil der Schutzschicht der Hornwand; man sieht, daß die Hornröhrchen bis in die
unmittelbare Nähe der Hornblättchen herantreten. b Körper der Fleischwand.
c verhornter Theil der mit der Schutzschicht der Wand in Verbindung stehenden
Hornblättchen. c′ unregelmäßige, nicht bis zum Körper der Fleischwand reichende
Hornblättchen. c″ Querdurchschnitte des den verhorntem Theil der Hornblättchen
leistenartig umgebenden, aus noch unverhornten Zellen bestehenden Schleimschicht,
welche sich in der Figur wie Zacken ausnehmen. d die von dem Körper der
Fleischwand ausgehenden Fleischblättchen. d′ Fleischblättchen, welche sich auf ihrem
Verlaufe zur Hornwand gespalten haben und auf diese Weise die Ursache zu der
unregelmäßigen Hornblättchenbildung (c′) geworden sind. d″ Querdurchschnitte
der von den Fleischblättchen abgehenden, dieselben leistenartig umgebenden Blättchen; je 2 von ihnen haben ein Zäckchen der Hornblätter zwischen sich und erzeugen es. e injicirte arterielle Gefäße.

Sie besteht aus einem Festhorn, das aber die Eigenschaft der Festigkeit und Zähigkeit nicht in dem bedeutenden Grade besitzt, als das Festhorn der Wand. Nach Maaßgabe seines Alters löst sich das Sohlenhorn in mehr oder weniger großen Schuppen oder Platten los und bröckelt entweder von selber als sogenanntes **todtes** oder

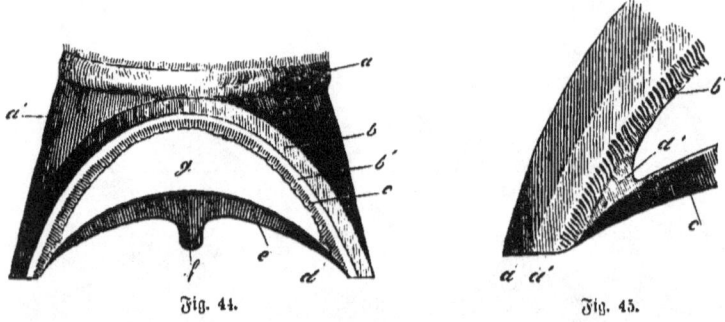

Fig. 44.   Fig. 45.

abgestorbenes Horn ab, oder wird beim Zurichten des Hufes zum Beschlage künstlich entfernt. Die Hornsohle hat daher immer ein rauhes, unebenes Ansehen und zeigt nie die Glätte der Wand. Die abgestorbenen Hornmassen der Sohle sind öfter so mürbe, daß man sie ohne besondere Schwierigkeit zu einer pulverigen Masse zerreiben kann; aber auch das der Fleischsohle näher sitzende, jüngere, noch nicht abgestorbene Horn zeigt nicht die Widerstandsfähigkeit des Wandhorns; es läßt sich leicht mit dem Messer schneiden und gestattet das zufällige Eindringen fremder Körper (Nageltritt) viel leichter als das Wandhorn.

Fig. 44. Senkrechter, der Quere nach durch den Huf geführter Schnitt; von vorn gesehen. a' Saumband; dasselbe setzt sich als Deckschicht a' über den Huf fort. b Durchschnittsfläche der Schutzschicht, sie ist bei b' weiß. c Durchschnittsfläche der Blattschicht. d Verbindungsstelle der Blattschicht mit der Sohle (weiße Linie). e Hornsohle (nach der weißen Linie zu stark ausgeschnitten); man sieht, daß sie sich nach oben wölbt. f Strahlspitze. g Leerer Raum, in welchem ein Theil des Hufbeins und die betreffenden Fleischtheile liegen.

Fig. 45. Linker unterer Theil des Fig. 44 dargestellten Hufquerschnittes — Naturgröße. a Schutzschicht der Wand; a' innerer weißer Theil derselben. b Blattschicht, sie setzt sich bis zum Tragerande fort. c Hornsohle. d Gelblich scheinendes, weicheres Röhrenhorn zwischen Wand und Sohle, das bei der Verbindung derselben auch zwischen die einzelnen Hornblättchen tritt.

Da außer der Sohle auch der Hornstrahl und die Eckstrebenwände zum Schutze der unteren Fußfläche bestimmt sind und sich keilartig von hinten nach vorn in die Sohle hineinschieben, so hat die Sohle einen zur Aufnahme dieser Huftheile bestimmten, hinten offenen, dreieckigen Ausschnitt und zerfällt, wegen dieses Verhaltens, in ihren vorderen, zusammenhängenden Theil oder Körper (Fig. 38 und 39 f) und in die hinteren, durch den Ausschnitt getrennten Theile, die Sohlenäste oder Sohlenschenkel (Fig. 38 und 39 f). Je nach der Wandabtheilung, an welche die Sohle grenzt, hat man auch eine Zehen-, Seiten- und Trachtensohle unterschieden.

Man betrachtet an der Sohle eine obere und eine untere Fläche, einen vorderen bogenartigen und einen hinteren winkelig ausgeschnittenen Rand.

Die obere Fläche ist gewölbt (Fig. 44 o) und sieht der Fleischsohle zu; der höchste Punkt der Wölbung findet sich da, wo an der unteren Fläche die Spitze des Hornstrahles (f) liegt; von diesem Punkte aus spaltet sich die Sohle nach hinten. Nach vorn und nach den Seiten hin dacht sie sich dem Umkreise der Wand zu allmälig ab, steigt aber in der Nähe der Wand wieder um ein Geringes an derselben hinauf. Genau in der Mittellinie der Zehengegend findet sich da, wo die Sohle die Wand berührt, ein kleiner, in verschiedenen Hufen verschieden stark entwickelter Vorsprung (Fig. 41 i), welcher an der Wand in die Höhe tritt und dem Seite 65 erwähnten Ausschnitt am Rande der Fleischtheile entspricht. Einen besonderen Zweck wüßte ich diesem Vorsprunge nicht zuzuschreiben, zumal er öfters ganz fehlt.

Das Wölbungsverhältniß der oberen Sohlenfläche ist nicht an allen Hufen gleich. Die Hinterhufe zeigen eine stärkere Wölbung als die Vorderhufe. Bei kranken Hufen kann die Wölbung sogar ganz verschwinden und einer Aushöhlung Platz machen.

Die obere Sohlenfläche hat auf ihrer ganzen Ausbreitung, wie die Kronenrinne, viele kleine Oeffnungen, welche die Anfangsöffnungen ebenso vieler trichterförmiger, jedoch unter sich verschieden großer Einsenkungen sind und zur Aufnahme der hornerzeugenden Zotten der Fleischsohle dienen (Fig. 46).

Die untere Sohlenfläche ist in dem Grade ausgehöhlt, als die obere gewölbt ist. Dies Verhalten ist indeß wegen der Anhäufung abgestorbener Hornmassen nicht immer gleichmäßig gut wahrzunehmen;

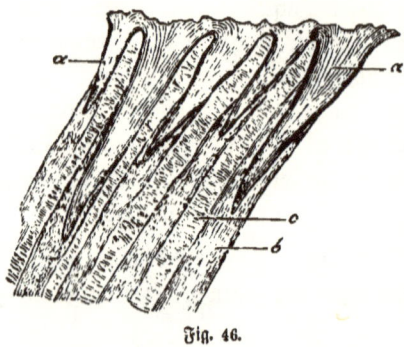

Fig. 46.

beseitigt man diese, so stellt sich heraus, daß (bei aufgehobenem Fuße) die größte Vertiefung sich in der Gegend der Strahlspitze findet; von hier an erhebt sich die Sohle nach dem Tragerande der Wand zu, kommt aber bei normalen Verhältnissen niemals mit ihm in eine gleiche Ebene zu liegen, da er immer etwas über sie hervorragt.

Der äußere Rand der Sohle ist im Allgemeinen etwas dicker, als die Sohle in ihrem mittleren Theile; er richtet sich ganz nach dem Bogen, welchen die Wand beschreibt, b. h. er nähert sich an den Vorderhufen der Kreisform, an den Hinterhufen der Eiform. Dieser Rand verbindet sich in seiner ganzen Ausdehnung mit dem unteren Theile der Wand mittelst der weißen Linie.

Der innere, dreieckig ausgeschnittene Rand gehört der Sohle nur soweit allein an, als die Eckstrebenwände sich deutlich von ihm unterscheiden und durch die weiße Linie sich mit ihm verbinden. Der vordere Theil geht aus einer Verschmelzung des Eckstreben- und Sohlenhornes hervor und dient zur Befestigung des vorderen Theiles des Hornstrahls.

Die weiße Linie (Fig. 38 und 39 g und Fig. 41 h) besteht zunächst aus demjenigen Theile der Blattschicht, welcher bei dem Herunterwachsen der gesammten Wand so weit herabgetreten ist, daß er nun zwischen den Rändern der Hornsohle und dem Tragerande der Wand liegt. Man kann bei aufmerksamer Betrachtung die einzelnen Blätter der Blattschicht in der weißen Linie als kleine, weißliche, parallel nebeneinander liegende Striche sehr deutlich unterscheiden. Die

Fig. 46. Senkrechter Schnitt aus der Hornsohle; vergrößert. a Trichterförmige Oeffnungen, in welchen die hornerzeugenden Zotten der Sohle ihre Lage haben; sie sind von verschiedener Größe. b Hornröhrchen. c Zwischenhorn.

Zwischenräume zwischen den einzelnen Hornblättchen, die im Innern des Hufes bekanntlich durch die Fleischblättchen ausgefüllt waren, sind in der weißen Linie durch eine gelbliche, durchscheinende Hornmasse (Fig. 45 d) ausgefüllt, welche weicher und nachgiebiger ist, als das Sohlenhorn und ein wachsartiges Ansehen hat. Dies Horn wird von den Zotten erzeugt, die sich auf der Grenze der Fleischwand und Fleischsohle an der Hufleberhaut vorfinden, d. h. hauptsächlich von denen, in welche sich die Fleischblättchen auflösen.

Dies gemischte Horn der weißen Linie stirbt noch früher ab, als das Sohlenhorn, und zerfällt in eine weißliche, pulverig-bröckliche Masse, die durch ihre Farbe sofort von dem Wand- und Sohlenhorn absticht und dieserhalb auch Veranlassung zu dem Namen „weiße Linie" gegeben hat.

Die weiße Linie ist für den Hufbeschlag besonders wichtig, da sie den Anhaltspunkt zur Beurtheilung der Wanddicke abgiebt. Trennungen der Hornwand und Hornsohle in der weißen Linie sind unter dem Namen „hohle Wand" bekannt.

Soweit die Hornwand Hornblättchen trägt, muß sich auch nothwendig die weiße Linie erstrecken. Dies sehen wir trotz der zahlreichen Angaben, daß die weiße Linie nur bis zu den Eckstrebenwinkeln gehe, auch in der That. Man findet nämlich bei genauer Untersuchung, daß dieselbe nicht an den Eckstrebenwinkeln aufhört, sondern sich ganz wie die Hornwand nach der Mittellinie zu in einem Winkel umschlägt und sich nach vorn zwischen Sohle und Eckstrebenwand etwa bis zur Hälfte oder erstem Drittel des Strahles hinzieht (Fig. 38 u. 39g'); daß sie hier aber nicht so augenfällig ist als im Umkreise der Wand, liegt einestheils in dem Umstande, daß der Eckstrebentheil der Blattschicht viel schmälere und unbedeutendere Hornblättchen hat, als der übrige Theil derselben; anderntheils und hauptsächlich aber daran, daß die Eckstrebenwände schräg nach außen den Trachtenwänden zuwachsen und somit diesen Theil der weißen Linie verdecken. Um die weiße Linie hier zu sehen, muß man daher einen großen Theil der Eckstrebenwände abtragen. Vor dem ersten Strahldrittel ist, da hier Eckstrebenwand und Sohle schon verschmolzen sind, von einer weißen Linie nichts mehr wahrzunehmen

3. Der Hornstrahl (Fig. 29, 38, 39, 41, 47, und 48)

hat im Allgemeinen die Gestalt des Strahlkissens; denn dies ist gleichsam das Modell, über welches er von dem Fleischstrahle abgesondert wird. Als Ganzes aufgefaßt, ist er einer vierseitigen liegenden Pyramide zu vergleichen, die wie ein Keil in den dreieckigen

Ausschnitt, den die Eckstrebenwände und Sohle an der unteren Huffläche bilden, von hinten nach vorn eingeschoben ist.

Das Horn, aus dem der Hornstrahl besteht, ist ein Weichhorn, das mit dem übrigen Weichhorn des Hufes, d. h. mit dem Hornsaum und mit der aus diesem hervorgehenden Deckschicht im Zusammenhange steht; es ist sehr elastisch und hat auch in seinem Aussehen einige Aehnlichkeit mit dem elastischen Gummi (Gummihorn, B. Clark). Trotz der Weichheit des Strahlhorns und seiner Fähigkeit, sich leicht mit dem Messer schneiden zu lassen, ist sein Widerstandsvermögen nicht unbedeutend; es bröckelt im Gebrauche nicht wie das Sohlenhorn, sondern trennt sich in mehr oder weniger großen, zusammenhängenden, fetzigen Massen.

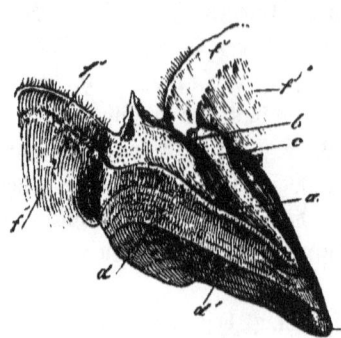

Fig. 47.

Man unterscheidet an dem Hornstrahl vier Flächen und zwei Enden. Die obere, nur in dem ausgeschuhten Hufe sichtbare Fläche ist der genaue Abdruck des Strahlkissens; sie zeigt alles, was an dem Strahlkissen und an dem dasselbe eng umschließenden Fleischstrahl zu sehen war, in umgekehrter Ordnung gerade so, wie ein Siegel die umgekehrten Verhältnisse desjenigen Petschaftes wiedergiebt, mit dem es gedrückt wurde. Die obere Fläche stellt demnach eine zwischen den oberen Eckstrebenwänden und dem mittleren Theil der Hornsohle liegende, langdreieckige, sich nach vorn zuspitzende und abflachende, muldenförmige Vertiefung (Fig. 47 a und Fig. 41 n) dar, welche durch zwei Seitenflächen, die schräg nach unten und der Mittellinie zu laufen, begrenzt wird (Fig. 47 c und Fig. 41 k). In der hinte=

Fig. 47. Hornstrahl aus dem Hufe herausgelöst und mit dem hinteren Theile des Saumbandes und der aus diesem hervorgehenden, die Trachtenwand bekleidenden Deckschicht im Zusammenhange gelassen. a muldenförmige Vertiefung der oberen Fläche, welche durch b den Hahnenkamm nach hinten in die beiden oberen Strahlgruben getheilt wird. c Theil des Hornstrahles, welcher sich mit der Eckstrebenwand verbindet und im Innern des Hufes die muldenförmige Vertiefung seitlich begrenzt. d äußere Fläche, welche sich oben mit der Eckstrebenwand verbindet, bei d' aber frei liegt. e Strahlspitze. f Saumband. 1' Deckschicht der Trachtenwand.

ren Hälfte dieser Vertiefung erhebt sich in der Richtung der Mittellinie des Strahles ein sehr starker Fortsatz, der die Ränder der Eckstrebenwände mehr oder weniger überragt, und durch den die Vertiefung hinten in zwei gleiche Hälften (obere Strahlfurchen) getheilt wird (Fig. 41 m). Dieser Fortsatz ist der Kamm des Strahles, Kammfortsatz oder Hahnenkamm (Fig. 29 b, Fig. 41 l und Fig. 47 b); er entspricht genau der Vertiefung an der unteren Fläche des Strahlkissens, in welcher er liegt, und wird von dem Theile des Fleischstrahles, der diese Vertiefung auskleidet, abgesondert.

Die beiden Seitenflächen des Hahnenkammes fallen etwas schräg nach unten und außen ab, weshalb er in seinem unteren Theile dicker ist als oben; sein oberer Rand ist hinten ziemlich scharf und gerade, nach vorn zu bildet er eine abgerundete Ecke, läuft dann, indem er sich stark verbreitert, nach unten und vorn und verliert sich allmälig am Boden der Vertiefung.

Da der Hornsaum mit seinem hinteren, breiteren Theile, dem Hornballen, sich jederseits mit dem hinteren Theile des Hahnenkammes verbindet, und die dem Fleischsaume zugekehrte Fläche desselben in die oberen Strahlfurchen übergeht, so bildet sich am hinteren Theile der oberen Strahlfläche auch jederseits eine mehr flache, beckenartige Aushöhlung, welche den Ballentheil des Strahlkissens aufnimmt (vergl. Hornballen S. 75). Die ganze obere Fläche des Hornstrahles ist mit feinen, punktförmigen Oeffnungen besetzt, die dazu bestimmt sind, die das Strahlhorn erzeugenden Zotten des Fleischstrahles aufzunehmen

Die untere Fläche des Hornstrahls (Fig. 38 u. 39), welche bei normalem Zustande desselben mit dem Tragerande der Wand eines unbeschlagenen Hufes in gleicher Ebene liegt, ist hinten am breitesten und spitzt sich nach vorn zu. In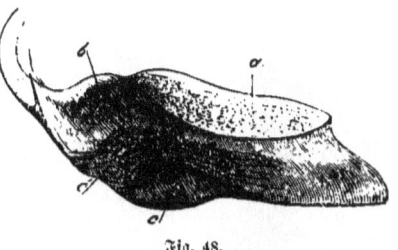

Fig. 48.

ihrem hinteren Theile befindet sich), da, wo sich an der oberen Fläche

Fig. 48. Ein in der Mittellinie durchgeschnittener Hornstrahl. a Obere Fläche desselben. b Hahnenkamm. c Strahlgrube, welche bei c' mit blättrig übereinanderliegenden Horntheilen ausgefüllt war.

der Hahnenkamm erhebt, eine tiefe Furche, die mittlere Strahlfurche oder Strahlgrube (Fig. 38 u. 39 und Fig. 48 c), welche in den Hahnenkamm hinaufreicht. Die Hornmassen des Strahles, welche diese Grube seitlich umfassen, nennt man die Strahlschenkel (i). Die beiden Seitenflächen (Fig. 47 d) verbinden sich in ihrem oberen Theile mit dem oberen Theile der inneren (unteren) Fläche der Eckstrebenwand und dem Sohlenausschnitte (vergl. Fig. 40 a); ihr unterer Theil ist frei und sieht den betreffenden inneren Flächen der Eckstrebenwände zu. Die zwischen den Seitenflächen des Strahles und den inneren Flächen der Eckstrebenwände liegenden Furchen werden seitliche Strahlfurchen oder untere Seitenfurchen (Fig. 38 u. 39 m) genannt.

Das vordere Ende oder die Spitze des Strahles reicht, da das Strahlhorn schräg von oben und hinten nach unten und vorn wächst, weiter nach vorn unter die Sohle, als das vordere Ende der oberen Strahlfläche im Innern des Hufes geht (Fig. 47 e u. Fig. 48).

Das hintere Ende oder der Grund des Strahles ist der breiteste Theil desselben, und wird durch die Strahlschenkel, die sich hier in die Hornballen (Fig. 38, 39 k k) verlieren und durch einen Spalt von einander getrennt sind, gebildet; auf dem Grunde verbindet sich die an den Trachtenwänden stets sehr starke Deckschicht der Wand mit dem Strahlhorn.

Zweite Abtheilung.

Die Verrichtungen des Fußes.

Die Kenntniß des Baues der einzelnen Theile ist der Schlüssel zur Erkenntniß der Verrichtungen des Ganzen. Nur Derjenige, der den Bau des Pferdefußes gründlich kennen gelernt hat, wird sich eine genügende Vorstellung von seinen Verrichtungen machen können.

Bei vielen Theilen des Fußes indeß ist der Zweck und Nutzen derselben so klar ausgesprochen und so leicht in die Augen fallend, daß eine aufmerksame Betrachtung und Würdigung des Baues schon allein ausreicht, über die Verrichtungen gewisser Theile zu einer gewissen Einsicht zu gelangen.

Schon aus der bloßen Betrachtung der Knochen des Fußes (Fig. 5 S. 14) oder eines Fußdurchschnittes (Fig. 4 S. 11) ergiebt sich, daß von allen Fußtheilen es nur die Knochen allein sein können, die sich vermöge ihrer Eigenschaften (Härte, Steifigkeit) und ihrer Lage dazu eignen, das Gerüst abzugeben, an dem die übrigen Theile ihre Befestigung oder ihren Halt finden. Die Art und Weise, wie die Knochen in den Gelenken zusammentreten, ihre Verbindungsmittel, besonders aber die Form der Gelenkenden, die große Glätte der Gelenkflächen, das Vorhandensein einer schlüpfrigen Masse (der Gelenkschmiere) an der Stelle, wo zwei oder mehrere Knochen sich im Gelenke berühren, läßt unschwer erkennen, daß alle diese Einrichtungen nur dazu vorhanden sein können, damit die Knochen hier leicht aneinander hin- und hergleiten und Bewegungen auszuführen im Stande sind. Die elastischen Eigenschaften der die Knochenenden überziehenden Gelenkknorpel, die öfters vorkommende Verwendung mehrerer Knochen zu einem Gelenke, die eigenthümliche Befestigung einzelner Knochen durch Aufhängebänder, die Winkelstellung der Gelenke ꝛc. läßt aber auch zu gleicher Zeit einsehen, daß die Gelenke neben ihrer Fähigkeit, Lageveränderungen der Knochen zuzulassen, auch noch stoßbrechende, gleichsam federnde Eigenschaften besitzen müssen. Ganz besonders aber tritt die Elasticität in dem Strahlkissen und in den Hufknorpeln hervor. Diese Theile, deren Gewebe aus den federkräftigsten Massen besteht, welche der Thierkörper aufzuweisen hat, haben daher in Verbindung mit den Gelenken auf das mechanische Verhalten des Fußes den bedeutendsten Einfluß und werden in dem Kapitel über die Mechanik desselben noch eine weitere Berücksichtigung finden.

Weniger in die Augen fallend und aus einer bloßen anatomischen Betrachtung ersichtlich sind die Verrichtungen der Muskeln, Gefäße und Nerven.

Wenn man es aber einmal weiß, daß die Knochen und Bänder nicht selbstständiger Bewegungen fähig sind, und daß die Muskeln dazu bestimmt sind, diese Bewegungen auszuführen, so ist es auch nicht so schwer, sich aus der Lage der Muskeln und aus den Verhältnissen ihrer Sehneneinpflanzungen ꝛc. einen Begriff über ihre Wirkungsweise zu machen, sobald man nur festhält, daß die betreffende Bewegung dann erfolgt, wenn der Muskel sich verkürzt. Die oberflächliche Lage der Muskeln erlaubt uns sogar bei vielen derselben ihre Verrichtungen am lebenden Thiere kennen zu lernen. Wir sehen nämlich bei den Bewegungen der Thiere an den nicht zu tief liegenden Muskeln eine stete Formveränderung eintreten; bald verdickt (verkürzt) sich der Muskel und tritt mehr hervor, bald tritt er wieder zurück. Der jedesmaligen Veränderung folgt eine Lageveränderung der Knochen. Da wir nun an den Knochen des Fußes ebenfalls Lageveränderungen eintreten sehen, ohne daß sich Fleischmassen direkt daran befestigen, so ist es unter diesen Umständen nicht schwer, den Schluß zu machen, daß es nur die aus den Muskeln hervorgehenden Sehnen sein können, die aus der Ferne wie Zugseile diese Lageveränderungen zu Stande bringen. Daß Diesem wirklich so ist, sehen wir bei absichtlichen oder zufälligen Verletzungen der Muskeln und Sehnen; die Bewegungen der betreffenden Theile werden dann beschränkt oder aufgehoben, gerade so, wie unsere Hände und Finger steif und unbeweglich werden, wenn wir uns bedeutendere Verletzungen der Armmuskeln oder deren Sehnen zugezogen haben.

Aus dem bloßen Anschauen der Blutgefäße und Nerven können wir deren Bestimmungen auch nicht sofort einsehen. Jahrhunderte sind vergangen, ehe man über die Verrichtungen dieser Theile eine klare Vorstellung gewann. Für unsere Zwecke ist es indeß vollkommen ausreichend, wenn wir erfahren, daß die Schlagadern das Ernährungsmaterial des Körpers, das hellrothe Blut, den betreffenden Theilen zuführen, daß diese daraus den zur Erhaltung ihrer Gewebe und zu ihren Absonderungen nöthigen Stoff entnehmen, und daß die Venen das gebrauchte Blut wieder fortschaffen. Nicht unwesentlich ist jedenfalls für das Zurückschaffen des in den weiten Venennetzen angehäuften Blutes das mechanische Verhalten des Hufes und der von diesem eingeschlossenen elastischen Theile.

Ebenso genügt es auch für unsern Zweck, zu wissen, daß die Nerven die Bewegungen zu leiten haben, daß sie die Empfindungen vermitteln und sich auch an den Ernährungsvorgängen der betreffenden Organe betheiligen und diese gleichsam überwachen. Am besten läßt sich die Wirkung derselben mit der Wirkung der Telegraphendrähte vergleichen. Beschließt das Gehirn, irgend eine Bewegung auszuführen, so werden in demselben Momente die betreffenden Muskeln von diesem Beschlusse mittelst der Nerven in Kenntniß gesetzt und führen die beschlossene Bewegung aus. Wird irgend ein Nerven enthaltender Theil verletzt oder auf sonstige Weise berührt, so erfährt das Gehirn durch die jetzt in umgekehrter Richtung erfolgende Nervenleitung hiervon und macht sich eine Vorstellung von dem Vorgefallenen. Werden die Nerven durchgeschnitten, so wird in dem Theile, der durch diese Nerven versorgt wurde, Empfindung und Bewegung aufgehoben und die Ernährungsvorgänge finden nicht mehr in der geregelten, normalen Weise statt. Man hat allen Ernstes vorgeschlagen, bei lang andauernden, schmerzhaften Fußkrankheiten die Fußnerven zu durchschneiden, damit die Thiere den Schmerz nicht fühlen und zu hinken aufhören sollten. Man bedachte indeß hierbei nicht, daß die Nerven auch noch andere Zwecke zu erfüllen haben, und daß der durch die Durchschneidung gewonnene Vortheil hierdurch sehr an Werth verlieren muß.

Die spezielle Betrachtung der Bewegungs=, Empfindungs= und Ernährungsverhältnisse aller zum Fuße gehöriger Theile würde uns offenbar zu weit abführen. Da indeß das Wachsthum des Hufes für unsere Zwecke von besonderer Wichtigkeit ist, so müssen wir wenigstens auf die Wachsthumsverhältnisse dieses Theiles näher eingehen. Dies können wir aber nur dann, wenn wir den feineren Bau des Hufes kennen gelernt haben. In dieser Abtheilung kommen daher zur Sprache: 1. der feinere Bau des Hufes, 2. das Wachsthum desselben und 3. die Mechanik des Fußes.

Erstes Kapitel.
Von dem feineren Bau des Hufhorns.

Betrachtet man einen ausgeschuhten und gut gereinigten Pferdehuf genauer, so sieht man auf der Wandfläche desselben (außer den gröberen Querringen, die von einer Seite zur andern laufen und ziemlich häufig an Hufen vorkommen) schon mit bloßem Auge eine feine von oben nach unten gehende geradlinige Streifung des Wandhorns. Diese Streifung fällt auch an den Flächen solcher Schnitte auf, die in senkrechter Richtung durch irgend einen Theil der Wand gemacht worden sind; an diesen tritt sie in der Regel an dem inneren Drittel der Wandstärke, d. h. an demjenigen Theile der Wand, welcher an die Blattschicht grenzt, und selbst bei dunkeln Hufen weiß erscheint, am deutlichsten hervor.

Nimmt man das beschmutzte oder verbrannte Horn des Tragerandes der Wand mit wagerecht geführten glatten Schnitten fort, dann erscheinen auf der glatten frischen Schnittfläche eine Menge feiner, dicht aneinanderliegender Punkte, die den kleinen Oeffnungen, welche wir bereits an der Kronenrinne der Wand S. 78

kennen gelernt haben, nicht unähnlich sehen. Ein Weiteres, was uns über den feineren Bau der Wand Aufschluß gäbe, können wir in der Regel mit bloßem Auge nicht wahrnehmen. Zu diesem Zwecke müssen wir uns feine Hufschnitte bereiten und das Vergrößerungs= glas zu Hülfe nehmen.

Schneiden wir in der Längsrichtung der von uns wahrgenom= menen Streifung, sei es von der äußeren Wandfläche oder noch besser von der Schnittfläche der von oben nach unten senkrecht getrennten Wand, ein dünnes Hornscheibchen ab und untersuchen dies bei einer nur mäßigen (25—50maligen) Vergrößerung unter dem Mikroskop (vergl. Fig. 49), so sehen wir an demselben mehr oder weniger dicke,

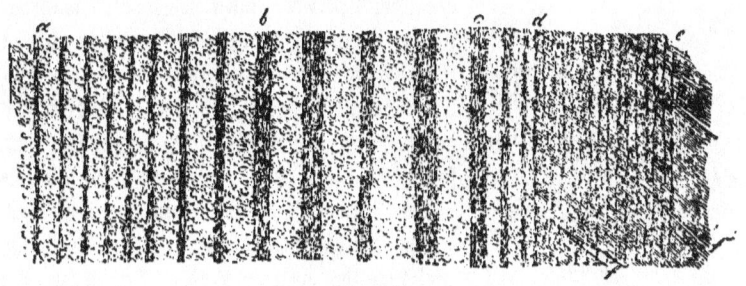

Fig. 49.

geradlinige, meist dunkel aussehende Streifen, die in gewissen Ent= fernungen parallel neben einander liegen und durch eine mehr durch= scheinende, heller aussehende Zwischenmasse verbunden sind.

Fertigen wir uns aus irgend einem Theile der Wand einen feinen Schnitt an, der die Streifung in einem rechten Winkel, also in der Quere trifft, so bietet dieser Schnitt zunächst, mit bloßem Auge betrachtet, dasselbe punktirte Ansehen dar, welches wir schon an der wagerechten Schnittfläche des Tragerandes kennen gelernt haben. Hält

---

Fig. 49. Senkrechter Schnitt (Längsschnitt) aus der Hornwand, vergrößert. Die parallel nebeneinander liegenden dunkeln Streifen sind Hornröhrchen; die hellere Masse, welche die Hornröhrchen zwischen sich haben, ist das Zwischenhorn Man sieht, daß die Hornröhrchen von verschiedener Stärke sind; der Raum zwischen a—b stellt die Röhrchen der äußeren (dunkleren) Masse der Wand, der Raum zwischen b—c die der inneren (weißen) Masse der Wand dar; c—d Grenze zwi= schen Schutzschicht und Hornblättchen; d—e Hornblättchen; man bemerkt an den= selben eine leichte, von oben nach unten gehende Streifung (vergl. Fig. 58). In den Hornblättchen finden sich bei f schräg nach oben laufende Risse.

man den Schnitt gegen das Licht, so sieht man bei vielen Punkten, daß diese der Ausdruck von feinen Löchern sind. Vollständig überzeugt man sich hiervon, wenn man den Schnitt unter das Vergrößerungsglas bringt (vergl. Fig. 50). Es zeigen sich eine Menge von rundlichen Löchern (a), die von dunkeln kreisförmigen Linien umgeben sind; aber auch hier sieht man, daß diese Löcher und deren dunklere Begrenzungen gleichsam in einer helleren Zwischenmasse (b) stecken.

Da nun die Löcher und ihre dunkeln Umgebungen der Ausdruck querdurchschnittener hohler Theile sind und dieselben stets da gefunden werden,

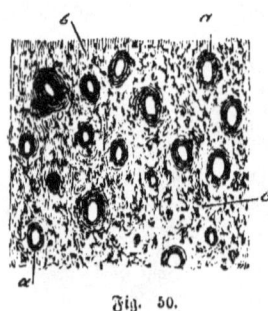

Fig. 50.

wo in den Längsschnitten die parallel nebeneinander liegenden dunklen Streifen wahrgenommen werden, so müssen wir die in der Längsrichtung der Wand vorkommenden Streifungen als hohle Röhrchen auffassen, die indessen nicht immer leer sind, sondern häufig noch einen aus locker aufeinander liegenden Zellen oder deren Zerfallmassen bestehenden Inhalt haben. Man nennt dieselben daher auch Hornröhrchen oder Hornsäulchen, eine Bezeichnung, die richtiger ist, als der Name Hornfaser, den man ihnen ebenfalls beigelegt hat. Die zwischen diesen Hornröhrchen liegende, ebenfalls aus Horn bestehende hellere Masse nennt man Zwischenhorn oder Bindehorn*).

Fast dieselben Resultate erhält man, wenn man die Sohle und das Weichhorn (Strahl, Hornsaum, Deckschicht) untersucht. Die Sohle zeigt auf ihrer unteren Fläche ebensowohl punktförmige Oeffnungen als auf ihrer oberen; sie zeigt auf Schnittflächen, die in der Richtung von vorn nach hinten durch sie gemacht wurden, schräg von oben nach

---

*) Die richtigste Bezeichnung für das Zwischenhorn wäre eigentlich Zwischenröhrenhorn, doch habe ich der Kürze wegen den ersteren Ausdruck gewählt, da durch ihn Irrthümer kaum veranlaßt werden dürften.

Fig. 50. Wagerechter Schnitt (Querschnitt) aus der Hornwand, vergrößert. a der Quere nach durchschnittene Hornröhrchen; sie stellen von dunkeln Kreisen umgebene Löcher dar. b Zwischenhorn. Die dunkeln Massen, welche sich in dem Schnitte bemerklich machen, rühren von Farbekörperchen her.

unten und vorn gehende Streifungen und läßt bei der mikroskopischen Untersuchung ebenfalls Hornröhrchen nachweisen, die sich von denen der Schutzschicht der Wand durch ihre bedeutendere Dicke und durch ihre schrägere Richtung unterscheiden. An Schnitten, die man durch frisches Weichhorn macht, sind die Streifungen sehr fein und haben meistens einen etwas geschwungenen, wellenförmigen Verlauf; haben die Weichhornmassen jedoch längere Zeit im Wasser gelegen, so treten die Streifen als dickere fadenförmige Massen sehr deutlich hervor.

Macht man einen wagerechten Schnitt, welcher einen Theil des Tragerandes der Wand, die weiße Linie und einen Theil der Sohle zu gleicher Zeit trifft (Fig. 51), so sieht man unter dem Mikroskope, daß die Räume zwischen den einzelnen Hornblättchen nicht allein

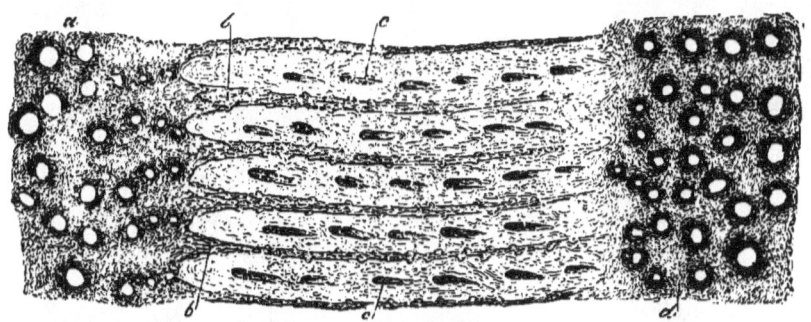

Fig. 51.

durch Zwischenhorn ausgefüllt sind, sondern daß von diesem Zwischenhorn auch noch eine Anzahl Hornröhrchen eingeschlossen wird.

Nur bei der Betrachtung der Hornblättchen vermissen wir die Hornröhrchen; wir bemerken auf ihren Flächen zwar schwache Streifungen (siehe Fig. 49 d—e), aber dies sind keine Röhrchen, sondern von oben nach unten gehende schwache Leistchen, denen ähnlich, wie sie auch an den Fleischblättchen vorkommen und von denen schon Seite 64 die Rede war. An Querschnitten der Hornblättchen machen sich diese Leistchen als kleine nach außen gehende Vorsprünge kenntlich

Fig. 51. Wagerechter Schnitt. welcher einen Theil der Hornwand, die ganze weiße Linie und einen Theil der Sohle trifft. a Hornwand. b Hornblättchen; die Hornmasse, welche sich zwischen den einzelnen Hornblättchen befindet, besteht aus c Hornröhrchen, die sich hier schräg durchschnitten zeigen. d Hornsohle.

(Fig. 59 d), die sowohl an alten als an jungen Hufen zu beobachten sind; Löcher aber fehlen in den Querschnitten gänzlich.

Sämmtliches Hufhorn, mit Ausnahme der Hornblättchen, besteht demnach aus einer unzähligen Menge einzelner, parallel nebeneinander liegender, schräg von oben und hinten nach unten und vorn gehender Hornröhrchen, welche von einer zwischen diesen liegender Hornmasse, dem Zwischenhorn, fest zusammengehalten und zu einem Ganzen verbunden werden.

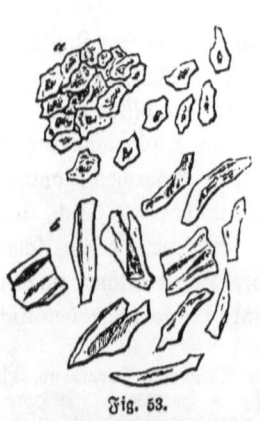

Fig. 52.

Fig. 53.

Gehen wir nun noch einen Schritt weiter und suchen zu erforschen, welche Bewandtniß es mit den Hornröhrchen und mit dem Zwischenhorn hat, welches ihre Bestandtheile sind und in welchem Verhältniß diese zu einander stehen, dann reichen die mäßigen Vergrößerungen, vermittelst deren Anwendung wir schon recht schön die röhrige Struktur des Hufes erkennen konnten, nicht mehr aus; wir müssen hierzu viel bedeutendere, 200 bis 300malige Vergrößerungen anwenden. Bei solchen Untersuchungen stoßen wir aber auch noch auf andere Schwierigkeiten. Nicht jeder Huftheil läßt sich gleichmäßig gut und ohne Weiteres dazu verwenden. Wir müssen abgestorbene Huftheile, oder Hufe, die recht lange macerirten (und wo möglich von jungen Thieren herstammen) zur Untersuchung benutzen oder aber uns solcher Zusätze bedienen, die die Eigenschaft haben, das Horn zu lockern und die Theile klar zu machen. Dies letztere erreicht man besonders durch Auflösungen von Aetzkali oder Aetznatron.

Fig. 52. a Hornzellen aus der Hornwand. b isolirtes Hornröhrchen der Wand vom Hufe eines neugeborenen Füllens mit Kalilösung behandelt.
Fig. 53. Hornzellen aus der Hornsohle. a jüngere Zellen von der Oberfläche der Hornsohle genommen. b Zellen aus abgestorbenen Sohlenhorn.

Nehmen wir abgestorbenes, fast pulverig gewordenes Sohlenhorn, oder eben solches Strahlhorn, welches sich als eine weißliche, käsige Masse in den Strahlfurchen nicht selten zu finden pflegt, thun dies auf ein Gläschen und zerdrücken es unter Zusatz von reinem Wasser, so bietet sich unter dem Mikroskope (abgesehen von einigen zufälligen Beimischungen, Schmutztheilen ꝛc.) dem Auge nichts weiter dar, als lauter fast gleichförmig aussehende Zellen, die mit den Seite 56 erwähnten Oberhautzellen die größte Aehnlichkeit haben. Diese Zellen sind Hufhornzellen.

Benutzen wir zur Untersuchung etwas von der schleimig-schlammigen Masse, die stets im Innern des ausgeschuhten Hufes die obere Fläche der Sohle, des Strahles ꝛc. bedeckt, besonders wenn der Huf längere Zeit im Wasser gelegen hatte, so finden wir ebenfalls weiter nichts, als Tausende von Hornzellen; doch haben wir in diesem Falle jüngere Zellen vor uns, während wir in dem ersten Falle alte Zellen sahen. Von Hornröhrchen, von Zwischenhorn sehen wir aber in beiden Fällen keine Spur.

Nehmen wir nach diesen Untersuchungen nun ein noch zusammenhängendes Scheibchen von todtem Sohlenhorn oder lösen uns von macerirtem Weichhorn einige von den fadenförmigen Streifen mit ihren Umgebungen heraus, und beobachten diese womöglich unter Zusatz von Aetzkalilösung unter dem Vergrößerungsglase, dann können wir sowohl Hornröhrchen als Zwischenhorn noch recht wohl

Fig. 54.

Fig. 55.

Fig. 54. Hornzellen aus dem Hornsaume. a jüngere, b ältere Zellen.
Fig. 55. Hornzellen aus dem Hornstrahl. a jüngere, b ältere Zellen c isolirtes Röhrchen.

unterscheiden; wir bemerken aber zu gleicher Zeit, daß die Hornröhrchen ganz wie das Zwischenhorn aus lauter einzelnen Zellen bestehen (vergl. Fig. 55 c, Fig. 57 und Fig. 58). Quetscht man das Präparat, so lösen sich unter den Augen des Beobachters von den Hornröhrchen Zellen auf Zellen los, und vermischen sich mit den ihnen ähnlich sehenden Zellen des gleichfalls auseinander gehenden Zwischenhornes.

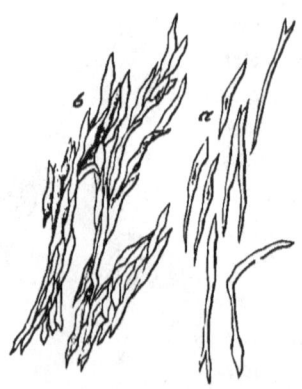

Fig. 56.

Ganz dasselbe sieht man an dem Horne der Schutzschicht der Wand (Fig. 52 b); bei diesem ist die Untersuchung jedoch immer schwieriger; man kommt ohne Zusatzmittel selten aus; doch habe ich dies Verhältniß an ganz jungen macerirten Hufen, auch ohne Zusatzmittel recht schön nachweisen können. Besonders gut eignen sich auch die Hornröhrchen hierzu, welche beim neugeborenen Füllen haarartig über den Tragerand der Wand hervorstehen, nachdem sich das bekannte Polster, mit dem

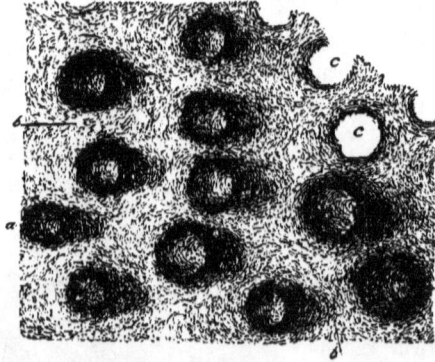

Fig. 57.

die jungen Thiere zur Welt kommen, von den Hufen abgelöst hat*).

*) Dies mehr oder weniger gelblich aussehende, weiche Polster ist ebenfalls ein Produkt der Hufhorn erzeugenden Theile und besteht ganz wie das Hufhorn

Fig. 56. Hornzellen aus den Hornblättchen. a jüngere, durch Abstreifen von der Fleischwand gewonnene Zellen. b ältere Zellen eines Hornblättchenstückes mit Kalilösung behandelt.

Fig. 57. Wagerechter Schnitt aus einem Stücke abgestorbenen Sohlenhorns. Man sieht hier recht deutlich, daß die Hornröhrchen a schräg laufen und ebenso wie das Zwischenhorn b aus Hornzellen bestehen. Bei c haben sich einzelne Hornröhrchen aus dem Zwischenhorn ganz herausgelöst.

Die Hornblättchen, die bekanntlich keine Röhrchen enthalten, lassen sich ebenfalls in lauter einzelne Hornzellen zerlegen; man sieht dies an macerirten Hornblättchen sowohl, als nach Kalizusatz.

Aus dem Ergebniß dieser mikroskopischen Untersuchungen läßt sich nun der Schluß ziehen, daß **die Hornzellen die Elemente, gleichsam die Bausteine sind, aus denen das Hufhorn aufgebaut wird.** Hornröhrchen sowohl als Zwischenhorn, das die Röhrchen mit einander verbindet, als auch die Hornblättchen bestehen daraus. Da von den einzelnen Zellen noch öfter die Rede sein wird, so werde ich der Unterscheidung wegen die Zellen der Röhrchen **Röhrchenzellen**, die des Zwischenhornes **Zwischenhornzellen** oder **Bindezellen** nennen.

Einen spezifisch durchgreifenden Unterschied in Form, Größe ꝛc. der Röhrchenzellen und Bindezellen habe ich nicht auffinden können. Es schien mir allerdings oft so, wenn ich die verschiedenen Zellen in ihrer Lagerung betrachtete, daß Verschiedenheiten stattfinden müßten; isolirte ich dieselben aber, so waren sich beide immer so ähnlich, daß ich mir nicht getraute, diese als Röhrchen-, jene als Bindezellen anzusprechen. Ebensowenig habe ich große wesentliche Unterschiede zwischen den Hornzellen der verschiedenen Hufabtheilungen wahrnehmen können. Ich getraue mir wenigstens nicht, nach der Form und Größe der Hornzellen, deren Ursprung ich nicht kenne, mit Sicherheit zu bestimmen, von welchem Huftheile sie herstammen, die Zellen der Hornblättchen etwa ausgenommen. Andere mögen hierin vielleicht ein schärferes Unterscheidungsvermögen besitzen. Im Allgemeinen habe ich gefunden, daß die Hornzellen des Weichhorns und der Sohle größer sind, als die des Wandhorns. Die Zellen der Hornblättchen sind immer gestreckter und schmäler als die der übrigen Huftheile. Die jungen, unmittelbar an ihrer Erzeugungsstätte (Papillen, Fleischblättchen) liegenden, noch nicht verhornten Zellen, d. h. die Zellen der sog. Schleimschicht, sind rundlich, weicher und verschwinden bald nach Zusatz von Kalilösung, während sie sich nach Zusatz von Essigsäure länger halten und besser studiren lassen.

Was die Lagerungsverhältnisse der Zellen anlangt, so schließe ich mich der schon früher ausgesprochenen Ansicht im Allgemeinen an, daß die Röhrchenzellen mit ihrem Längendurchmesser mehr in der Längenrichtung der Röhrchen lagern,

---

aus Hornzellen; auch lassen sich in demselben Hornröhrchen und Zwischenhorn sehr wohl unterscheiden. Die Zellen sind lockerer aneinander gelagert und nicht in dem Grade verhornt, als die Zellen des ausgebildeten Hufhorns; sie sind gleichsam noch unreif. Bei neugeborenen Füllen habe ich die Zellen dieses Polsters vielfach in der fettigen Degeneration angetroffen, besonders war dies bei den die Röhrchen ausfüllenden Zellen der Fall.

die Zwischenhornzellen mit ihrem Längendurchmesser dagegen mehr in der Quere liegen. Röhrchenzellen und Bindezellen kreuzen sich demnach mehr oder weniger in ihrer Lagerung. Besonders schön ist dies Verhältniß an Weichhornschnitten (Strahlhorn) zu beobachten; hier kreuzen sich die Zellen fast rechtwinklig (siehe Fig. 58); doch habe ich mich auch an der Schutzschicht der Wand (namentlich an jungen, lange eingeweichten Hufen) vollkommen davon überzeugt. Beim Sohlenhorn stellt sich die Sache etwas anders heraus; es lagern sich nämlich hier die Röhrchenzellen mit ihrem Längendurchmesser vorwaltend mehr der Quere nach. Vielleicht ließe sich durch dieses Lagerungsverhältniß, in Verbindung mit der größeren Lockerheit, welche die Zellen des Sohlenhorns überhaupt zeigen, die Eigenschaft des letzteren, im Gebrauche abzubröckeln, erklären. Die Zellen der Hornblättchen liegen

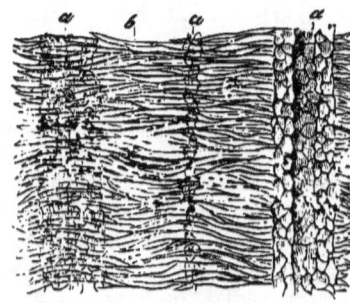

Fig. 58.

mit ihrem Längendurchmesser immer in der Breitenrichtung der Blättchen und zwar in etwas schräger Richtung von innen und unten nach außen und oben. Die Eigenthümlichkeit der Hornblättchen, immer in dieser Richtung einzureißen, scheint mir in dieser Zellenlagerung begründet zu sein (siehe Fig. 49 f).

Daß die Hornzellen sich bei ihrer dichten Aneinanderlagerung decken müssen, ist natürlich, und es ist, da die Natur gewisse Regelmäßigkeiten liebt, auch wahrscheinlich, daß sie sich in einem gewissen regelmäßigen Verhältniß decken. Ob dies aber so regelmäßig geschieht, daß man den Satz aufstellen könnte: sie decken sich wie Dachziegel zu einem Drittel, zur Hälfte, zu zwei Dritteln ꝛc., lasse ich denn doch unentschieden. Als ich recht viele Hufe mikroskopisch untersucht hatte, gab ich den Gedanken auf, ein solches Gesetz herauszufinden.

Die bräunlichen, schwärzlichen oder tiefschwarzen Massen, welche sich bei den mikroskopischen Untersuchungen immer in geringerer oder größerer Menge in dem Hufhorn zeigen, sind Farbkörperchen, die in Form kleinster Körnchen (Pigmentmolekeln) auftreten und fast nie (selbst nicht in weißen Hufen) ganz vermißt werden. Man sieht sie sowohl in den Hornröhrchen als im Zwischenhorn, theils zwischen den Zellen, theils in den Hornzellen; letztere werden durch sie mitunter bis zur Unkenntlichkeit gefärbt. Da sie, wo sie in Menge vorkommen, die mikroskopischen Untersuchungen überhaupt sehr erschweren,

Fig. 58. Senkrechter Schnitt aus dem Hornstrahl. a Hornröhrchen. b Zellen des Zwischenhorns; letztere sind so gelagert, daß sie sich mit den Hornröhrchen rechtwinkelig kreuzen.

so bedient man sich am besten zu dergleichen Arbeiten ungefärbter Hufe.

Zum Aufbau des Hufes scheinen diese Farbekörperchen weiter nichts beizutragen, da die Menge derselben sehr verschieden ist; doch ist von ihnen, je nachdem sie in dieser oder jener Schattirung in geringerer oder größerer Menge vorkommen, die Farbe des Hufes abhängig, die bekanntlich weiß, gelblich, gelb, grau bis tiefschwarz sein kann. Da die Erzeugung der Farbkörperchen von der Lederhaut ausgeht, so können auch gestreifte Hufe vorkommen, wenn in der Lederhaut an der Krone eine Farbenabwechselung stattfindet. Es geht die Sage, daß dunkle Hufe die dauerhaftesten sein sollen; dies ist jedoch eine unbegründete Annahme; helle Hufe können eben so gut und eben so schlecht sein wie dunkelfarbige.

Die Massen, welche die Höhlen der Hornröhrchen mehr oder weniger ausfüllen, bestehen aus nicht vollständig verhornten, locker aneinander liegenden Zellen und deren Zerfallmassen. Zuweilen findet man in den Röhrchen auch Blut oder dessen Reste; besonders ist dies nach vorausgegangenen starken Quetschungen der betreffenden Hufhorn absondernden Theile der Fall.

Was das physikalische und chemische Verhalten des Hufhorns betrifft, so will ich mich hier auf Weniges beschränken. Das Hufhorn, namentlich das Weich- und Wandhorn, ist frisch oder im Wasser eingeweicht ein ziemlich elastischer Körper; je trockener dasselbe wird, desto mehr verliert es seine Elasticität. Ferner ist es ein schlechter Wärmeleiter. Diese Eigenschaft erklärt nicht allein, daß durch den Huf die eingeschlossenen Theile gegen die Einflüsse der Kälte des Erdbodens (Schnee, Eis) hinlänglich geschützt werden, sondern auch, daß man glühendes Eisen mit dem Hufhorn eine Zeit lang in Berührung bringen kann, ohne daß die eingeschlossenen Weichtheile Schaden nehmen. Beim Verbrennen giebt das Horn einen dicken Rauch, der den bekannten, eigenthümlich brenzlichen Geruch (Horngeruch) hat. Von den Säuren wirkt die Essigsäure am wenigsten, Salpetersäure am stärksten auf das Hufhorn ein; letztere macht es gelb und zum Zerfallen mürbe. Schwefelsäure wirkt nur langsam ein und macht die Hornzellen anschaulich. Aetzende Alkalien (Aetzkali, Aetznatron) zerlegen das Horn am schönsten in die Zellen, aus denen es aufgebaut ist. Aehnlich verhält es sich auch mit Ammoniak; hieraus erklärt sich, daß es den Hufen gerade nicht sehr ersprießlich sein kann, wenn sie viel mit stinkenden, ammoniakhaltigen Mistmassen in Berührung kommen. Die Elementarstoffe, aus denen der Pferdehuf zusammengesetzt ist, sind nach Mulder: Kohlenstoff 51,41, Wasserstoff 6,96, Stickstoff 17,46, Sauerstoff 19,94, Schwefel 4,23. Nach Clément enthält:

	die Wand,	die Sohle,	der Strahl
Wasser	16,12	36,00	42,00
Fette Materie	0,95	0,25	0,50
In Wasser auflösliche Materie	1,04	1,50	1,50
Unlösliche Salze	0,26	0,25	0,22
Thierische Materie	81,63	62,00	55,78
	100,00	100,00	100,00

Bei meinen vergleichenden Bestimmungen des Wassergehaltes des Strahlhorns und Saumhorns erhielt ich als Resultat aus frischem, gesundem Strahlhorn des Hinterhufes gegen 40 Prozent Wasser, dagegen aus dem frischen Saumhorn desselben Hufes nahe an 50 Prozent. Der Hornsaum enthält somit 8 bis 10 Prozent Wasser mehr als der Hornstrahl, wodurch sich seine große Weichheit und Biegsamkeit auch erklären läßt.

Interessant ist das Vorkommen von Fett in kleinen Mengen in Hufhorn. Es ist so sicher darin (wovon man sich leicht durch die Behandlung des Hufhorns mit Aether überzeugen kann), daß nicht mehr gefragt werden darf, ob es überhaupt darin vorkomme, sondern nur, wie es in den Huf hineinkomme? — Macht man einen feinen Schnitt, der die Haarlederhaut und Huflederhaut zugleich trifft, so findet man auf der ersteren noch Talgdrüsen neben den Haaren reichlich vor; sie werden aber sofort vermißt, wenn man den Fleischsaum unter das Gesichtsfeld des Mikroskopes bringt, und lassen sich auch nicht in der Kronenwulst und in der Fleischwand auffinden; ebenso vermißt man sie im Fleischstrahl und in der Fleischsohle. Für diejenigen nun, die die Talgdrüsen als die zur Fettabsonderung in der Haut allein berechtigten Organe ansehen, muß natürlich das Vorkommen von Fett, ohne daß diese Fett absondernden Gebilde in den Erzeugungsstätten des Hufes angetroffen werden, etwas Ueberraschendes haben. Dies Ueberraschende wird sich aber sofort verlieren, wenn man erfährt, daß die Oberhautzellen sich unter gewissen Umständen fettig umwandeln können, und daß strenggenommen die Fettbildung in den Talgdrüsen auch weiter nichts ist, als eine Verfettung von Epithelialzellen, die sich in denselben massenhaft anhäufen. — Bei dem Hufhorn sind es nicht die vollständig verhornten Zellen der Hornröhrchen und des Zwischenhornes, die eine solche fettige Umwandelung (Fettmetamorphose) eingehen, sondern die von den Hornröhrchen eingeschlossenen, nicht verhornten, locker aneinander liegenden Zellen. Die Verfettung dieser Zellen findet aber nicht etwa in so ausgedehnter Weise statt, daß größere Fetttröpfchen bemerklich würden; sie beschränkt sich lediglich auf die Bildung vereinzelt vorkommender, mehr oder weniger dicht zusammenliegender Fettkörnchen, die sich unter dem Mikroskope als schwarze Punkte bemerklich machen. Diesem letzteren Umstande muß ich es auch hauptsächlich zuschreiben, daß mir das Vorkommen von Fett in den Zellen immer entgangen war; die Fettkörnchen waren immer durch die Pigmentkörperchen verdeckt worden. Meine Aufmerksamkeit wurde erst dann speciell auf die Fettkörnchen hingelenkt, als ich in den Zellen der weichen Hornpolster, die sich an den Füßen der neugeborenen Thiere finden, sowohl bei Füllen als bei Kälbern eine so reichliche Fettumwandelung beobachtete, daß bei manchen Präparaten sich sogar kleine Fetttröpfchen zeigten. Die Bildung von Fett im Hufhorn auf die oben beschriebene Weise wird von Rawitsch bestätigt.

Zweites Kapitel.
Von dem Wachsthum des Hufes.

Wenn man den Füßen eines ausgewachsenen, unbeschlagenen Pferdes, welches vielleicht zu Feldarbeiten verwendet oder in sonstiger Weise nicht zu viel auf steinigen, harten Wegen beschäftigt wird, seine Aufmerksamkeit zuwendet, so kann es vorkommen, daß man die Hufe eines solchen Thieres stets von derselben Größe und Länge sieht. Macht man diesem Pferde aber eine Marke (Schnitt, Feilstrich) in die Wand des Hufes, so bemerkt man schon nach einiger Zeit, daß sich dieses Zeichen vom Kronenrande entfernt hat und sich dem Tragerande zu näher findet, als zu der Zeit, in welcher es gemacht wurde. Die Marke ist von oben nach unten hinuntergerückt. Merkt man sich dagegen die Höhe der Wand eines Pferdes, und betrachtet dieselbe dann wieder, wenn dies Pferd längere Zeit hindurch Hufeisen unter den Hufen gehabt hat, oder im unbeschlagenen Zustande eine Zeit lang unthätig im Stalle gestanden hat, so sieht man, daß die Hufe solcher Pferde in der Zwischenzeit wirklich länger geworden sind.

Beide Erscheinungen, sowohl das Herabrücken der Marke als das Längerwerden der Hufe, lassen sich nur daraus erklären, daß der Huf von oben nach unten wächst, geradeso wie unsere Nägel und Haare wachsen. Beide Erscheinungen sind die Beweise für das Wachsthum des Hufes und so in die Augen fallend, daß sich Jeder leicht hiervon überzeugen kann, der nur darauf achtet. Die Ursache aber, daß in dem einen Falle der Huf dieselbe Länge behielt, in dem anderen Falle dagegen an Länge zunahm, ist darin zu suchen, daß in dem ersten Falle genau so viel Horn am Tragerande abgenutzt wurde, als von oben her nachwuchs, während in dem anderen Falle eine solche Abnutzung unter dem Schutze des Eisens oder wegen Mangel an Bewegung nicht stattfinden konnte. —

Die Wachsthumsverhältnisse des Hufes scheinen, was die Wandtheile betrifft, gleichmäßig zu sein. Mein verstorbener Freund Hartmann, der vielfache Versuche anstellte, um zu erforschen, ob das Verhältniß des Hornnachschubes an der Zehenwand ein anderes sei, als an den Seiten= und Trachtenwänden, fand wenigstens stets, daß die feinen Querschnitte, die er zu diesem Behufe in gleicher Entfernung vom Kronenrande im Umkreise der Wand gemacht hatte, sich völlig gleichmäßig vom Kronenrande entfernten, so daß er mithin ein vorwiegend starkes Wachsthum an einem oder dem anderen Wandtheile nicht wahrnehmen konnte. Von dem Sohlen= und Strahlhorn (dessen Wachsthum schwieriger zu ermitteln ist) sagt man, daß es im Verhältniß zum Wandhorn schneller wachse. Vom Strahlhorn will Hartmann die Beobachtung gemacht haben, daß das Wachsthum desselben gerade dann am schnellsten vor sich gehe, wenn die Thiere tüchtig arbeiten müssen, vorausgesetzt, daß der Strahl den Boden berühre.

Aus den von Brauell, Magazin für die ges. Thierheilkunde, 20. Jahrg. S. 389, mitgetheilten Versuchen, welche Gröhn über den Einfluß des Fesselnerven auf das Wachsthum des Hufes anstellte, ergab sich, daß die Hufwand desjenigen Fußes, an welchem der genannte Nerv durchschnitten worden war, in einer bestimmten Zeit länger gewachsen war, als an dem Fuße, an dem man den Nerven verschont hatte. Nebenbei stellte sich bei diesen Versuchen auch noch heraus, daß unter normalen Verhältnissen die Zehenwand in geringerem Maaße nachwächst als die Seitenwände und die äußere Wand in der Regel stärker als die innere.

Die Zeit, in welcher das Horn vom Kronenrande bis zum Tragerande der Wand hinabwächst, ist im Allgemeinen so angegeben, daß dies an der Zehe in 9—11 Monaten, an den Seitenwänden in 5—6 Monaten, an den Trachtenwänden in 3—4 Monaten geschehe. Nach den Mittheilungen, welche mir Hartmann hierüber machte, scheint das Herunterwachsen der Wand indeß großen Schwankungen unterworfen zu sein. Bei seinen Versuchen über den Wandnachschub

hat er zu bestimmten Maaßen überhaupt nicht gelangen können; bei verschiedenen Pferden, sämmtlich mit anscheinend gesunden Hufen, zeigten sich bei möglichst gleichmäßiger Dienstleistung im Hornnach=
schube außerordentliche Verschiedenheiten. So fand er beispielsweise, daß bei einzelnen Thieren die Querschnitte in vier Wochen nur um zwei Linien hinuntergerückt waren, während bei anderen in derselben Zeit ein Hinabrücken von sechs Linien stattgefunden hatte. Bei ein= zelnen Pferden soll, nach Hartmann's Beobachtungen, die Wand in der Jugend, bei anderen wieder im Alter stärker wachsen, und ein Einfluß davon, ob das Pferd viel, wenig oder gar nicht arbeitet, auf das Wachsthum der Wand nicht wahrgenommen werden.

Jedes irdische Ding, sei es aus der Hand des Schöpfers hervorgegangen, sei es durch die Hand des Menschen entstanden, ist vergänglich. Werkzeuge, Maschinen ꝛc., die im Laufe der Zeit und durch den Gebrauch fehlerhaft geworden sind und Verbesserungen oder Ergänzungen nöthig machen, erhalten diese Ver= besserungen und das zur Reparatur nöthig gewordene Material von außen her durch menschliche Hülfe. Ganz anders verhält es sich mit den lebenden Wesen. Zwar haben auch diese mit den leblosen Dingen das gemein, daß ihre Theile nach und nach unbrauchbar werden und zerfallen und durch Stoffe, die von außen her kommen (Nahrungsmittel, Getränk) ersetzt werden müssen, doch ist die Art und Weise, wie das Schadhaftgewordene verbessert und das Verlorengegangene ersetzt wird, bei ihnen wesentlich anders. „Die lebenden Wesen bauen sich ihre eigenen Organe auf und erhalten und verbessern sie, so lange es ihre Zustände möglich machen."

Sehen wir von der Entwickelungsgeschichte des Pferdefußes und von dem Verhalten desselben im Mutterleibe auch gänzlich ab und betrachten den Fuß eines eben geborenen Füllens, so nehmen wir wahr, daß alle Theile an demselben klein und unentwickelt sind; im Laufe der Zeit werden sie größer und stärker und än= dern sich auch mehr oder weniger in ihren Formen. Alle Theile wachsen. Durch das Blut sind ihnen Stoffe zugeführt worden, die sie zu ihrem Größer= werden nöthig hatten. Einmal vollständig ausgebildet, bleiben Größe ꝛc. des Fußes, bei normalen Verhältnissen, während des größten Theiles des Lebens auf ziemlich demselben Stande stehen. Hiermit ist jedoch keinesweges gesagt, daß nun auch genau dieselben Massen, aus denen der Fuß bestand, als er seine völlige Größe erreicht hatte, die ganze Lebensdauer des Pferdes hindurch dieselben bleiben, wie etwa das Eisen eines Maschinenrades oder das Holz eines Tisches dasselbe bleibt, bis es entweder ganz oder theilweise verworfen und durch anderes ersetzt wird. In jedem Augenblicke des Lebens verlieren die Organe kleinste Theilchen ihrer Bestandtheile, welche, wenn das Ganze nicht leiden soll, sofort wieder ersetzt werden müssen. Die Hand, mit welcher ich diese Zeilen niederschreibe, hat, trotzdem ihre Form, ihre Größe dieselbe geblieben ist, von denjenigen Massentheilen, aus denen sie vor Jahren zusammengesetzt war, vielleicht ebensowenig aufzuweisen, als der Huf eines Pferdes von demjenigen Horn, aus welchem er noch vor Jahr und Tag bestand. Dies fortwährende Kommen und Gehen, dies Entstehen und Vergehen der thierischen Bestandtheile nennt man den **Stoffwechsel**, und den Vorgang, welcher überhaupt die Instandhaltung des Körpers zum Zweck hat, die **Ernährung**.

Das Erhalten der Körpertheile geschieht nun auf zweierlei Weise. Die Mehrzahl der thierischen Gebilde, wozu auch Knochen, Bänder, Muskeln, Sehnen, Lederhaut c. gehören, zerfallen und erneuern sich nicht an einer oder einigen Stellen, sondern in allen ihren Theilen gleichzeitig. Das Zerfallene und unbrauchbar Gewordene wird zunächst durch das Venenblut c. aus dem Bereiche der Organe geschafft und dann auf verschiedenen Wegen aus dem Körper entfernt. Das zum Ersatze des Verlorengegangenen Bestimmte wird, wie schon mehrfach erwähnt, aus dem Arterienblute entnommen und so umgewandelt, daß es schließlich neue Knochen=, Bänder=, Muskelmasse c. wird. Anders dagegen verhält es sich mit den sogenannten Oberhautgebilden, nämlich den Haaren, der Oberhaut den Hufen. Das Arterienblut liefert allerdings auch das zur Entstehung und Erneuerung dieser Gebilde nöthige Material, aber das von ihnen Unbrauchbargewordene kehrt nicht in die Blutmasse zurück, wie dies bei den Knochen, Musteln c. der Fall ist, sondern geht sofort und direkt in die Außenwelt; bei der Oberhaut durch Abschilfern, bei den Haaren durch Abbrechen, Ausgehen, bei den Hufen durch Abnutzung von unten.

Die Oberhautgebilde, und so namentlich auch die Hufe, befinden sich daher das ganze Leben hindurch im Zustande der Neubildung; ihre Erneuerung ist ein fortwährendes Wachsthum und nicht ein Ernährungsact im Sinne der übrigen Theile. Da nun bei den Oberhautgebilden die Ersatzelemente (wenigstens in der Mehrzahl der Fälle) von der einen Seite kommen und der Verbrauch an der entgegengesetzten stattfindet, so sagt man: sie wachsen durch **Anbildung** (Apposition) oder durch **Nachschub**.

Darüber, daß der Huf überhaupt wächst, bedürfen wir keiner weiteren Beweise. Aber wie wächst der Huf? Diese Frage ist schon aus dem Grunde schwieriger zu beantworten, als man den Vorgang des Wachsthums selbst nicht belauschen kann; zu ihrer Erledigung müssen wir die nöthigen Anhaltspunkte in dem Bau der Huflederhaut, in dem feineren Bau des Hufhornes und in den Erneuerungsvorgängen der dem Hufhorn nahestehenden Gebilde suchen. Seite 55 war gesagt, daß die äußere Fläche der Lederhaut die Oberhaut in der Art absondere, daß erstere sich fortwährend mit Zellen bedecke, die durch jüngere, nachkommende Zellenlagen nach außen ge=

drängt würden, daß sich die einzelnen Zellen abflachten, verhornten und endlich abgestoßen würden. Nicht viel anders verhält es sich mit der Bildung des Hufes. Wie die Oberhaut, besteht derselbe aus verhornten Zellen, die aus jüngeren, der Schleimschicht der Lederhaut entsprechenden Zellen der Huflederhaut hervorgegangen sind. Doch ist die Lagerung und das Weiterrücken der Hufhornzellen wesentlich ab= weichend von dem der Oberhautzellen. Die die Hufhornzellen er= zeugende Huflederhaut bietet nicht, wie die Lederhaut, eine verhältniß= mäßig ebene Fläche dar, sondern läßt bekanntlich eine große Zahl von Zotten und Blättchen wahrnehmen, die natürlich auf das Wachs= thum und den Bau des Hufhorns nicht ohne Einfluß bleiben können. Diese complicirte Einrichtung der Hufhorn erzeugenden Fläche ist es indeß, durch welche einerseits ein so inniger Zusammenhang, eine solche Festigkeit und Widerstandsfähigkeit, andererseits aber auch wieder eine gewisse Nachgiebigkeit der durch sie erzeugten Horntheile ermög= licht werden konnte.

Ich mache mir von dem Wachsthum des Hufes folgende Vor= stellung:

Jeder Punkt der Huflederhaut, so klein er auch immer sein mag, hat die Fähigkeit, Hornzellen abzusondern. Zotten, Zwischen= zottenflächen (d. h. die kleinen Flächen, welche sich zwischen den einzelnen Zotten befinden), die Blättchen der Fleischwand und deren Zwischenblättchenflächen betheiligen sich an der Bildung des Hufhorns; jedes aber nach seiner Weise.

Denken wir uns zunächst die Zotten in Thätigkeit, so müssen sich dieselben (nach unserer Vorstellung, daß jeder Punkt von ihnen Hornzellen abzusondern fähig ist) auch ringsum mit Hornzellen be= decken; unter dieser Hornzellenlage erzeugt sich eine zweite, eine dritte und so fort. Da nun bei der stetig vor sich gehenden Bildung neuer Zellenlagen die älteren natürlich nicht an ihrem Platze bleiben können, so werden diese auch stets um soviel nach außen und abwärts ge= schoben werden müssen, als die neue Zellenlage dick ist; da ferner jede Zotte eine Kegelform hat, so wird jede Zellenlage gleichsam eine Trichterform annehmen müssen und schließlich von jeder Zotte aus eine Hornsäule zu Stande kommen, wie etwa eine Blech= oder Papier= säule zu Stande kommt, wenn man viele gleich große blecherne Kaffee=

trichter oder Papierduten in einander steckt. Da aber die einzelnen Zellenlagen sich fest mit einander vereinigen und sich Schicht mit Schicht innig verbindet, so kann von auffälligen Zwischenräumen in den durch sie gebildeten Hornsäulchen auch keine Rede sein. Es bildet somit jede Zotte ein Hornsäulchen (Hornröhrchen), für welches sie die Form und das Material zugleich liefert; bei der verschiedenen Dicke der Zotten ist daher auch die verschiedene Dicke der Hornsäulchen erklärlich; die stärkeren Zotten erzeugen die dickeren Säulchen, die schwächeren die dünneren.

Wenn nun in der beschriebenen Weise jede Zotte ihr Säulchen (Hornröhrchen) erzeugt, so muß natürlich der Huf genau so viel Hornröhrchen enthalten, als die Horn absondernden Theile Zotten haben. Diese unendliche Menge Röhrchen würden, wenn an keinem anderen Punkte eine Hornabsonderung stattfände, einzeln neben einander liegen und den Fuß etwa so bedecken, wie die Haare den menschlichen Kopf, oder die Mähne den Hals des Pferdes. Da dies aber dem Zwecke des Hufes durchaus nicht entsprechen würde, so sondern in derselben Zeit, in welcher die Zotten die zum Aufbau der Hornröhrchen bestimmten Zellen hervorbringen, die Zwischenzottenflächen die das Zwischenhorn darstellenden Bindezellen ab; diese drängen sich, der Lage ihrer Erzeugungsstätten entsprechend, sofort zwischen die einzelnen Röhrchen und verbinden die sämmtlichen Hornröhrchen der einzelnen Hufabtheilungen zu einer einzigen festen Hornmasse.

Auf die Festigkeit und Härte des Hornes ist das Alter desselben von Einfluß; denn je jünger die Zellenschichten sind, desto weicher sind sie, je älter sie werden, desto mehr verhornen sie und werden um so fester; daher erklärt es sich auch, warum sich das Horn in der Nähe der hornerzeugenden Theile leichter und weicher schneidet, als an den entgegengesetzten. Auf die Zähigkeit des Hornes dagegen scheint besonders die Lagerung der Zellen von Einfluß zu sein; denn dieselbe ist um so größer, je verschiedener Röhrchenzellen und Bindezellen zu einander liegen, wie dies ja namentlich beim Weichhorn und bei der Schutzschicht der Wand der Fall ist, bei denen die genannten Zellen gleichsam durch einander geflochten sind (vergl. Fig. 58). Das Sohlenhorn, bei dem die Zellen anders lagern, zeigt diese Zähigkeit nicht.

Nachdem wir so eine Vorstellung über die Erzeugung und das Wachsthum des Wand-, Sohlen- und Strahlhorns gewonnen haben, und es zu gleicher Zeit erklärlich finden werden, daß das tiefe Hineinragen der Zotten in die von ihnen erzeugten Hornsäulen bei der großen Anzahl derselben wirklich eine feste und innige Verbindung der Hornmassen mit ihren Erzeugungsstätten zu Stande bringen muß, bleibt uns jetzt nur noch zu ermitteln übrig, wie die Verbindung der Hornwand mit der Fleischwand und der Hornsohle vor sich geht.

Die Erzeugung der Hornwand geht bekanntlich von der Kronenwulst aus. Das hier erzeugte Wandhorn wächst von dieser Stelle aus im größten Umkreise des unteren Theiles des Fußes über die eingeschlossenen Fußtheile hinweg nach unten zu und würde diese Theile von außen her zwar bedecken, aber sich weder mit der Fleischwand, noch mit der Hornsohle verbinden, wenn die erstere nicht ebenfalls die Fähigkeit hätte, Hornmassen zu erzeugen. Die Wand würde sich dann zu den von ihr eingeschlossenen Theilen etwa verhalten, wie die Kruste eines abgebackenen Brodes zu seiner Krume, und zwischen der Hornwand einerseits und zwischen Fleischwand und Hornsohlenrand andererseits würde ein hohler Raum entstehen, der rings um den Fuß bis zur Krone hinauf ginge.

Aus einem solchen Verhalten müßten natürlich die größten Uebelstände hervorgehen. Die Natur hat daher der Fleischwand ebenfalls hornerzeugende Eigenschaften verliehen, die bei ihr jedoch wegen Mangel der Zotten von der hornerzeugenden Thätigkeit der anderen Theile der Hufleberhaut wesentlich abweichen. Sie erzeugt Horn von nicht röhriger Beschaffenheit und in weit geringerer Menge.

Da sich zwischen der Kronenwulst und der Fleischwand keine Stelle befindet, wo die Hornabsonderung aufhört, sondern die Zwischenzottenflächen des untern Randes der Kronenwulst unmittelbar und ununterbrochen in die an ihrem Anfange sehr schmalen Fleischblättchen übergehen, so kann (da, wie ich wieder erinnern will, die Hornabsonderung eben an jedem Punkte der Hufleberhaut vor sich geht) von einem Absatze oder von einer Trennung des von der Kronenwulst erzeugten Hornes der Schutzschicht der Hornwand und dem von den Fleischblättchen erzeugten Blatthorn auch keine Rede sein. Der Zusammenhang des von beiden Theilen erzeugten Hornes ist daher ebenso ununterbrochen, wie es die hornabsondernden Theile selber sind. Nur wird sich das von der Fleischwand abgesonderte Horn auf andere Weise gestalten und nach den Verhältnissen seiner Erzeugerin richten müssen. — Den Vorgang bei der Erzeugung der Hornblättchen hat man sich etwa so vorzustellen: Jedes Fleischblättchen bedeckt sich auf seinen beiden Flächen gleichzeitig mit Hornzellen. Da nun die ungleichnamigen Flächen der Fleischblättchen (d. h. die rechten Flächen den linken und umgekehrt) einander zustehen wie die Blattflächen in einem Buche, und die Fleischblättchen verhältnißmäßig dicht nebeneinander liegen, so erreichen sich zwischen je zwei Fleischblättchen die beiden von den gegenüberliegenden Fleischblättchenflächen abgesonderten Hornzellenmassen und verschmelzen mit einander zu einem einzigen Hornblättchen. Es entsteht mithin zwischen zwei Fleischblättchen immer ein Hornblättchen, deren Zahl, da ja jede Fläche der Fleischblättchen absondert, mit der Zahl der letzteren genau übereinstimmen muß. Das, was die Fleischblättchen zur Schutzschicht der Wand beitragen, ist äußerst unbedeutend und beschränkt sich nur auf eine sehr dünne Zellenschicht, welche von den Enden der Fleischblättchen abgesondert und an den, zwischen zwei Hornblättchen befindlichen Bogen angelagert wird. Es verhält sich das von der Fleischwand abgesonderte hier etwa, wie der Mörtel beim Abputzen einer Mauer. Alles übrige von den Fleischblättchen erzeugte Horn wird zur Bildung der Hornblättchen verwendet.

Die von der Fleischwand gebildeten Hornblättchen bleiben, wie alles gebildete Horn nicht an einer Stelle liegen. Ihre Bewegungen sind aber, wie es scheint, im normalen Zustande mehr passiver Art. Die mit der Schutzschicht der Wand in ununterbrochenem Zusammenhange stehenden Hornblättchen, die in ihrer Gesammtheit eben die Blatt- oder Verbindungsschicht der Wand darstellen, folgen der Wachsthumsrichtung der ganzen Wand nach unten und finden ihr Ende und ihre Abnutzung in der weißen Linie. Das normale und regelmäßige Herabwachsen der Wand ist wesentlich von dem normalen Verhalten der Fleisch- und Hornblättchen abhängig. Diese Blättchenschichten bilden gleichsam ein Schienensystem, auf welchem die Hornwand allmälig herabgleiten kann, ohne der Gefahr ausgesetzt zu sein, in der Richtung abzuweichen. Die Möglichkeit eines solchen Herab=

gleitens ist durch eine bemerkenswerthe Eigenthümlichkeit in dem Baue der Hornblättchen gegeben, von der unten noch weiter die Rede sein wird.

Der feste Zusammenhang der Blattschicht mit der Schutzschicht der Wand, das abwechselnde Ineinandergreifen der Hornblättchen und Fleischblättchen erklärt uns nun zwar hinlänglich die innige Vereinigung der Hornwand mit der Fleischwand, nicht aber die Verbindung der Hornwand und Hornsohle. Die über den Rand der Hornsohle hinabgeschobene oder vielmehr hinabgezogene Blattschicht allein giebt noch immer kein genügendes Verbindungsmittel der beiden genannten Horntheile ab. Zu diesem Zwecke sind die unteren Enden der Fleischblättchen mit hornerzeugenden Zotten versehen, die mit den Zotten der Fleischsohle in so ununterbrochenem Zusammenhange stehen, daß man sie an dem ausgeschuhten Fuße als die Randzotten der Fleischsohle betrachten kann. Diese Zotten und deren Zwischenzottenflächen sondern da, wo Wand und Sohle zusammenstoßen, zwischen den einzelnen Hornblättchen Hornröhren, und Zwischenhorn ab, und füllen auf diese Weise den leeren Raum aus, der sonst die Hornblättchen, die von hier ab ja keine Fleischblättchen mehr zwischen sich haben, von einander trennen würde. Dies Zwischenblättchenhorn (wie man es auch nennen könnte) giebt mithin mit derjenigen Abtheilung der Blattschicht der Wand, die sich gerade an dem Sohlenrande befindet, dasjenige Verbindungsmittel ab, welches wir als weiße Linie kennen gelernt haben (vergl. Fig. 51). Die weiße Linie verdankt daher, strenggenommen, ihre Entstehung der Fleischwand allein; ihre Blättchenabtheilung ist ein älteres Erzeugniß der Seitenflächen der Fleischblättchen, und steht mit dem Mutterboden nicht mehr in Verbindung; ihr Zwischenblättchenhorn ist ein jüngeres Erzeugniß der Zotten, in welche sich jedes Fleischblättchen an seinem unteren Ende auflöst und steht wie das Sohlenhorn noch mit dem Mutterboden in Verbindung.

Als von dem feineren Bau des Hufhorns die Rede war, hatten wir erfahren, daß der Huf von Hornröhrchen durchsetzt sei. Diese Hornröhrchen und die eben angedeuteten, von den Zotten erzeugten Hornsäulchen sind gleichbedeutend. Es drängt sich hier aber die Frage auf, wie kommt es denn, daß Röhrchen gebildet werden, wenn sich die Zotten überall mit gleichen Zellen bedecken, da man unter diesen Umständen doch annehmen muß, daß das am Ende der Zotten erzeugte Horn einen Verschluß des Horntrichters von unten her bewirkt, und dann die erzeugten Säulchen ja nicht hohl sein können?

Die Ansicht, daß die Hornröhrchen des Hufes nicht ihrer ganzen Länge nach hohl sind, sondern nur so weit, als sie die Röhrchen erzeugenden Zotten (vergl. Fig. 46) aufnehmen, ist auch in der That aufgestellt worden. Sie ist aber, wenn sie scheinbar auch etwas für sich hat, doch nicht durchgängig richtig. Von dem röhrigen Charakter der Hornsäulchen (besonders am Wand- und Sohlenhorn) überzeugt man sich nicht allein an mikroskopischen Schnitten, sondern auch dann, wenn man Hufstückchen in färbende Flüssigkeiten legt. Im letzteren Falle nimmt man wahr, daß die Hornsäulchen sich in ihrem Innern entweder ganz oder stellenweise färben, während ihre Umgebung ungefärbt bleibt. Diese Thatsache ist nur dadurch erklärlich, daß die Flüssigkeit entweder in wirklich hohle Räume bringt und die Innenwände derselben färbt, oder daß das Innere derselben eine lockere, leicht von Flüssigkeiten durchdringliche Masse enthält. Ist das letztere der Fall, so bleibt der röhrige Charakter der Hornsäulchen gerade so bewahrt, wie er bei vielen Pflanzen bewahrt bleibt, die in ihrem Innern zwar ein lockeres Gewebe, eine Art Mark einschließen, die aber unter Umständen, beim Einschrumpfen oder Schwinden dieses Markes, zu wirklichen Röhren werden. Dies letztere ist bei den Hornröhrchen nun der Fall. Der Hohlraum, den sie in sich schließen, ist nicht vollständig leer, sondern mehr oder weniger ausgefüllt. Die Masse, die sie einschließen, ist entweder ziemlich gleichmäßig von oben bis unten in ihnen verbreitet, so namentlich beim Weichhorn, oder aber füllt sie nur streckenweise aus, so daß sie stellenweise mit leeren, lufthaltigen Räumen abwechselt. — Diese Eigenthümlichkeit läßt sich nur daraus erklären, daß an den Enden der Horn erzeugenden Zotten die Hornabsonderung in andern Verhältnissen vor sich geht, als an ihren oberen Theilen. Die Zellen, die hier erzeugt werden, legen sich lockerer neben einander, verhornen nicht in der Weise wie die übrigen Röhrenzellen, und zerfallen leichter. Dadurch bekommen die einzelnen Hornröhrchen eine gewisse Aehnlichkeit mit denjenigen Haaren, die im Innern eine sogenannte Marksubstanz, d. h. solche Zellen haben, die nicht die charakteristischen Eigenschaften der Zellen der Rindensubstanz der Haare annehmen, gleichsam auf einer niedrigeren Stufe der Entwickelung stehen geblieben sind und ebenfalls Gelegenheit zu Hohlraumbildungen abgeben.

[Dem Inhalte dieses Satzes gegenüber, ist mir die Erklärung von Rawitsch (a. a. O. S. 459), daß die von vielen Autoren und auch von mir aufgestellte Behauptung, daß die Hornröhrchen hohl wären, unrichtig sei, in so hohem Grade auffallend, daß ich es nicht unterlassen kann, auf diesen Gegenstand hier etwas näher einzugehen.

Rawitsch sagt, — indem er die von mir und anderen ausgesprochene Unrichtigkeit beweisen will, — daß von den unteren Enden der Papillen an, jene lamellöse Masse anfange, welche vollständig den Raum zwischen den herabgeschobenen Hornzellen ausfülle. „Diese Masse, fährt er fort, ist ohne Zweifel ein Produkt der Terminalflächen der Papillen und zwar ist man berechtigt, dieselben als die Zerfallmasse der Zellen der Schleimschicht zu betrachten." Dann sagt er weiter: „Die Schleimzellen der Terminalflächen der Papillen werden also nicht verhornt, sondern verwandeln sich theils in Fettkörner, theils aber in eine amorphe eiweißartige Masse, welche durch Zutritt von Luft zusammenschrumpft und eintrocknet, wodurch zwischen den Längsstreifen des Hufhorns sich Hohlräume bilden. Untersucht man aber einen Theil der von den Fleischtheilen eben entfernten Hornwand, so wird man schwerlich einen Hohlraum in den Hornröhrchen finden. Das Eindringen von Farbestoffen in dieselben kann aber höchstens nur beweisen, daß die in denselben eingeschlossene Masse sich leichter färbt, als die um sie liegenden Hornzellen, mit welchen sie nur sehr locker verbunden ist."

Wenn man die von Rawitsch angeführten Gründe, daß die Hornröhrchen nicht hohl sein sollen, mit dem vergleicht, was ich über diesen Gegenstand gesagt habe, so muß man zunächst auf die Vermuthung kommen, daß er den vorstehenden Passus in meiner Arbeit gänzlich übersehen haben müsse. Denn, eine größere Uebereinstimmung, wie sie zwischen dem von mir Gesagten und dem von Rawitsch Ausgesprochenen besteht, ist doch wirklich kaum denkbar. Ich sage hier (und auch schon an anderen Stellen), daß der Hohlraum der Hornröhrchen nicht leer, sondern mehr oder weniger ausgefüllt ist; ich sage ferner, daß die Zellen, die an den Enden der hornerzeugenden Zotten (von R. Terminalflächen genannt) gebildet werden, sich locker nebeneinanderlegen, nicht verhornen und leichter zerfallen, daß diese lockere Masse leicht von (färbenden) Flüssigkeiten durchdringlich ist; S. 102 sagte ich, daß sich in diesen zerfallenen Zellen Fett bildet. Dies Alles sagt Rawitsch auch; nichts mehr und nichts weniger, wenn auch mit etwas andern Worten und einigen Umschreibungen! Wie Rawitsch nun dazu gekommen ist, meine Anschauung über das Verhalten der Hornröhrchen für unrichtig zu erklären, und diese Unrichtigkeit durch Thatsachen zu beweisen, die ich selbst mehrfach als bestehend aufgeführt habe, bleibt mir um so unerklärlicher, als er das von mir Gesagte wirklich gelesen haben muß, da er sich auf das von mir angeführte Eindringen gefärbter Flüssigkeiten bezieht, von dem ich nur an dieser Stelle gesprochen habe. In der Sache also, besteht, was die Hornröhrchen betrifft, zwischen Rawitsch und mir die vollständigste Uebereinstimmung. Ist zwischen uns in dieser Beziehung eine Differenz vorhanden, dann ist sie keine anatomische, sondern lediglich eine philologische, die in der Verschiedenheit der Auffassung des Wortes „hohl" ihren Grund hat. Ich persönlich unterscheide „hohl" von „leer". Ein Gegenstand kann sehr wohl hohl sein, ohne darum nothwendig auch leer sein zu müssen, z. B. ein Topf. In der Anatomie spricht man vielfach von hohlen Organen, von denen aber Jedermann weiß, daß sie während des Lebens nicht leer sind. Man spricht von einer Brust-, Bauch-, Schädelhöhle und doch ist es männiglich bekannt, daß diese hohlen Organe enthalten, von denen sie ganz ausgefüllt werden. Ebenso gebraucht man den Ausdruck „Röhre" ohne damit den Begriff des Leerseins zu verbinden. Man nennt die langen Knochen der Säugethiere bekanntlich Röhrenknochen, trotzdem man weiß, daß sie nicht leer, sondern mit Mark oder dessen Substitute gefüllt sind. In diesem von den anatomischen Sprachgebrauche sanctionirten Sinne habe ich nun das Wort „hohl" gebraucht und verstehe darunter, im Gegensatze zu „massiv" oder „solid", einen Raum, dessen Wandungen mit dem Inhalte nicht homogen sind, wie dies doch auch nach Rawitsch's Zugeständniß mit dem Hornröhrcheninhalte nicht der Fall ist. Ich will jedoch dem so verdienstvollen Collegen gern zugestehen, daß die Ausdrücke „hohl" und „Röhre" nicht zweckmäßig gewählt sein mögen, da sie, wie er durch sein eigenes Beispiel am besten beweist, zu Mißverständnissen Veranlassung geben können. Daher habe ich auch, freilich ohne an die Folgen zu denken, welche der Ausdruck „Röhrchen" mal nach sich ziehen könnte bei vielen Gelegenheiten den Ausdruck Hornfänlchen für Hornröhrchen gebraucht und ich freue mich, daß dieser Ausdruck den Beifall von Rawitsch in so hohem Grade gefunden hat, daß er ihn in seinem Aufsatze permanent gebraucht. Der Ausdruck Hornsäulchen ist jedenfalls zweckmäßiger; er paßt für alle Fälle und läßt, da es massive, hohle und mit heterogenen Massen gefüllte Säulen geben kann, in dieser Beziehung keine weiteren Mißdeutungen zu. Da indessen der würdige Altmeister der Veterinäranatomie, Gurlt, in seinen bahnbrechenden Arbeiten über diesen Gegenstand den Ausdruck „Röhrchen" einmal eingeführt, und sich dieser in Deutschland so ziemlich eingebürgert hat, so habe ich ihn auch ferner beibehalten und ihn nicht durch den Ausdruck „Hornsäulchen" verdrängen zu müssen geglaubt, zumal man sich unter „Säule" doch auch meist etwas Freistehendes vorzustellen pflegt, was bei den Hornröhrchen doch keineswegs zutrifft. Der Ausdruck „Hornröhrchen" ist wirklich nicht in dem Grade unrichtig, wie es Rawitsch zu glauben scheint.

Ebenso unerklärlich ist es mir, daß Rawitsch S. 466 seines Aufsatzes es rügt, daß ich eine „gewisse Analogie zwischen den Hornröhrchen und Haaren nicht in Abrede stelle", während eine solche Analogie doch völlig negirt werden müsse. Wäre er nicht so auffallend zu Mißverständnissen disponirt gewesen, so hätte er es herausfühlen müssen, daß ich die Haare einfach nur als Beispiel dafür anführte, daß durch das verschiedenartige Verhalten von Zellen Hohlraumbildungen zu Stande kommen können. Wenn er daraus nun aber folgert, daß ich Hornröhrchen und Haare für analoge Bildungen halte, so ist dies allerdings nicht meine Schuld. Ich halte zwar Haare und Hornröhrchen für aus einzelnen Zellen bestehende epidermoidale Bildungen, die das gemein haben, daß sie Hohlraumbildungen zeigen, sehe im Uebrigen aber Hufhorn und Haare für zwei so verschiedene Dinge an, als es die unter den epidermoidalen Gebilden bestehenden analogen Verhältnisse überhaupt nur zulässig machen.]

Die Wachsthumsvorgänge der Hornblättchen und deren Verhalten zur Wand, gehören, trotz der sorgfältigen Untersuchungen von Rawitsch, immer noch zu den dunkelsten Seiten der Physiologie des Pferdefußes. Man wird sich erinnern, daß oben die Rede davon war, daß die Natur, um größere Flächenausbreitungen und mit diesen Hand in Hand gehend, größere Hornabsonderungen zu erzielen, an der Huflederhaut Zotten und Blätter gebildet hatte. Bei der Fleischwand blieb es aber nicht bei einer einfachen Blattbildung stehen. Jedes einzelne Fleischblättchen wiederholt, indem es sich auf seinen beiden Flächen mit kleinen Leistchen bedeckt, gleichsam die Bildung der Fleischwand auf's Neue, und erlangt dadurch verhältnißmäßig eine sehr große Absonderungsfläche. Wenn ich nun oben des leichteren Verständnisses wegen, die Fleischblättchen als einfache Absonderungsflächen darstellte, so sind indeß in Wirklichkeit ihre Absonderungsverhältnisse nicht so einfach, wie es geschildert wurde, da sie sich in der That nicht gleichmäßig mit Zellen bedecken, sondern es hauptsächlich die Vorsprünge oder Leistchen der Fleischblätter sind, von denen die Production derjenigen Zellen ausgeht, aus denen sowohl die verhornten als nicht verhornten Partien der Hornblättchen gebildet werden. Hierdurch werden nun natürlich auch die Bildungsverhältnisse der Hornblättchen, wie ihr äußeres Ansehen wesentlich modifizirt; sie sind daher nicht glatt, sondern stellen gleichsam einen Abdruck der Fleischblättchen dar, indem auch sie auf ihren beiden Flächen mit eigenthümlichen Leistchen versehen sind. Ein Blick auf Fig. 59, welche einen Querschnitt durch die Fleisch-

wand und die Hornblättchen darstellt, wird die Sache anschaulich machen. Man
sieht hier, daß die Fleischblättchen (d) zahlreiche (in der Figur weiß gehaltene)

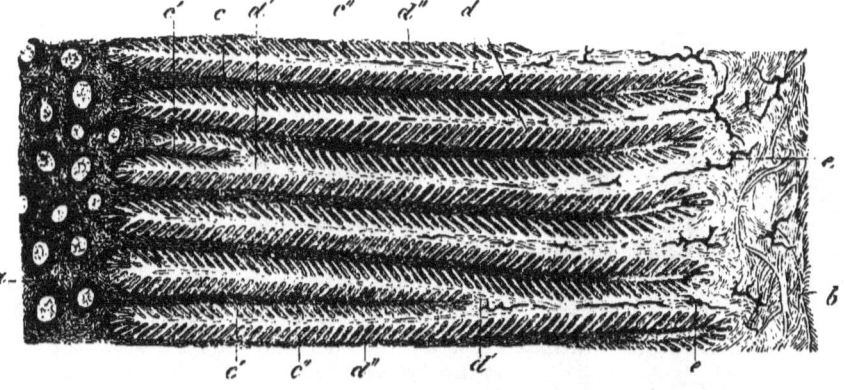

Fig. 59.

nach seit- und wandwärts gerichtete Zacken (d″) abschicken. Diese Zacken stellen
die Querdurchschnitte der Fleischblattleistchen dar. Zwischen je 2 solcher Zacken
bemerkt man ähnliche (in der Figur grau gehaltene) Zacken, welche sich zu den
Hornblättchen genau so verhalten, wie die Fleischblattleistchen zu den Fleischblättchen, d. h. die (grauen) Zacken der Hornblättchen sind die Ausdrücke für die
Durchschnittsflächen der Hornblattleistchen. An der Bildung dieser Hornblattleistchen betheiligen sich immer die 2 sich entgegenstehenden Flächen der Fleischblattleistchen, so daß also ganz wie dies bei der Fleischwand der Fall ist, sich um
ein Hornblättchen herum genau so viel Hornblattleistchen finden müssen, als die
betreffenden Fleischblättchenflächen Fleischblattleistchen haben. Daß der mittlere
verhornte Theil der Hornblättchen aus Zellen besteht, welche von den Fleisch-

---

Fig 59. Querschnitt durch die Verbindungsschicht des Hufes. a innerster
Theil der Schutzschicht der Hornwand; man sieht, daß die Hornröhrchen bis in
die unmittelbare Nähe der Hornblätchen herantreten. b Körper der Fleischwand.
c verhornter Theil der mit der Schutzschicht der Wand in Verbindung stehenden
Hornblättchen. c′ unregelmäßige nicht bis zum Körper der Fleischwand reichende
Hornblättchen. c″ Querdurchschnitte der den verhornten Theil der Hornblättchen
leistenartig umgebenden, aus noch unverhornten Zellen bestehenden Schleimschicht,
welche sich in der Figur wie Zacken ausnehmen. d die von dem Körper der
Fleischwand ausgehenden Fleischblättchen. d′ Fleischblättchen, welche sich auf ihrem
Verlaufe zur Hornwand gespalten haben und auf diese Weise die Ursache zu der
unregelmäßigen Hornblättchenbildung (c′) geworden sind. d″ Querdurchschnitte
der von den Fleischblättchen abgehenden, dieselben leistenartig umgebenden Blättchen; je 2 von ihnen haben ein Zäckchen der Hornblätter zwischen sich und erzeugen es. e injicirte arterielle Gefäße.

8*

blättchen abgesondert werden, glaube ich mit Sicherheit annehmen zu müssen, obgleich über den Modus der Verhornung und die Zeit, in welcher diese stattfindet, noch nichts Sicheres bekannt ist, und worauf ich weiter unten auch noch einmal zurückkommen werde. Das Eigenthümliche der Hornblattleistchen besteht darin, daß sie, so lange sich ihre Zellen noch zwischen den Fleischblattleistchen befinden, nicht (oder doch nur ausnahmsweise) verhornen, sich aber immer so innig mit dem verhornten Theile der Hornblättchen verbinden, daß sie, wenn man Fleischwand und Hornwand von einander trennt, immer an den Hornblättchen haften bleiben und diese ringsumgeben. Hiervon kann man sich überzeugen, wenn man an einem, womöglich frisch ausgeschuhten Hufe feine Querschnitte macht, die die Hornblättchen mittreffen, wie dies in Fig. 60 geschehen ist. An einem solchen Hornblättchenquerschnitt sieht man dann auf beiden Seiten und an seinem freien Ende zahlreiche Zacken, die eben weiter nichts sind, als der Ausdruck der besprochenen querdurchgeschnittenen Längsleistchen, welche die Hornblättchen auf ihren Flächen tragen und mit denen sie in die erwähnten Vorsprünge der Fleischblättchen eingreifen. Diese Zacken verleihen dem ganzen Schnitte eine gewisse Aehnlichkeit mit einer Federfahne und lassen sich schon mit einer guten Loupe wahrnehmen; sie finden sich auch an den Bogen vor (e), die durch je zwei und zwei Hornblättchen an der Schutzschicht der Wand gebildet werden. An diesen Stellen rühren sie von dem (am ausgeschuhten Fuße) freien Rande der Fleischblättchen her, während die hinteren (f) am freien Rande der Hornblättchen vorkommenden auf den Zwischenfleischblättchenflächen erzeugt werden.

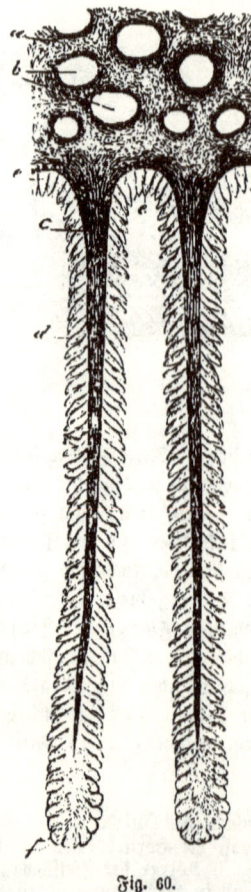

Fig. 60.

Untersucht man nun solche Schnitte bei größeren Vergrößerungen als die

---

Fig. 60. Querschnitt von zwei Hornblättchen, die noch mit der Schutzschicht der Wand in Verbindung stehen. a Zwischenhorn der Schutzschicht. b durchschnittene Hornröhrchen derselben. c mittlerer, bereits verhornter Theil der Hornblättchen; man sieht, wie die Zellen desselben mit den Zellen des Nachbarblättchens sich vereinigen. d, e und f jüngere Hornmassen, welche in Form von Zacken den mittleren, schon völlig verhornten Theil umkleiden.

sind, welche zur Darstellung der Fig. 59 und 60 angewendet wurden, so findet man bei durchfallendem Lichte schon bei der bloßen Behandlung mit Wasser leicht heraus, daß die Hornblättchen eigentlich aus zwei verschiedenen Massen bestehen. Man überzeugt sich hiervon vollständig bei Anwendung von Kalilösung oder färbenden Flüssigkeiten. Nach Zusatz der erstgenannten Flüssigkeit hellen sich die Zacken rasch auf und werden zum Verschwinden klar, während der mittlere Theil fast unverändert bleibt, mit Ausnahme dessen, daß seine Hornzellen jetzt schön und deutlich zum Vorschein kommen. Bei färbenden Flüssigkeiten (namentlich Carminlösungen) nehmen die Zacken meist die Farbe derselben an, indessen der mittlere Theil ungefärbt bleibt. Es ist mithin der äußere, peripherische Theil jedes Hornblättchens die noch nicht in Verhornung übergegangene, von den Fleischblättchen abgesonderte jüngere Masse, d. die Schleimschicht derselben. In dem mittleren, dunkleren Theile dagegen ist die vollständige Verhornung eingetreten und zwar etwas vom freien Rande der Hornblättchen entfernt. Der physiologische Nutzen der verhältnißmäßig sehr beträchtlichen, immer mit dem verhornten Theile des Hufes in fester Verbindung stehenden Schleimschicht, scheint mir hauptsächlich darauf berechnet zu sein, das Abwärtsgleiten der von der Krone herabwachsenden Wand zu ermöglichen. Grade die Hornkapsel der Einhufer zeigt bei ihrem eigenthümlichen Verhalten zur Zehe, diese Einrichtung am auffälligsten und ausgeprägtesten. Bei krankhaften Verhältnissen der Fleischwand sehen wir daher auch immer Erscheinungen auftreten, welche darauf hinweisen, daß sich dem regelmäßigen Herabwachsen Hindernisse entgegenstellen und die mannigfaltigsten Formveränderungen des Hufes sind die nothwendigen Folgen.

[Wenn Rawitsch a. a. O. S. 461 die Beschreibung, welche Brauell und ich von den Hornblättchen geben, indem wir dieselben als gerippt oder gezackt darstellen, als unrichtig bezeichnet und gleich darauf zugiebt, daß an Querschnitten der von der Fleischwand losgetrennten Hornwand die Hornblättchen wirklich gezackte Hornstreifen vorstellen, und weiter ausführt, daß bei Maceration des Hufes oder bei gewaltsamer Lostrennung der Hufwand von den Weichtheilen die Schleimschicht immer an den Hornlamellen haften bleibt, wodurch die Hornblättchen von solchen losgetrennten Hufen ein gezacktes oder gerippftes Aussehen erhalten, so gehört dies wiederum zu den Dingen der Rawitsch'en Arbeit, worüber ich, ein Verständniß zu erlangen, mich vergeblich bemüht habe. Versteht man unter „Hornblättchen" nur den wirklich verhornten Theil der Hornlamellen, dann würde Rawitsch allerdings insofern Recht haben, als dieser glatt ist, wie dies ja auch genugsam aus der von mir gegebenen fig. 60 hervorgeht. Versteht man aber darunter dasjenige, was im anatomischen Sinne alle Welt darunter versteht, nämlich diejenigen Blättchen, welche sich an der inneren Wandfläche des ausgeschuhten Hufes vorfinden, dann begreife ich Rawitsch um so weniger, daß er unsere Beschreibung als unrichtig bezeichnet, als er die Verhältnisse dieser Blättchen ganz so angegeben hat, wie dies Brauell in sehr ausführlicher Weise und auch ich gethan habe. Brauell und ich und, soviel ich weiß, Jedermann, betrachten die in den ausgeschuhten Huf frei hineinragenden Lamellen als Hornblättchen. Diese bestehen aber aus einem mittleren verhornten und einem peripherischen, gerippten, unverhornten Theil; letzterer muß anatomisch insofern als integrirender Theil des Hornblättchens angesehen werden, da er immer und unter allen Umständen sich an diesem vorfindet. Rawitsch müßte, wenn er ein aus dem Hufe genommenes Hornblättchen nach seiner Auffassung benennen wollte, es als „Hornblättchen mit der dasselbe ringsumgebenden, an ihm haften gebliebenen Schleimschicht", bezeichnen, während Brauell, ich und andere dies bei den Hornblättchen als selbstverständlich betrachten.]

Ueber die Thätigkeit der Fleischwand ist man bis zur Stunde noch nicht zu einer völligen Uebereinstimmung gelangt. Die hornproducirenden Eigenschaften derselben sind theils als außerordentlich mächtig geschildert, theils auf ein so geringes Maaß herabgesetzt worden, daß man ihr nicht einmal die Bildung des verhornten Theiles der Hornblättchen zugestehen will.

Wie aus dem von mir oben Angeführten hervorgeht, nehme ich an, daß die Hornwand aus 3 Schichten besteht, von denen jede Schicht ihre besondere Matrix hat. Der Fleischsaum sondert den obern Rand der Wand, d. h. den Hornsaum oder das Saumband und die aus diesem hervorgehende äußere oder Deckschicht ab. Die Kronenwulst erzeugt den eigentlichen festen Wandkörper, welchen ich Schutzschicht genannt habe und zwar sowohl die äußere dunklere als auch die innere hellere Abtheilung desselben. Die Fleischwand producirt die innerste Schicht, die ich Blatt= oder Verbindungsschicht genannt habe; an der Bildung der Schutzschicht betheiligt sie sich nur insofern, als die von den Enden der Fleischblättchen abgesonderten Zellen sich in den zwischen 2 Hornblättchen befindlichen Bogen an das von der Kronenwulst producirte Horn so anlegen, wie der Mörtel an eine Wand. Ich befinde mich mit meiner Annahme in Uebereinstimmung mit den meisten Autoren und namentlich auch mit H. Bouley, der in seinem berühmten Traité de l'organisation du pied du cheval sich ebenfalls dafür ausspricht, daß nur die Blattschicht der Wand von der Fleischwand aus erzeugt wird.

Gegen diese letztere Auffassung haben sich indessen von Zeit zu Zeit gewichtige Stimmen erhoben. So hat namentlich Fuchs (Mittheilungen aus dem Gebiete der Thierarzneikunde. Karlsruhe 1847, S. 45 u. 50) angenommen, daß die Blättchen der Fleischwand als die Bildungsstätte der zwischen den Hornröhrchen der ganzen Wand gelagerten Hornsubstanz zu betrachten wären. Brauell (Magazin für die gesammte Thierheilkunde, 19. Jahrg. S. 393) dagegen stellt die Behauptung auf, daß nur das Zwischenhorn der innern weißen Schicht, der Wand auf der Fleischwand entstehe. Rawitsch (Mag. für die ges. Thierheilkunde, 28. Jahrg. S. 477) hat aus seinen histologischen Untersuchungen den Schluß gezogen, „daß die Hufwand in toto, das heißt, auch mit ihren Hornlamellen nur von der Krone nach unten herabwächst; von der Fleischwand aber nur eine feine Hornschicht producirt wird, welche zwischen den Hornlamellen und der Schleimschicht der Fleischblättchen liegt." Die Gründe, welche Rawitsch zu seiner Annahme bestimmt haben, sind folgende: 1. die Hornzellen der Lamellen haben dieselbe Richtung und Lagerung wie die Zellen der weißen Schicht. 2. Die Zellen der Hornlamellen sind mit ihren schmalen Enden gegen die Fleischwand

gerichtet, welches doch unmöglich wäre, wenn die letztere ihre Matrix wäre.
3. Die Verbindungsstellen zwischen den Zellen der Hornlamellen und den verhornten Zellen der Schleimschicht sind zu deutlich markirt und hervorstehend; dies sieht man namentlich bei Anwendung von Kalilösung; es findet zwischen ihnen kein allmäliger Uebergang, sondern ein plötzlicher Uebersprung statt. Endlich führt Rawitsch noch an, daß, wenn die Hornlamellen von der Fleischwand erzeugt worden wären, so könnte ihr Wachsthum höchstens nur auf eine kleine Zone beschränkt werden, wie es Bouley behauptet; denn da die Hornblättchen die Interstitien der Fleischlamellen von oben bis unten vollkommen ausfüllen, so würde ja kein Platz mehr für das neu erzeugte Horn zwischen denselben sich finden oder die Breite der Lamellen müßte gradatim von oben bis unten zunehmen. Zu diesen Gründen fügt er noch die Resultate einiger Experimente hinzu, welche von ihm zur Lösung dieser Frage angestellt wurden und die sich im Wesentlichen auf Form und Lagerung der Hornzellen beziehen.

Die ebenso sorgfältige als fleißige Arbeit von Rawitsch veranlaßte mich, die Untersuchungen über die streitigen Punkte der Hornbildung nochmals aufzunehmen. Im Allgemeinen kam ich aber wieder zu den Resultaten, die ich schon in der ersten Auflage niedergelegt habe, wenn allerdings auch mit einigen Modificationen. Auf diese Untersuchungen mich nun stützend, muß ich meine Anschauung, daß die Fleischwand nur die Blattschicht der Hornwand absondert, und mit der Schutzschicht derselben weiter nichts zu thun hat, als daß sich die von den Enden der Fleischblättchen abgesonderten Zellen zwischen den Bogen der Hornblättchen an die Wand anlegen und mit ihr verschmelzen, ebenso aufrecht erhalten, als die Ansicht, daß die Hornblättchen wirklich nur Produkte der Fleischblättchen sind und mit der Kronenwulst weiter nichts zu thun haben.

Abgesehen von den histologischen Befunden, welche hinreichend darthun, daß das von der Kronenwulst abgesonderte Horn sofort aus Hornröhrchen und das zwischen diese gelagerte Zwischenhorn besteht, wie dies nicht allein aus meinen eigenen, sondern ganz besonders auch aus Rawitsch Untersuchungen hervorgeht, beweist ein ganz einfaches Experiment, daß ein solches, von Fuchs und Branell angenommenes Zwischendrängen von von der Fleischwand aus gebildeten Hornzellen nicht zugegeben werden kann. Jeder Hornverlust der Wand müßte sich, wenn dieser Modus der Hornbildung statuirt würde, von der Fleischwand her ersetzen; dies geschieht aber nicht, so lange die Fleischwand nicht völlig frei liegt. Dann erst tritt ihre Thätigkeit als hornabsonderndes Organ zu Tage, wie dies durch Experimente genugsam dargethan ist und auch jedem praktischen Thierarzt aus eigener Erfahrung bekannt sein dürfte. Die Anschauung also, daß die Fleischwand ganz oder theilweise das Zwischenhorn der Schutzschicht der Hornwand liefert, kann gegenwärtig wohl als ein „überwundener Standpunkt" betrachtet werden.

Aber auch mit den Anschauungen von Rawitsch, die ganz neu und ihm eigenthümlich sind, kann ich mich nach meinen Untersuchungen nicht einverstanden erklären, obgleich sie viele recht beachtenswerthe Winke enthalten. Zunächst ist es bemerkenswerth, daß die Ansichten von Brauell und Rawitsch sich in gewisser Beziehung in Uebereinstimmung befinden, trotzdem sich dieselben auf den ersten Blick diametral entgegenzustehen scheinen, da Rawitsch doch das gerade Gegentheil von dem behauptete, was Brauell aussprach, und annimmt, daß die Hornblättchen einen Integraltheil der weißen Schicht der Wand ausmachen, während Brauell das Zwischenhorn der weißen Schicht aus der Fleischwand entstehen läßt.

Diese von mir angedeutete Uebereinstimmung der russischen Forscher bezieht sich daher keineswegs auf die Entstehungsstätte des Horns der einen oder andern Wandabtheilung, sondern deutet lediglich auf eine gewisse Gleichartigkeit beider Hornarten und auf die verwandschaftlichen Verhältnisse hin, in welchen das Horn der weißen Schicht der Wand zu dem Horn der Hornblättchen steht. Eine solche Verwandtschaft zwischen dem Horn der weißen Wandschicht und dem Hornblättchenhorn existirt in der That. Das Horn dieser Theile weicht vom Horn der dunklen Wandschicht und vom Sohlenhorn in seinen physikalischen (und vielleicht auch in seinen chemischen) Eigenschaften etwas ab und steht in dieser Beziehung etwa in einem ähnlichen Verhältnisse zu einander, wie das Horn des Saumbandes zu dem des Hornstrahles. Ich habe schon in der ersten Auflage dieses Buches, ohne jedoch der Ansicht Brauell's in Bezug auf den Entstehungsort zuzustimmen, gesagt, daß die Ansicht, das Zwischenhorn der innern weißen Schicht entstehe auf der Fleischwand, aus gewissen Gründen viel für sich habe; ganz dieselben Gründe kann ich aber auch zu Gunsten der Rawitsch'en Ansicht geltend machen, ohne auch dieser beizupflichten. Die von mir angeführten Gründe sprechen weder für die eine, noch die andere Auffassung des Entstehungsortes des Hornes, sondern lediglich für gewisse physikalische Aehnlichkeiten, die zwischen dem Horn der Hornblättchen und dem der weißen Wandschicht bestehen. Die Gründe selbst waren folgende: 1. Man sieht oftmals an frisch ausgeschuhten Hufen von der Blattschicht aus eine feine, weißlinige Streifung etwa soweit in die Kronenrinne hineingehen, als die innere weiße Schicht der Wand dick ist. 2. An bereits ausgetrockneten Hufen unterscheidet sich etwa das untere Drittel der Kronenrinne oft dadurch sehr deutlich von dem oberen Theile derselben, daß es wie eine markirte Wulst vorspringt und die Hornmasse derselben dem Horn der Blattschicht sehr ähnlich sieht. 3. Bei einzelnen Fußkrankheiten, namentlich auch dann, wenn die Pferde sehr lange unthätig stehen müssen, soll es nach den Mittheilungen, welche mir Herr Beschlaglehrer Hartmann machte, vorkommen, daß sich am Tragerande mit der Erkrankung der weißen Linie auch gleichzeitig ein Schmälerwerden der innern weißen Schicht einstellt; und 4. bei Hufen, an denen die Fleischwand verkümmert ist, fehlt die weiße Schicht fast ganz, trotzdem der von der Kronenwulst heruntergewachsene Theil der Schutzschicht sehr ausgebildet sein kann.

Wenn nun aus diesem hier von mir Angeführten auch hervorgeht, daß zwischen der Matrix der weißen Schicht und der unmittelbaren Fortsetzung derselben, der Fleischwand, gewisse noch unbekannte Wechselwirkungen und Beziehungen hinsichtlich ihrer Ernährungs= und Absonderungsverhältnisse stattfinden müssen, so haben diese aber mit der normalen Erzeugung der Hornblättchen ebenso wenig zu schaffen, wie mit dem Zustandekommen des Zwischenhornes der weißen Wandschicht. Die Behauptung von Rawitsch läßt sich daher auch ebensowenig durch sie befürworten, als die Brauell'sche Annahme.

Die Gründe, welche ich gegen die von Rawitsch aufgestellte Hypothese, daß die Hornlamellen nur von der Krone herabwachsen, geltend mache, sind hauptsächlich folgende:

1. Die Fleischwand ist überhaupt fähig, Horn zu produciren. Dies sehen wir sowohl nach Experimenten, bei welchen man die Fleischwand bloßgelegt hat, als besonders nach krankhaften Zuständen derselben eintreten; die Hornbildungen können unter Umständen einen sehr hohen Grad erreichen. Rechnet man zu diesem von Rawitsch nicht in Abrede gestellten Factum noch hinzu, daß er selber der Fleischwand die Production einer dünnen Hornschicht zugesteht und man an ganz normalen Hufen hin und wieder an den Hornblättchen an Stelle der Schleimschichtzacken ganz verhornte Zacken sieht, so spricht dies Alles für die Fähigkeit der Verhornung der Produkte der Fleischwand. Ich sehe daher gar keinen Grund, daß, wenn man doch einmal eine stellenweise Verhornung der Absonderungsprodukte der Fleischwand statuiren muß, man nicht auch den ganzen verhornten Theil der Lamellen auf Rechnung der Fleischwand setzen will. Dies entspricht den wirklich bestehenden und den analogen Verhältnissen der hornerzeugenden Organe viel eher, als die von Rawitsch aufgestellte Hypothese.

2. Daß die Richtung und Lagerung der Zellen der Hornlamellen eine gleiche sei, wie die der weißen Schicht, ist ebenso wenig ein Beweis für die Abstammung der Hornblättchen von der Krone, als der plötzliche Uebersprung des einen Hornes zum andern. Ich weiß es aus eigener vielfältiger Erfahrung, welche Schwierigkeiten die Bestimmung der Richtung der Hornzellen in der Schutzschicht der Wand hat und wie Täuschungen hier gar leicht vorkommen können. Ueber die Verhältnisse der Verhornungsvorgänge und den dabei stattfindenden Formveränderungen der Zellen sind wir aber im Ganzen noch viel zu sehr im Unklaren, um auf dieses hin weitgreifende und reformirende Schlüsse basiren zu können.

3. Wenn Rawitsch aus dem Umstande, daß die Zellen der Hornlamellen mit ihrem schmalen Ende gegen die Fleischwand gerichtet sind, die Unmöglichkeit ableitet, daß die letztere ihre Matrix sein könne, so mache ich darauf aufmerksam, daß die von den Fleischblättchen abgesonderten Hornzellen von den Seiten her an die Hornblättchen treten, also sehr wohl mit ihrem einen schmalen Ende nach der Fleischwand, mit ihrem andern, ebenfalls schmalen Ende nach der Hornwand sehen können. Auf die Richtung der Zellen, die überdem auch noch schräg nach oben gegen die Hornwand gelagert sind, ist meines Erachtens nach nicht ein zu großes Gewicht zu legen. Will man auf die Zellen der Hornblättchen überhaupt Gewicht legen, so kann man hauptsächlich nur ihre Form berücksichtigen. Die Form dieser Zellen ist aber ganz abweichend von den Zellen der übrigen Horntheile; sie sind, wie ich S. 99 angeführt habe, lang und schmal

und unterscheiden sich hierdurch von allen andern verhornten Zellen des Hufhorns und auch von den Zellen der weißen Wandschicht. Die Zellenform der Hornblättchen würde daher weniger dafür sprechen, daß dieselben von der Kronenwulst abgesondert werden, als dafür, daß sie ihre eigene Matrix haben. Diese Matrix ist aber die Fleischwand.

4. Bei Formabweichungen der Fleischblättchen sehen wir regelmäßig diesen Abweichungen entsprechende Hornblattbildungen erfolgen. Solche Formabweichungen sind durchaus keine Seltenheiten. In Fig. 59 finden sich 2 derselben (bei d') dargestellt. Das dritte Fleischblättchen von oben schickt in der Nähe der Hornwand einen kurzen nach oben gerichteten Seitenzweig ab und dies hatte zur Folge, daß zwischen Hauptblatt und Seitenzweig ein kleines Hornblättchen gebildet wurde. Das unterste Fleischblättchen theilt sich dagegen in der Mitte in 2 fast gleichgroße Aeste, und beide haben, diesem entsprechend, ein bis zur Mitte reichendes Hornblättchen zwischen sich. Die Hornblättchen richten sich daher, wie dies überhaupt auch bei andern Dingen die Regel ist, nach den Verhältnissen ihrer Matrix und nicht umgekehrt, die Fleischblättchen nach einem Produkte, welches das Erzeugniß der Huflederhaut ist und sich überhaupt erst dann entwickeln kann, wenn die Matrix schon vorhanden ist. Ich glaube daher nicht im Irrthume zu sein, wenn ich behaupte, daß die abweichende Form der Hornblättchen c' in Fig. 59 von der der Abweichung der Fleischblättchen d' herrührt und die Theilung der letztern nicht etwa einem Spaltungsprozesse zugeschrieben werden kann, der dadurch zu Stande kam, daß ein scharfes, schwertartiges, von der Krone herabwachsendes Hornblättchen die Theilung der betreffenden Fleischblättchen bewirkte.

5. Als Hauptbeweis gegen die Hypothese von Rawitsch, daß die Hornlamellen von der Krone herunterwachsen, mache ich aber die verschiedene Breite der verhornten Theile der Hornblättchen geltend. Rawitsch selbst sagt a. a. O. S. 461 ganz richtig, „die Hornblättchen sind Anfangs noch ziemlich schmal, erhalten aber bald eine gewisse Breite, welche sie bis zu ihrem Ende an der Sohlenfläche behalten." Isolirt man nun recht vorsichtig ein Hornblättchen und untersucht dasselbe in der Art, daß man an seinem obersten schmalsten Ende anfängt, dasselbe in Querschnitte zu zerlegen, so sieht man, daß die verhornten mittleren Streifen in den Schnitten, die aus dem der Krone zunächst gelegenen Theile des Hornblättchens erhalten wurden, sehr kurz und der ganzen Breite des Hornblättchens entsprechend sind, daß sie aber gradatim breiter werden und da ihre größte Breite erreichen, wo auch das Hornblättchen am breitesten ist. Dieser Umstand allein beweist schon die Unrichtigkeit der Rawitsch'en Annahme.

Wäre die Annahme von Rawitsch richtig, daß die Hornlamellen von der Krone herabwachsen und die Fleischblättchen weiter kein Horn als nur eine dünne Schicht dazu lieferten, dann müßte ja der mittlere verhornte Theil nothwendig schon am Anfange der Hornblättchen dieselbe Breite haben, welche er in seinem breitesten Theile zeigt. Dies ist aber nicht der Fall. Ich frage daher ganz einfach, wo kommt denn das Horn her, welches die Verbreiterung der

Hornblättchen bewirkte und den anfangs schmalen verhornten mittleren Theil des Hornblättchens nach und nach zu einem doppelt und dreifach so breiten machte? Diese Frage ist durch die Rawitsche Theorie nicht zu beantworten, wohl aber durch die Annahme, daß es die Fleischblättchen selber sind, welche das Horn zu den Hornblättchen liefern. Man kann Rawitsch nur das zugeben, daß die Zwischenzottenflächen der Kronenwulst, die sich in die Anfänge der Spalten zwischen je zwei Fleischblättchen hineinsenken, hier kleinste Hornkeile bilden, an welche sich die von den Fleischblättchen abgesonderten Hornmassen anlagern, nie aber, daß der ganze verhornte Theil der Hornblättchen von der Kronenwulst aus erzeugt wird. Dies letztere ist nach meiner Auffassung schon aus dem Grunde eine reine Unmöglichkeit, da die Hornblättchen, wenn sie sich auf ihrem Verlaufe nach unten hin zu verbreitern anfangen, ja mit der Kronenwulst in gar keiner weitern Verbindung mehr stehen und daher selbstverständlich auch keine neuen Hornmassen mehr von ihr beziehen können.

Die Absonderungsvorgänge der Fleischwand und die Wachsthumsbedingungen der Hornblättchen sind daher, da über dieselben noch so weit auseinandergehende Ansichten existiren, noch immer nicht soweit zum Abflusse gelangt, daß wir einen klaren Einblick in dieselben erlangt hätten. So weit unsere Kenntnisse bis jetzt über diesen Gegenstand reichen, müssen wir annehmen, daß die Erzeugung und das Wachsthum der Hornblättchen hauptsächlich nur am obersten Theile der Fleischwand, bis dahin, wo sie ihre größte Breite erreichen, vor sich geht, wie dies auch schon Bouley angenommen hat. Der größere Gefäßreichthum, welcher in der Regel an injicirten Pferdefüßen an dem obern Theile der Fleischwand beobachtet wird, würde eine solche Annahme wesentlich unterstützen. Ob von dem unteren Theile der Fleischwand im normalen Zustande überhaupt noch verhornbare Zellen abgesondert werden und wie reichlich diese Zellenproduktion ist, muß bis jetzt ebenso unentschieden bleiben, wie es hier das Absonderungsverhältniß der Schleimschicht und die Veränderungen und Schicksale der ihr angehörigen Zellen ist. Findet im unteren Theile der Fleischwand überhaupt noch eine Hornproduktion statt, dann kann sie unter normalen Verhältnissen allerdings nur sehr gering sein, da unter den entgegengesetzten Umständen die Hornblättchen, wie Rawitsch ganz richtig bemerkt, von oben nach unten gradatim an Breite zunehmen müßten und das neugebildete Horn zwischen den Interstitien der Fleischblättchen keinen Platz mehr finden würde. Die Schicksale der Hornblättchen, wie und wo ihre Bildung auch immer stattfinden mag, sind bei dem normalen Verhalten des Fußes aber unter allen Umständen an die Schicksale der Wand geknüpft: sie werden von der nach unten wachsenden Hornwand mechanisch mit heruntergezogen.

Drittes Kapitel.

Von den mechanischen Verrichtungen des Fußes.

Betrachten wir ein ruhig vor uns stehendes Pferd, so liegt der Vergleich nicht fern, daß die Gliedmaßen desselben gleichsam die Säulen sind, auf denen die Last des Rumpfes ruht. Die Grundlagen dieser Säulen aber bilden, wie wir wissen, die Knochen; sie allein eignen sich durch ihre Eigenschaften und ihren Bau zum Tragen der Körperlast. Die Last des Thieres wird daher der Richtung der Knochen folgen und sich zuletzt mittelst des Kronbeines auf die beiden letzten Knochen der Gliedmaße, auf das Hufbein und das Strahlbein, übertragen.

Da diese beiden Knochen nun aber nicht unmittelbar den Erdboden berühren, sondern von Weichtheilen umgeben sind, die ihrerseits wieder von einer Hornkapsel eingeschlossen werden, so überträgt sich die Körperlast, insofern sie nicht schon durch andere Vorrichtungen gebrochen worden ist, auch auf die Weichtheile (Huflederhaut, Hufbeinbeugesehne, Strahlkissen ꝛc) und schließlich auf den Huf selbst. Je nach den Verhältnissen, unter denen die Last auf den unteren Theil der Gliedmaßen einfällt, werden sich auch bald größere, bald geringere mechanische Veränderungen an demselben wahrnehmen lassen, die sich indeß mehr durch ihre Größe, als durch ihre Beschaffenheit von einander unterscheiden.

Bei einem ruhig dastehenden Pferde ist die Körperlast ziemlich gleichmäßig auf alle vier Füße vertheilt; doch haben die vorderen, da sie dem Schwerpunkte des Körpers näher liegen, mehr zu tragen als die hinteren. Sind die Thiere aber in Bewegung, so vertheilt sich die Körperlast anders. Die Gliedmaßen, welche sich gerade am Boden befinden, haben in denjenigen Augenblicken, in welchen die entgegengesetzten Gliedmaßen gehoben sind und in der Luft schweben, die ganze Last des Thieres allein zu tragen. Wenn sich also zwei Gliedmaßen (z. B. rechter Vorderfuß und linker Hinterfuß) am Boden befinden, während die anderen beiden Füße gehoben sind, so haben dieselben das Doppelte von dem zu tragen, als wenn sich alle vier

Gliedmaßen gleichzeitig am Boden befänden ꝛc. In den gewöhnlichen Gangarten sind es wiederum die Vorderfüße, welche am meisten belastet werden, da sie die ihnen von hinten zugeworfene Last aufzufangen haben.

Die Last, welche die Gliedmaßen zu tragen haben, ist am geringsten, wenn das Thier es nur mit seinem eigenen Körpergewichte zu thun hat; im Dienste jedoch, unter dem Reiter, im schweren Zuge, kann sich dieselbe um ein Beträchtliches steigern. Das Gewicht des Reiters oder der zu ziehenden Last tritt dann zu der Eigenschwere des Thieres und vertheilt sich mit auf die Gliedmaßen desselben. Beim Ziehen schwerer Lasten werden besonders die hinteren Gliedmaßen beschwert.

Die Wirkung der einfallenden Last auf die unteren Enden der Füße ist anders im ruhigen Stehen, anders im langsamen Gange und noch anders in raschen Gangarten. Bei den letzteren wird das Körpergewicht mit einer gewissen Gewalt auf die unteren Theile der Gliedmaßen geworfen, und es erleidet der Fuß im Verhältnisse zu der Schnelligkeit, mit welcher sich das Thier bewegt, in dem Augenblicke, in welchem er den Boden berührt, einen mehr oder weniger beträchtlichen Stoß. Diese Stöße und deren Gegenwirkungen müßten nun bei einem so schweren Körper, als ihn doch das Pferd hat, unter Umständen nicht allein für die Gliedmaßen selber, sondern sogar für die ganze thierische Maschine verderblich werden, wenn die Natur nicht Mittel und Wege gehabt hätte, die nachtheiligen Wirkungen derselben aufzuheben oder wenigstens zu vermindern. Hauptsächlich lassen sich diese Mittel auf die elastischen Eigenschaften zurückführen, mit denen die Bewegungsorgane ausgestattet sind.

Untersuchen wir die Vorgänge, welche in der Gliedmaße des Pferdes stattfinden, wenn sich dasselbe in Bewegung befindet, so werden wir im Allgemeinen zu folgenden Resultaten gelangen:

In dem Augenblicke, in welchem die eine oder die andere Gliedmaße auf den Boden auffällt, erleidet sie einen Stoß, der, da sie in ihrer Gesammtheit doch als ein elastischer Körpertheil aufgefaßt werden muß, sofort einen der ursprünglichen Bewegung entgegengesetzten Stoß (Gegenstoß) zur Folge hat. Stoß und Gegenstoß betreffen zunächst das untere Fußende, namentlich die Knochen und den diese umgebenden

Huf; von hier aus setzen sich die Wirkungen nach oben und nach unten fort.

Betrachten wir nun zuerst die Wirkungen des Stoßes nach oben hin, so müßte sich nach den Gesetzen der Physik der Stoß durch die Knochenreihe der Glieder wieder auf den Rumpf übertragen, also auf diesen zurückwirken und eine mehr oder weniger beträchtliche Erschütterung der einzelnen Theile desselben veranlassen. Nun wissen wir aber, daß die Gelenke durch die ihre Flächen bekleidenden Knorpel, durch die eigenthümliche Einpflanzung der Bänder, durch ihre Winkelstellung ꝛc. stoßbrechende Eigenschaften haben. Es wird mithin die Kraft des von unten nach oben fortgesetzten Stoßes in jedem Gelenke um etwas gebrochen, und das Resultat dieser allmäligen Verminderung des Stoßes ist, daß der Rumpf nur unbedeutende, seine Organe nicht beeinträchtigende Erschütterungen erleidet. Von diesen Wirkungen der Gelenke können wir uns am besten eine Idee machen, wenn wir unsern eigenen Körper beobachten. Gehen wir nämlich in unserer gewöhnlichen Weise und bewegen die Gelenke frei und ungenirt, so fühlen wir bei einem solchen Gange weder eine Erschütterung unserer Beine noch unseres Körpers. Gehen wir aber mit steifgehaltenen Gelenken, besonders mit steifen Knieen, so fühlen wir, daß nicht allein die Beine, sondern auch der ganze Körper erschüttert wird. Beim Herabspringen von einer gewissen Höhe setzen wir uns unter solchen Verhältnissen der Gefahr, die Knochen zu zerbrechen, viel mehr aus, als wenn wir die Gelenke bei diesem Sprunge mitwirken lassen. Kurz, wir sehen, daß es die Beweglichkeit und die Elasticität der Gelenke ist, welche Gliedmaßen und Körper vor solchen Gefahren schützt, die die starken Stöße bei der Bewegung nach sich ziehen könnten.

Von den Gelenken, die wir am Fuße kennen gelernt haben, ist es außer dem Huf- und Krongelenke und dem Hufmechanismus überhaupt, besonders das Fesselgelenk, den man stark stoßbrechende Eigenschaften beilegen muß. Aus Fig. 6 S. 15 ist ersichtlich, daß seine Gelenkvertiefung zur Aufnahme des Schienbeins aus drei Knochen zusammengesetzt wird, welche beweglich mit einander verbunden sind. Die hinteren beiden Knochen (die Gleichbeine) sind mittelst eines starken Bandes, des Aufhängebandes der Gleichbeine, sehr hoch über dem Fesselgelenke (an die Knochen des Vorderknies und an das obere Schienbeinende) gleichsam aufgehängt und können daher, bei der starken Winkelstellung des Fesselbeines bei einfallendem Stoße, um ein Beträchtliches nachgeben. Diese anatomischen Eigenschaften befähigen somit das Fesselgelenk außerordentlich, die Körperlast aufzufangen, und den Stoß zu brechen. Je schräger daher die Fessellage und je länger das Fesselbein ist, desto mehr werden die stoßbrechenden Eigenschaften dieses Gelenkes zur Geltung kommen. Hiervon können wir uns schon aus der Vergleichung des Ganges kurz- und langgefesselter Pferde durch den bloßen Anblick, noch mehr aber beim Reiten solcher Pferde, überzeugen. Bei lang- und schräggefesselten Pferden bemerkt der Reiter die Bewegungen kaum, sie sind sanft und angenehm; kurz- und steilgefesselte Pferde haben dagegen einen mehr stoßenden Gang.

Noch wichtiger für unsere Zwecke ist die Betrachtung, wie sich bei einfallendem Stoße der untere, vom Hufe eingeschlossene Theil des Fußes und der Huf selbst verhält. Die Summe der hierbei vorkommenden Veränderungen bezeichnet man im Allgemeinen mit dem Namen Hufmechanismus.

Wie aus Fig. 18 S. 30 ersichtlich ist, berührt die untere Gelenkfläche des Kronbeins zu etwa zwei Dritteln die Gelenkfläche des Hufbeines und zu einem Drittel die des Strahlbeines. Da nun das Hufbein mit dem größten Theile seiner unteren Fläche auf der Fleisch- und Hornsohle ruht, während das Strahlbein auf der Hufbeinbeugesehne, deren elastischem Unterstützungsapparate, dem Strahlkissen und dem Fleisch- und Hornstrahl seine Lage hat, so überträgt selbstverständlich das Kronbein die ihm zugeworfene Last auf Knochen, deren Unterlagen verschieden sind; hieraus folgt nun aber, daß die Veränderungen, die im Hufe und in dem von diesem eingeschlossenen Theilen vor sich gehen, trotzdem sie fast gleichzeitig stattfinden, doch hinsichtlich ihrer Entstehungsweise verschieden sind und nicht miteinander verwechselt werden dürfen. Das heißt mit anderen Worten: die Belastung des Hufbeines bringt andere Wirkungen hervor, als die Belastung des Strahlbeines. Zum Unterschiede will ich die Folgen der Belastung des einen Knochens den Hufbeinmechanismus, die des anderen den Strahlbeinmechanismus nennen, und der größeren Uebersichtlichkeit wegen dieselben getrennt von einander betrachten.

a. **Der Hufbeinmechanismus.** Die mittelst des Fessel- und Kronbeins auf das Hufgelenk übertragene Körperlast fällt zu ihrem größten Theile auf die vordere, größere Abtheilung der Vertiefung dieses Gelenkes d. h. auf das Hufbein, und zwar, da das Pferd in der Regel zuerst mit der Zehe den Boden berührt, um einen Moment früher als auf die hintere Abtheilung. Bei der schrägen, von oben und vorn nach hinten und unten gerichteten Lage der Gelenkfläche des Hufbeins müßte dasselbe, wenn es sich lose im Huf befände, nach vorn und unten gedrückt werden; die auf ihn gefallene Last würde unter diesen Umständen auf den Tragerand des Zehentheiles der Hornwand und auf die Hornsohle allein übertragen werden. Nun wissen wir aber, daß das Hufbein nicht lose im Hufe steckt, sondern sich mittelst der Fleischwand innig mit der Hornwand in ihrem ganzen Umfange verbindet. Die auf das Hufbein fallende Last wird daher auch nicht allein von der Sohle und dem Tragerande der Zehenwand getragen, sondern von der **Sohle und dem Tragerande der ganzen Wand**, an dessen ganzer Innenfläche das Hufbein ja gleichsam aufgehängt ist. Das Herabtreten des Hufbeins in der Hornkapsel zieht folgende wesentliche Veränderungen am Hufe selbst nach sich:

Zunächst zieht sich die Wand in ihrem ganzen Umfange gleichsam um das Hufbein herum, d. h. mit anderen Worten: sie **verengert sich in ihrem ganzen Umfange.**

Diese Verengerung tritt besonders an dem oberen Theile der Wand in der Nähe des Kronenrandes und an dem hinten offenen Theile derselben ein. Damit aber die von dem Drucke betroffenen Theile in jeder Hinsicht unbelästigt bleiben, sind sowohl die gedrückten Parthien des Fußes als diejenigen, welche den Druck ausüben, von der Natur so ausgestattet, daß eine Beeinträchtigung derselben nicht weiter stattfinden kann. Einerseits finden wir nämlich, daß die Huflederhaut da, wo sie dem Drucke am meisten ausgesetzt ist, eine wulstartige, rundliche Beschaffenheit (Kronenwulst) zeigt, und zu gleicher Zeit aus einem so festen, fast knorpelartigen Gewebe besteht, daß dies als ganz besonders geeignet bezeichnet werden muß, einer Pressung Widerstand zu leisten; andererseits aber schwächt sich der

Huf, als drückender Theil, im ganzen Umfange der Kronenrinne nach oben hin immer mehr ab und geht zuletzt in ein ganz besonders weiches und nachgiebiges Horn (den Hornsaum und Hornballen) über. Am hinteren Theile des Hufes wird die eingetretene Verengerung sofort durch eine eigene Vorrichtung aufgehoben (s. Strahlbeinmechanismus).

Nach dem Herabsinken des Hufbeins kommt dasselbe nun fest auf die Hornsohle zu stehen und drückt auf diese mit dem nicht unerheblichen Ueberschuß der Last, welcher aus der Nachgiebigkeit der Wand hervorgeht. Da aber die Hornsohle, wenigstens in ihrem vorderen Theile, einem gespannten Gewölbe gleicht und sich nachweislich hier auch in der weißen Linie wenig senkt, so hat der vom Hufbein auf die Sohle fallende Druck ein **Abflachen** des Sohlengewölbes (d. h. ein leichtes Senken in ihrer Mitte) zur Folge, wodurch dann natürlich der Verengerung der Wand in der unteren Parthie ihres vorderen Theiles Grenzen gesetzt werden. Die hinteren Theile der Sohle, die nicht in das Bereich der Spannung des Sohlengewölbes kommen, senken sich dagegen mehr und können der Verengerung der Trachtenwände nicht so entgegenwirken, wie es der Körper der Sohle für die Zehenwand und die Seitenwände thut. Für die Ausdehnung dieser Hufparthie ist der Strahlbeinmechanismus vorhanden.

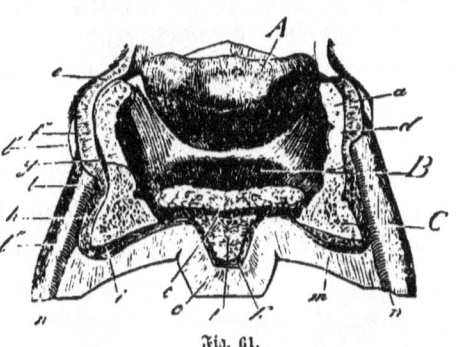

Fig. 61.

b. **Der Strahlbeinmechanismus.** Wenn der Hufbeinmechanismus hauptsächlich eine Verengerung der Hornwand hervorbrachte, die nur in dem vorderen Theile der Hornsohle eine Gegen-

---

Fig. 61. Senkrechter, von einer Seite zur anderen geführter Fußdurchschnitt, von hinten gesehen. A Kronbein. B Strahlbein. C Hufbein. a Hufknorpel. b vorderer Theil des Strahlkissens. c abgeschnittene Hufbeinbeugesehne. d Aufhängebänder des Strahlbeines. l Hornwand. m Hornsohle. n weiße Linie. o Hornstrahl.

wirkung fand, so ist umgekehrt der Strahlbeinmechanismus der erweiternde Factor im Hufe; er ist die ausdehnende Feder, welche der starken Zusammenziehung des durch einen Einschnitt hinten offenen Wandringes entgegentritt. Die Figuren 61 und 62 geben uns ein Bild von dem anatomischen Verhalten des Strahlbeinmechanismus.

Der Theil der Last, der vom Kronbein aus auf das Strahlbein verpflanzt wird, fällt, abgesehen davon, daß ein anderer Theil mittelst der Aufhängebänder wieder auf das Fesselbein und überhaupt auf die oberen Knochen der Gliedmaßen zurückgeworfen wird, unmittelbar auf die Beugesehne des Hufbeines. Da diese Sehne nun in ihrem unteren Theile sehr breit und ihr Unterstützungsapparat elastisch ist, so ist sie es eigentlich, welche den Druck auf das Strahlkissen vermittelt und es möglich macht, daß das Strahlkissen in seiner ganzen Ausdehnung zur Thätigkeit kommt (vergl. Fig. 4).

Das von der Hufbeinbeugesehne gedrückte Strahlkissen preßt sich in die hinten durch den Hahnenkamm in zwei Gruben getheilte muldenförmige Vertiefung des Hornstrahls ein, und drückt letzteren, der sich etwas nach abwärts senkt, fest auf den Boden und zu gleicher Zeit seitlich an den oberen Theil der Eckstreben. Da dieser Druck nun aber auch gleichzeitig den Hahnenkamm des Hornstrahles mittrifft, und sich dieser zum Strahle etwa so verhält, wie der Strahl zum ganzen Hufe, d. h. einer in den Strahl eingeschobenen Feder zu vergleichen ist, so tritt das Strahlkissen mit seinen Ballen, und der Hornstrahl mit seinen beiden Strahlschenkeln seitlich nach außen und

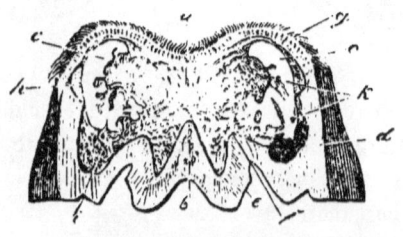

Fig. 62.

heben nicht allein die durch die Senkung des Hufbeins hier veranlaßte Verengerung der Wand auf, sondern treiben dieselbe, indem sie sich an die Umbiegungsstelle der Wand (an die sogenannte Eckwand) an-

---

Fig. 62. Senkrechter von einer Seite zur anderen geführter Fußdurchschnitt, von hinten gesehen. a hinterer Theil des Strahlkissens. b Hahnenkamm. c Hufknorpel. d Trachtenwand. e Schenkel des Hornstrahls. f Verbindungsstelle der Eckstreben mit dem Hornstrahl.

stemmen, sogar noch um etwas nach außen; d. h. sie erweitern die Wand in ihrem hinteren Theile.

Bei diesem Vorgange entfernen sich die beiden Strahlschenkel etwas von der Mittellinie und geben so Veranlassung, daß sich die mittlere Strahlgrube erweitert; ebenso werden die mit dem Strahlkissen eng verbundenen Hufknorpel nach außen gedrängt und helfen den oberen Theil der Trachtenwände ausdehnen, woher es auch kommt, daß in der Regel die obere Parthie der Trachten=wände eine größere Erweiterung erfährt, als die untere. Doch er=streckt sich diese durch die Hufknorpel bewirkte Erweiterung des oberen Hufrandes im Allgemeinen nicht über die Trachtenwände hinaus, da man in der Mehrzahl der Fälle den Kronenrand der Seitenwände an lebenden Pferden mit normalen Hufen beim Auftritte etwas ver=engert findet, wogegen sich dieselben dicht oberhalb ihres Tragerandes erweitert zeigen.

Die Eckstreben betheiligen sich als zur Wand und theilweise zur Sohle gehörige Theile an dem Hufbeinmechanismus; wegen ihrer Lage aber ist auch der Strahlbeinmechanismus auf sie nicht ohne Einfluß. — Da sich das Hufbein an die äußeren (oberen) Flächen der Eckstrebenwände befestigt, so werden sie natürlich bei einer Be=lastung desselben an der allgemeinen Wandverengerung Theil nehmen, d. h. sie werden um etwas von der Mittellinie abweichen und sich ihrer entsprechenden Trachtenwand nähern. In dieser Bewegung werden sie von dem Strahlbeinmechanismus unterstützt. Denken wir uns nämlich, daß ihr oberer Rand unter den Druck des Strahlbein=mechanismus kommt, so ist es klar, da dieser Rand sich von der Mittellinie schräg nach außen abdacht, daß derselbe dem Strahlkissen zugepreßt wird, und das hierdurch die durch den Hufbeinmechanismus schon eingeleitete Bewegung der ganzen Eckstrebenwand nach außen hin noch durch eine gewisse Hebelwirkung unterstützt wird. Abgesehen von dieser Bewegung, werden sie auch schon durch den Druck des Hornstrahls auf die Umbiegungsstelle der Wand (Eckwand) von hier aus mechanisch von der Mittellinie abgedrängt. Uebrigens will ich bemerken, daß diese Bewegungen der Eckstrebenwände sehr unmerklich sind, und daß sie sich besser theoretisch demonstriren, als durch Beob=achtungen und Versuche nachweisen lassen. Im Allgemeinen schreibt man den Eckstreben die Verrichtung zu, einer zu großen Zusammenziehung des Hufes in seinem hinteren Theile Schranken zu setzen. Gegen diese Annahme läßt sich nichts anderes einwenden, als daß sie die Funktionen der Eckstreben zu einseitig auffaßt. Der Zweck der Eckstreben ist auch umgekehrt einer zu großen Ausdehnung des Fußes in seinem hinteren Theile entgegenzutreten; wir sehen ja deutlich, daß der untere Theil der Trachten sich weniger auseinander giebt als der obere. Die Eckstreben sind die Anker, durch welche Hornwand und Hornsohle zu einem zusammengehörigen Ganzen verbunden werden; sie setzen auch einem zu tiefen Herabtreten der Sohle gewisse Grenzen, namentlich wenn sie hierbei noch durch einen ungeschwächten Hornstrahl unterstützt werden.

Fassen wir das von dem Hufmechanismus Gesagte hier nochmals kurz zusammen, so kommen wir zu folgenden Resultaten:

Unter dem Drucke des Hufbeins zieht sich die Hornwand zusammen. Da aber der Zusammenziehung durch andere Vorrichtungen Schranken gesetzt sind, so macht sich dieselbe bei lebenden Pferden mit normalen Hufen nur an dem Kronenrande der Seitenwände bemerklich.

Die Vorrichtungen, welche die Zusammenziehung der Wand aufheben, sind:

1. die Sohlenspannung für die vordere Hufhälfte;
2. der ganze Strahlbeinmechanismus für die hintere Hufhälfte. Dieser wirkt auf die hintere Hufhälfte wie eine gespannte Feder. Die Erweiterung spricht sich an dem oberen hinteren Theile der Trachtenwände stärker aus als an ihrem unteren, und verliert sich nach vorne hin allmälig. Der zu großen Erweiterung der hinteren Hufparthie wird durch die Eckstreben entgegengewirkt.

Ueber die Fähigkeit des Hufes, sich unter gewissen Verhältnissen auszudehnen, und wieder zusammenzuziehen, und über die hierbei eintretenden Veränderungen bestehen bis zur heutigen Stunde, wenn die Thatsache selbst (d. h. die Hufelasticität) auch meistens anerkannt wird, doch noch vielfach Widersprüche. Die Quelle dieser Widersprüche ist darin zu suchen, daß die Punkte, von denen man ausging um zu Resultaten zu gelangen, sehr verschieden waren. Theils ging man blos theoretisch zu Werke und erklärte den todten Fuß in der Hand, die Sache aus dem Baue der Theile nach physikalischen und architektonischen Gesetzen; theils aber wandte man sich an den Versuch und ließ das Object selbst sprechen. Bei der großen Verschiedenheit nun, die einerseits in der menschlichen Anschauungsweise und Auffassung überhaupt liegt und bei der Mannigfaltigkeit, die andererseits die Hufe hinsichtlich ihrer Form, Festigkeit, Krankheit ꝛc. darbieten, ist es nicht zu verwundern, daß die Endresultate dieser Forschungen auch nicht gleichmäßig ausgefallen sind.

Es kann bei den Grenzen, die ich mir bei Abfassung dieser Schrift gesteckt habe, weder meine Absicht sein, hier eine vollständige Geschichte dieser verschiedenen Auffassungen zu geben, noch die Versuche, welche über diesen Gegenstand bereits gemacht worden sind, aufzuzählen. Ich beschränke mich hier lediglich auf die Angabe derjenigen Versuche, die ich selber zur Ermittelung der Hufausdehnung unternommen habe.

Die Ausdehnungsverhältnisse, welche man an den allermeisten Hufen, sei es an todten, sei es an lebendigen, wahrnimmt, sind nicht so in die Augen fallend, daß man dieselben nach Zimmermannsmaaßen angeben könnte. In den meisten Fällen handelt es sich hier um kleinste, oft mit gewöhnlichen Instrumenten kaum bestimmbare Entfernungen. Maaße, die sich über 4—5 Mm. erstreckten, dürften zu den größten Seltenheiten gehören. Solche Angaben, die ich bis zu 1 Mm. gemacht habe, sind meistens nur geschätzt und nicht wirklich gemessen; die größeren sind jedoch gemessen.

1. Versuche über die Ausdehnung der Wandtheile bei lebenden Pferden.

Die Versuche über die Wandausdehnung sind mit besonderer Vorliebe gemacht worden; die Methoden indeß, die man bei ihnen in Anwendung brachte, waren nicht immer dazu angethan, richtige Resultate zu erzielen. In vielen Fällen wurden diese Versuche so angestellt, daß man das betreffende Pferd auf ein Brett, ein Blatt Papier ꝛc. treten ließ und den entgegengesetzten Fuß aufhob, um die Körperlast mehr auf den am Boden befindlichen Fuß zu werfen. Dann wurde mittelst eines Bleistiftes oder sonstigen Instrumentes der Umfang des aufgesetzten Hufes in der Weise aufgezeichnet, daß man mit dem betreffenden Instrumente um den Huf herum fuhr. Dasselbe Verfahren wurde an demselben Fuße in nicht aufgesetztem Zustande wiederholt, und nun die beiden Hufumrisse verglichen; der sich hierbei ergebende Unterschied wurde dann als das Maaß des Ausdehnungsvermögens des Hufes angesehen. In anderer Weise prüfte man, daß man die Unterschiede berechnete, welche man entweder durch die bloßen Eindrücke des Hufes oder durch Abfärbungen des Trägerandes in den verschiedenen Stellungen gewonnen hatte.

Abgesehen davon, daß diese Methoden nur die Ausdehnungsverhältnisse des Trägerandes anzeigen, sind dieselben überhaupt nicht geeignet, genaue Resultate abzugeben. Die ungünstige Stellung, in der sich der Untersuchende befindet, erlaubt nicht immer den Grad von Genauigkeit anzuwenden, der zu dergleichen Untersuchungen nothwendig ist; die kleinste Abweichung in der Haltung des Bleistiftes vergrößert oder verkleinert um ein Bedeutendes den Hufumriß. Daher kommt es auch, daß man an ein und demselben Hufe, auch dann, wenn man nur die Eindrücke oder die Abfärbungen desselben berücksichtigt unter gleichen Umständen nicht immer zu ganz gleichen Resultaten gelangt; ein geringes Abweichen (Rutschen) ist beim Festauftreten der Pferde ebenfalls nie ganz zu vermeiden, daher zeigen sich auch die Hufabdrücke selten scharf genug.

Um in jeder Weise möglichst sicher zu gehen, bediente ich mich zu den Messungen, welche ich vornahm, eines sogenannten Rundzirkels (Tasterzirkels) der mit gut gearbeiteter Schraube eingestellt und regulirt wurde. Das Verfahren hierbei ist äußerst einfach und weniger schwierig, als bei anderen Methoden. Man versieht die Stellen, deren Entfernungen man messen will, mit möglichst kleinen Punkten und trägt da, wo sich noch Weichhornschichten auf der Wand befinden sollten, diese ab, da hierdurch durch das Hineindrücken der Zirkelspitzen Ungenauigkeiten entstehen können. Dann mißt man die Entfernungen der Punkte genau; erst in der einen und dann in der anderen Stellung (ob bei aufgehobenem oder niedergesetztem Fuße zuerst, ist gleichgültig). Der sich bei dieser Messung ergebende Unterschied in der Entfernung der Zirkelspitzen giebt dann die Größe der Ausdehnung an. Wenn man nun in dieser Weise recht viele Hufe mißt, so wird man zu auffallend verschiedenen, oft sogar zu sich widersprechenden Resultaten gelangen; wie bereits erwähnt, ist die Beschaffenheit des Hornes, die Hufform (Zwanghuf, Flachhuf) ɛc. von ungemeinem Einfluß auf die Ausdehnungsverhältnisse der Hufe.

Bei möglichst normalen Hufen, bei denen alle Theile in der gehörigen Wirksamkeit sind, stellte sich nach meinen und Hartmann's zahlreichen Messungen heraus, daß die Abweichungen in dem Zehentheile (d. h. wenn man die Punkte in den Linien anbringt, die die Zehenwand von den Seitenwänden trennen) gleich 0 anzuschlagen sind. Die Seitenwände verengern sich am Kronenrande um etwa 1—2 Mm.; am Tragerande dagegen erweitern sie sich um dieselben Maaße. Die Trachtenwände (in der Nähe der Umbiegungsstelle gemessen) erweitern sich am Kronenrande um 2—4 Mm. (in manchen Fällen selbst noch mehr), am Tragerande beträgt ihre Erweiterung 2—3 Mm.

2. Versuche über die Ausdehnung der Wandtheile an todten Hufen.

Um zu ermitteln, inwieweit sich die einzelnen vom Hufe eingeschlossenen Theile an dessen Ausdehnung betheiligen, machte ich folgende Versuche: Ich trennte das Kronbein aus seiner Verbindung mit dem Huf= und Strahlbein; die nun mit ihren Gelenkflächen frei zu Tage liegenden Knochen durchbohrte ich derartig, daß die Bohrlöcher, von denen jeder Knochen zwei erhielt, in die Mitte der beiden seichten seitlichen Vertiefungen zu liegen kamen. Die Bohrlöcher des

Hufbeines kamen aus der Hornsohle etwa 2½ Cm. seitlich von der Strahlspitze heraus; die des Strahlbeines endigten in den Strahlfurchen. Jetzt wurden durch die Bohrlöcher des Hufbeines sowohl, als durch die des Strahlbeines starke Drähte gezogen und zu Ringen zusammengedreht. Auf diese Weise war es möglich, Hufbein und Strahlbein durch in die betreffenden Ringe gehängte Gewichte separat zu belasten; hierbei bleibt jedoch zu beachten, daß die Bohrlöcher so weit sein müssen, daß ein Einklemmen des Drahtes nicht stattfinden kann.

Die so zubereiteten Hufe wurden auf ein glattes Brett gestellt, das auf zwei etwas von einander gerückte, jedoch gleich hohe Tische gelegt wurde. Das Brett hatte da, wo sich die Drahtringe befanden, zwei so lange Ausschnitte, daß diese Ringe mit Leichtigkeit hindurchgesteckt werden konnten. Auf diese Weise war es möglich, bequem die Gewichte ein- und auszuhängen. Nachdem ich die Entfernung derjenigen Punkte, deren Ausdehnung ich ermitteln wollte, vorher genau mit dem Rundzirkel ausgemessen und das Resultat notirt hatte, belastete ich zuerst das Hufbein allein, dann das Strahlbein allein, dann beide gleichzeitig und zwar in der Art, daß ich zur großen Belastung des Hufbeins c. 100 Pfund, zur großen Belastung des Strahlbeins 50 Pfund verwendete. Bei kleineren Belastungen wurde die Hälfte des angegebenen Gewichtes gebraucht. Es wurde gemessen die Entfernung der Linie, welche die Zehenwand begrenzt in der Nähe des Kronenrandes (Zo) und dicht über dem Tragerande (Zu). Die Entfernung der halbirten Seitenwand einer Seite bis zur anderen oben (So) und unten (Su) und die Entfernung von einer Trachtenwand zur anderen; die Punkte wurden hier in der Nähe der Umbiegungsstellen angebracht, oben (To) und unten (Tu). — Die Resultate dieser Messungen sind folgende:

Entfernung.	Vorderfuß A.	Vorderfuß B.	Hinterfuß C.	Hinterfuß D.
		a. Belastung des Hufbeins.		
Zo—Zo	—	0	—	1 Mm. enger
Zu—Zu	0	0	½ Mm. enger	1 Mm. enger
So—So	¼ Mm. weiter	¼ Mm. weiter	½ Mm. weiter	⅙ Mm. enger
Su—Su	1 Mm. enger	0	½ Mm. enger	0
To—To	0	0	0	½ Mm. enger
Tu—Tu	2 Mm. enger	¼ Mm. enger	4 Mm. enger	0
		b. Belastung des Strahlbeins.		
Zo—Zo	—	¼ Mm. enger	—	1 Mm. enger
Zu—Zu	0	⅙ Mm. enger	0	0
So—So	0	0	1 Mm. weiter	1 Mm. enger
Su—Su	½ Mm. enger	0	¼ Mm. weiter	0
To—To	¼ Mm. weiter	0	1½ Mm. weiter	0
Tu—Tu	½ Mm. enger	⅙ Mm. enger	0	1½ Mm. weiter
		c. Gleichzeitige Belastung des Huf- und Strahlbeins.		
Zo—Zo	—	¼ Mm. enger	—	1½ Mm. enger
Zu—Zu	0	⅙ Mm. enger	½ Mm. enger	0
So—So	⅙ Mm. enger	¼ Mm. weiter	½ Mm. weiter	1½ Mm. enger
Su—Su	½ Mm. enger	0	¼ Mm. weiter	¼ Mm. weiter
To—To	0	0	1½ Mm. weiter	0
Tu—Tu	1 Mm. enger	¼ Mm. enger	1 Mm. enger	1 Mm. weiter

Da bei den in der beschriebenen Weise präparirten Hufen das Strahlkissen mehr in seinem vorderen Theile gedrückt wurde und der Ballentheil desselben aus dem Grunde nicht zur Wirkung kommen konnte, da die Hufbeinbeugesehne abgeschnitten war, so machte ich noch einige Versuche, der Art, daß ich durch den hinteren Theil des Strahlkissens ebenfalls einen Drahtring zog, welcher die abgeschnittene Hufbeinbeugesehne mit umspannte. Es ergab sich hierbei, daß ein Vorderhuf, welcher bei der bloßen Belastung des Strahlbeins bei To um 1 Mm. erweitert wurde, bei der gleichzeitigen Mitbelastung der Hufbeinbeugesehne sofort eine Erweiterung von 2 Mm. zeigte; ein Hinterhuf, der $1/2$ Mm. Erweiterung bei der bloßen Strahlbeinbelastung gezeigt hatte, erweiterte sich bei Mitbelastung der Hufbeinbeugesehne um $2^{1}/_{2}$ Mm.

Wenn diese Versuche auch nicht überall gleiche Ergebnisse*) geliefert haben, so ergiebt sich doch aus denselben mit ziemlicher Uebereinstimmung, daß durch die Belastung des Hufbeins der Huf namentlich in seinem hinteren unteren Theile zusammengezogen wird, und daß dieser Zusammenziehung durch die Belastung des Strahlbeins resp. Strahlkissens entgegengewirkt wird, besonders dann, wenn der hintere Theil des Strahlkissens (Ballentheil desselben) mit thätig ist.

3. Versuche über die Senkung der Hornsohle.

Auch über die Senkungsverhältnisse der Hornsohle hat es nicht an Versuchen und Widersprüchen gefehlt. Nachdem ich mich verschiedentlich davon überzeugt hatte, daß weiche Körper (Wachs, Thon) oder spitzige Körper die Sohlensenkung nur auf eine unvollkommene Art und nicht mit genügender Sicherheit zur Anschauung bringen, machte ich nachfolgende Versuche:

An todten Hufen, die ich auf ganz dieselbe Weise zubereitet hatte, als dies in der vorigen Versuchsreihe beschrieben wurde, brachte ich an den Stellen, wo ich die Senkung messen wollte, kleine senkrecht nach unten stehende weiße Holzstäbchen an und zog dicht vor oder hinter diesen Stäbchen ein dunkles Mähnenhaar vom Pferde quer über den Huf von Tragerand zu Tragerand. Das Haar, das indeß die Stäbchen nicht berühren darf, befestigte ich mit mittelst leichter Einschnitte in den Tragrand durch etwas Klebwachs. Genau in der Höhe des Pferdehaares machte ich an den betreffenden Stäbchen ein dunkles Pünktchen.

Nach diesen Vorbereitungen des Hufes stellte ich auf das zu den früheren

---

*) Diese Ergebnisse widersprechen sogar stellenweise den Resultaten, welche bei den Messungen von Hufen lebender Pferde gewonnen wurden; so z. B. giebt die Tabelle statt einer Verengerung der Seitenwand oben, meist eine Erweiterung derselben an. Hier muß man indeß berücksichtigen, daß der obere Rand frei steht und sich nicht in solchen Verhältnissen befindet, als am lebenden Pferde; er mußte mithin bei der Zusammenziehung der Wand um etwas nach außen gezogen werden.

Versuchen benutzte, auf zwei Tischen liegende Brett zwei gleich hohe Klötze in der Art auf, daß sich die beiden erwähnten Ausschnitte zwischen den Klötzen befanden. Jetzt wurde der Huf auf die Klötze so placirt, daß der vordere und hintere Theil desselben auflag, der Theil aber, wo ich die Sohle beobachten wollte, frei blieb; die durch Hufbein und Strahlbein geführten Drahtringe wurden nun durch starke Schnuren soweit verlängert, daß das Ende der letzteren durch die Ausschnitte des Brettes gezogen werden konnte; auf diese Weise konnten nun die Belastungen ganz in der Weise, wie bei dem früheren Versuche, vorgenommen werden.

Kurz vor der Belastung des Hufes brachte ich das Pferdehaar und den Punkt an dem in der Hornsohle steckenden Stäbchen genau in eine Sehlinie und ließ nun, während ich auf diese Weise visirte, den Gehülfen die Gewichte anhängen; die Senkung der Sohle wurde jetzt durch die Senkung des Stäbchens angezeigt, und die Summe der Senkung ergab sich aus der Entfernung des Pferdehaares von dem an dem Stäbchen angebrachten Punkte. Zur Controlle des Gesehenen ließ ich, indem ich immer fort visirte, die Gewichte wieder abhängen und überzeugte mich so, da der Punkt wieder in die erste Gesichtslinie zurückkehrte, von der Richtigkeit meiner Beobachtung.

Bei diesen Versuchen ergab ein Vorderfuß mit sehr starker Sohle, bei der großen Belastung des Huf- und Strahlbeines, in der Mitte der Sohle, dicht vor der Strahlspitze kaum $1/2$ Mm. Senkung; in der Nähe der Ränder war eine solche gar nicht wahrzunehmen. Dagegen zeigten die Sohlenäste in der Nähe des Eckstrebenwinkels $1\frac{1}{2}$ Mm. Senkung bei aufliegendem Strahl; erhielten aber die Trachtenwände eine solche Unterlage, daß der Strahl nicht mehr auflag, so stieg die Senkung der Sohle an dieser Stelle bis auf $2\frac{1}{4}$ Mm.

Ein Hinterfuß ergab bei bloßer Belastung des Hufbeines in der Mitte der Sohle, dicht vor der Strahlspitze 1 Mm Sohlensenkung, an den Seitenrändern $1/4$ Mm. Dagegen trat an den Sohlenästen in der Nähe des Eckstrebenwinkels bei großer Belastung des Hufbeins 2 Mm. Senkung ein und stieg, als auch das Strahlbein gleichzeitig mit belastet wurde, um noch 2 Mm, so daß hier im Ganzen eine Senkung von 4 Mm. stattgefunden hatte. Aus diesen Versuchen ergiebt sich, daß Sohlensenkungen wirklich vorkommen und zwar in der Mitte mehr als an den Rändern. Da nun eine Senkung der Sohle in ihrem Mittelpunkte, während ihre Ränder ziemlich in derselben Lage bleiben, auch eine Spannung des ganzen Sohlengewölbes nach sich ziehen muß, so muß ebenso nothwendig die Sohle auch eine ausdehnende Wirkung auf die Wand ausüben. Hiervon überzeugte ich mich ebenfalls durch den Versuch. Ein Vorderhuf, welcher bei starker Belastung des Hufbeines in der halben Höhe des Hufes von der Mitte der einen Seitenwand bis zur anderen gemessen gar keine Verengerung wahrnehmen ließ, zog sich um mehr als 2 Mm. an dieser Stelle zusammen, nachdem die Verbindung der Sohle und Wand auf der ganzen Ausdehnung der weißen Linie getrennt worden war. Ein Hinterhuf, der in derselben Weise gemessen bei starker Belastung des Hufbeines sich um etwa 1 Mm. zusammengezogen hatte, zeigte bei derselben Belastung nach getrennter Sohle eine Verengerung von 4½ Mm. Ganz besonders dürfte die starke Senkung der Sohle in ihren Aesten (namentlich wenn keine Strahlauflage stattfindet) beachtenswerth sein und auf die Entstehung der hier häufig vorkommenden Steingallen ein bedeutendes Licht werfen.

Der Nutzen des Hufmechanismus ist mannigfach. Einmal bewahrt er den Huf selber und die von diesem eingeschlossenen Theile vor jedem Schaden, den sie unter den starken Stößen erleiden müßten; dann werden durch ihn die Stöße, die auf den ganzen Körper zurückwirken würden, schon an ihrem Entstehungsorte sehr wesentlich gebrochen; in dieser Beziehung schließt er sich der Wirkungsweise der Gelenke an; er befördert daher die Elasticität und die Schnellkraft des ganzen Schenkels. Endlich ist er nicht unerheblich für die Ernährungsverhältnisse der von der Hornkapsel eingeschlossenen Theile und für die Erzeugung dieser Kapsel selbst. Ernährung und Wachsthum kann nur dann in genügendem Maße stattfinden, wenn der Blutlauf keine Hemmungen erfährt; das Venenblut muß möglichst rasch aus den Blutadern fortgeschafft werden, damit das durch die Arterien beständig in die Gewebe geführte und hier gebrauchte Blut sich von Neuem darin ansammeln kann. Ist das nicht der Fall, so entstehen Blutstockungen und Krankheiten der Gewebe und die Verrichtungen der Theile werden mehr oder weniger beeinträchtigt, gestört oder aufgehoben. Da nun aber am ganzen Körper der Rückfluß des Blutes durch solche mechanische Momente, wie sie die Zusammenziehungen der Muskeln 2c. hervorbringen, wesentlich begünstigt wird, so würde der untere Theil des Pferdefußes, der ganz von einer Hornkapsel eingeschlossen ist und keine Theile hat, die sich selbstständig zusammenziehen und bewegen können, einen Ausnahmszustand bilden, der für die Ernährung dieses Theiles von den ungünstigsten Folgen sein würde. Dies hat die Natur durch den Hufmechanismus vermieden. Die bei jedem Tritte, den ein Pferd macht, eintretenden Erweiterungen und Verengerungen der Hornkapsel ersetzen hinreichend die anderen, den Rückfluß des Blutes befördernden Momente, und wir sehen daher auch, daß bei Pferden, die gesunde Hufe und hinreichend Bewegung haben, die Ernährungsverhältnisse des Fußes gut von Statten gehen. Ist der Hufmechanismus aber durch irgend eine Ursache geschwächt oder aufgehoben, so treten auch sofort die nachtheiligen Folgen einer mangelhaften Ernährung und Bildung auf und geben sich meistens am Hufe und an den sichtbaren elastischen Theilen (Ballen) auch nach Außen hin zu erkennen. Der Kernpunkt, auf den es daher beim Hufbeschlage ankommt, ist, Alles zu vermeiden, was den Hufmechanismus schwächt oder aufhebt. Dies aber in das gehörige Licht zu stellen, ist Sache der über den Hufbeschlag handelnden Lehrbücher.

Zweites Buch.

Der Fuß des Pferdes

in Rücksicht

auf den Hufbeschlag

dargestellt

von

Moritz Hartmann.

Mit ergänzenden Zusätzen versehen
von
Clemens Renschild.

Einleitung.

Aus der Beschreibung des Baues und der Verrichtungen des Pferdefußes haben wir ersehen, daß der Huf zum Schutze des Fußendes bestimmt ist. Wir wissen, daß dieses, sich immer neuersetzende Schutzmittel für alle diejenigen Pferde (resp. Esel, Maulthiere ꝛc.), welche in naturgemäßen Verhältnissen auf der Weide, in der Steppe ꝛc. leben, vollständig genügt, die Füße der Thiere in einem solchen Zustande zu erhalten, wie es die Bedürfnisse derselben erheischen.

Da sich nun aber der Mensch schon in den frühesten Zeiten das Pferd als Hausthier nutzbar machte und es zu den verschiedenen Dienstleistungen auf harten, steinigten Wegen verwendend, aus den ursprünglichen und natürlichen Verhältnissen riß, so genügte das von der Natur den Thieren verliehene Schutzmittel nicht mehr; es machte sich neben diesem noch ein künstliches Schutzmittel nöthig. So lange man den Hufbeschlag kennt, hat man in diesem das geeigneste Mittel gefunden, die Hufe der Pferde zu schützen. Die Erfindung desselben fällt aber keineswegs in jene frühesten Zeiten, in denen man bereits Pferde verwendete; dieselbe gehört vielmehr einer viel späteren Zeit an und fällt etwa vom Anfange des dritten bis zum sechsten Jahrhundert nach Christi. Die Erforschung des Ursprunges des Hufbeschlags ist von jeher Gegenstand der Bemühungen verdienstvoller Männer gewesen. Ganz besonders hat Beckmann in seinem Werke: „Beiträge zur Geschichte der Erfindungen", Leipzig 1792, so werthvolle Aufschlüsse niedergelegt, daß die meisten späteren Schriftsteller die Beckmann'sche Arbeit als Grundlage ihrer historischen Darstellungen des Hufbeschlages benutzten. Sehr gründlich behandelt auch Prof. Rueff diesen Gegenstand in einem kleinen Werke: „Zur Geschichte der Hufbeschlagkunde." Aus beiden habe ich die nachfolgenden Angaben geschöpft und aus letzterem auch einige Abbildungen entnommen. Auch das Werk von J. C. Groß verdient rühmend erwähnt zu werden; es bietet in den durch Fr. Mayer bearbeiteten Auflagen eingehende Erörterungen über die Geschichte des Hufbeschlages.

Ehe man den Hufbeschlag kannte, suchte man sich zu helfen so gut es eben ging. Zunächst forschte man nach Mitteln, die Hufe der Pferde hart und zähe zu machen. So empfiehlt Xenophon die Ställe der Pferde mit einem gepflasterten

Steinfußboden zu versehen und sagt: „daß ein solches Pflaster des Fußbodens die Füße des Pferdes kühlen, härten und bessern würde." Hierauf beziehen sich auch die Ausdrücke des Homer und anderer Dichter, wenn sie von „Metallfüßlern" und „erztönenden Hufen" sprechen: hierher gehören die equi sonipedes der lateinischen Dichter. Wenn man bedenkt, daß damals zu den Haupteigenschaften eines vorzüglichen Pferdes ganz besonders die festesten, stärksten Hufe gehörten, so wird man die Erklärung Xenophon's begreiflich finden: „daß die Hufe so hart sein sollen, daß sie, wenn das Pferd auf den Boden schlägt, wie eine Cymbel klingen müssen." In derselben Weise sprechen die Dichter von Hirschen und Stieren mit „ehernen Füßen", und diese waren doch sicher auch nicht beschlagen.

Solche hartmachende Mittel mochten nun wohl da genügen, wo der Boden eben und trocken war, und eine zu große Abreibung der Hufe nicht stattfand. Bei großen Märschen jedoch war dies trotz der günstigsten Bodenverhältnisse anders. Wir haben Beispiele aus der Geschichte, daß die Reiterei zu weiterem Vordringen untauglich wurde und zurückbleiben mußte. Cinnamus spricht von „durchgeriebenen Hufen," als „einem Uebel, welches die Pferde oft befalle." Mithridat schickte, als er Cycicus belagerte, seine Reiterei nach Bithynien, weil die Hufe der Pferde ganz abgenutzt und schadhaft geworden waren. Unter solchen Umständen mußte man natürlich darauf bedacht sein, ein künstliches Schutzmittel an den Hufen der Thiere anzubringen und dieselben gleichsam „beschuhen", wenn die Beschaffenheit des Weges, besonders auf Reisen es eben nöthig machte. Solche Schuhe stellten eine Art Sandalen vor und waren jedenfalls zuerst sehr einfacher Construction; sie waren aus Binsen (wie es heute noch in Japan gebräuchlich sein soll), Bast oder Leder gefertigt und wurden mit Bändern oder Riemen am Fuße befestigt. Dieses Befestigungsmittel läßt schließen, daß dergleichen Schuhe nur zeitweilig angelegt wurden, da sonst die Haut des Fußes bei längerem oder beständigem Tragen dieser Riemen sehr bald schmerzhaft und wund gerieben werden mußte.

Als der Gebrauch der Metalle bekannter wurde, versah man diese Schutzvorrichtungen entweder mit Metallplatten, oder fertigte auch wohl metallne Sohlen an, die mit Oesen oder Haken versehen waren und an die Füße gebunden wurden. Hierauf deutet der Ausdruck: „solea ferrea" des Plinius d. A., Vegez u. A. hin. In Deutschland hat man bei Ausgrabungen an Stellen ehemaliger römischer Niederlassungen derartige Sandalen gefunden. Die nebenstehende Figur Nr. 63 stellt eine Sandale dar, welche im Besitze des Herrn Mayer in Stuttgart ist und bei der Ausgrabung eines römischen Bades bei Zazenhausen zwischen Cannstatt und Ludwigsburg, neben römischen Waffen und Geräthen gefunden wurde.

Fig. 63.

Außerdem wurden dergleichen Funde noch in Luxemburg, Frankreich und England gemacht, die Ausdrücke „soleae argenteae", solea ex auro der genannten Schriftsteller sollen darauf hindeuten, daß Nero mit Maulthieren gefahren sei, welche „silberne" und seine Gemahlin Poppäa sogar mit solchen, welche „goldene" Sohlen hatten.

Beckmann sagt jedoch hierüber: „es läßt sich zwar nicht errathen, wie diese Sohlen gemacht wurden, aber aus einem Ausdrucke des Dio Cassius läßt sich vermuthen, daß nur der obere Theil aus dem edlen Metalle gemacht, oder vielleicht daraus geflochten gewesen ist."

Vegez, Theomnest u. A. brauchen die Worte: „inducre soleas", „calceare" und verstehen darunter das Anziehen oder Befestigen der Sohlen, das Beschuhen; so führt namentlich Sueton an, daß der Kutscher des Vespasian auf der Reise angehalten habe, um die Maulesel zu beschuhen. Winkelmann erwähnt eines geschnittenen Steines aus der Sammlung des Baron Stosch, auf welchem Jemand den Fuß eines Pferdes aufgehoben hält und ein anderer niedergekniet und den Schuh anzubinden scheint. Von einer anderen Art des Beschuhens ist nirgends die Rede. Jedenfalls würde Xenophon in seinem Werke über die Reitkunst, worin er sehr ausführlich über die Zaum= und Geschirrstücke spricht, der Hufeisen erwähnt haben, wenn solche schon existirt hätten; ebenso würden auch bei Aufzählung der Personen, welche zu einer Armee gehören, die Hufschmiede mit aufgeführt sein. Einen ferneren Beweis dafür, daß die Alten die Hufeisen nicht kannten, liefern die Ausgrabungen. Ebensowenig wie man in Herculanum und Pompeji, wo man Zaumstücke, Gebisse ꝛc. ziemlich häufig ausgräbt, ein Hufeisen gefunden hat, hat man auch in den alten römischen Gräbern, in welchen bekanntlich die Lieblingspferde des Besitzers mitbegraben wurden, keines gesehen. Man muß also mit Recht schließen, daß die Römer in der Zeit, in welcher sie in Germanien Niederlassungen gründeten (d. h. von Christi Geburt bis gegen Ausgang des 4. Jahrhunderts), die jetzige Art des Beschlagens nicht kannten, sondern daß sie sich einzig und allein der Hipposandalen bedienten. Alle sogenannten römischen Hufeisen, wie sie sich vielfach in Alterthumssammlungen vorfinden, können daher nicht den Römern angehört haben.

Als die erste Spur des eigentlichen Hufbeschlages wird gewöhnlich das bekannte 1653 gefundene Hufeisen aus dem Grabe Childerich's I., Königs der Franken (gest. 481) angesehen; dasselbe fand sich neben anderen Gegenständen war jedoch so stark vom Roste zerstört, daß es beim Anfassen in Stücke zerbrach; das größere Stück wurde durch Zeichnung ergänzt, wie nebenstehende Abbildung (64) zeigt. Welchen Werth dieses Eisenstückchens haben kann, dürfte aus den nachfolgenden Worten Beckmann's

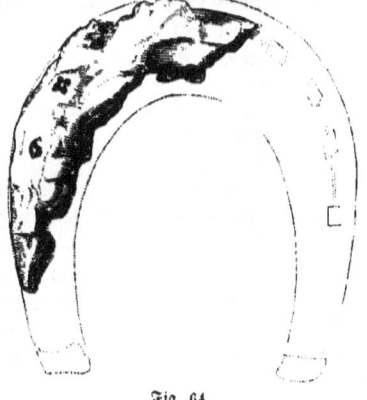

Fig. 64.

zur Genüge hervorgehen: „Wenn man gewiß wüßte, daß das Stück Eisen, welches im Grabe des Childerich gefunden worden, wirklich von einem Hufeisen gewesen sei, so würde dieß noch bis jetzt auch für mich die älteste Nachricht sein und man müßte den Gebrauch wenigstens schon in das 5. (Beckmann sagt unrichtig in das 8., wahrscheinlich ein Druckfehler) Jahrhundert setzen. Aber auch dieses finde ich bei Weitem nicht so gewiß, als man es bisher geglaubt hat. Diejenigen, welche gesagt haben, daß dieses Eisen weder Stollen noch Griff, sonst aber die ganze Gestalt der heut zu Tage gewöhnlichsten Eisen gehabt habe, haben nur nach der Zeichnung geurtheilet und nicht bemerkt, daß diese ergänzet worden. Das Eisen selbst, welches auf jeder Seite vier Löcher zu haben schien, zerbrach als man diese öffnen wollte; so sehr war es vom Rost verzehrt und also gewiß nicht so kenntlich, als die Zeichnung ist." Inwiefern Rueff's Ansicht, daß dieser Eisenrest ein Stück des Beschlages vom Sattelbaum sei, richtig ist, will ich dahin gestellt sein lassen, jedenfalls aber hat dieselbe viel für sich und Rueff hat Recht wenn er sagt; „Außerdem sind so viele andere Gegenstände der Pferdeausrüstung vorhanden, nämlich Schnallen, Zaumbeschlag, daß man annehmen darf, der Sattel sei auch in dem Grabe gewesen. Wie unnatürlich ist es anzunehmen, man habe in das Grab, wo nur ein Pferdekopf gefunden wurde und gar kein Fußtheil, das Eisen, als etwas besonders Werthvolles, mit hineingelegt"

Viel begründeter scheint mir die Ansicht Rueff's zu sein, daß die Erfindung des Hufbeschlages den Alemannen zugeschrieben werden müsse, weil diese nämlich einmal als Pferdefleischesser und dann bei dem Opfern der Thiere Gelegenheit genug hatten, den Bau und die Anordnung der einzelnen Theile des Hufes kennen zu lernen, (?) dann aber, weil sie für das Pferd, als ihrem unentbehrlichsten Mittel zum Fortkommen auf ihren Kriegszügen überhaupt ein großes Interesse haben und alles aufbieten mußten, ein möglichst zweckmäßiges Schutzmittel, zweckmäßiger als die Hipposandalen der Römer, ausfindig zu machen. Beweise dafür haben sich bei den Ausgrabungen auf dem Alemannischen Todtenfelde bei Ulm gefunden. Rueff sagt: „In den Alemannen-Gräbern aus der Zeit vor der Annahme des Christenthums, fand Haßler neben andern Eisen, deren Fundstelle nicht genau constatirt werden konnte, ein Eisen unmittelbar in einem Grabe. Es hat einige Aehnlichkeit mit den sonst auch im Lande gefundenen antiken Hufeisen, ist breit an der Zehe, hat 3 Nagellöcher und viereckige Stollen. Diese Gräber stammen aus der Mitte des 4. Jahrhunderts bis zum Ende des 6ten."

Nächst diesem Hufeisen sei eines solchen gedacht, welches neben vier ähnlichen in der Schweiz an einer Opferstätte bei Cavannes gefunden wurde und sich von den gewöhnlichen antiken Eisen durch seine geringere Breite, besonders im Zehentheile auszeichnet; es besitzt weder Stollen noch Griffe und ist mit 6 Nagellöchern versehen, durch deren Versenk der äußere Eisenrand stark nach außen gedrängt erscheint. Den Fundort, die Opferstätte, hält man für Spuren der Slaven und Wenden, welche im 6. Jahrhundert dort Besitz ergriffen.

Nächst dieser Form finden sich meist breite Eisen mit eckigen Stintstollen vor, die im Munde des Volks für Schwedeneisen gelten, vielleicht nur um ihr hohes Alter damit zu bezeichnen, vielleicht aber auch, und das ist das Wahrscheinlichere, um darauf hinzudeuten, daß sie im 30jährigen (Schweden-) Kriege durch die fremden Kriegsvölker nach Deutschland gebracht worden sind.

Die ersten genauen Nachrichten von den Hufeisen finden wir in dem 9. Jahrhundert in den militärischen Anordnungen des Kaiser Leo IV. von Constantinopel, in welchen der (halbmondförmigen) Hufeisen mit Nägeln ganz besonders Erwähnung geschieht. Diesen Anhaltspunkt führt auch Beckmann ganz speciell an und fügt hinzu: „Dieses gefundene Alter der Hufeisen erhält dadurch noch einige Bestätigung, daß man sie auch nach dem 9. Jahrhundert bei italienischen, französischen und englischen Schriftstellern antrifft. Als der Markgraf von Toskana, Bonifacius, einer der reichsten Fürsten seiner Zeit, seine Braut, die Beatrix, ums Jahr 1038 einholte, war sein ganzes Gefolge so prächtig geschmückt, daß sogar die Pferde nicht mit Eisen, sondern mit Silber beschlagen waren. Auch die Hufnägel waren von diesem Metalle und wenn sie die Pferde verloren, so gehörten sie dem, der sie aufnahm."

Pater Daniel erwähnt in seinen Schriften des Hufbeschlages ausführlicher, bemerkt aber, daß man nur bei Frostwetter oder sonstigen Veranlassungen auf Reisen die Hufe beschlug.

Aus der Geschichte Siciliens geht hervor, daß man den Hufbeschlag im 11. Jahrhundert schon kannte. Sicilien war damals im Besitze der Saracenen und als diese sich vereinigten und betriegten, rief der schwächere Theil griechische Reiterei zu Hülfe. Als nun vereint mit dieser, der vorher stärkere Theil in die Flucht geschlagen wurde, streuten die Fliehenden spitzige Fußangeln aus, um die Nachsetzenden an der Verfolgung zu hindern. Aber „die Hufe der Pferde waren so beschlagen, daß diese Maschinen sie nicht verletzen konnten und die Niederlage des Feindes nicht hinderten."

In England soll Wilhelm der Eroberer bei seiner Ankunft 1066 den Hufbeschlag schon vorgefunden, nach anderen aber erst eingeführt haben. Er betraute einen seiner Edlen, Wakelin von Ferrariis, den er zum Grafen von Ferrers und Derby ernannte mit der Aufsicht über sämmtliche Schmieden. Die Familie Ferrers führt 6 schwarze Hufeisen im silbernen Felde; man sagt, da Wakelin 6 Hufeisen für sein Wappen gab.

Das von ihm erbaute Schloß Oakham in der Grafschaft Rutland' hat das Privilegium von jedem Freiherrn oder Baron des Reichs, wenn er das erste Mal durch Oakham reitet, ein Hufeisen als Tribut zu fordern und solches neben dem Namen an das Thor des Schlosses zu nageln.

Aus dem Jahre 1214 findet man Nachrichten aus der französischen Geschichte. Bei Gelegenheit der Einführung des gefangenen Grafen Ferrand von Flandern in Paris wird nämlich gesagt, daß „vier gut beschlagene Pferde" den Wagen Ferrand's zogen; ein Beweis also, daß auch hier der Beschlag bekannt war. Nach dieser Zeit finden sich zahlreichere Nachrichten, so in den Werken des Rufo 1492, des Laurentius Rusius, der 1531 über Veterinair-Wissenschaft schrieb und des Hufbeschlages, der Behandlung schiefer Hüfe, des Vernagelns besonderer Erwähnung that u. m. a. Dann finden sich noch Nachrichten und Anordnungen über Hufbeschlag, Verträge mit Schmieden, die uns erkennen lassen, wie groß die Bedeutung des Hufbeschlags schon für damalige Zeiten war und wie diejenigen, welche sich damit beschäftigten, mit hohen Würden und Einnahmen belehnt wurden, ja daß der Hufbeschlag sogar Stoff zu Sagen und Gesängen gegeben hat. Gleichwohl wurde derselbe immer noch nicht allgemein ausgeführt; es scheint sich seine Anwendung mehr auf die Pferde der Reichen und speciell auf die Vorderhüfe beschränkt zu haben.

Aus dem Vorangeschickten geht nun hervor, daß der Hufbeschlag weder von einem einzigen Erfinder, noch von einem einzigen Punkte ausgegangen ist, sondern vielmehr bei den verschiedenen Nationen als schon vorhanden angetroffen wurde. Hierdurch lassen sich die Abweichungen in der Form des Hufeisens, ja selbst die Verschiedenheiten in der Ausübung des ganzen Beschlages erklären.

Betrachtet man die verschiedensten Pferderacen, so findet man die Hufe derselben immer nach derselben Norm gebaut, wenn allerdings auch Abweichungen in Form, Größe, Höhe des Hufes, Beschaffenheit des Hornes ec. vorkommen. Da nun an jedem Hufe der Tragrand der Hornwand derjenige Theil ist, der sich einzig und allein zur Auflage und Befestigung des Eisens eignet, so sollte man meinen, daß die Hufeisen in den verschiedenen Ländern und bei den verschiedenen Nationen eigentlich immer dieselben sein müßten. Dem ist aber nicht so; wir finden vielmehr überall Abweichungen vor, die bedingt sind von den localen Verhältnissen, von der Verwendung der Thiere, von der verschiedenen Anschauungsweise, vielleicht auch von der größeren oder geringeren Geschicklichkeit der Verfertiger. Faßt man diese Abweichungen nun zusammen, so erhält man gewisse Grundformen, die sich immer wieder erkennen lassen und die den Hufbeschlag so kennzeichnen, daß man eine Art desselben immer von der anderen unterscheiden kann. Ganz besonders weichen 4 Arten des Hufbeschlages so wesentlich von einander ab, daß man dieselben aus einander hält und sie, da sie von ganzen Nationen in Anwendung gebracht werden, als Nationalbeschläge bezeichnet, nämlich als: den orientalischen, den französischen, den deutschen und den englischen Beschlag.

Wenn ich den orientalischen Beschlag voranstelle, so geschieht dies deshalb, weil derselbe durch das angewandte Hufeisen am meisten an die Eisensandalen, „soleae sparteae", der Alten erinnert.

Das orientalische Hufeisen, wie dasselbe noch heute in der Türkei, in den Pferde züchtenden Ländern Afrika's und Asiens Verwendung findet, stellt eine Platte dar, die entweder aus einem Stück Eisenblech gefertigt, oder deren Enden so über einander gelegt sind, daß in der Mitte derselben, etwas nach hinten, eine theils runde, theils mehr eiförmige Oeffnung bleibt. Der äußere Rand ist etwas aufgebogen, gestaucht, so daß er über die Bodenfläche hervorragt; dicht daran sind 6—8 Nagellöcher in runder Form so vertheilt, daß die einzuschlagenden Nägel nur in die Seitenwand zu sitzen kommen. Der zu beschlagende Huf wird mit dem arabischen Messer beschnitten. Der Beschlag selbst wird kalt ausgeführt und das Eisen so aufgelegt, daß dasselbe, vorn aufgeworfen, nicht über die verkürzte Zehe vorsteht; das hintere Ende des Eisens ist zum Schutze der Ballen nach diesen hin aufgebogen. Die Hufnägel unterscheiden sich von andern wesentlich durch den starken, eigenthümlich geformten, mit zwei seitlichen Lappen versehenen Kopf, der bestimmt ist, der

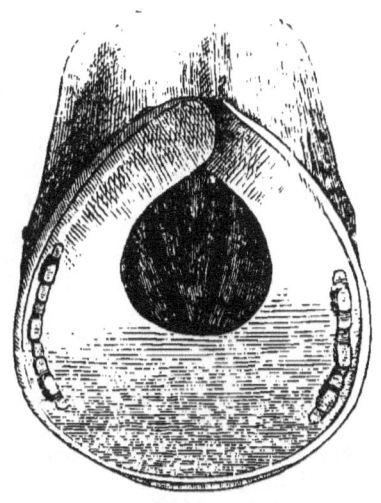

Fig. 65.

Bodenfläche des Eisens mehr Anhaltepunkte zu geben. Die Klinge des Nagels ist ein dicht unter dem Kopfe runder, dann sehr bald viereckig verlaufender, fein zugespitzter Stift; ist der Nagel eingeschlagen, so wird das aus der Hornwand herausgetretene Ende nicht abgekniffen, sondern zu einer Spirale aufgewickelt an die Hornwand angelegt. Dies Verfahren soll erlauben, den Nagel, der von sehr gutem zähen Eisen gefertigt ist, bei der Erneuerung des Beschlags nochmals verwenden zu können.

Der in Spanien gebräuchliche Beschlag zeigt in vielen Beziehungen Aehnlichkeit mit dem orientalischen. Es wird dies dadurch erklärlich, daß Spanien früher im Besitze afrikanischer Völker, der Mauren, war. Das gebräuchliche Hufeisen ist ein offenes, schwaches Eisen mit doppelt aufgestauchtem, nach oben rings um den Huf, nach unten über die Bodenfläche vorstehendem Rande; die Enden sind ganz schwach nach hinten ausgeschmiedet und hoch nach den Ballen, zum Schutze derselben, aufgebogen. In den Seitentheilen finden sich meist 4 viereckige Nagellöcher, die des aufgeworfenen Randes wegen ziemlich tief gestellt sind. Der Beschlag wird ebenfalls kalt ausgeführt und soll trotz des schwachen Eisens eine große Haltbarkeit besitzen.

Der französische Beschlag ist besonders durch Bourgelat und Lafosse cultivirt worden. Das französische Hufeisen für Vorderhufe ist ein glattes, im Verhältniß zur Dicke ziemlich breites Eisen ohne Kappe, welches nach den Trachtenenden etwas schmäler verläuft. Die obere (Huf-) Fläche ist von außen

---

Fig. 65. Mit Originalbeschlag versehener Huf eines tscherkessischen Pferdes. Die lappenförmigen Fortsätze der Nagelköpfe decken sich.

nach innen etwas ablaufend, so daß bei französischen Eisen älterer Construction der äußerste obere Rand etwas, besonders im Zehentheil, erhaben, wie gestaucht, erscheint. Die untere Fläche ist glatt und zeigt meist 8 breite, trichterförmig versenkte Nagellöcher zur Aufnahme der Hufnägel, deren große, gestemmte Köpfe über die Eisenfläche hervorragen und die Stollen ersetzen. Die Hintereisen sind im Zehentheile stärker, als die Vordereisen und nach hinten schmal und schwach verlaufend; der äußere Arm ist in der Regel etwas kräftiger gehalten, ziemlich weit nach hinten und tief gelocht und mit einem kleinen Stollen versehen, der am innern Arme fehlt. Die Kappe ist ziemlich stark, am Grunde breit, nach oben spitz aufgezogen. Die Eisen neuerer Construction zeigen mit Ausnahme des erhabenen oberen äußeren Randes nahezu dieselben Eigenschaften, nur ist das Gesenk der Nagellöcher weniger breit. Alle Eisen sind stark im Zehentheile, weniger im Trachtentheile aufgeworfen (sog. franz. Richtung) und werden dem Hufe warm angepaßt. Außer diesen Hufeisen verwendet man in der Provinz für Zugpferde auch schwere Griffeisen, was in Paris nicht stattfinden darf, weil, so viel ich an Ort und Stelle erfahren konnte, durch solche Vorrichtungen an den Eisen die Fahrwege leiden würden. In neuerer Zeit hat auch in Frankreich, besonders in den größeren Städten, der engl. Beschlag, resp. das gesalzte Eisen, Eingang gefunden; man fängt auch an, bei den eigentlichen franz. Eisen eine mehr gerade Richtung inne zu halten. Das von Charlier erfundene Eisen hat viel von sich reden gemacht. Charlier ging nämlich von der Ansicht aus, daß das Hufeisen eigentlich nur eine Verlängerung des hornigen Tragrandes sein müsse und daß dann die unbeschnittene Sohle und der Strahl am ehesten zur Ausübung ihrer natürlichen Functionen, ganz wie am unbeschlagenen Hufe, gelangen könnten. Er construirte zu diesem Zwecke ein Hufeisen, welches genau der Breite des Tragrandes und dem Verlaufe desselben entsprach, und so auf den verkürzten Tragrand aufgelegt wurde, daß Bodenfläche des Eisens und die unbeschnittene Sohle möglichst in eine Ebene zu liegen kamen. Das schmale Charlier'sche Eisen umschließt daher den ganzen Huf, wenn es eingelassen ist, nach Art einer Stockzwinge und läßt nur nach hinten den Raum für den Strahl offen. Die Beeinträchtigung der Elasticität des Hufes und die Möglichkeit, bei tieferem Einlassen am Zehentheile den Weichtheilen zu nahe zu kommen, sprechen eben so wenig zu Gunsten des Charlier'schen Beschlages, als die geringe Haltbarkeit desselben und die Umständlichkeit der Ausführung. Gründe, welche die praktische Ausführung dieser Methode schon heute in fast vollständige Vergessenheit kommen ließen. Im Jahr 1869 beschrieb der Amerikaner Goodenough in einer kleinen Brochüre (No frog, no foot) eine ähnliche Beschlagsmethode, welche sich von ersterer nur durch das fabrikmäßig hergestellte, gepreßte Eisen unterscheidet. (cf. Bericht über das Veterinärwesen in Sachsen 1871. S. 148.)

An den eigentlichen franz. Beschlag lehnt sich der in Italien ausgeführte an und es findet besonders in Mittel- und Süd-Italien das Zeheneisen, wie es von Leo IV. schon im 9. Jahrhundert und von Lafosse im vorigen Jahrhundert angegeben wurde, seine Anwendung. Die in Italien für Maulthiere gebräuchlichen

Eisen sind sehr weit nach innen gelocht, um ein Ueberragen des Eisens, besonders im Zehen- und Seitentheile, zu ermöglichen. An dem neapolitanischen Hufeisen sind die hintern innern Ecken jedes Eisenarmes zu einem stollenartigen Fortsatz aufgebogen.

Der deutsche Beschlag hat, was das Eisen anbetrifft, in vielen Beziehungen Aehnlichkeit mit dem französischen. Das deutsche Hufeisen ist durchgängig ein Stolleneisen, in dessen Zehentheil in den meisten Fällen ein Griff eingeschweißt ist. Die Eisen sind in der Zehe am breitesten und verlaufen nach hinten schmäler. Die obere Fläche ist vom äußeren nach dem inneren Rande geneigt, abgeschrägt oder messerförmig geschmiedet; die untere Fläche zeigt im Seitentheile entweder die trichterförmigen Gesenke zur Aufnahme der gestemmten französischen Nagelköpfe, oder eine stumpfe, eingekerbte, zackige Falzrinne und in dieser die Nagellöcher zur Aufnahme der sogenannten Reifnägel. Die Richtung des Eisens ist entweder ganz gerade, oder, wenn der Griff fehlt, der Zehentheil etwas aufgebogen. (Bojanus empfiehlt, um die ungünstige Wirkung der Stollen zu paralysiren, das Eisen im Zehentheile um die Höhe derselben aufzuwerfen.) Hieran reiht sich das in Rußland und Schweden übliche Eisen. In Dänemark ist ein ähnliches Eisen nach Abilgaard gebräuchlich, welches in der Zehe am breitesten ist und einen äußeren stärkeren Arm und stärkeren Stollen zeigt, während der innere Arm schmäler und der Stollen hier niedriger ist. Viborg ließ in demselben Eisen statt der viereckig versenkten Nagellöcher einen Falz zur Aufnahme der Nagelköpfe anbringen. In der Schweiz benutzt man ein starkes und schweres Eisen mit Griff und Stollen, welches verbreiterte Trachtenenden hat. Die Eisen in Holland und Belgien, besonders für diese schweren Schiffszugpferde, sind schwer, breit, mit schwachen, hohen Stollen und einem die ganze Zehenbreite einnehmenden Griffe, vor welchem meist noch Nagellöcher angebracht sind, versehen. Für leichtere Pferde benutzt man das französische, vielfach auch das englische gefalzte Eisen.

Die meiste Sorgfalt hat man von jeher in England dem Hufbeschlage gewidmet, wenngleich damit keineswegs gesagt sein soll, daß man auch dort von jeher am besten beschlagen habe. Im Gegentheil ist auch dort seiner Zeit der Beschlag vielfach fehlerhaft und roh ausgeführt worden. Jak. Clark sagt noch 1777, als er von der in England gemeinen, fehlerhaften Weise, die Hufe der Pferde zu beschlagen, spricht: „Und gleichwohl sehen wir, daß dergleichen Sachen, so ungereimt sie auch dem Ansehen nach ist, alle Tage geschieht. Die Sohlen und der Strahl werden aus dem Hufe ausgeschnitten, bis sie ganz dünne sind. Dann werden breite, starkränderige Hufeisen auf die Füße geschlagen, um den Ueberrest zu schützen, oder daß ich es mit andern Worten sage, den Mangel derjenigen Substanz, welche ausgewürkt und weggeschnitten ist, zu ersetzen. Nächst diesem werden die Hufeisen hohl geschmiedet oder, wie es heißt, gefeint, und bekommen eine runde Oberfläche; das hat zur Folge, daß das Thier wie auf Stelzen geht ꝛc."

Ganz besonders tadelt er die schweren breiten Hufeisen mit Stollen, die, um das Festliegen zu ermöglichen, mit sehr vielen Nägeln (bis 15) angeheftet werden müßten.

Die Nachtheile des damaligen Beschlages veranlaßte sehr bald in dem Pferdereichen Land ein reges Streben nach Verbesserung.

Es traten Männer, ganz besonders Thierärzte (in deren Händen sich auch heute noch der Hufbeschlag meist befindet), wie Osmer, Moorcroft, Colemann, in neuerer Zeit Field und Miles, auf, welche bemüht waren, diese Fehler am Eisen sowohl, als auch bei Ausübung der einzelnen Beschlagshandlungen abzustellen. So ist es gekommen, daß jetzt der englische Hufbeschlag in seinem Princip als derjenige betrachtet werden muß, der von allen Beschlagsweisen die am wenigsten nachtheiligen Folgen für die Hufe äußert. Der englische Beschlag hat sich gegenwärtig, allerdings mit gewissen, für locale Verhältnisse nöthigen Abänderungen, überall Eingang verschafft. In Hannover, welches früher bekanntlich unter englischer Herrschaft stand, wird der Beschlag schon seit langer Zeit wenigstens von allen guten Schmieden, in des Wortes strengster Bedeutung, englisch ausgeführt. Sachsen (und neuerdings auch Preußen) verdankt die Einführung des englischen Beschlages ganz besonders den Bestrebungen des Grafen von Einsiedel-Reibersdorf auf Milkel und des verstorbenen Beschlaglehrers Hartmann. Der sächsische Hufbeschlag, wie er in den besseren Schmieden ausgeführt wird, befindet sich gegenwärtig auf einer solchen Stufe, daß man ihn dem national-englischen Hufbeschlage würdig an die Seite stellen kann.

In der Lehrschmiede der Königl. Thierarzneischule zu Dresden wird der Unterricht in Bezug auf Theorie und Praxis nach den englischen Principien ertheilt; besonders sind dieselben maßgebend für die einzelnen Beschlagshandlungen, namentlich für die Zubereitung der Hufe. Ich unterlasse deshalb hier, das Wesen des englischen Beschlages zu erörtern, und verweise in dieser Beziehung auf die folgenden Blätter.

Das bei uns gebräuchliche Hufeisen ist unseren Verhältnissen angepaßt; es sind hauptsächlich die Grundeigenschaften, von dem Field'schen und Miles'schen Eisen entnommen, wodurch im Verein mit den übrigen ein Hufeisen entstand, welches sich seit Jahren bewährt hat und jenen Anforderungen entspricht, welche wir an das Hufeisen im Bezug auf möglichst verschiedene und allgemeine Verwendbarkeit zu stellen gewöhnt sind.

Erste Abtheilung.

Beschlag gesunder Hufe.

Bei dem Beschlag gesunder Hufe handelt es sich im Wesentlichen zunächst um einen künstlichen Schutz derselben. Betrachten wir die Hufe solcher Pferde, die auf hartem, viel Hufhorn verzehrendem Boden gehen müssen, genauer, so nehmen wir an ihnen wahr, daß nicht die ganze Bodenfläche des Hufes gleichmäßig abgenutzt wird, daß mithin auch nicht jeder an ihr vorkommende Theil eines künstlichen Schutzes bedarf; wir wissen sogar, daß ein solcher alle Theile gleichmäßig betreffender Schutz eher zum Schaden und Nachtheil des Hufes und dessen Mechanismus ausfallen würde. Der Tragrand der Wand ist derjenige Theil, welcher am meisten der Abnutzung unterworfen ist; daher ist es auch nur dieser, welcher (unter normalen Verhältnissen) eines künstlichen Schutzes bedarf.*)

Je einfacher man bei der Anfertigung des Hufeisens verfährt, je mehr man den Bau und die Verrichtungen des Hufes hierbei im Auge hat, um so besser, um so zweckmäßiger muß natürlich auch das

---

*) Viele Pferde bedürfen nicht einmal eines künstlichen Schutzes des gesammten Tragerandes; in Folge ihres Dienstes oder wegen besonderer Bodenverhältnisse nutzen sie den Tragrand nur gering und höchstens am Zehentheile etwas zu stark ab. Solche Thiere können mit dem größten Vortheil mit dem allereinfachsten Eisen, dem halbmondförmigen Eisen, von dem unten noch weiter die Rede sein wird, beschlagen werden. Dieses Eisen entspricht in den geeigneten Fällen genau den Grundsätzen, welche wir beim Hufbeschlage überhaupt befolgen müssen; es gewährt dem Hufe dort Schutz, wo er zu stark abgenutzt wird.

Hufeisen ausfallen. Es ist aber nicht die gute oder schlechte Construction der Hufeisen allein, welche einen guten oder schlechten Hufbeschlag abgiebt; alle Beschlagshandlungen müssen zweckmäßig sein; eines ohne das andere giebt immer einen schlechten Hufbeschlag ab. So viel steht indeß erfahrungsmäßig fest, daß ein Beschlagschmied, welcher ein Hufeisen nicht sachgemäß zu fertigen versteht, in der Regel auch in allen anderen Beschlagshandlungen ein Stümper zu sein pflegt; die in der Schmiede verfertigten Eisen können mit seltenen Ausnahmen als Maßstab dienen, zu beurtheilen, wie in der Schmiede beschlagen wird.

Eigenschaften guter Hufeisen.

Jedes Hufeisen muß als Körper, der zu einem bestimmten Zwecke verwendet werden soll, gewisse nothwendige Eigenschaften haben; hierzu zähle ich seine Form, Breite, Flächen, Ränder und die Nagellöcher; als nicht nothwendige und zufällige Eigenschaften desselben betrachte ich die Stollen und den Griff. Im Allgemeinen nennt man solche Hufeisen, welche den größten Theil des Jahres hindurch zur Anwendung kommen, Sommereisen; was ich daher von den Eigenschaften der Hufeisen im Allgemeinen anzuführen für nöthig halte, gilt zunächst für diese. Die Wintereisen werden in einem eigenen Kapitel besprochen werden.

Zusatz. Zur Anfertigung der Hufeisen ist vor allen Dingen ein gutes Material nöthig. Das Eisen muß zäh, dabei aber hart sein. Stahl würde geeignet sein, verlangt aber große Sorgfalt bei dem Erwärmen und Bearbeiten und wird deshalb nur ausnahmsweise benutzt. (Gußstahleisen.) Am zweckmäßigsten verwendet man den sogenannten Hufstab, oder schweißt altes Eisen sorgfältig zu Stäbchen von der Stärke des zukünftigen Hufeisens aus. Man hat vielfach versucht, durch Walzen oder Pressen dem Eisenstabe die am Eisen vertretenen Eigenschaften (Falz, Abdachung) zu geben; ebenso versuchte man, Hufeisen zu gießen (schmiedbarer Guß) und besonders in Schweden durch Maschinen zu fertigen. Seit einigen Jahren liefert die Hufeisenfabrik in Pieschen bei Dresden und jetzt auch eine solche in Plagwitz bei Leipzig aus zu diesem Zwecke besonders gewalzten Stäben sehr gute und brauchbare Hufeisen. R.

a. Nothwendige, wesentliche Eigenschaften der Hufeisen.

1. **Form.** Unter den Eigenschaften guter Hufeisen steht eine gute, wirkliche Hufform, eine Form, wie sie eben der Tragrand der Wand vorschreibt, obenan; man soll dem Eisen keine willkürliche, bei

allen Hufeisen gleiche Form geben, sondern muß sich, indem man dasselbe ausschmiedet, schon klar bewußt sein, für welchen Fuß dasselbe gefertigt werden soll und hiernach die Form geben. Da Vorder= und Hinterhuf nicht gleich geformten Tragerand haben, und selbst linker und rechter Huf in der Biegung des Tragerandes verschieden sind (vergl. Fig. 66 u. 68), so muß nothwendigerweise ein sachgemäß ausgeschmiedetes Eisen sich auch als Vorder= oder Hintereisen, als rechtes oder linkes unterscheiden lassen (vergl. Fig. 67 u. 69). Es kann daher nicht dringend genug darauf aufmerksam gemacht werden, daß sich der Beschlagschmied die normalen Formen des Tragerandes bei den verschiedenen Hufen gehörig einpräge und die Eisen nur nach dieser natürlichen Vorschrift, nicht aber nach seinem eigenen Ideen anfertige. Beim Sortiren müssen die Eisen paarweise zusammengelegt werden, d. h. es müssen die Vorder= und Hintereisen getrennt und die entsprechenden linken und rechten Eisen zusammenen gelegt werden.

2. Breite. Dem Eisen nur eine genau dem Tragerande entsprechende Breite zu geben, ist wegen der Befestigung desselben und wegen der Elasticität des Hufes nicht thunlich. Wir müssen die Eisen der Befestigung wegen breiter schmieden als der Tragrand selbst ist, damit die Nagellöcher so in denselben angebracht werden können, daß durch die einzuschlagenden Nägel weder die Wände zerspalten, noch das Eisen durch die Löcher beschädigt wird. Eine zu geringe Eisenbreite würde auch der elastischen Parthie des Tragrandes, da das nicht elastische Eisen natürlich nicht mit folgen kann, nicht Schutz genug gewähren. Die Breite der Eisen

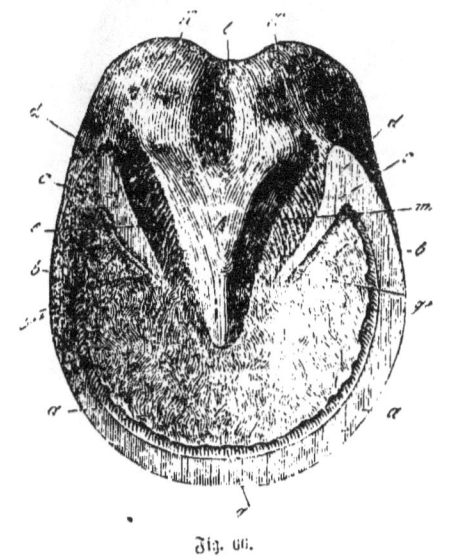

Fig. 66.

Fig. 66. Rechter Vorderhuf.

nach bestimmten Maaßen anzugeben, ist für den Unterricht höchst un=
zweckmäßig. Es kann nichts Verkehrteres geben, als zu sagen: ein
Eisen für ein Wagenpferd muß so, und das für ein Reitpferd so breit sein, da sich die Eisenbreite doch un= möglich nach dem Dienste, sondern einzig und allein nach dem Hufe selbst richten muß.

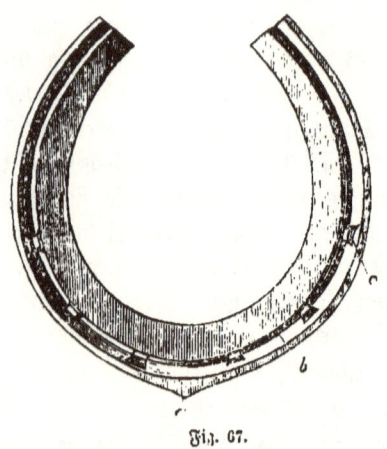

Fig. 67.

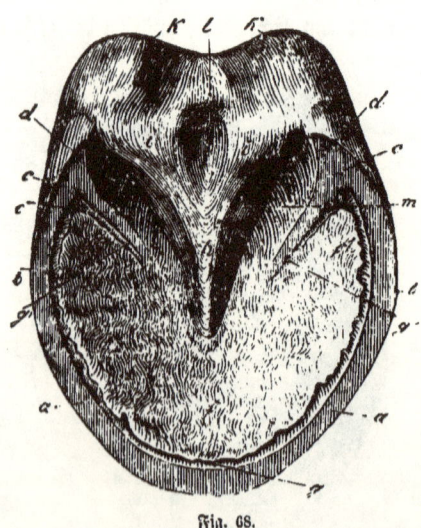

Fig. 68.

Der Anhaltspunkt, aus dem man die Breite des Eisens herausfinden lernt, ist die Breite des Tragrandes der Wand und da kann man als Regel aufstellen, daß das **Doppelte der Wand= stärke vollkommen hin= reichend in Bezug auf Eisenbreite ist.**

Man findet demnach die Breite des Eisens in der Breite des Tragrandes, und da diese je nach der Größe der Hufe verschieden ist, so werden Eisen für große Hufe stets etwas breiter ausfallen müssen, als solche für kleine Hufe.

Die Stärke der Wand giebt uns ferner an, daß die Eisen an dem Zehentheile breiter als an den sogenannten Stollenenden zu halten sind.

Fig. 67. Rechtes Vordereisen, von unten gesehen. a Vorsprung zur Kappe. b Falz. c Nagellöcher.
Fig. 68. Rechter Hinterhuf.

Es ist selbst von Sachverständigen vielfach behauptet worden, daß Eisen, nach dieser Angabe geschmiedet, zu schmal würden und der Sohle keinen hinreichenden Schutz gewähren könnten; diesen habe ich aber zu antworten: sie mögen nur die Sohle vor dem Wirkmesser schützen, dann hat dieselbe einen viel besseren Schutz, als ihn selbst das breiteste Eisen gewähren kann.

Breite Eisen werden auf dem Hufe zu Vorrathskammern für Schmutz (vergl. Fig. 70) und kleine Steine, wodurch oft sehr bedeutende Quetschungen der Fleischsohle hervorgebracht werden.

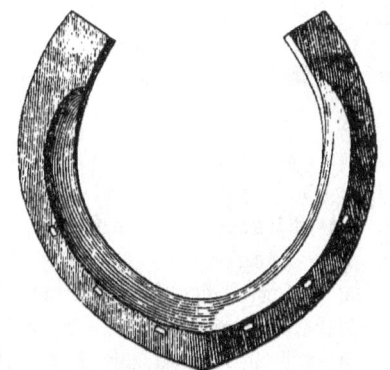

Fig. 69.

Es ist Thatsache, daß ungleich mehr Quetschungen der Sohle durch breite Eisen, als durch schmale Eisen veranlaßt werden. Ein Eisen für gesunde Hufe braucht kein Verbandeisen, das bei einzelnen Hufkrankheiten am Orte ist, zu sein. Die Sohle dünnschneiden und dann zum Schutz ein breites Eisen auflegen, kommt mir immer vor, als wenn sich Jemand in die Hand schneiden wollte, um nur einen Verband anlegen zu können.

Während des Ausschneidens wissen die Schmiede nichts von „schützen." Breite Eisen haben außerdem den Nachtheil, daß sie zu schwer werden, und daß sie den Gang der Pferde auf allen Wegen unsicher machen. Je größer der innere Raum im Eisen ist, je mehr dem Strahle gestattet wird, den Boden zu berühren, je weniger gleiten die Pferde aus. Je mehr man sich an die Natur hält, um so besser ist es.

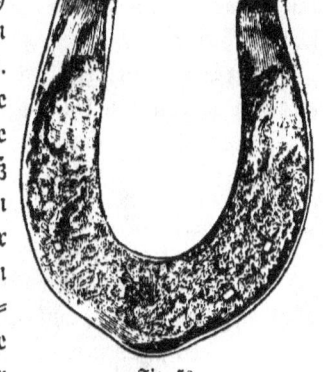

Fig. 70.

Fig. 69. Rechtes Hintereisen, von oben gesehen.
Fig. 70. Fehlerhaftes Eisen; zu breit und auf der oberen Fläche mit eisenartig verhärtetem Schmutz bedeckt.

Zusatz. In manchen Fällen sind wir mit Rücksicht auf die Beschaffenheit der Sohle und auf die Elasticität bei großen breiten Hufen gezwungen, die Eisen etwas breiter zu halten, um einen ausnahmsweise nöthigen Sohlenschutz zu gewähren. Vordereisen werden im Allgemeinen breiter als Hintereisen gehalten. In Bezug auf die Verschiedenheit der Eisenbreiten zwischen Zehen- und Trachtentheil sind die Meinungen getheilt; ich lasse Eisen ohne Stollen in gleichmäßiger Breite anfertigen. R.

3. **Flächen und Ränder.** Die obere, dem Hufe zugekehrte Fläche der Hufeisen muß, wenn dieselbe allen Anforderungen entsprechen soll, abgedacht sein, daher unterscheiden wir daran eine **Tragrand-** und eine **Abdachungsfläche**.

Die **Tragrandfläche** (Fig. 71a.) oder derjenige Theil des Eisens, welcher beim Auflegen mit dem Tragrande der Wand in unmittelbare Berührung kommt, muß unbedingt so breit gehalten werden, daß sie den Tragrand der Wand vollkommen deckt. Es ist zwar nicht immer möglich, bei Anfertigung der Eisen schon von vornherein zu wissen, wie stark der Tragrand desjenigen Hufes sein wird, auf welchen dieses oder jenes Eisen später zu liegen kommt; dies ist aber auch nicht so unbedingt nöthig, indem sich der Tragrand des Eisens sehr leicht bei dem späteren Aufpassen etwas breiter oder schmäler arbeiten läßt. Eisen für schwere Pferde wird man stets mit etwas breiterem Tragerande anfertigen können, als solche für feinere Pferde.

Die **Abdachungsfläche** (Fig. 71 b), welche von der weißen Linie an dem äußeren Sohlenrande gegenüber zu liegen kommt, ohne jedoch

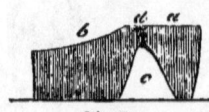

Fig. 71.

mit diesem in Berührung kommen zu dürfen, ist je nach Beschaffenheit der Sohle mehr oder weniger ausgehöhlt zu machen, und muß sich von der Tragrandfläche deutlich abgrenzen.

Wenn bei dem normalen Hufe ein Eisen ohne Abdachung auch nicht auf der Sohle aufliegen würde, so hat die Abdachung doch stets ihre entschiedenen Vortheile. Einmal ist die Abdachung zur genaueren Bildung der Tragrandfläche am Eisen nöthig und dann können sich auf einer solchen Abdachungsfläche niemals kleine Steine ꝛc.

Fig. 71. Querdurchschnitt eines Eisens im Nagelloche; natürliche Größe. a Tragrandfläche. b Abdachungsfläche. c Falz. d Nagelloch.

festsetzen und auf die Sohle drückend wirken, wie man dies bei anderen Eisen nur zu oft wahrnimmt.

Es ist mir schon vielfach vorgehalten worden, daß Hufeisen durch die Abdachung zu theuer würden, weil dieselben zu viel Zeit erforderten. Besonderen Zeitaufwand erfordert aber eine Abdachung durchaus nicht, sondern nur etwas mehr Handfertigkeit. Es ist meiner Ansicht nach, in Bezug auf die Zeit, ganz gleich, ob man die ganze obere Fläche des Eisens nach innen schräg ablaufend (messerförmig) schmiedet, oder blos die Hälfte derselben.

Die untere Fläche des Hufeisens muß einen tiefen und möglichst weiten, von einem Ende zum anderen laufenden Falz (Fig. 67b) haben, in welchem die Nagellöcher angebracht werden.

Eine seichte, von einem Nagelloche zum anderen laufende Rinne, mit Zacken und sonstigen Schnörkeln versehen, ist als eine nutzlose Spielerei zu betrachten und kann einen tiefen und weiten Falz durchaus nicht ersetzen.

Einen Falz nenne ich tief, wenn er wenigstens drei Viertheile der Eisenstärke durchbringt, wodurch selbstverständlich auch seine Weite bedingt wird (Fig. 71c). Ein solcher Falz schützt die keilförmigen Nagelköpfe vor zu früher Abnutzung und giebt dem Pferde Sicherheit auf schlüpfrigen Wegen, wenn man von der Genauigkeit, mit welcher in einen richtig gezogenen Falz die Nagellöcher geschlagen werden können, auch absehen wollte. Daß der Falz das Eisen schwäche, ist eine irrige Ansicht, die nur hinter einem Schreibtische entstehen konnte. Dem Verlauf des Falzes nach bricht kein Eisen! Die großen, scharf vierkantigen, französischen Nagellöcher schwächen dagegen die Eisen, so daß sie leichter brechen, als gefalzte. Hiermit will ich durchaus nicht sagen, daß man nicht auch ohne Falz ein brauchbares Hufeisen machen könne, sondern nur, daß ein Eisen mit Falz besser sei.

Es versteht sich eigentlich von selbst, daß ein zum Falzen bestimmtes Eisen nach unten schräg geschmiedet werden muß, weil sonst durch den Falz der untere, äußere Rand zu weit nach Außen getrieben würde.

Ueber die Beschaffenheit des äußeren Hufeisenrandes gehen die Ansichten der Schriftsteller sowohl als der Praktiker sehr auseinander. Einige geben an, daß Eisen müßte, wenn es am Hufe befestigt wäre, an seinem äußeren Rande dieselbe schräg nach außen gehende Richtung haben, wie sie die Wand des Hufes hat, so daß das Eisen gleichsam eine Fortsetzung des Hufes bilde. Andere meinen, der äußere Rand müßte abgerundet sein; es schütze ein runder Rand vor Streichen und sonstigen Verletzungen am besten.

Ich lasse den äußeren Hufeisenrand, so weit es eben des Falzes wegen angeht, nach unten zu etwas einlaufen. Als Grund hierfür mache ich geltend, daß das Eisen dem Hufe ein fremder Körper ist, welcher um seine Dicke aufträgt, den Huf höher macht und der, wenn man den unteren Rand nicht einzieht und schräg nach innen schmiedet, den Huf breiter macht. In dem äußeren Rande muß in der Mitte des Zehentheiles ein kleiner Vorsprung gelassen werden, so groß, um einen kleinen Aufzug (Kappe) daraus anfertigen zu können, damit der untere Eisenrand außerhalb des Falzes vollständig bleibe (Fig. 67a). Vom inneren Rande ist weiter nichts zu sagen, als daß er glatt und nicht unganz sein darf.

Zusatz. Der Tragrand am Eisen soll in seiner ganzen Ausdehnung eben sein und der Breite des Tragrandes am Hufe in der vorderen Hälfte genau entsprechen. Vom letzten Nagelloche ab soll sich der Tragrand, mit Rücksicht auf die Bewegung der Trachtenwände allmählig verbreitern, so daß ungefähr gegen 2 Cm. vor dem Schenkelende die ganze Eisenbreite Tragfläche ist. Außer erhöhter Geschicklichkeit des Schmiedes erfordert das Anbringen der Abdachung ein Mehr an Zeitaufwand nicht, nur muß der Zuschläger auch mit einem entsprechend geformten Hammer (mit runder Bahn) versehen sein. Nebenbei hat eine sorgfältig gearbeitete Abdachung den Nutzen, daß sie eine gründliche Reinigung des Hufes mittelst des Hufräumers erleichtert. Betreffs der Bodenfläche will ich besonders hervorheben, daß dieselbe vollständig wagerecht und eben sein muß. Nur hierdurch wird der Auftritt gleichmäßig und der Gang sicher. Den Falz lasse ich im Zehentheile nicht durchlaufen, sondern in der Gegend des Zehennagelloches jeder Seite aufhören. Es bleibt hierdurch der, der meisten Abnutzung unterworfene Zehentheil ungeschwächt und man behält Eisen genug zum Anziehen einer Kappe. Es macht sich somit der oben von Hartmann erwähnte Vorsprung unnöthig. Ebenso lasse ich den Falz, wie die Abdachung etwa 2 Cm. vor dem Schenkelende aufhören; es erlaubt dieß erforderlichen Falles ein Schraubstollenloch anzubringen. Der äußere Rand soll nach unten etwas einlaufen, das Eisen bodeneng sein. R.

4. Nagellöcher (Fig. 67c u. 71d). Die zur Aufnahme der Hufnägel, der bis jetzt noch durch nichts Besseres ersetzten Befestigungsmittel der Hufeisen, bestimmten Löcher sind in Bezug auf Form, Zahl,

Vertheilung und Richtung wichtig und verdienen eine ausführliche Betrachtung.

Wie es bei allen Gegenständen, welche der Abreibung unterworfen sind, ganz besonders darauf ankommt, dieselben so zu befestigen, daß eine Lösung des Befestigungsmittels nur erst mit der völligen Abnutzung des betreffenden Gegenstandes eintritt, so ist dieses bei der Befestigung der Hufeisen ganz besonders im Auge zu behalten. Man hat stets dahin zu trachten, daß die Nagelköpfe so lange wie möglich aushalten und nur erst mit der vollständigen Abnutzung der Eisen ihr Ende finden. Dies erreicht man der Erfahrung nach am besten durch den tiefen Falz und durch das im Falze angebrachte vollständige Versenken des Nagelloches; wobei es sich natürlich von selbst versteht, daß diese Versenkung auch mit der Form der zweckentsprechenden Nagelköpfe so übereinstimmen muß, daß diese genau in sie aufgenommen werden können; es müssen daher die Versenkstempel ganz genau die Form der Nagelköpfe haben.

Die Befestigung des Hufeisens muß mit einer möglichst geringen Zahl von Nägeln bewerkstelligt werden. Das Sprüchwort „viel hilft viel" ist in Bezug auf Nägelzahl durchaus nicht anzuwenden. Jeder Nagel macht ein Loch. So gut aber wie das Zuviel kann auch das Zuwenig seine Nachtheile haben.

Trotz der sorgfältigsten Versuche hat es mir z. B. nie gelingen wollen, eine gute Befestigung durch drei Nägel, die Miles schon für ausreichend hält, zu erzielen; daß aber fünf Nägel selbst ein ziemlich schweres Eisen auf einem noch nicht zu sehr zernagelten Hufe vollständig festhalten, ist von mir und vielen Anderen genugsam in Erfahrung gebracht.

Ich empfehle sechs Löcher in dem Eisen anzubringen, aber meist nur fünf Nägel in den Huf zu schlagen und zwar drei auf der äußeren und zwei auf der inneren Seite. Es ist vortheilhaft, ein Reserveloch zu haben, im Fall der eine oder der andere Nagel nicht gut einzuschlagen wäre. Ein überflüssiges Nagelloch schadet dem Eisen nichts, ein überflüssiger Nagel hingegen macht ein unnöthiges Loch in dem Hufe. Nur bei sehr großen und schweren Eisen sind oft sechs Nägel nöthig.

Ein gut passendes Eisen ist sehr leicht zu befestigen, ein schlecht passendes Eisen niemals, auch nicht durch 8—10 Nägel. Die bestgeformtesten Nagellöcher würden doch sehr schlechte Löcher sein, sobald sie nicht an der richtigen Stelle angebracht wären. Die Anforderungen welche man in Beziehung auf Vertheilung und Richtung an die Nagellöcher zu stellen hat, sind: daß dieselben so angebracht werden, daß durch die einzuschlagenden Nägel 1) die Weichtheile nicht verletzt, 2) die Hornwand nicht zersplittert und 3) die Elasticität des Hufes nicht beeinträchtigt werde. Um diese Bedingungen zu erfüllen, müssen sämmtliche Löcher, wenn das Eisen dem Hufe angepaßt ist, so mit dem innern Rande der Wand abgrenzen, daß sie sämmtlich da auf die weiße Linie zu stehen kommen, wo dieselbe an den Tragrand der Wand stößt. Am richtig geschmiedeten Eisen kommen demnach die Löcher am innern Rande der Tragrandfläche zum Vorschein, so daß sie zwar noch auf dem Tragrande stehen, aber genau mit der Abdachung abgrenzen (Fig. 71d) Wenn dieselben außer der gleichmäßigen Vertheilung auf dem noch zu bestimmenden Raume diejenige Richtung durch das Eisen nehmen, welche uns die Richtung der Wand an den betreffenden Stellen an die Hand giebt, so ist den ersten beiden Anforderungen entsprochen. Der Raum am Eisen, wo die Löcher, unbeschadet der Elasticität des Hufes, angebracht werden können und müssen, ist die vordere Hälfte des Eisens und zwar so, daß am äußeren Eisenarme das letzte Nagelloch auf die Mitte, am innern Eisenarme aber einen guten Cm. vor der Mitte einer Linie zu liegen kommt, durch welche man das Eisen in Gedanken in eine vordere und hintere Hälfte getheilt hat. Diese Eintheilung entspricht den Stärkeverhältnissen der Wand und der Ausdehnungsfähigkeit der hinteren Hufhälfte (Fig. 67c).

Zusatz. Die Nägellöcher müssen mit Rücksicht auf die Stellung der Hornwand an den verschiedenen Punkten geschlagen werden (nach dem Horne lochen). Die Zehenlöcher müssen daher etwas schräg nach innen, die Seitenlöcher weniger, die Trachtenlöcher gerade so zu stehen kommen, daß der Nagel dicht an der Grenze der Hornwand in die weiße Linie eindringt. Die geringere Dicke der inneren Hornwand erfordert nebenbei eine seichtere Löcherstellung im inneren Eisenschenkel. Zwischen beiden Zehenlöchern lasse ich einen größeren Raum als zwischen den übrigen Nagellöchern. In großen, schweren, besonders Hintereisen bringe ich 7—8 Nagellöcher an. Die Dicke des Eisens soll an allen Punkten eine gleichmäßige sein. R.

b. Unwesentliche Eigenschaften der Hufeisen. (Stollen und Griffe.)

Wenn man in Deutschland Acht auf den Beschlag der Pferde hat, so müßte man die Stollen nothwendigerweise mit zu den allerwesentlichsten Eigenschaften des Hufeisens zählen, da man hier verhältnißmäßig nur wenig beschlagene Pferde findet, die nicht Stollen aufzuweisen hätten; da man indeß nicht in allen Ländern dieselbe Wahrnehmung macht und namentlich in dem berühmten Pferdelande England, dem Deutschland in Pferdeangelegenheiten doch so vielfältig nachzueifern strebt, das Stollenbeschläge nicht sieht, so würde man es als eine nationale Ueberhebung betrachten können, wenn ich die Stollen zu den wesentlichen Eigenschaften eines Hufeisens zählen wollte. Was mich anbetrifft, so habe ich sogar noch persönliche Gründe, die Stollen nur zu den zufälligen Eigenschaften zu zählen, da ich nämlich selbst seit Jahren in der Lage gewesen bin, dieselben in der Regel nicht allein für höchst überflüssig zu halten, sondern sogar als schädlich kennen zu lernen.

Wen ich somit dem deutschen Hufbeschlage — d. h. dem Stollen, denn Stolleneisen und deutscher Hufbeschlag sind gewöhnlich gleichbedeutend — nicht das Wort reden werde, so geschieht dies keineswegs in Folge einer Vorliebe für das Ausländische — gegen einen solchen Verdacht muß ich mich entschieden verwahren — sondern lediglich in Folge von jahrelangen Erfahrungen, zu denen ich durch vielfache Versuche und Vergleiche, welche ich zu machen in meiner dienstlichen Stellung hinlängliche Gelegenheit hatte, gelangt bin.

Einem jahrelangen Gebrauch, um nicht zu sagen Vorurtheil, entgegenzutreten ist keineswegs eine so einfache und leichte Sache; man tritt hierbei zu gleicher Zeit einer Anzahl von gediegenen und anerkannt tüchtigen Männern, die diesem Gebrauche das Wort geredet haben, und welche die die Gewohnheit ihre Amme nennende Menge zur Seite haben, entgegen. Wenn ich nun auch auf die Menge nicht weiter Rücksicht nehmen wollte, die das nachmacht und für gut befindet, was Vater und Großvater gemacht und gut befunden haben, so fühle ich mich doch denjenigen Männern gegenüber verpflichtet, welche sich die Verbesserung und Vervollkommnung des Hufbeschlages zur Lebensaufgabe gemacht haben, eine Art Rechenschaft darüber abzugeben, wie und warum ich vom Gebrauche des Stollens abgekommen bin und mich selbst zum Gegner desselben aufgeworfen habe.

In keinem Lande kann man einen höheren Stollencultus finden, als gerade in Sachsen; Eisen ohne Stollen wurden hier als Seltenheiten höchstens nur in Sammlungen angetroffen, und stammten meist von Pferden, die direct von England bezogen waren; hatte der eine oder andere Pferdebesitzer auch wohl einmal den Versuch machen wollen, ohne Stollen beschlagen zu lassen, so scheiterte sein Vorhaben doch gewiß an dem Vorurtheile seines Kutschers oder an dem Schmied; der Beschlag wurde von letzterem so fehlerhaft ausgeführt, daß der Besitzer wieder zum Alten zurückzukehren gezwungen war. Der Unterricht, der auf der Dresdner Thierarzneischule ertheilt wurde, war, was die Anfertigung, den Gebrauch und die Vorzüge des Stolleneisens betraf, ein besonders sorgfältiger.

11*

Es ist demnach nicht zu verwundern, daß ich zu Anfang meiner praktischen Laufbahn das Stolleneisen als das beste und praktischeste Beschläge erachtete; daß es von einer anderen Beschlagsmethode übertroffen werden könnte, fiel mir nicht ein.

Wie es wohl Jedem geht, der die Mühe nicht scheut, über das was er treibt ein wenig nachzudenken, kam auch ich bald auf den Punkt, nicht ohne Weiteres Alles das, was mir gelehrt worden war, und was der allgemeine Gebrauch so mit sich brachte, für das unbedingt Beste zu erachten. Die Kenntniß, die ich mir im Laufe der Zeit namentlich über den englischen Hufbeschlag angeeignet, hatte meinen Glauben an die Zweckmäßigkeit der Stollen etwas wankend gemacht, und ich stellte, soweit mein früherer Wirkungskreis es gestattete, gewissermaßen vergleichende Versuche im Kleinen an. Diese Versuche fielen zu Gunsten des englischen Beschläges aus, waren aber, da sie nicht zahlreich genug gewesen waren, noch nicht ausreichend, um mir ein allseitiges Urtheil bilden zu können. Meine Anstellung als Lehrer des Hufbeschlages setzte mich in den Stand, die begonnenen vergleichenden Versuche im größeren Maaßstabe fortzusetzen. In demselben Maaße nahm aber auch meine Ueberzeugung von den Vorzügen des Eisens ohne Stollen zu. Eine allgemeine Einführung konnte aber, wenn ich die Pferdebesitzer mit ihren Pferden nicht von der Lehrschmiede der Thierarzneischule verscheuchen wollte, nur ganz allmählig stattfinden; die Pferdebesitzer mußten gewissermaßen einzeln für die hier neue Beschlagsmethode gewonnen und von ihrer Zweckmäßigkeit überzeugt werden. Um daher nicht das Kind mit dem Bade auszuschütten, wurden zuerst die Vorderhufe, als diejenigen, wo die Stolleneisen am nachtheiligsten wirken, ohne Stollen beschlagen, der Beschlag der Hinterfüße aber, bei denen der Stollenbeschlag weniger schadet, mit weniger Energie betrieben. So gewöhnte ich die Pferdebesitzer, die ihre Pferde in der Lehrschmiede der Königl. Thierarzneischule beschlagen lassen, nach und nach an diesen Beschlag und habe jetzt die Freude, daß dieselben den Beschlag ohne Stollen den mit Stollen in den verschiedensten Dienstverhältnissen der Thiere vorziehen. Seit länger als vier Jahren (Hartmann sagte dies 1861) werden in der hiesigen Beschlagschmiede die Vorderhufe der Pferde ausschließlich ohne Stollen beschlagen, die Hinterhufe zur größten Hälfte.

Im Winter allerdings ändert sich die Sache; dann sind Stollen ein nothwendiges Uebel, wie der Hufbeschlag überhaupt für die ganze Lebensdauer der Pferde ein nothwendiges Uebel ist.

Ich bilde mir ein, da ich beide Beschlagsarten ausgeübt habe und sie aus eigner Erfahrung kenne, auch ein Urtheil über beide zu haben; ich verwerfe den Stollenbeschlag nicht da, wo er nützt, trete ihm aber, als etwas Ueberflüssigem entschieden entgegen, wo er nichts nützt, sondern noch schadet. Nicht alle Vertheidiger des Stollenbeschlages befinden sich in der glücklichen Lage, den Beschlag ohne Stollen aus eigner Erfahrung zu kennen, sie beurtheilen ihn von der Zinne der Partei; im günstigsten Falle haben sie einige Dutzend Versuche gemacht, und das kaum; sind diese nun anderer Ursachen wegen nicht so eingeschlagen, wie sie es gewünscht oder gedacht, so liegt die Schuld daran, daß die Pferde keine

Stollen hatten. Wenn man beim Beschlage ohne Stollen das sonst Nothwendige und Wichtige versäumt, so bekenne ich sehr gern, daß auch er ein recht schlechter werden kann.

Um nicht einseitig und blos verneinend zu Werke zu gehen, will ich hier versuchen die Gründe, aus denen der Stollenbeschlag als ein bevorzugter gerühmt wird, einzeln zu widerlegen.

Die hauptsächlichsten Punkte, worauf sich die Anhänger der Stolleneisen stützen, sind folgende:

1. Die Pferde wären einmal an die Stollen gewöhnt und würden ohne diese einen unsichern Gang haben oder sich nicht halten können.
2. Durch Stolleneisen würden Gelenke und Sehnen zweckmäßig unterstützt, wogegen die Pferde mit Eisen ohne Stollen zu weit durchtreten und in Folge dessen leichter müde und lahm werden müßten.
3. Strahl und Sohle erhielten durch die Stollen einen höchst zweckmäßigen Schutz.
4. Der größte Nutzen der Stolleneisen zeige sich aber ganz besonders im Winter bei Schnee und Glatteis.
5. Der Uebergang vom Eisen mit Stollen zu dem ohne Stollen wäre der plötzlichen Veränderung wegen gefährlich und deshalb lieber zu unterlassen.
6. Der Beschlag mit Stollen sei für den Pferdebesitzer billiger, indem durch die Stollen das Eisen selbst einen Schutz erhielte.
7. Eisen ohne Stollen sollen für unsere Bodenverhältnisse nicht passen.

Betrachten wir diese Punkte vorurtheilsfrei einzeln etwas näher, so läßt sich sehr vieles an denselben aussetzen; sie sind keineswegs überall stichhaltig.

Zu 1. Ganz abgesehen davon, daß sich an dem normalen Hufe des Pferdes durchaus nichts vorfindet, das annäherungsweise Aehnlichkeit mit dem Stollen hätte, wollen wir ganz unparteiisch prüfen, ob es überhaupt möglich sei, daß sich Pferde an Stollen, selbst wenn solche nach den besten Vorschriften angefertigt wären, gewöhnen können.

Alle Vorschriften, welche über die Anfertigung der Stollen gegeben sind, sagen u. a.: die Stollen dürfen nicht zu hoch und nicht zu niedrig sein; zu hohe Stollen verursachen fehlerhafte Stellung ꝛc., zu niedrige Stollen greifen nicht genug in den Erdboden ein, schützen Strahl und Sohle zu wenig u. s. w. und es könnten nur solche Stollen als ganz richtig betrachtet werden, welche in der und der Form, genau so hoch wären als das Eisen am Stollenende stark sei.

Zugegeben, diese Vorschriften wären richtig, dann sind aber alle darnach bestollten Pferde höchstens nur zwei Tage nach jedem neuen Beschlage wirklich vorschriftsmäßig bestollt und beschlagen. Welche Form, welche Höhe haben die vorschriftsmäßigen Stollen am beschlagenen Pferde nach 5—6 Tagen? Wo sind die Stollen nach 10—14 Tagen? Und wenn auch dann noch Stollenreste da wären, haben diese wohl noch diejenigen Eigenschaften, welche dem Pferde das gewähren, was man von den Stollen verlangt, und weswegen man sie so preist.

Vertheidiger der Stollen sagen natürlich, man müsse den Beschlag oder doch die Stollen erneuern, wenn solche abgenutzt wären. Eine solche Erneuerung würde aber viel öfter vorgenommen werden müssen, als es die Hufe vertragen könnten, und mit der vielgerühmten Billigkeit würde sich das auch gar nicht vereinbaren lassen. Mit Schraubstollen würde wenigstens in Etwas eine gleichmäßigere Stollenhöhe zu ermöglichen sein, wenn solche zum allgemeinen Gebrauche nicht zu kostspielig würden. Aber es ist ja von Schraubstollen für den gewöhnlichen Gebrauch auch nirgends die Rede. Wollte man selbst zugeben, daß den Pferden durch Stolleneisen acht Tage lang nach jedem neuen Beschlage ein großer Nutzen gewährt würde, und daß dann die Eisen immer noch nicht schlechter wären als solche, welche gleich anfänglich keine Stollen gehabt hätten, wo bleibt aber dann die Gewohnheit der Pferde? wo bleibt namentlich die Sicherheit derselben die Zeit hindurch, welche sie noch auf den Eisen zu gehen haben, ehe sie neue bekommen? Die zurückgebliebenen Stollenrestchen nützen nicht nur nichts, sie schaden sogar; die Pferde gleiten viel eher auf den Stollenstumpfen als auf Eisen, welche sofort ohne Stollen sachgemäß angefertigt und angepaßt wurden. Leider giebt es bis jetzt noch keinen Beschlag, welcher das Ausgleiten der Pferde auf glattem Pflaster und schlüpfrigen Wegen immer und gänzlich unmöglich machte; es frägt sich nur, welche Eisen begünstigen diesen Uebelstand mehr und welche weniger? Nach meinen Erfahrungen glaube ich, daß ein Eisen ohne Stollen und sonst zweckentsprechend gearbeitet und befestigt, den Vorzug verdient, denn bei ihm kommt der Strahl mit dem Erdboden in Berührung und schützt vermöge seiner Form und rauhen elastischen Beschaffenheit dauerhafter als Stollen gegen das Ausgleiten. Hauptsache bleibt dann aber, daß der Strahl erhalten und nicht ruinirt werde! Eisen ohne Stollen und Erhaltung des Strahles gehen so Hand in Hand, daß das eine nicht ohne das andere gedacht werden kann.

Zu 2. Gegen eine Unterstützung der Sehnen und Gelenke durch am Hufeisen angebrachte Stollen wird Niemand etwas einzuwenden haben, wenn dies solche Pferde betrifft, die wirklich zu stark oder auch zu wenig durchtreten; in diesem Falle könnte man die Stollen als ein Hülfsmittel gegen dergleichen krankhafte Zustände ansehen, und in vielen Fällen dieser Art ist ihre Anwendung gewiß wohlthätig.

Da man aber die Stollen nicht blos für zu stark oder zu wenig durchtretende Pferde allein, sondern zu Unterstützungszwecken überhaupt empfiehlt, so halte ich dies, da man doch unmöglich annehmen kann, daß alle Pferde mit fehlerhaften Gelenken und Sehnen geboren werden, um so mehr für einen Mißgriff, ja selbst für eine üble Behandlung der Thiere, als es ja ohnehin jedem Naturbeobachter nicht entgangen sein wird, daß Sehnen und Gelenke am gesunden Pferdeschenkel stets am besten unterstützt sind, und am besten ihren Verrichtungen vorstehen können, wenn man dieselben in der Stellung zu erhalten sucht, welche der Schöpfer dem Pferde zu geben für gut befunden hatte. Jede Verbesserung, die wir in diesem Sinne der Natur angedeihen lassen wollen, schadet und ist eben keine Verbesserung. Bei mit Stollen und Griff versehenen Eisen spricht Niemand davon, daß die Pferde damit durchtreten müßten, und doch findet bei solchen

Eisen ganz dasselbe Verhältniß statt, wie bei den unbestollten; die Eisen sind durch den Griff am Zehentheil so hoch, wie an den Stollenenden. Dasselbe ist der Fall, wenn die Schmiede einen Zoll zu viel von den Trachtenwänden herunterschneiden und dann Stollen an die Eisen machen, welche $1/2$ Zoll hoch sind. Treten hier die Pferde nicht zu weit durch? Hier schadet es aber nichts; man beruhigt sich damit, daß die Pferde Stolleneisen haben. — Ich kann nicht unterlassen, hier die Thatsache anzuführen, daß durch die Stollen wirklich auch häufig das Gegentheil von dem bewirkt wird, was man eigentlich bewirken wollte; gerade da, wo der Stollenbeschlag in höchster Blüthe steht, und gewiß noch lange rein und unverfälscht forterhalten werden wird, findet man am häufigsten Pferde mit zu niedrigen Trachten herumlaufen und dabei stark durchtreten.

Zu 3. Strahl und Sohle, sagt man, sollen durch die Stollen einen zweckmäßigen Schutz erhalten. — Die Wahrheit dieser Annahme läugne ich ganz und gar und behaupte das gerade Gegentheil. Der Stollen schützt diese Theile nicht nur nicht, sondern er ist in seinen Folgen sogar die häufigste Ursache, daß sie erkranken, und daß mit ihnen auch der ganze Huf ruinirt wird. Zerlegen wir meine Behauptung in zwei Theile, so würde zunächst zu beweisen sein, daß der Stollen die Sohle nicht schützt und auch zu ihrem Schutze nichts beitragen kann. Der Schutz, den Sohle und Strahl angeblich von dem Stollen erhalten sollen, könnte meiner Ansicht nach sich doch nur auf mechanische und vielleicht auch auf chemische Einflüsse beziehen, d. h. beide sollen vor zu starker Abnutzung, vor dem Eintreten fremder Körper, vor Quetschung durch stumpfe Körper bewahrt bleiben.

Diesen Schutz vor mechanischen ꝛc. Einflüssen könnte der Stollen doch nur dadurch leisten, daß er den Huf soweit über den Erdboden höbe, daß die in Rede stehenden Ursachen ihre Wirksamkeit auf Strahl und Sohle für immer verlören. Betrachtet man die Sache aber näher, so wird dieser Schutz schon dadurch zu einem blos eingebildeten, da bekannt ist, daß die Stollen nicht bleiben was sie sind; zugegeben aber, sie übten wirklich durch ihre Höhe einen wohlthätigen Einfluß aus, so würden sie dies ja nur so lange können, als sie nicht abgenutzt wären; nach ihrer Abnutzung müßten die Theile dann ja so schutzlos sein, als wenn sie überhaupt keine Stollen gehabt hätten. Glücklicherweise bedürfen aber Sohle und Strahl auch nicht dieses Stollenschutzes, wenn sie vernünftigt behandelt und zweckentsprechend gehalten werden; sie brauchen nicht den Erdboden und das was er in der Regel mit sich führt, zu scheuen, weder mechanische noch chemische Schädlichkeiten. Der natürliche Schutz für die Sohle ist der Tragrand, der über sie vorsteht und sie so weit vom Erdboden abhebt, als es nothwendig ist; daneben besteht die Sohle aus einem dicken Festhorn, und wird durch ihren gewölbten Bau zu einer festen, widerstandsfähigen, compakten Masse; liegen einmal fremde Körper, wie z. B. Nägel, so unglücklich, daß sie dieselbe verletzen, so schützen in einem solchen Falle auch die Stollen nicht; so lange also noch der natürliche Schutz der Sohle, der Tragrand, vorhanden ist, oder was dasselbe sagen will, durch einen künstlichen Tragrand, d. h. durch das Hufeisen, ersetzt ist, so lange braucht die Sohle keinen aparten Schutz durch die Stollen.

Der Strahl seinerseits bedarf dieses Schutzes ebensowenig, er ist eine dicke, elastische Hornmasse, die sich nicht allein dieser Eigenschaften wegen selber schützt, sich nie über die Maßen abnutzt und überhaupt schwer zu verletzen ist, sondern die sich geradezu vergrößert und verstärkt, wenn sie mit dem Erdboden in Berührung kommt, wozu sie überhaupt bestimmt ist.

Es nützen also die Stollen diesen Theilen nichts, sie würden ihnen aber auch nicht gerade zu viel schaden, wenn der Huf sonst gut behandelt würde; da dies aber in der Regel nicht der Fall ist, so sind sie eine Hauptursache, daß die Hufe vor der Zeit ruinirt werden. Sehen wir, wie dies zugeht.

Statt es der Natur zu überlassen, das abzustoßen, was Sohle und Strahl an Horn entbehren können, oder doch wenigstens das lose gewordene Horn leicht wegzunehmen, verlangt man bei der Zubereitung der Füße zum Beschlage frisches seines Horn zu sehen; ja es wird sogar in Schriften gelehrt, daß alles alte Horn als fremder Körper betrachtet werden müsse, das bei Leibe zu entfernen sei, wenn es nicht als fremder Körper wirken solle. Man nimmt somit einen guten Theil des natürlichen Schutzes selber weg, man macht die Hufe schutzbedürftig und bildet sich dann ein, durch die Stollen gut zu machen, was durch zu starkes Ausschneiden schlecht gemacht worden ist. Dieser Stollenschutz macht die Sache aber womöglich noch schlimmer; er entfernt die geschwächte Sohle unverhältnißmäßig vom Boden und gestattet dem Strahle bei seiner, durch das energische Ausschneiden jetzt erlangten geringen Größe überhaupt keine Bodenberührung, entzieht den Theilen die Ausübung der ihnen von der Natur angewiesenen Verrichtungen.

Außerdem schlägt man die Füße in Kuhmist, düngt sie förmlich, ja um sie recht geschickt zu machen, das edle, im Kuhmiste enthaltene Naß in sich aufzunehmen, beschneidet man sie auch wohl eigens zu diesem Zwecke, um das Eindringen des Saftes zu erleichtern.

So kommt es denn, daß man bei den besten Absichten der Welt, Sohle und Strahl zu schützen, beide gründlich ruinirt. Der Strahl vertrocknet oder wird durch die Kuhmistumschläge faul; die Sohle, die durch das viele Ausschneiden nicht mehr widerstandsfähig ist, wird entweder spröde, brüchig oder zu feucht und nachgiebig, sie drückt sich entweder nach unten, es bildet sich Flachhuf aus, oder aber der seitliche Druck der Wand ist überwiegend und leitet Zwanghufigkeit ein; Steingallen und viele andere krankhafte Zustände stellen sich ein. Und das geschieht alles, weil man durch die Stollen schützen wollte.

Diese Veränderungen treten aber nicht mit einem Male auf; sie stellen sich ganz allmählig ein; so lange das Pferd noch mit dem Hufe auftreten kann, wird der Huf natürlich nicht für krank gehalten; es wird der Stollenbeschlag, das starke Ausschneiden, beziehungsweise das Kuhmisteinschlagen mit einem einer besseren Sache würdigen Eifer fortgesetzt; man übersieht ganz, daß trotz der großen Sorgfalt, die doch den Füßen gewidmet wird, der ursprünglich runde Huf lang und schmal wird, man beachtet nicht, daß das Horn selbst spröde und dünn wird, ja man bemerkt nicht, daß das Pferd blöde, zaghaft und unsicher auftritt; der Huf wird so lange für gesund gehalten, als sich ein Eisen daran befestigen läßt und so lange das Pferd überhaupt noch auftreten kann.

Ist man dann endlich wirklich dahinter gekommen, den Huf für krank zu halten, dann fängt man an die Stollen niedrig zu halten, ja auch wohl ganz abzuschlagen; jetzt müssen die Pferde ohne Stollen gehen, erfolgt dann wie gewöhnlich, Besserung oder auch wohl nach und nach Heilung, dann ist man einsichtsvoll und auch gerecht genug, zu sagen: ja für kranke Hufe ist der Beschlag ohne Stollen ausgezeichnet, aber er paßt nur nicht für gesunde; er schützt sie zu wenig! Wo bleibt da der gesunde Menschenverstand? Giebt es wirklich etwas Verkehrteres? Um den Huf zu schützen, ruinirt man ihn erst und wendet dann das Mittel zu seiner Heilung an, das ihm bei früherer und zweckmäßiger Anwendung gar nicht krank werden ließ; man bereitet dem armen Thiere unnöthigen Schmerz, macht sich unöthige Geldausgaben, erträgt Verluste an Arbeitskraft ꝛc. und dies Alles eines eingebildeten Vortheils wegen!

So lange man sich nicht recht bewußt ist, welche Verrichtungen die einzelnen Theile am Hufe haben, ist es aber wirklich nicht zu verwundern, daß solche Dinge vorkommen können; man hält die Hornwand (den Tragrand derselben) womöglich für den einzigen Theil, der die Körperlast zu tragen bestimmt sei, und betrachtet Sohle und Strahl nur so nebenbei. Die Sohle wird mehr als ein Deckel, der die Hornkapsel von unten schließt, angesehen, der Strahl als ein Ausfütterungsmittel des Rammes zwischen den beiden Eckstreben; nebenbei als Schutzmittel für die Theile, die er bedeckt.

Daß diese Theile aber auch zum Tragen der Körperlast bestimmt sind, wird entweder gar nicht oder nur so ganz beiläufig erwähnt; ja manche sprechen sich sogar auf Versuche gestützt, dahin aus, daß die Sohle nicht zum Tragen bestimmt sei, ginge ja recht deutlich daraus hervor, daß man sie wegnehmen könnte, ohne daß das Hufbein deshalb aus der Wand herausfiele und solche Pferde dennoch gehen könnten. — Sie gehen, aber wie? Jeder Theil des Hufes hat seine bestimmte Function und dient dem Ganzen; er ist nicht allein zum Schutze der von dem Hufe eingeschlossenen Theile, sondern auch zum Tragen der Körperlast bestimmt. Schwächt man oder ruinirt man die einzelnen Theile, so schwächt und ruinirt man das Ganze. Der eine Theil wird krank, weil er zu wenig thun kann, der andere, weil er zu viel thun muß.

Das ganze Geheimniß, den Huf zu schützen, liegt in der Erhaltung aller Theile, die die Natur zu bilden für nöthig fand, in der Erhaltung der natürlichen Verrichtungen dieser Theile. Da nachweislich aber durch den Stollenbeschlag einzelne Theile in ihrer Function gestört oder geschwächt werden, so ist derselbe nicht nur kein Schutzmittel, sondern er ist die hauptsächlichste Ursache vieler, um nicht zu sagen der meisten Hufkrankheiten.

Zu 4. Schnee und Glatteis sind, wenigstens bei uns zu Lande, Ausnahmezustände, und solche geben bekanntlich keine Regel ab. Unter diesen Umständen bescheide ich mich gern und räume dem Stollen sein Recht und seine

Vortheile ein; ich verwerfe denselben ja nicht aus Princip, sondern nur da, wo er nichts nützt, und noch mehr, wo er schadet.

[Das große Beweismittel, das eigentliche Paradepferd, mit dem die Stollenfreunde, so viel ich deren auch nur gefunden habe, zu Platze kommen, wenn sie die Unentbehrlichkeit des Stollens im Allgemeinen beweisen wollen, und den Ungläubigen, der es wagt, gegen die Stollen etwas einzuwenden, sofort zu Boden zu strecken beabsichtigen, ist die geschichtliche Thatsache, daß der unglückliche Ausgang des französischen Feldzuges in Rußland zum großen Theil dem Umstande zugeschrieben wird, daß die französischen Pferde nicht bestollt gewesen wären. Dies Beispiel paßt allerdings, wenn von der Nützlichkeit des Stollens während des Winters, besonders eines russischen Winters, die Rede ist, und mag sogar durch seine Großartigkeit imponiren; aber dies Beispiel paßt nicht auf alle Fälle, es beweist nicht im Geringsten die Nützlichkeit des Stollens das ganze Jahr hindurch. Umstände ändern die Sache. Wenn Stollen in den drei Wintermonaten sich als ganz nützlich erweisen, so ist dies doch kein Beweis, daß ihre Nützlichkeit sich nun auch auf die übrigen neun Frühlings-, Sommer- und Herbstmonate erstreckt.]

Zu 5. Plötzliche Uebergänge taugen nirgends, am allerwenigsten im Hufbeschlage; deswegen lasse ich auch stets dem abgelaufenen Stolleneisen das Eisen ohne Stollen folgen, und habe daraus noch niemals einen Nachtheil oder etwas Gefährliches für das Pferd entstehen sehen. Ein plötzlicher Uebergang kommt nur bei dem Stollenbeschlage vor, wo dem abgelaufenen Stolleneisen das neue Stolleneisen folgt.

Zu 6. Die Billigkeit des Stollenbeschläges, gegenüber dem Beschläge ohne Stollen, ist allerdings eine Frage, welche in der gegenwärtigen Zeit, wo Billigkeit das Feldgeschrei ist, sehr sorgfältig erwogen sein will, ja sie ist für viele Stollenfreunde, die an den sonstigen guten Eigenschaften der Stollen etwas zweifelhaft geworden sind, ein Hauptgrund, daß sie diese Beschlagsart immer noch beibehalten.

Man hebt zu Gunsten der Stollen besonders hervor, daß durch dieselben gewissermaßen das Eisen selbst einen vorzüglichen Schutz erhielte und schon aus dieser Ursache allein müßten Stolleneisen von größerer Dauer sein; man macht geltend, daß zu Stolleneisen mehr Eisen verwendet würde, daß sie etwas schwerer ausfielen ꝛc., kurz man sieht, es dreht sich alles um die Billigkeit; der Besitzer bekommt mehr für sein Geld, und im Hintergrunde schlummert der Gedanke, daß Viel viel hilft und länger hält!

Solche und ähnliche Voraussetzungen mögen Vielen recht wahrscheinlich klingen, aber sie bestätigen sich nicht. Eigenthümliche Verhältnisse in meiner Stellung brachten es mit sich, die Billigkeitsfrage stets von der ernsthaftesten Seite aufzufassen und mir Mühe zu geben, hierüber zu bestimmten Resultaten zu gelangen; wohl wissend, daß ein oder zwei Versuche nichts beweisen, habe ich die hier einschlagenden Versuche zu Tausenden und bei Pferden aus den verschiedensten Dienst- und sonstigen Verhältnissen ausgeführt. Das Resultat blieb immer dasselbe: Der Beschlag ohne Stollen war billiger als der Stollenbeschlag.

Die Gründe für meine Behauptung sind folgende:

Bei sachverständiger Ausführung des Beschlages ohne Stollen wird die Stellung und der Gang der Pferde am wenigsten verändert, dieselben gehen deswegen leichter, bequemer, treten besser auf und nützen deswegen die Eisen auch gleichmäßiger und geringer ab. Sie treten, wie sie wollen, und nicht wie sie der Stollen wegen müssen. Die Stolleneisen hingegen machen, indem sie die Stellung verändern, den Gang plump, schwerfällig, die Abnutzung derselben geschieht stoßend, deswegen ungleichmäßig, stellenweise, so daß solche Eisen in der Regel noch sehr schwer sind, wenn sie schon einer kleinen durchgestoßenen Stelle wegen erneuert werden müssen.

Die Hauptursache der Billigkeit liegt aber darin, daß Hufkrankheiten viel weniger durch Eisen ohne Stollen, als solche mit Stollen hervorgebracht werden; die Pferde werden aus diesem Grunde bei ihrem Gebrauche weniger lahm und unbrauchbar. Wenn die Pferde kranker Hufe wegen wochenlang im Stalle stehen, dann halten freilich die Stolleneisen auch lange, aber billig sind sie dann gewiß nicht. Die Stollenfreunde sehen nur das schöne Eisen am Hufe und berechnen, wo und in welcher Zeit es durchgestoßen sein wird, wieviel aber am Pferde verloren geht, dafür haben sie keine Augen. Nur dann erst, wenn durch den Stollenbeschlag die Beine des Pferdes so struppirt sind, daß die stärksten Stollen und Hufeisen in 10—14 Tagen völlig durchgestoßen sind, und die Hufe dabei so gelitten haben, daß sich beinahe keine Eisen mehr daran befestigen lassen, dann erst versucht man, wie z. B. hier in Dresden, die Eisen ohne Stollen und verwundert sich, wenn diese 3—4 Wochen bei Pferden halten, die sonst kaum die Hälfte dieser Zeit auf ihren Eisen liefen, und wenn die Hufe dabei wieder Horn bekommen. Die Billigkeit steht also auf Seite der Eisen ohne Stollen.

Zu 7. Daß die Eisen ohne Stollen für unsere Bodenverhältnisse nicht geeignet sein sollen, ist wirklich eine so aus der Luft gegriffene Behauptung, daß ich es für völlig überflüssig erachte, diese zu widerlegen; abgeschmackte Behauptungen widerlegen sich von selbst.

Der allgemeine Gebrauch des Stollens ist ein aus Vorurtheil hervorgegangener Landesgebrauch und weiter nichts. Die Franzosen entsetzen sich, wenn ihnen ein Eisen mit Stollen empfohlen wird, da sie dessen gute Eigenschaften während des Winters — der übrigens bei ihnen auch ein anderer ist als bei uns — nicht kennen. Die Deutschen entsetzen sich, wenn man zu ihnen von Eisen ohne Stollen spricht, da sie die guten Eigenschaften dieser Eisen nicht kennen und auch nicht kennen lernen wollen.

Stolleneisen. Ueber die Anfertigung von Stolleneisen habe ich wenig zu sagen; sollen sie aus dem einen oder anderen Grunde zur Anwendung kommen, so müssen solche Eisen in Form, Breite, Flächen, Rändern und Löchern eigentlich ganz dieselben Eigenschaften haben, welche für die Hufeisen überhaupt schon angegeben worden sind, der Unterschied besteht eben nur in dem Vorhandensein der Stollen.

Die Stollen selbst sind schon so vielfach beschrieben und so allgemein bekannt, daß ich beinahe Wort für Wort von dem wieder= holen müßte, was Andere darüber gesagt haben; Neues und Besseres vermag ich in dieser Beziehung nicht beizufügen. Für Pferde und Hufe ist es völlig gleichgültig, ob die Stollen rund, querstehend, vier= oder achtkantig an= gefertigt werden, wenn dieselben nur im rechten Winkel zum Eisen stehen, nicht unganz, hakig und knollig, und nicht zu hoch

Fig. 72.

sind, so sind sie als Stollen recht. Die von mehreren Schriftstellern empfohlene, vierkantige, spitz zulaufende Stollenform mit gebrochenen Ecken halte auch ich für die zweckmäßigste, besonders deswegen, weil sich solche Stollen am leichtesten im Winter schärfen lassen (Fig. 72 u. 73).

Da nach meinen Begriffen die niedrigsten Stollen immer noch viel zu hoch sind, wird es mir schwer, für die Höhe derselben ein be= stimmtes Maaß anzugeben. Wenn an sehr großen und starken Huf= eisen die Stollen 12 Mm. und bei schwachen und kleinen Eisen 6 Mm. hoch angefertigt werden, so sind die= selben gewiß nicht zu niedrig; mit diesem Maaße wird auch ungefähr die Vorschrift übereinstimmen, daß die Stollen so hoch sein sollen, als das Eisen am Stollenende stark ist.

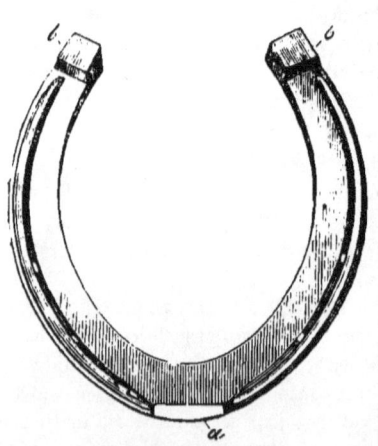

Fig. 73.

Griffe sind wahrscheinlich viel später als die Stollen eingeführt

Fig. 72. Rechtes Vordereisen mit Stollen. a Aufzug (Kappe).
Fig. 73. Rechtes Hintereisen mit Griff und Stollen. a Griff. b Stollen.

worden und wohl in der Absicht erfunden, um dem Eisen am Zehen=
theile eine größere Dauerhaftigkeit zu geben und dem Pferde noch
mehr das Eingreifen in den Boden zu ermöglichen; der Name Griff
stammt daher wohl von Eingreifen.

Aus denselben Gründen, welche für das Stolleneisen geltend
gemacht worden sind, hat auch das Griffeisen eine sehr bedeutende
Verbreitung erlangt und wird in Deutschland häufiger, als das bloße
Stolleneisen angewendet; mit dem Griffeisen wird derselbe Mißbrauch
getrieben, wie mit dem Stolleneisen; dieselben Nachtheile werden damit
hervorgebracht. Der von mehreren Schriftstellern ausgesprochenen
Ansicht, daß Griffeisen, obgleich sehr nothwendig, doch viel nachtheiliger
auf die Hufe einwirken sollen, als bloße Stolleneisen, kann ich durchaus
nicht beipflichten; ja ich muß die Griffe, obgleich ich ihnen ebenso=
wenig wie den Stollen zugethan bin, sogar noch in Schutz nehmen,
und ihnen gewisse Vorzüge einräumen. Das Stolleneisen erhebt den
Huf ungleich vom Erdboden und wirft, wenn derselbe nicht besonders
dazu durch starkes Niederschneiden der Trachtenwände zubereitet und
ruinirt wird, die Last des Körpers zu sehr auf die Zehe. Das Griff=
eisen erhebt bei sonst guter Anfertigung den Huf gleichmäßig vom
Erdboden und verändert die normale Stellung der Schenkel deswegen
weniger. Das richtige Verhältniß der Griffe zu Eisen, Stollen und
Pferd läßt sich weder beschreiben, noch bestimmen, nur die alten Eisen
allein können hierfür maßgebend sein. Wie es bei den Eisen ohne Stollen
und Griff Aufgabe sein muß, eine möglichst gleichmäßige Abnutzung
der alten Eisen zu erzielen, so muß dies auch mit dem Griffeisen
der Fall sein, und nur davon kann die Höhe, Breite, ja sogar der
Ort, wo der Griff sitzen muß, abhängen. (Fig. 73a.) Stahl ist als
das beste Material zu Griffen zu empfehlen.

Zusatz. Stolleneisen läßt man zweckmäßig vom letzten Nagelloche an bis
an das Schenkelende etwas schmäler verlaufen; bei gleicher Breite desselben
würde der Stollen zu breit werden; ebenso kann des schmäleren Schenkels wegen
auch die Abdachung etwas früher enden als beim Eisen ohne Stollen.

Die geeignetste Stelle für das Anbringen des Griffes ist die Mitte des
Zehentheils, so daß der Griff mit der vorderen Eisenkante, ohne über dieselbe
vorzustehen, vergleicht. Ausnahmsweise schweißt man den Griff auf die Stelle
des Zehentheils, welche der größten Abnutzung unterworfen ist. Der Griff soll
jederzeit niedriger sein als die Stollen.

Außer den Stollen- und Griffeisen wendet man auch Hufeisen zu besonderen Zwecken an, von denen besonders 2 Erwähnung verdienen. Das Renneisen ist ein schmales, leichtes Eisen, dessen Bodenfläche durch einen tiefen, rings umlaufenden Falz in 2 scharfe Ränder getheilt ist. Das Jagdeisen (siehe Fig 74) für Hinterhufe findet im Allgemeinen für Jagd- und Reitpferde Anwendung; es zeigt die Schenkelenden zu verschmälerten Streichschenkeln umgewandelt. Der untere, äußere Rand des Zehentheils ragt nach unten scharf hervor und erleichtert nebst der nach dem inneren Rande abgeschrägten Bodenfläche das Eingreifen in den Boden. In derselben Weise findet man zuweilen an engl. Vordereisen die Schenkelenden nach hinten keulenförmig verdickt.

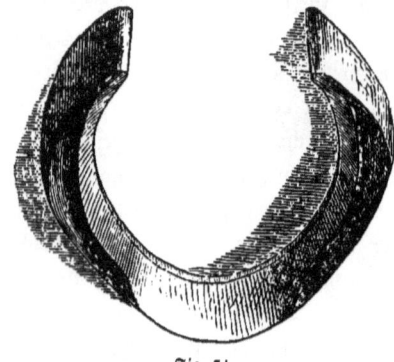

Fig. 74.

Das Complementeisen von Erdt gestattet vorläufig, ehe es nicht fabrikmäßig hergestellt und praktisch verwendet wird, keine ausreichende Beurtheilung.

Als Ersatz für das Hufeisen hat Fuchs Kappennägel vorgeschlagen, die zum Schutze der Zehen- und eines Theils der Seitenwände zu 6—8 Stück eingeschlagen werden; ich ziehe vor, statt ihrer ein halbmondförmiges Eisen mit 4, höchstens 5 Nägel befestigt, zu benutzen.

Alle übrigen Veränderungen und Abweichungen sollen unten an geeigneter Stelle Erwähnung finden. N.

Wintereisen.

Schon die Benennung Wintereisen deutet an, daß diese Art Eisen eben nur für eine bestimmte Jahreszeit, für den Winter, berechnet sind, und daher auch nur für diesen empfohlen werden können.

In der Zeit wenn die Wege und Straßen mit Schnee und Eis bedeckt sind, machen sich an den gewöhnlichen Hufeisen gewisse Abänderungen nöthig, wenn wir die Pferde mit Sicherheit zum Dienst benutzen wollen und zwar Abänderungen, welche wir, wie wir schon mehrfach angedeutet haben, außer dieser Zeit für überflüssig und selbst für nachtheilig halten müssen. Aber sie sind bei Eis und Schnee nothwendige Uebel.

Die zum Zwecke des Winterbeschlags an dem Hufeisen vorzunehmenden Abänderungen sind nach der Art (d. h. Härte und Dauer) des Winters und nach den Dienstleistungen der Pferde sehr verschieden. Wir nennen sie im Allgemeinen die Schärfung des Beschläges.

Die einfachste, aber auch am wenigsten haltbare Art der Schärfung besteht darin, daß man aus jedem Eisen einen innern und einen äußeren Nagel herausnimmt und durch sogenannte Eisnägel (Nägel mit etwas größeren zugespitzten Köpfen) ersetzt. Bei vielen Reitpferden und überhaupt bei solchen Pferden, welche im Winter nur ausnahmsweise zu einem kurzen und leichten Dienste verwendet werden, kann man oft mit vielem Nutzen und mit großem Vortheil für die Hufe von dieser Schärfung Gebrauch machen, vorzüglich in den sogenannten schlaffen Wintern, in denen Eis und Schnee nur in kurz andauernden Perioden die Straßen bedecken.

Ist dagegen der Winter hart und anhaltend, und will man von den Pferden mehr verlangen, als leichte Dienstleistungen, so ist es jedenfalls besser, die Eisen mit kleinen, am besten stählernen Stollen zu versehen, welche keilförmig geschärft und so gestellt sind, daß der äußere in die Länge, der innere in die Quere zu stehen kommt. Um Verletzungen zu verhüten, ist es zweckmäßig, den innern Stollen nicht so scharf und mit abgerundeter äußerer Ecke anzufertigen. Bei gewöhnlichen Arbeitspferden wird man außerdem noch Griffe einschweißen und dieselben schärfen müssen. Stählerne Stollen und Griffe, gleich vom Eisen aus schwach oder dünn gearbeitet und nicht hoch, sind stets dicken oder eisernen Stollen vorzuziehen.

Mag nun die Schärfung auf die eine oder die andere Art ausgeführt werden, so hat sie doch den Nachtheil, daß bei öfterer Wiederholung derselben namentlich in größeren Städten, wo immer weniger Schnee liegen bleibt, und daher auch die geschärften Eisen schneller stumpf werden, sehr erhebliche Nachtheile für die Hufe durch Bernagelung der Hornwände durch sie herbeigeführt werden; hierzu kommen nun noch die Verluste an Zeit und an Geld, welche bei Pferdebesitzern die ihr Brod mit den Pferden verdienen müssen, gar sehr in Anschlag zu bringen sind.

Unter diesen Umständen lag es besonders daran, die Uebelstände welche die Schärfung mit sich führt, möglichst zu beseitigen; man bemühte sich, eine Schärfung zu erfinden, welche erneuert und je nach der Witterung gewechselt werden konnte, ohne daß man nöthig hätte, die Eisen abzunehmen und viel Zeit aufzuwenden. Von den vielen, Behufs der Schärfung gemachten und bekannt gewordenen Erfindungen und Versuchen stellen sich bis jetzt die Schraubstolleneisen als das Zweckmäßigste in dieser Beziehung heraus, obgleich es sehr lange gedauert hat, ehe dieselben eine ausgebreitetere Anwendung fanden.

In den meisten Lehrbüchern macht man den Schraubstolleneisen den Vorwurf, daß sie zu theuer und nicht dauerhaft genug wären. Was die Kostspieligkeit anlangt, so kann allerdings nicht geläugnet werden, daß die Schraubstolleneisen bei ihrer Anfertigung das Doppelte der gewöhnlichen Eisen kosten, aber man muß auch bedenken, daß das öftere Abnehmen der gewöhnlichen viel theurer, und zwar an Zeit, an Geld und an Pferden zu stehen kommt, als dieses beim Schärfen der Schraubstollen der Fall ist, vieler anderen Vortheile, die sie darbieten, noch gar nicht zu gedenken.

Der zweite Vorwurf, den man diesem Eisen macht, ist der, daß dieselben nicht dauerhaft genug wären, daß die Stollen sich herausschraubten, verloren gingen oder abgebrochen würden. Gern will ich zugeben, daß solche Fehler häufig vorgekommen sein mögen; ich bringe dieselben aber nicht auf Rechnung der Schraubstolleneisen als solche, sondern nur auf Rechnung der Schmiede, welche diese Eisen unsolid und ohne Ueberlegung anfertigten.

Es wird auch wohl bei andern Gegenständen schon vorgekommen sein, daß etwas Gutes schlecht gearbeitet wurde und deswegen unbrauchbar schien und an Credit verlor. Da die Schraubstolleneisen überhaupt jetzt nichts Neues mehr sind, so erscheint es mir überflüssig, eine specielle Beschreibung über die Anfertigung derselben zu geben; ich werde meine Angaben nur auf das Hauptsächlichste guter Schraubstolleneisen beschränken.

Wenn schon zur Anfertigung eines jeden gewöhnlichen Hufeisens ein gutes Material verwendet werden sollte, so kommt es bei den Schraubstolleneisen ganz besonders darauf an, ein Eisen zu wählen, welches bei gehöriger Zähigkeit weder rothbrüchig, noch langrissig ist, da sich in schlechtes Eisen kein zuverlässiges Schraubenloch in dem Stollenende anbringen läßt. Mit Ausnahme der Stollenenden werden die Eisen ganz wie gewöhnliche Eisen geschmiedet und selbst diese brauchen des Schraubenloches wegen nicht auffallend dicker und breiter als ein gewöhnliches Stollenende gelassen zu werden; es ist durchaus unnöthig, die Eisen auf diese Weise zu erschweren und den Auftritt des Pferdes durch die hierdurch bedingte größere Höhe zu sehr auf die Zehe zu werfen.

Wenn man mit einem schlanken, fast cylindrischen Hammer nahe am Ende der Hufeisenarme ein Loch durchschlägt, dieses über einen solchen Dorn fertig macht, und an der Seite, von welcher man den Stollen einschraubt, ein mäßig tiefes Versenk anbringt, so hat man ein sehr gutes Schraubenloch (Fig. 75).

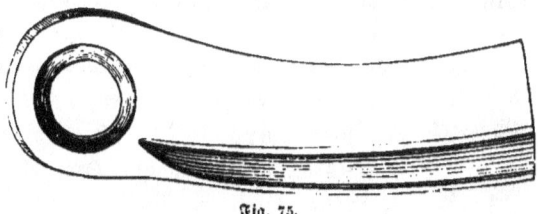

Fig. 75.

Die größten Vorwürfe, welche man den Schraubstolleneisen machte, betrafen die Stollen selbst, und zwar aus dem Grunde, daß sie dem Abbrechen*) ausgesetzt wären. Dieser Umstand war aber wohl vielfach in dem Material begründet, das man zur Anfertigung der Schraubstollen verwandte, sowie auch darin, daß man dieselben zwischen Stollen und Schraube nicht mit einem Versenk versah. Weder Stahl allein, noch Eisen allein giebt gute Stollen; an stählerne Stollen läßt sich schwer ein gutes Gewinde anschneiden und sie brechen auch leicht; eiserne Stollen sind zu weich und verbiegen sich. Diejenigen Stollen, welche mir in meiner Praxis nie etwas zu wünschen übrig ließen,

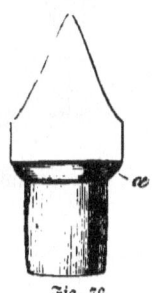

Fig. 76.

---

*) Der Königl. baierische Regiments=Veterinärarzt Joseph Lang hat eine eigene Zange erfunden, um die abgebrochenen Schraubstollenenden aus den Hufeisen herauszuschrauben. Abgesehen davon, daß eine solche Zange schlecht angefertigte Stollen voraussetzt, müssen zu ihrer Anwendung auch die Eisen, damit man mit der Zange dazu kommen kann, zu weit und zu lang gemacht werden.

Fig. 75. Armende von einem Schraubstolleneisen mit Loch und Gesenke. (Natürliche Größe.)

Fig. 76. Scharfer Schraubstollen ohne Gewinde, von der schmalen Seite gesehen. a Gesenke.

fertigt man in der Weise an, daß man ein Stäbchen Federstahl zwischen zwei Stäbchen Eisen, ungefähr im Verhältniß wie 1 zu 3 legt und dieses zu einem vierkantigen Stabe von Stollenstärke vorsichtig ausschweißt und daraus die Stollen anfertigt. Nachtheilig für Schraubstollen und Pferde ist es, die ersteren viel höher als gewöhnlich zu machen, um dadurch eine längere Dauer zu erzielen; der Fuß des Pferdes wird dadurch in eine höchst widernatürliche Stellung gebracht, und die zu hohen Stollen sind dem Abbrechen viel mehr ausgesetzt, als niedrige. Zu den Haupterfordernissen guter Schraub-

Fig. 77.

stollen zähle ich noch, daß sie ein tiefes, aber nicht grobes Gewinde haben müssen, und daß alle Stollen von gleicher Schraubenstärke sind, damit jeder Stollen in jedes Stollenende paßt. Der größeren Dauerhaftigkeit wegen ist es gut, an jedem scharfen Stollen die Schärfe zu härten. Doppelte Stollen (scharf und stumpf) müssen zu jedem Eisen, und ein kleiner, passender Schlüssel jedem Kutscher mitgegeben werden.

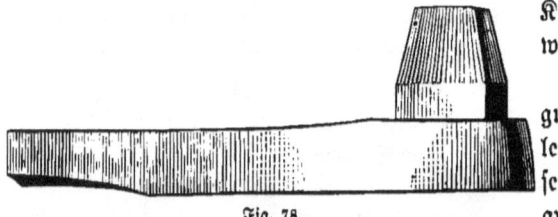

Fig. 78.

Die Vortheile guter Schraubstolleneisen sind so vielseitig, daß sie einen großen Vorzug vor der gewöhnlichen Schärfung verdienen.

Zusatz. Beim Schärfen des auswendigen Stollens lasse ich denselben verstählen und ähnlich wie Mußgnug empfiehlt, auf der Amboslante von innen nach außen so einsetzen, daß er schon vom Grunde aus, mit dem äußern Eisenrande ganz schlank nach oben verläuft; in dieser Form greift der Stollen besser, bleibt länger scharf und fördert eine gleichmäßige Abnutzung beider Stollen.

Schraubengriffe im Eisen anzubringen ist einerseits zu umständlich, andererseits zu theuer; in manchen Fällen schraubt man wohl auch im Zehentheile Schraubstollen ein. — Wird das Schärfen vorgenommen, muß man es bei allen vier Hufen gleichzeitig thun; einseitiges Schärfen ist ungenügend, noch weniger genügt das Schärfen „über Kreuz".

Fig. 77. Scharfer Schraubstollen mit Gewinde, von der breiten Seite gesehen.
Fig. 78. Armende eines Schraubstolleneisens mit eingeschraubtem stumpfen Stollen.

Außer dem Schraubstolleneisen sind zu erwähnen: das Einsiedel'sche Wintereisen, ein nach Art des Renneisens, schmales, sehr weit und tief gefalztes Eisen; die beiden scharfen Falzränder bilden die Schärfe. Das Eisen von Neuß mit einem äußern scharfen Rande, zeigte Mängel, welche dadurch beseitigt werden, daß der, die Schärfe bietende vorstehende Rand, auf die Mitte der Bodenfläche des Eisens versetzt ist, wie Fig. 79 zeigt. Der Eissporn nach Lund, das englische Doppeleisen. Die Defays'sche Klammer. Das Dominic'sche Scharfeisen zeigt einen Querriegel mit geschärften Stollen, der entweder durch eine Längsschraube, die zugleich einen Griff trägt, oder durch einen in die Eisenenden eingefügten Bügel gehalten wird. Ich habe diesen Querriegel getheilt, die eine Hälfte mit einer Schraube versehen, die andere ausgebohrt. An der Schraube bewegt sich eine Mutter, welche beide Theile, wenn sie zusammengesteckt sind, auseinander drängt und im Eisen fest hält. Ich habe außerdem versucht, durch die Kraft der Feder einen scharfen Reif an der unteren Fläche des gewöhnlichen glatten Eisens zu erhalten, bis jetzt aber ohne Erfolg; in gleicher Weise sind alle übrigen, diesem Gebiete angehörigen Versuche zu praktischer Anwendung vorläufig nicht geeignet. Als ein Fortschritt auf dem Gebiete der beweglichen Schärfmethode sind die sogenannten „Einsteckstollen" zu verzeichnen. Der Amerikaner Judson fertigte solche mit runden etwas conischen Zapfen, welche ähnlich dem in den Flaschenhals eingeriebenen Glasstopfen festhielten. Dominic hat durch Abänderung des runden in einen viereckigen Zapfen den Einsteckstollen zu allgemeiner Anwendung tauglich und zugleich haltbarer gemacht. Bei gehöriger Sorgfalt in der Ausführung und später in der Haltung von Seiten des Pferdewärters haben sich diese Stollen ausreichend bewährt; doch behält natürlich der Schraubstollen den Vorzug größerer Sicherheit.

Fig. 79.

Lydtin fertigte Steckstollen mit nagelklingenähnlichen Zapfen an, welche bei ihrem Austritt aus dem Eisen ein wenig über den äußeren Rand desselben umgebogen, gewissermaßen vernietet wurden. Dem Einballen des Schnees begegnet man am zweckmäßigsten durch möglichst schmale, oder, wie es von mir geschehen, durch Eisen mit ausgedachter Bodenfläche; Einlagen von Gummi, Filz, Leder oder Ausfüllen der Sohlenfläche mit Wachs dienen gleichem Zwecke.

Die Gummieinlagen von Downie u. Harris werden gleichzeitig mit dem Eisen durch die Hufnägel, andere dagegen, wie auch der sog. Hufpuffer v. Hartmann in Hannover durch Federkraft befestigt.

Fig. 79. Durchschnitt eines, zu einem Wintereisen zu verwendenden Stahlstabes.

Ausführung des Hufbeschlages.

1. Umgang mit Pferden zum Zwecke des Hufbeschlages und über das Aufhalten, namentlich widerspenstiger Pferde.

In dem vorhergehenden Kapitel war von den Eisen und deren Eigenschaften die Rede; bei der praktischen Ausführung des Hufbeschlages kommen wir nun auch mit den Pferden selbst in Berührung. Thatsache ist, daß diese sich nicht immer gutwillig den beim Beschlagen nothwendig werdenden Handgriffen und Arbeiten unterwerfen wollen, die nothwendigen Beschlagshandlungen daher bedeutend erschweren, mitunter sogar unmöglich machen. Es scheint mir daher hier der Ort, einige Worte über den Umgang mit Pferden zum Zwecke des Hufbeschlages, gewissermaßen als Einleitung des nachstehenden Kapitels, vorauszuschicken.

Das Pferd ist im Allgemeinen ein gutwilliges und gelehriges Thier, welches sich bei guter Behandlung ganz ungemein viel gefallen läßt, ehe es widerspenstig und bösartig wird. Wenn es demungeachtet so viele Pferde giebt, die die eigentlichen Beschlagshandlungen nicht geduldig mit sich vornehmen lassen wollen, so sind dieserhalb weniger die betreffenden Pferde, als die betreffenden Menschen anzuklagen. Der Beschlagschmied kann mit gutem Rechte verlangen, daß die ihm zum Beschlage zugeführten Pferde bereits soweit gewöhnt und gezogen sind, daß sich dieselben, die ruhig, geschickt und für das Pferd schmerzlos ausgeführten Beschlagshandlungen gutwillig gefallen lassen. Pferdedressur, Pferdebändigung kann nicht Sache des Beschlagschmiedes sein, obgleich viele derselben diese Künste sehr gern üben und mit Kappzaum, verschiedenen Bremsen und sonstigen Marterwerkzeugen sofort bei der Hand sind.

Durch die bloße Anwendung von Schmerz verursachenden Zwangsmitteln ist noch niemals ein Pferd gutwilliger geworden; im Gegentheil, es fürchtet sich immer mehr vor dem Schmiede und vor seiner Behandlung; es lehnt sich gegen das Beschlagen mit allen ihm zu Gebote stehenden Mitteln auf.

Die Pferde sollten von der frühesten Jugend an an das zum Beschlagen nöthige Aufhalten gewöhnt werden; doch ist dies ein Verlangen, das man nicht füglich an den Schmied, sondern vielmehr an den Pferdezüchter und Pferdebesitzer stellen muß; aber die Schmiede ihrerseits sollten es sich auch stets zur Pflicht machen, alles zu vermeiden, wodurch den Pferden der Aufenthalt vor der Schmiede und das Beschlagen selbst zu einem Schreckniß wird. Wenn Pferdebesitzer und Schmiede auf diese Weise zu Werke und gleichsam Hand in Hand gingen, dann würde die Ausübung des Hufbeschlages nicht, wie es häufig der Fall ist, als ein fortwährender Kampf zwischen Menschen und Pferden zu betrachten sein.*)

Der Beschlagschmied kann bei Ausübung seines Geschäftes in Verhältnisse kommen, die Zwangsmaßregeln gegen widersetzliche Pferde nöthig machen; dieselben müssen dann aber der Art sein, daß die Thiere sich nicht nur für den Augenblick, von der rohen Gewalt bezwungen, beschlagen lassen, sondern damit sie die Furcht und das Mißtrauen vielmehr verlieren, daß sie mit einem Worte williger und zutraulicher werden.

Aber nicht Jeder ist geeignet, die Pferde auf diesen Standpunkt zu bringen; es gehören hierzu Erfordernisse, die nicht Jeder hat: Unerschrockenheit, eine gewisse körperliche Kraft und Kenntniß des Pferdes im Allgemeinen. Man muß zu beurtheilen verstehen, ob das zu beschlagende Pferd aus völliger Unbekanntschaft mit dem Beschlagsgeschäft, aus Furcht wegen früher stattgefundener Mißhandlung, aus Uebermuth, aus Unruhe wegen großer Anhänglichkeit an das im Stalle nebenstehende oder bei der Arbeit nebengehende Pferd, oder wegen Schmerz in den Hufen und Gelenken (worunter ich nicht blos schon vorhandene Leiden, sondern auch die durch das Beschlagen selbst und durch widernatürliches, ungeschicktes Aufhalten dem Pferde häufig zugefügten Schmerzen verstanden wissen will) nicht stehen will, oder ob dasselbe durch anhaltende Mißhandlungen wirklich boshaft geworden ist.

Wer zu der Thierbändigung nicht die nöthigen Erfordernisse

---

*) In London haben mir vielbeschäftigte Beschlagschmiede versichert, daß man dort englische Pferde, welche sich nicht beschlagen lassen wollten, gar nicht kenne. Ebenso habe ich in Hannover gefunden, daß sich der Schmied nur selten eines besonderen Aufhalters bedient, sondern er besorgt den Beschlag vollständig allein; die Pferde werden von allen Seiten vernünftig behandelt.

besitzt, mag sich am besten nicht damit befassen, die Bändigung artet sonst in Thierquälerei aus.

Welche Behandlung in den verschiedenen Widersetzlichkeitsfällen einzuschlagen sei, würde sich durch eine sehr umfängliche Beschreibung nur einigermaßen verständlich machen lassen, ich sehe daher ganz davon ab. Der Umgang mit Pferden und die Beobachtung der Thiere selbst sind hier die besten Lehrmeister; aus Büchern lernt man die Behandlung der Pferde ebensowenig, wie man nach der bloßen Beschreibung ein Hufeisen schmieden lernt.

Folgende allgemeine Regeln empfehle ich aber zur Nachachtung:

a) Man binde solche Pferde, welche aus irgend einem Grunde sich nicht fügsam beschlagen lassen wollen, nicht an, sondern lasse sie durch einen ruhigen und zuverlässigen Mann am Trensenzügel halten; durch entsprechendes Zureden ꝛc. muß die betreffende Person die Aufmerksamkeit und das Zutrauen derselben sich zu erwerben suchen.

b) Man lasse den Anhalter niemals plötzlich und mit beiden Händen nach dem aufzuhebenden Fuße greifen; derselbe muß vielmehr stets mit einer Hand seinen Stützpunkt am Pferde nehmen, wobei zugleich der betreffende Fuß etwas gelockert wird, da durch gelindes Andrücken an Hüfte oder Schulter die Körperlast mehr auf den entgegenstehenden Fuß geworfen wird. Gleichzeitig kommt der Aufhalter dabei in eine Stellung, in welcher er am wenigsten der Gefahr, geschlagen zu werden, ausgesetzt ist.

c) Das Aufhalten selbst darf der Aufhalter nicht eher vornehmen, als sich das Pferd den aufzuhebenden Fuß von oben bis unten ruhig streicheln und anfassen läßt.

d) Bei dem Aufheben darf der Aufhalter dem Pferde keinen Schmerz durch Kneipen, Drücken oder zu Hochheben machen.

e) Der Beschlagschmied vermeide alles unnöthige Geräusch und Geklapper, befleißige sich vielmehr einer ruhigen, schnellen und unschmerzhaften Arbeit.

Zusatz. Die Zwangsmittel, besonders die Bremsen, weniger der Kappzaum, sollten eigentlich bei Ausübung des Beschlages gar nicht oder höchstens dort Anwendung finden, wo mit demselben eine Hufoperation verbunden ist. Dagegen ist ein breites geflochtenes Band zum Anschleifen des Fußes (besonders Hinterfußes) ein wesentliches Unterstützungsmittel. Bei dem Beschlage roher Pferde, wie solche vielfach aus Ostfriesland nach Hannover zum Markt gebracht werden, habe ich während der Zeit meiner Wirksamkeit als Lehrer an dortiger Beschlagschule vielfach Gelegenheit gehabt, ein solches Band, in den Schweif getnüpft und um das Fesselbein des betreffenden Hinterfußes geschlungen als unschädlich und höchst praktisch zu erproben. Im äußersten Falle wird das Thier niedergelegt. Nothstall und spanische Wand sind complicirte Einrichtungen und entbehrlich. Nothställe finden bei uns nur wenig Verwendung; in Holland und Belgien benutzt man sie häufig um das Aufhalten der dortigen schweren Pferde zu erleichtern. N.

2. Beurtheilung des zu beschlagenden Pferdes in Betreff der Hufe und des alten Beschläges, und Abnahme des alten Eisens.

Der Beschlagschmied muß jeden Huf, welcher ein Eisen bekommen soll, gleichviel, ob derselbe schon eines getragen hat oder nicht, vor allen anderen Beschlagshandlungen einer genauen und sorgfältigen Besichtigung unterwerfen.

Mit Hilfe der Kenntnisse, welche er schon vom regelmäßigen Gebrauche der Schenkel und von der normalen Form der Hufe durch fleißiges Beobachten der Natur, Nachdenken und Nachlesen erworben haben muß, ist dann das zu beschlagende Pferd zu beurtheilen und etwaige Fehler zu entdecken, damit der neue Beschlag in jeder Beziehung zweckmäßig ausgeführt werden kann. Ganz besonders sind es die Höhenverhältnisse der Wand und die Abnutzung und Lage der alten Eisen, die er in's Auge zu fassen hat. Für den umsichtigen und geübten Beschlagschmied wird das alte Eisen stets der beste Fingerzeig sein; an diesem steht es geschrieben, in welcher Art der neue Beschlag auszuführen ist, aber man muß sich Mühe geben, diese Schrift lesen zu lernen. Im alten Eisen bringt das Pferd gewißermaßen das Modell zum neuen Eisen mit.

Ich behaupte, daß Derjenige, welcher die Lehren, die uns das alte Eisen giebt, nicht beachtet oder nicht versteht, auch nicht beschlagen kann.

Eine gleichmäßige Abnutzung der Eisen zu erzielen, ist eine der Hauptaufgaben des Hufbeschlags; alle Ungleichheiten in der Abnutzung sind Fehler, deren Verbesserung angestrebt werden muß. Werden die kleinen Fehler nicht beachtet, so entstehen größere, deren Beseitigung schwer, langwierig, ja oft unmöglich wird.

Die meisten Hufkrankheiten kann man auf eine unbeachtete, ungleichmäßige Abnutzung der Eisen und deren Ursachen zurückführen, und ich gebe meinem Freund Mußgnug Recht, wenn er sagt, daß dort wo der Huf niedrig, dort wo das Eisen eng, kurz oder niedrig ist, die Last des Körpers hinfällt und dort auch die Hufkrankheiten entstehen.

Erst dann, wenn die Besichtigung des zu beschlagenden Hufes beendigt ist, schreitet man zur Abnahme des alten Eisens. Sind mehrere Hufe zu beschlagen, so können die Eisen hinter einander abgenommen werden, denn ein so fehlerhafter Fußboden, daß dadurch eine Einzelabnahme bedingt würde, gehört auf keine Beschlagbrücke, und kann deswegen auch keine Regel abgeben. Bei kranken Hufen können natürlich Ausnahmen vorkommen.

Die einzelnen Handgriffe, die bei der Abnahme alter Eisen zur Anwendung kommen, sind so bekannt, daß dieselben hier füglich übergangen werden können.

Regel bei jeder Abnahme ist: die Eisen vorsichtig abzunehmen und sie nicht mit Gewalt abzureißen.

Zusatz. Den Satz: „Im alten Eisen bringt das Pferd gewissermaßen das Modell zum neuen Eisen mit" möchte ich, um Mißverständnissen vorzubeugen, dahin abgeändert wissen, das es heißt: Man beobachte zuerst den Gang und die Stellung, vergleiche damit die Abnutzung des alten Eisens und verändere, verbessere demgemäß den neuen Beschlag, um gleichmäßige Abnutzung zu erzielen.

Das Abnehmen der Eisen wird, nachdem durch die Haullinge mit gestumpfter Schärfe (am besten Pallaschklinge) die Nieten vorsichtig, ohne das Wandhorn zu schädigen gelöst sind, durch eine Zange mit weitem Maule wesentlich erleichtert.
R.

3. Zubereitung der Hufe zum Beschlage.

Nachdem die Hufe von Schmutz gereinigt und etwaige Nagelstifte sorgfältig entfernt worden sind, vergleicht man das schon vorher von der äußeren Form gewonnene Bild mit der Sohlenfläche des Hufes, um zu bestimmen, wo und wie viel Horn wegzunehmen sei.

Diese Bestimmung ist um so wichtiger für das Beschlagsgeschäft als gerade durch Unkenntniß in diesem Punkte die meisten und nachhaltigsten Beschlagssünden begangen werden. Ein fehlerhaftes Eisen kann man vom Hufe entfernen und durch ein besseres ersetzen; was aber zu viel weggeschnitten wurde, ersetzt die Natur oft nur sehr spät wieder, gleicht es vielleicht auch niemals wieder aus.

Die gebräuchlichste Benennung dieser Beschlagshandlung ist das „Ausschneiden" oder „Auswirken des Hufes". Wenn ich gerade auch nichts gegen den Ausdruck als solchen einzuwenden hätte, so möchte ich doch die Sache, die dieser Ausdruck bezeichnet, aus dem Hufbeschlage ganz verbannt wissen.

Aus dem noch unverdorbenen Hufe ist nichts heraus zu schneiden, sondern es ist derselbe nur zu verkürzen, und zwar dort zu verkürzen, wo er unter dem Schutze des Eisens zu viel gewachsen ist; ein Zuvielgewachsensein findet aber nur am Tragrande der Wand statt. Die übrigen Theile, wie Sohle und Strahl, stoßen das Verbrauchte stets von selbst ab, so daß eine Nachhülfe von Menschenhand nicht nöthig ist.

Bei der Sohle finden sich indeß mitunter Ausnahmen; es kommt nämlich öfter vor, daß ganze Stücke von ihrem bereits abgestorbenen Horne vom Eisen festgehalten werden und entfernt werden müssen; diese Stücke sind dann aber meist schon soweit gelöst und von der Natur selbst zum Abfallen vorbereitet, daß man in ihrem halblosen Zustande nur nöthig hat, sie vollends abzustoßen. Nur da, wo die Sohle durch öfteres zu starkes Ausschneiden bereits geschwächt und gewissermaßen in einen krankhaften Zustand versetzt wurde, kann es vorkommen, daß das Selbstabstoßen des Hornes aufhört; es bilden sich knollige, harte, feste zusammenhängende Massen, die der Nachhülfe mit dem Messer bedürfen; je seltner der Beschlag erneuert wurde, um so stärker sind die Massen; bei dem Zurichten des Fußes muß man daher die Zeit, wie lange das Eisen gelegen hat, mit in Anschlag bringen, um hiernach ermessen zu können, wie viel Sohlenhorn fortzunehmen sei; wird bei solchen Hufen bei dem Ausschneiden der Sohle nun eine Zeit lang nicht über das Nothwendige hinausgegangen, so tritt nach einiger Zeit wieder ein normales Verhalten ein; es lösen sich dann die Hornstücke wieder von selbst los.

Ganz anders verhält es sich dagegen mit dem Horne des Tragrandes, hier fällt das überflüssig gewordene Horn nicht von selbst ab; es muß, da eine Abnutzung bei beschlagenen Hufen nicht durchweg möglich ist, weggenommen werden.

Als maßgebend bei der Verkürzung des Tragrandes hat man

die gereinigte und ungeschwächte Sohle, die Höhe des unverdorbenen Strahles und die Art der Abnutzung des alten Eisens zu betrachten.

Da, wie wir gesehen haben, eine Sohle, welche niemals beschnitten oder geschwächt wurde, das Ueberflüssige stets von selbst abstößt, so giebt sie in diesem Zustande das richtigste Maaß für die zum Beschlag geeignetste Höhe des Tragrandes ab. Wenn letzterer um ein ganz Geringes den äußeren Sohlenrand überragt, so ist der Huf am Tragrande in dieser Hinsicht normal. Da nun das Eisen aber eine künstliche Erhöhung des Tragrandes bildet, so ist ein Niederarbeiten des Tragrandes bis zur Verbindung mit der Sohle, welches für ein unbeschlagenes Pferd allerdings schon eine zu niedrige Tragrandhöhe geben würde, zwar gestattet, doch darf die Verbindung selbst, die zwischen Wand und Sohle stattfindet, in keinem Falle geschwächt werden (Fig. 80 u. 81).

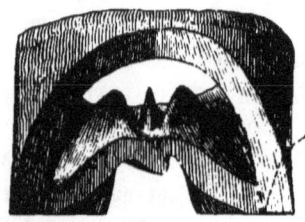

Fig. 80.

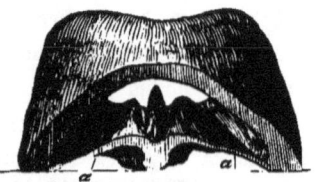

Fig. 81.

Bei den meisten Hufen, welche unter Beschlag gehalten werden, schiebt sich der Tragrand nur an der vorderen Hälfte des Hufes und namentlich an der Zehenwand nach und nach über den äußeren Sohlenrand hervor und wird hier zu lang, weshalb sich in der Regel auch nur dort eine Verkürzung desselben nöthig macht. Diese Thatsache hat vielfach zu der Ansicht geführt, daß das Wachsthum an der Zehenwand ein viel stärkeres sei, als an den Trachtenwänden, weil diese, da das Eisen den Tragrand in seinem ganzen Umkreise deckt, doch sonst ebenfalls und in demselben Verhältnisse zu hoch werden müßten. Vielfältige Beobachtungen und Versuche haben mich belehrt,

---

Fig. 80. Querdurchschnitt eines Hufes mit ungeschwächter Verbindung zwischen Wand und Sohle.

Fig. 81. Querdurchschnitt eines Hufes mit geschwächter Sohle und deren Verbindung mit der Wand.

daß die gesammte Hornwand von oben nach unten ganz gleichmäßig hinunter schiebt, daß aber eine ungleichmäßige Abreibung derselben auf dem Eisen stattfindet. Die Elasticität des Hufes spricht sich zumeist in seiner hinteren Parthie aus, daher kommt es, daß sich die Trachtenwände abreiben und nicht die Zehenwand, und nun in Mißverhältnisse zu der vorderen Parthie des Hufes kommen; das geringere Wachsthum der Trachtenwände ist also nur scheinbar; dies sieht man besonders dann sehr schön, wenn die Elasticität durch irgend eine Ursache beeinträchtigt oder aufgehoben ist, z. B. bei Zwanghuf, bockbeiniger und stelzfüßiger Stellung 2c., dann werden die Trachtenwände unter dem Beschlage auch zu hoch.

Die größere Widerstandsfähigkeit, welche die Zehenwand zeigt, ist somit nicht in einem stärkeren Wachsthum derselben, sondern in ihrer größeren Stärke und Festigkeit begründet.

Für die Bestimmung der Höhenverhältnisse der Trachtenwand giebt auch der unverdorbene Strahl einen sehr beachtenswerthen Anhaltspunkt ab. Bei unbeschlagenen normalen Hufen liegen Strahl und Trachtenwand in gleicher Höhe; dies Verhältniß muß man auch herzustellen suchen, wenn man den Huf mit einem Eisen versieht, da im Unterlassungsfalle der Strahl als ein wichtiger Theil des Hufes außer Thätigkeit gesetzt werden würde. Es gilt beim Zurichten des Hufes zum Beschlage als Regel, daß der Strahl um die Höhe der Eisenstärke den Tragrand der Trachtenwände überragen muß. — Zu hohe Trachtenwände sind daher so weit niederzuwirken, daß dies normale Verhältniß erreicht wird.

Ist der Strahl durch frühere schlechte Behandlung so niedrig geworden, daß man diese Regel nicht eintreten lassen kann, so pflegt er, wenn er überhaupt nicht beschnitten wird, dann doch sehr bald zur gewünschten Höhe heranzuwachsen. Die Beschaffenheit des alten Eisens, d. h. die Art und Weise seiner Abnutzung, läßt uns erkennen, ob diese Abnutzung eine regelmäßige oder unregelmäßige gewesen ist. Ergiebt sich, daß eine ungleichmäßige Abnutzung der beiderseitigen Seiten- und Trachtenwände stattgefunden hat, so ist dies womöglich durch das entsprechende Zurichten der betreffenden Stellen am Hufe auszugleichen. Sehr häufig aber können Fehler in dieser Hinsicht nicht durch die Zubereitung des Tragrandes ausgeglichen werden, die Ausgleichung muß in einem solchen Falle durch eine entsprechende Verstärkung des einen oder anderen Eisenarmes erfolgen. Es kommt nämlich nicht zu selten vor, und zwar an Hufen, die man nicht geradezu als krank bezeichnen kann, daß die eine Seiten= und Trachtenwand zu niedrig und die gegenüberstehende normal, d. h. nicht zu hoch ist. Wollte man nun beide ausgleichen, so müßte man die normale zu niedrig machen, und würde den ganzen Huf schwächen, daher muß man zur Ausgleichung des Mißverhältnisses zum Eisen selbst greifen und der zu niedrigen Seite einen stärkeren Arm geben, als der normalen.

Eine möglichst gleichmäßige Abnutzung der Hufeisen zu erzielen, muß sich der Beschlagschmied bei der Zubereitung des Tragrandes zur Pflicht machen! Die Art und Weise, wie man den Tragrand bei seiner Verkürzung zu behandeln hat, d. h. die Form, welche wir ihm bei dem Zubereiten des Hufes zum Beschlage zu geben haben, ist insofern von Wichtigkeit, als die Lage des Eisens und der Gang des Pferdes wesentlich davon abhängig ist. Der Tragrand ist in der Art zuzubereiten, daß derselbe so breit wird, als die Wand selbst stark ist; dadurch bietet er dem Eisen eine gleichmäßige Auflage dar und erhält diejenige Form, welche der Tragrand am unbeschlagenen Hufe des frei lebenden Pferdes zeigt. Der Tragrand der Seiten= und Trachtenwand ist deshalb völlig wagerecht, der der Zehenwand aber etwas nach außen geneigt zu halten.

Dieses Niederwirken des äußeren Wandrandes an der Zehe ist aber nicht immer nach ein und demselben Maaße zu bewerkstelligen; hierbei muß hauptsächlich die Art der Abnutzung des alten Eisens berücksichtigt werden. Eine mehr gleichmäßige Abnutzung desselben deutet auf ein geringeres, eine stärkere Abnutzung daselbst, namentlich ein kurzes Abgestoßensein des Zehentheiles auf ein stärkeres Nieder= arbeiten dieses Theiles hin und verdient beachtet zu werden. Die Eck= streben, welche ebenfalls aus Wandhorn bestehen und unter denselben Verhältnissen wachsen, können ganz ohne irgend einen Nachtheil so hoch gehalten werden, als der zunächst gelegene Tragrand. Ein Schwächen der Eckstreben durch zu starkes Beschneiden, oder gar ein Herausschneiden oder Herausbrechen derselben (das sog. Luftmachen) ist sehr zu verwerfen.

Mit welchen Instrumenten das Verkürzen des Tragrandes und

die Zubereitung des Hufes überhaupt geschieht, ist von sehr untergeordneter Bedeutung; deshalb will ich hier auch nur beiläufig erwähnen, daß eine gute Raspel und ein englisches Hufmesser für Den, der beide zu brauchen versteht, hierzu sehr zweckmäßige Instrumente sind (vergl. Fig. 82).

Jeder für den neuen Beschlag zubereitete Huf muß, indem man das Pferd auf denselben treten läßt, noch einmal besichtigt, auch mit dem nebenstehenden Hufe verglichen werden; nur dann erst, wenn die Zubereitung in jeder Beziehung tadellos ausgefallen ist, kann man denselben als zum Beschlage vorbereitet und fertig betrachten.

Fig. 82.

Zusatz. Die Regel, daß „der Strahl um die Eisenstärke den Tragrand der Trachtenwände überragen muß", dürfte wohl in vielen Fällen ein zu starkes Niederschneiden der Trachtenwände veranlassen. Die Verkürzung derselben kann nur von dem Verhältniß ihrer Länge zur Zehenwand, von der Stellung und der, am alten Eisen ersichtlichen Abnutzung abhängig sein. Ich kann in dieser Beziehung dem Grafen Einsiedel nur beistimmen, wenn er in seinem „Gedankenzettel" sagt: „Schone in der Regel die Tracht und verkürze die Zehe", denn nur da, wo nach vorausgegangener Prüfung sich die Trachten entschieden zu hoch finden, dürfen dieselben entsprechend niedergeschnitten werden.

Wenn der Strahl gesund, kräftig und hornreich ist, verträgt er jedwede Berührung mit dem Erdboden, selbst wenn er mit der Bodenfläche des Eisens, wie am unbeschlagenen Hufe mit den Trachtenwänden, in einer Ebene liegt; ja er verträgt die Berührung viel besser, als wenn er (zu seinem vermeintlichen Schutze) beschnitten, gewissermaßen zurückgeschnitten, beim neu ausgeführten Beschlage vom Eisen um dessen Stärke überragt wird.

Außer dem genannten englischen Messer und der scharfen Raspel, die ich

Fig. 82. Englisches Hufmesser, von der Seite und von hinten gesehen.

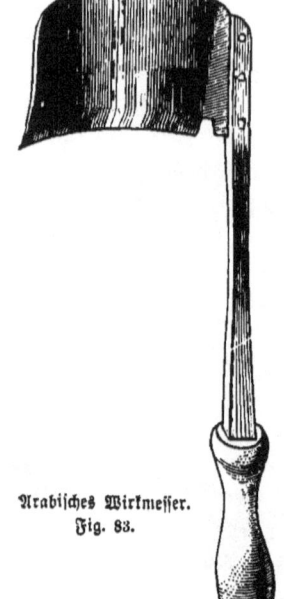

Arabisches Wirkmesser.
Fig. 83.

beide als zur Hufzubereitung vollständig ausreichend erkannt habe, sind ferner im Gebrauch: das gewöhnliche deutsche und (nach diesem, oder umgekehrt gebildet), das französische Wirkmesser. Diesem ähnlich ist das alte hannoversche Stoßmesser; beim Gebrauche wird das Heft desselben vom Schmied, der sich den Fuß selbst aufhält, an die Schulter gestemmt und der Schnitt von der Tracht nach der Zehe ausgeführt. Das arabische Wirkmesser, siehe Figur 83 und des Grafen Einsiedel „kurze verbesserte Anweisung zum Gebrauche des arabischen Wirkmessers". Der patentirte Hufhobel von Erdt, erfreut sich bis jetzt noch keiner allgemeinen Anwendung. Bei sehr lang gewachsenen, harten Hufen beschleunigt eine scharfe Hauklinge oder Zwickzange in der Hand des Kundigen die Verkürzung des Tragrandes wesentlich.

Das Instrument von Rueff zum Beschneiden des Strahls halte ich für entbehrlich.

Wenn man das englische Messer mit Erfolg zur Hufbereitung benutzen will, muß die Klinge desselben etwas länger, und das Ende zu einem kleinen Häkchen aufgebogen, nicht stumpf sein, wie Fig. 82 angiebt. Ich beziehe diese Messer aus Hannover; das Heft derselben ist mit einer starken Feder versehen und erlaubt zu verschiedenen Zwecken von 4 Klingen, die in Länge und Breite passendste einzustecken. R.

4. Wahl der Eisen.

Da man in der Regel die Hufeisen, die zum Beschlagen verwendet werden, schon vorräthig hat, so ist auf die richtige Wahl derselben eine besondere Sorgfalt zu legen, wenn der neue Beschlag zu einem wirklichen Schutze des Hufes ausfallen soll. Es kann ein Hufeisen als solches ausgezeichnet angefertigt und dennoch für dieses oder jenes Pferd ein höchst fehlerhaftes Eisen sein, ohne daß man gerade kranke Hufe vor sich zu haben braucht.

Die allgemeinen Regeln, welche man bei der Wahl der Eisen zu beachten hat, sind etwa folgende:

a) Man wähle die Eisen so lang, daß sie den Tragrand von einem Ende bis zum anderen vollkommen decken.

Dies würde für den Augenblick des Beschlagens und selbst einige Zeit nach demselben ausreichend sein. Da aber die Hufe im Verlaufe der Zeit auf dem Eisen nicht in derselben Form und Länge verbleiben, die sie zur Zeit des Beschlagens hatten, sondern mit der Zeit wieder wachsen, so muß beim Beschlagen von vornherein auf diesen Umstand Rücksicht genommen und die Eisen etwas länger gewählt werden, als der Tragrand in Wirklichkeit ist.

Die meisten Hufe, namentlich aber solche, an denen die Trachtenwände etwas zu niedrig sind, wachsen sehr nach vorn und nehmen in dem Verhältnisse ihres Wachsthums die Eisen mit; an solchen Hufen würden nun genau passende Eisen sehr bald zu kurz werden. Um diesem Uebelstande vorzubeugen, kann in solchen Fällen die vorsorgliche Länge bis zu einem Centimeter nöthig werden, wenn man nicht sonstiger Gangfehler wegen davon absehen muß. — Bei normalen Hufen sind 4—6 Mm. Uebermaaß meist vollkommen ausreichend.

b) Man wähle die Eisen so stark, damit der Beschlag nicht unter vier Wochen erneuert zu werden braucht.

Wenn Pferde die Eisen in kürzerer Zeit als vier Wochen abnutzen, so geschieht dieses gewöhnlich ungleichmäßig, sie werden in der Regel nur an einer kleinen Stelle durchgestoßen; dieser Uebelstand läßt sich im Allgemeinen nicht durch schwerere Eisen, sondern vielmehr durch solche Eisen abhelfen, welchen man an der betreffenden Stelle eine größere Widerstandsfähigkeit, z. B. durch Stahleinschweißen, gegeben hat; Pferde, welche die Eisen gleichmäßig abnutzen, gehen gewöhnlich leicht und regelmäßig; man wähle für sie nur leichtere Eisen; schwere Eisen machen den Gang des Pferdes schwerfällig, schleppend und führen in vielen Fällen zu einer stärkeren Abnutzung, als leichte Eisen. Junge Pferde nutzen die Eisen in der Regel weniger schnell ab, als alte steife Pferde, ebenso Reitpferde weniger als Wagenpferde.

Viel hängt allerdings in Hinsicht auf Abnutzung auch davon ab, wieviel und auf welchen Straßen die Pferde gebraucht werden.

Nicht immer ist es der Fall, daß Pferde, welche schwer zu arbeiten haben, auch stets die Eisen schnell abnutzen, wie umgekehrt eine leichtere Arbeit auf recht harten, unebenen Straßen eine frühere Abnutzung herbeiführen kann.

c) Fehler in der Abnutzung der alten Eisen müssen, wenn dieses nicht durch die Zubereitung der Hufe allein möglich ist, durch die Wahl der neuen Eisen zu beseitigen gesucht werden.

Nicht alle Fehler in der Abnutzung der Eisen lassen sich, wie wir bereits im vorigen Abschnitte angedeutet haben, durch die Zubereitung der Hufe zum Beschlage allein beseitigen, oft muß man das noch Fehlende durch das Eisen ersetzen.

Ist z. B. das alte Eisen an den Trachtenenden stärker als am Zehentheil abgenutzt, so wird man natürlich die Zehe möglichst verkürzen; da aber hierdurch die zu niedrigen Trachtenwände nicht höher werden, so wähle man in solchem Falle Eisen mit stärkeren Trachtenenden. Findet hingegen eine stärkere Abnutzung des Zehentheiles statt, so wähle man Eisen mit schwächeren Trachtenenden. In demselben Sinne verfahre man bei einseitiger Abnutzung, wenn man solche Hufe noch nicht zu den schiefen zählen und als solche behandeln kann.

Pferde, welche in Folge von Steifigkeit oder anderen Fehlern sehr schnell die Eisen durchstoßen, bekommen durch die öftere Erneuerung des Beschläges und dadurch, daß die Eisen in solchen Fällen gewöhnlich von einem Beschlage zum anderen immer schwerer gewünscht und gewählt werden, so zernagelte Wände, daß sich an denselben schwere Eisen beinahe gar nicht mehr befestigen lassen. In solchen Fällen sind leichte, aber stählerne Eisen mit dem besten Erfolg anzuwenden.

d) Wenn man ein zu beschlagendes Pferd noch nicht kennt, so müssen Erkundigungen bei dem Besitzer oder Kutscher über den Dienst des Pferdes, über die Zeit, welche die alten Eisen gelegen haben, sowie darüber, wie das Pferd darauf gegangen ist, vorausgehen, wenn man in der Wahl der Eisen grobe Fehler vermeiden will. Dem alten Eisen ist es nicht immer anzusehen, wie es neu beschaffen war.

Zusatz. Bei vermehrter Abnutzung des Eisens im Zehentheil ist auf eine entsprechende Wandverkürzung an der Zehe, resp. an der Tracht Rücksicht zu nehmen. Neben dieser wird eine angemessene Aufrichtung des Eisens oft mehr Nutzen bringen als das Einschweißen breiter Stahlplatten.

An den Hinterfüßen beobachtet man häufig das sogenannte „Drehen;" es nutzt sich in Folge dessen das Zehen= und Seitenstück des auswendigen Eisenarmes sehr rasch ab. In solchem Falle wende ich ein glattes, stark einseitig geschmiedetes Eisen an, das außerdem an der betreffenden Stelle durch eine

Stahlplatte verstärkt ist. Wenn vorher, trotz entsprechendem Niederschneiden der inneren Wand, Eisen mit starkem Griff und Stahlstollen schon in 14 Tagen verbraucht waren, erzielte ich durch solches Eisen eine Dauer bis zu 4 Wochen. N.

3. Das Richten der Eisen.

Das gewählte Eisen dem zum Beschlage zubereiteten Hufe richtig anzupassen, nennt man das Richten des Eisens. Durch das Richten wird das ausgewählte, schon fertige oder das eben roh abgeschmiedete Eisen erst zum eigentlichen Hufeisen, das im Stande ist, den Huf zu schützen. Alle Mängel an den Flächen, den Nagellöchern ꝛc. müssen bei diesem Geschäfte ausgeglichen und das Eisen so passend gemacht werden, daß es nun wirklich im Stande ist, den Anforderungen zu entsprechen. Nicht jeder Beschlagschmied, der ein Eisen gut abschmieden kann, kann dasselbe auch tadellos richten; diese Beschlagshandlung setzt Verständniß des Beschlages voraus, und wird besonders durch ein gutes Augenmaaß unterstützt; gutes Augenmaaß ist hierbei besser und sicherer, als alles Maaßnehmen. Das Geschäft des Eisenrichtens wird wesentlich erleichtert, wenn das Eisen dazu recht gleichmäßig erwärmt wird, und wenn alle hierzu nöthigen Werkzeuge von zweckmäßiger Form und in gutem Stande sind.

Wie bei der Auswahl des Hufeisens die Länge und die Stärke desselben in Betracht kam, so muß beim Richten desselben wesentlich seine Weite und sein Verhältniß zum Tragrande und zur Sohle Berücksichtigung finden.

Wollten wir annehmen, daß der Fuß des Pferdes eine feste, unelastische Masse wäre, deren Verhältnisse sich unter allen Umständen gleich blieben, so würde ein Hufeisen weit genug sein, wenn sein äußerer Rand genau dem äußern Rande des Tragrandes der Wand entspräche.

Da wir aber wissen, daß der Fuß des Pferdes ein ausdehnungsfähiger elastischer Körpertheil ist, so müssen wir bei dem Richten des Eisens hierauf Rücksicht nehmen, und dem Hufeisen da, wo diese Ausdehnung stattfindet, eine etwas größere Weite geben, als der aufgehobene Fuß verlangt, geradeso wie wir den Eisenarmen eine größere Länge geben müssen, da der Huf in der Längenrichtung ebenfalls, wenn auch nur allmälig, seine Form ändert.

Die Regeln, welche man in Bezug auf die Weite des Hufeisens aufstellen könnte, würden etwa folgende sein:

a) Der Huf dehnt sich in seiner vorderen Hälfte nicht merklich aus, aus diesem Grunde muß sich die Weite des Eisens in der vorderen Hälfte des Hufes genau nach dem Tragrande der Wand richten (oder wie man sich hier zu Lande gewöhnlich ausdrückt, „sie müssen sich vergleichen") und zwar in doppelter Beziehung. Einmal muß nämlich der äußere Umriß des Eisens genau dem äußeren Umrisse der Wand entsprechen, so daß hier weder das Eisen über den Tragrand der Wand, noch der Tragrand der Wand über das Eisen hervorragt; dann müssen die Nagellöcher genau so zu stehen kommen, daß sie dem innern Rande des Tragrandes der Wand entsprechen und diesen decken. Nagellöcher und innerer Rand des Tragrandes müssen sich ebenfalls „vergleichen".

b) Die hintere Hälfte des Hufes dehnt sich beim Auftritt aus; damit diese nun an ihrem Tragrande unter allen Verhältnissen geschützt werde, so muß das Eisen nach hinten zu nach und nach weiter werden, als der Tragrand der Wand am aufgehobenen Fuße ist, und zwar um so viel weiter, als die Ausdehnung des Hufes voraussichtlich betragen wird.

Die Frage, wie viel die Ausdehnung des Hufes in seinem hinteren Theile wohl betrage, ist aus dem Grunde sehr schwierig zu beantworten, da diese Ausdehnungsfähigkeit außerordentlich verschieden sein kann, ja in manchen Fällen sogar gar nicht vorhanden zu sein scheint; oft wird sie allerdings nur durch fehlerhafte Eisen aufgehoben und tritt nach Beseitigung der Hindernisse sofort wieder ein. Wollte man, um diese Frage zu lösen, nun an jedem Hufe wirkliche Messungen anstellen, so würde dies nicht allein eine sehr zeitraubende Beschäftigung, sondern auch eine Arbeit sein, die in vielen Fällen doch nicht zu sicheren Resultaten führen würde. Daher muß man sich Anhaltspunkte suchen, um im Stande zu sein, die Ausdehnungsfähigkeit der betreffenden Hufe zu schätzen. Die Merkmale, nach denen man eine solche Schätzung vornehmen kann, finden sich theils im Hufe selbst, theils am alten Eisen. Im Allgemeinen stellt sich nämlich heraus, daß Hufe, welche in allen Theilen vollkommen ausgebildet und erhalten sind, sich beim Auftritt mehr erweitern, als Hufe, an denen einzelne Theile, namentlich Strahl und Eckstreben, herausgeschnitten oder auf sonstige Weise verkümmert sind.'

Solche alte Eisen, welche einen breiten, oft bis zur Vertiefung geschenerten Streifen auf der oberen Fläche ihrer Trachtenenden zeigen, deuten eine stärkere Ausdehnung des Hufes an; solche dagegen, welche nur eine geringe, oder gar keine Scheuerung zeigen, lassen auf verminderte oder aufgehobene Ausdehnungsfähigkeit des Hufes schließen. Da es nun aber viel wichtiger ist, daß ein Hufeisen dann genau paßt, wenn das Pferd auf demselben steht, als dann, wenn der Fuß aufgehoben ist, so ist den Eisen eine solche Mehrweite zu geben, daß sie an jedem Ende 3 Mm. den Tragrand der Trachtenwände überragen.

Die größere Weite, welche man dem Eisen giebt, darf aber dessen gute Hufform unter keinen Umständen beeinträchtigen; es ist selbst räthlich, bei solchen Hufen, welche nicht mehr die normale Form haben, Eisen anzuwenden, welche eine tadellose Hufform besitzen; dem Hufe geschieht hierdurch nicht allein kein Schaden, sondern es kann ihm insofern sogar noch von Vortheil sein, als es ja eine bekannte Thatsache ist, daß der Huf mit der Zeit die Form des Eisens annimmt.

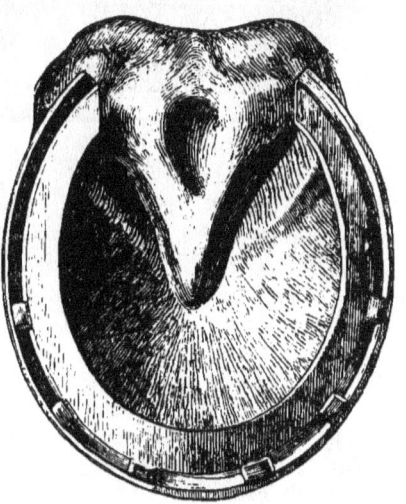

Fig. 84.

Die Enden des Eisens können nahe am Strahle anliegen, ohne jedoch in diesen einzudrücken. Was das Verhältniß des Eisens zum Tragrande anlangt, so ergiebt sich dies bei der Beachtung der Regel, daß ein gutgerichtetes Eisen mit seiner obern Fläche genau der Form entsprechen muß, welche dem Tragrande gegeben wurde, eigentlich von selbst.

Das Eisen soll mit seinem Tragrande auf dem Tragrande der Wand eben, gleichmäßig und in gleicher Breite aufliegen; es wird deshalb an seinen Trachten- und Seitentheilen völlig wagerecht, an

---

Fig. 84. Aufgenageltes Vordereisen, von unten gesehen, um das Verhältniß der Armenden zum Strahl zeigen.

seinem Zehentheile aber in demselben Grade aufwärts gerichtet sein
müssen, als der Tragrand der Wand aufwärts zugerichtet wurde, und
wie dies bei Fig. 85 von der Seite her anschaulich gemacht worden ist.

Das Aufwärtsrichten ist nicht immer in gleichem Grade erfor=
derlich; der Grad desselben wird am sichersten dem alten Eisen ent=
nommen. In der Regel ist ein Aufwärtsrichten um die Höhe der
Eisenstärke passend, oft muß es mehr, oft kann es weniger betragen*).

Mit der Sohle darf das Eisen in keine Berührung kommen.
Zwischen beiden
muß vermittelst der
Form des Trage=
randes der Wand
und vermittelst der
Abdachung der
oberen Eisenfläche
ein Zwischenraum
von ungefähr 3
Mm. hergestellt wer=
den.

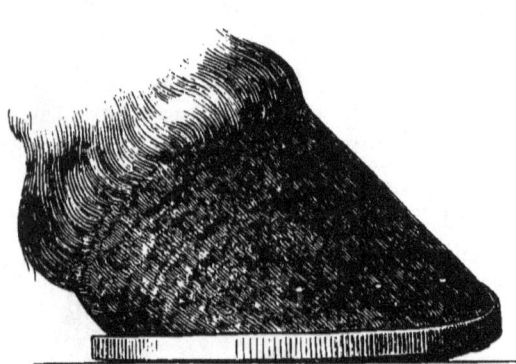

Fig. 85.

Die Kappe oder
der Aufzug (Fig. 73a) wird aus dem dazu bestimmten Vorsprunge
an der Mitte des Zehentheils so hoch heraufgezogen, als das Eisen
dort stark ist; sie muß oben abgerundet und so schwach sein, daß sie

---

*) Bei dieser Gelegenheit kann ich nicht unterlassen zu erwähnen, daß mir
oft der Vorwurf gemacht worden ist, daß der von mir ausgeübte und empfohlene
Beschlag nicht ächt englisch wäre, und daß ich in auffallender Weise in Bezug
auf Breite, Lochung und Richtung von den englischen Modellen abweiche. Dieses
Abweichen von englischen Mustern gebe ich gern zu; nicht das englische National=
beschläge ist es, welches ich mir zum Vorbild genommen habe, sondern nur das
Princip, das in diesem Beschläge am meisten vertreten ist, und mit der Natur
am meisten harmonirt, habe ich daraus entnommen. Das richtigste
Modell, welches meiner Ansicht nach nur allein maßgebend sein kann, bringt
jedes Pferd an seinen Hufen selbst mit zur Beschlagschmiede, und dies hat für
mich mehr Werth, als alle Nationalbeschläge und alle Bücherweisheit zusammen=
genommen.

Fig. 85. Aufgenageltes Vordereisen, von der Seite gesehen, um dessen
Aufwärtsrichtung an der Zehe zu zeigen.

sich, ohne abzubrechen, leicht am unteren Ende der Wand gleichmäßig anlegen läßt. Glaubt man, daß das gerichtete Eisen in jeder Hinsicht fertig sei, so probirt man dasselbe dem Hufe auf, um hierüber Gewißheit zu erlangen. Das Aufprobiren geschieht in mäßig erwärmtem Zustande, damit, wenn sich noch kleine Fehler am Eisen zeigen sollten, diese sofort abgeändert werden können, ohne daß man das Eisen nochmals zu erwärmen braucht; einen andern Vortheil hat das Auflegen des erwärmten Eisens auch noch darin, daß sich am Eisen und Huf unebene Stellen besser markiren. Ein wirkliches Aufbrennen darf nicht stattfinden. Hat man den Huf als richtig zubereitet erkannt, so darf an demselben, um das Eisen passend zu machen, durchaus nichts mehr geschnitten und geraspelt werden.

Die Fehler des Eisens sind dann auch wirklich am Eisen abzuändern, denn es ist das Eisen auf den Huf, nicht aber der Huf auf das Eisen zu passen.

Den äußeren Rand und die Enden des sauber gearbeiteten Eisens abzufeilen, ist nicht wesentlich; es wird gewöhnlich gern gesehen und schadet niemals, vielmehr wird das nette Ansehen des Beschlages dadurch erhöht.

Fig. 86.

Zusatz. Die Grundregel beim Richten der Eisen ist: „Richte das Eisen nach dem Hufe, doch jederzeit so, daß es eine möglichst gute Hufform bewahrt!" Das Eisen in Figur 87 ist genau nach dem Hufe der nebenstehenden Figur 86 gerichtet; es ist aber schlecht gerichtet, weil es keine gute Hufform zeigt; das Eisen in Fig. 88 ist demselben Hufe angepaßt und dem ersteren seiner besseren Hufform wegen, bei Weitem vorzuziehen.

Ein zweiter Hauptpunkt betrifft die Weite des Eisens in der hinteren Hälfte. Den besten Anhaltspunkt für die Frage: Wie viel ein Eisen nach hinten weiter sein soll, bietet ein jeder Huf in der Stellung seiner Trachtenwände. Je mehr dieselben nach unten einlaufen, um so weiter, entgegengesetzt um so enger kann das Eisen sein; jeder Punkt des Kronenrandes der hintern Hufhälfte soll Unterstützung auf dem Eisen finden.

Ausnahmen hiervon macht man am innern Eisenarm bei Pferden, die sich streichen.

Ein zweckmäßiges Verhauen der Schenkelenden (des glatten Eisens) erleichtert das Richten derselben wesentlich. Ich lasse dieses Geschäft, ähnlich wie Miles, so vornehmen, daß die äußere Ecke bodeneng über dem Horn nach innen geschmiedet, und die dadurch stärker hervorgetretene innere Ecke mit dem länglich halbrunden Aushauer schräg von der Huf- nach der Bodenfläche abgeschlagen wird.

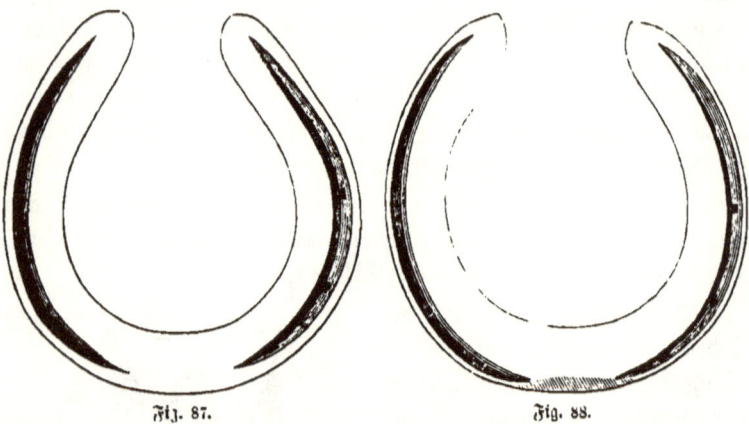

Fig. 87.   Fig. 88.

Endlich soll das Eisen in seiner ganzen Ausdehnung, vorzüglich aber in Zehen- und Seitentheilen mit dem Tragerande der Wand in inniger Berührung stehen. Es wird dies am schnellsten ermöglicht dadurch, daß man das Eisen mäßig erwärmt dem Hufe anpaßt. Der kalte, oder podometrische Beschlag (Podometer nach Riquet) wird niemals ein genaues Anpassen und Aufliegen des Eisens ermöglichen; man wandte dies Verfahren längere Zeit in der französischen Armee an, kam aber wieder davon ab.

Die Aufrichtung am Eisen bewirkt nebenbei eine zweckmäßige Belastung des Zehentheils; sie soll, selbst in ihrem höchsten Grade, sich nicht über die Hälfte der Eisenbreite erstrecken, damit die ebene Bodenfläche dem Eisen erhalten bleibt. Mit Rücksicht auf Fig. 85 will ich noch erwähnen, daß dem Auflegen des Eisens eine Zehenverkürzung bis zur Spitze des Aufzugs vorangehen mußte; an dem betreffenden Eisen kann ich mich mit der muldigen Richtung der Bodenfläche, die Hartmann überhaupt den Eisen gab, nicht einverstanden erklären.   R.

6. Hufnägel.

Solche Nägel, welche sich durch ihre Form und Beschaffenheit zu einer guten und bis zur völligen Abnutzung des Hufeisens dauernden Befestigung desselben eignen, nennt man Hufnägel.

Die Hufnägel müssen schlank keilförmig, doppelt so breit als stark, 3—6 Cm. lang sein. Stärke und Länge derselben müssen in richtigem Verhältniß zu einander stehen*).

Das Material, welches man zu ihrer Anfertigung verwendet, sei gutes Eisen.

Um beim Beschlagen der Pferde eine richtige Wahl der Nägel treffen zu können, ist es unbedingt nöthig, daß man von ihnen 5—6 Sorten vorräthig hält; da man die größte Sorgfalt darauf zu verwenden hat, daß die Nägel niemals stärker und länger genommen werden, als sie zur Befestigung des

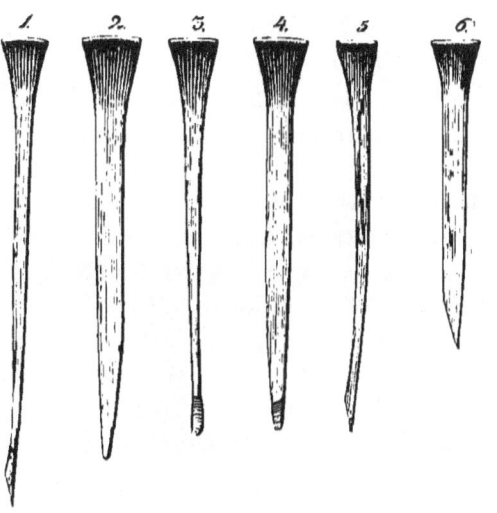

Fig. 89.

Eisens unbedingt erforderlich sind, und es sogar kommen kann, daß für ein und denselben Huf oft mehrere Sorten Nägel nothwendig werden. Jeder Nagel macht in dem Huf ein Loch, und je kleiner dieses sein kann, um so besser ist es jedenfalls für den Huf. Wenn wir als eine Hauptbedingung des Hufbeschlages allerdings auch aufstellen, daß die Eisen fest mit dem Hufe verbunden werden müssen, so würde man doch sehr irren, wenn man diese feste Verbindung nur durch recht große und starke Nägel erzielen wollte. Sobald ein

---

*) Es ist aus mehrfachen Gründen nicht zu empfehlen, daß sich der Beschlagschmied die Hufnägel selbst anfertige; er kauft sie billiger und bei richtiger Bestellung auch besser.

Fig. 89. Hufnägel in natürlicher Größe. 1. großer Hufnagel, gerichtet und gezwickt, von der schmalen Seite gesehen. 2. etwas kleinerer Hufnagel, von der breiten Seite gesehen. 3. mittlere Sorte roh, von der schmalen Seite gesehen. 4. derselbe gezwickt, von der breiten Seite gesehen. 5. derselbe gezwickt, von der schmalen Seite gesehen. 6. kleine Sorte (müßte kleiner sein. N.)

Nagel die Wand spaltet, hält er weniger als der schwächste Nagel in ungespaltener Wand. Ueberhaupt dürfte es nur in äußerst seltenen Fällen vorkommen, daß der Grund, warum das Eisen nicht am Hufe haften bleibt, in zu schwachen Nägeln zu suchen ist; meist passen die Eisen nicht, häufig passen die Löcher in Form, Richtung und Größe nicht.

Die gewählten Nägel müssen vor ihrem Gebrauche noch eine besondere Zubereitung erhalten, welche sie geeignet macht, daß sie leicht und in der gewünschten Richtung durch die Hornwand getrieben werden können. Diese Zubereitung, welche wir das Richten und Zwicken der Nägel nennen, kann aber dann erst mit Vortheil vorgenommen werden, wenn wir den zu beschlagenden Huf in Bezug auf Form und Festigkeit der Wand kennen gelernt haben. Hier bei zu beachtende Regeln sind, daß man die Nägel wohl glatt und eben verlaufend, aber dabei niemals härter hämmert als unbedingt nöthig ist, denn je weicher man die Nägel verschlagen kann, um so besser ist es. Nägel und Wand sind deswegen in Bezug auf Härte zusammen zu passen.

Ferner muß man den Nägeln diejenige Form geben, damit sie grade und nicht im Bogen das Horn durchdringen; zu diesem Zwecke ist die dem Hufe zugekehrte oder innere Seite der Nägel etwas nach außen durchzurichten (Fig. 89, 5.), da es begründet ist, daß grade Nägel stets krumm durch die Wand hindurch gehen und dann nicht allein nicht fest sitzen, sondern auch leicht Horn und Weichtheile beschädigen.

An der Spitze der Nägel bringt man die Zwicke in der Art an, daß sie einen kurzen einseitigen, von innen nach außen schräg verlaufenden Keil bilde (Fig. 89, 1. 4. 5.). Eine kurze Zwicke macht die Nägel geschickt, niedrig geschlagen werden zu können, während eine lange Zwicke ein höheres Einschlagen möglich macht.

Ein bestimmtes Längenmaaß läßt sich für die Zwicke schon deswegen nicht angeben, da die verschiedenen Wandformen eine verschiedene Zwickenlänge nöthig machen und auch die Länge etwas von der Stärke der Nägel abhängig ist.

Niemals darf die Zwicke einen Haken bilden; sie muß stets grade stehen, wohl scharf, aber nicht dünn und am allerwenigsten unganz sein.

7. Aufnageln der Eisen.

Vor dem Aufnageln des betreffenden Eisens wird dasselbe von einem gewissenhaften Beschlagschmiede nochmals und zwar nun im kalten Zustande dem Hufe aufprobirt und hierbei sorgfältig nachgesehen, ob es auch wirklich in jeder Beziehung dem entspricht, was man von einem gut passenden Eisen zu verlangen hat. Etwa sich ergebende Fehler müssen vorher abgeändert werden, und jetzt erst beginnt das Aufnageln selbst.

Das Aufnageln eines gut passenden Eisens ist eigentlich als das Leichteste des ganzen Beschlaggeschäftes zu betrachten, aber doch muß es nach bestimmten Regeln erfolgen, wenn es ganz dem Zwecke entsprechen soll. **Das Eisen soll durch das Aufnageln in seiner richtigen Lage mit möglichster Schonung des Wandhorns und mit gänzlicher Vermeidung von Verletzungen der Weichtheile, fest und dauerhaft mit dem Hufe verbunden werden.**

Um zu ermöglichen, daß das Eisen während des Aufnagelns in seiner richtigen Lage bleibe, darf man nicht übersehen, daß jeder Nagel durch seine Keilform das Eisen stets nach derjenigen Seite treiben muß, an welcher man ihn mit seiner Zwicke im Nagelloche angesetzt hat, deswegen muß man es sich zur Regel machen, die Zwicke **möglichst in der Mitte des Nagelloches anzusetzen**; dann kann ein Seitwärtstreiben des Eisens nicht so leicht erfolgen. Hat das Eisen durch zwei oder mehrere Nägel schon eine festere Lage erhalten, so ist auch ein Verschieben in dieser Art nicht mehr so gut möglich, es giebt dann das Wandhorn dem später eingeschlagenen Nagel auch etwas nach. Ist das noch nicht festliegende Eisen durch ein einseitiges Ansetzen der Nägel wirklich etwas verschoben worden und aus seiner richtigen Lage gekommen, so kann man solche kleine Verschiebungen durch ein entsprechendes Ansetzen der Nägel an der anderen Seite wieder in Ordnung bringen; bei stärkeren Verschiebungen müssen die schon geschlagenen Nägel wieder ausgezogen und dem Eisen von neuem eine bessere Lage zu geben versucht werden.

Mit welchem Nagelloche man das Aufnageln beginnt, ist eigentlich in der Hauptsache ganz gleichgültig; da man aber doch irgendwo anfangen muß, so nehme man zuerst das eine von den mittelsten Löchern*).

Die zweite Bedingung beim Aufnageln ist, das Wandhorn hierbei möglichst zu schonen und jede Verletzung der Weichtheile zu vermeiden.

Diese Bedingung wird erfüllt, insoweit es das Einschlagen der Nägel betrifft, wenn man mit Rücksicht auf das vorhandene Wandhorn die Nägel vorsichtig, grade und nur so hoch schlägt, daß dieselben festes Horn fassen. Wenn die Nägel bei leichten Eisen gegen 2 Cm. und bei schwereren 2½—3 Cmt. über dem Eisen aus der Wand treten, so sind sie hoch genug geschlagen.

Es ist stets zu tadeln, das manche Schmiede, in dem Glauben, eine besondere Kunstfertigkeit an den Tag zu legen oder eine größere Dauerhaftigkeit zu erzielen, die Nägel ohne Rücksicht auf Huf und Eisen beständig recht hoch schlagen und dadurch nach und nach 5—6 Reihen alter Nagellöcher im Hufe anbringen, sodaß eine feste Stelle an der Wand zuletzt beinahe nicht mehr zu finden ist. Erfahrungsmäßig werden mehr Eisen durch zu hohes Einschlagen der Nägel locker und gehen verloren, als dieses umgekehrt der Fall ist; ganz abgesehen noch von dem bei hohem Einschlagen häufig vorkommenden Stechen und Vernageln. Je weniger man das Wandhorn durch viele, starke oder zu hoch geschlagene Nägel zersplittert und verletzt, um so fester liegen gut passende Eisen; es verräth eine besondere Kunstfertigkeit des Beschlagschmiedes, wenn man wenig oder keine alten Löcher im Hufe findet.

Den einzuschlagenden Nagel hält man möglichst lang und in derjenigen Richtung zwischen den Fingern, in welcher er durch das Horn,

---

*) Es ist vielfach als Regel aufgestellt worden, daß man stets an der inneren Seite mit dem Aufnageln beginnen solle, damit, wenn das Eisen sich ja verschöbe, es dann wenigstens, da das Verschieben bei unachtsamem Ansetzen des Nagels gewöhnlich nach der entgegengesetzten Seite stattfände, mehr nach außen als nach innen zu liegen käme. Alles Verschieben der Eisen, gleichviel ob nach außen oder innen, ist fehlerhaft; ein Eisen soll richtig liegen. Ein Festhalten des Eisens durch den Aufhalter erleichtert allerdings das Innehalten der richtigen Lage; doch bleibt es immer ein übles Zeichen, wenn man sich zur richtigen Befestigung des Eisens zu sehr auf den Aufhalter verlassen muß; es deutet dies stets auf Fehler, entweder in der Richtung der Eisen oder des Aufnagelns hin. In einigen Ländern bedient sich der Schmied gar keines Aufhalters und er wird deswegen die Eisen doch nicht verschoben aufnageln.

von der weißen Linie aus bringen soll. Das Einschlagen desselben geschieht mit steter Rücksicht auf Gang und Klang vorsichtig, aber doch mit so viel Kraft, daß der Nagel auf jeden Schlag ungefähr 5—6 Mm. vorwärts bringt. Die Kraft des Schlages hängt von der Festigkeit des Hornes und von der Größe des Nagels ab. Alle Bravourschläge sind ebenso zu verwerfen, wie ein zu zimperliches Geklimper.

Nägel, welche in einer Tiefe von $1\frac{1}{2}$ Cm. noch weich gehen, sich setzen oder sonst dem Pferde Schmerz verursachen, sind sofort zurückzuziehen.

Die Spitze eines jeden gutsitzenden Nagels wird sofort nach dem Einschlagen nach unten umgebogen. Es sieht recht gut aus, und ist auch bei gehöriger Entfernung der Nägel von einander durchaus nicht zu tadeln, wenn die Nägel in einer geraden Linie nebeneinander aus der Wand herausgekommen sind, doch als eine Hauptsache kann man diese Regelmäßigkeit keineswegs betrachten. Jedenfalls ist es viel wichtiger, daß alle Nägel gleich gut, wenn auch nicht gleich hoch stecken.

Bei mehr als sechs Nägeln kann eine gleiche Höhe, da nun die Nägel näher zusammen kommen, sogar nachtheilig werden.

Wenn sämmtliche Nägel, die zur Befestigung eines Hufeisens nöthig waren, eingeschlagen sind, so unterstützt man den Huf mit der linken Hand und übergeht die Nagelköpfe noch einmal mit angemessenen Schlägen, um jeden derselben sicher und fest in das Gesenk des Eisens einzutreiben. Hierdurch erreicht man das, was wir als dritte Bedingung beim Aufnageln der Eisen aufgestellt haben, nämlich daß das Eisen fest und für die Dauer mit dem Huf verbunden bleibe. Sind sämmtliche Nägel fest in Eisen und Huf eingetrieben, so hält man die Zange oder ein anderes dazu geeignetes Instrument unter die umgebogenen Nagelspitzen und sucht durch leichte Schläge auf die betreffenden Köpfe die erwähnten Spitzen gleichmäßig um- und an den Huf anzubiegen, aber nicht etwa um die Nägel im Hufe selbst fester sitzen zu machen*), sondern nur um sie

---

*) In Wirklichkeit wird eine dauernde Befestigung des Eisens nicht erreicht, wenn, wie dies gewöhnlich geschieht, unter die eingeschlagenen Nägel eine Zange oder ein sonst geeignetes Werkzeug gesetzt und, in dem Glauben die Sache recht gut zu machen, heftig auf die Nagelköpfe geschlagen wird. Hierdurch werden die Nägel im Hufe krumm gestaucht, die Nagellöcher ziehen sich außen an der Wand herunter und werden in der Wand weiter; das Eisen ist dann mehr der Gefahr ausgesetzt, verloren zu gehen, als wenn man diese Vorsichtsmaßregel gar nicht angewendet hätte.

gleichmäßiger abzwicken zu können und um sie durch die stärkere Um=
biegung zum späteren eigentlichen Vernieten geschickter zu machen.

Jeder Nagel treibt an seiner Durchgangsstelle, d. h. dort wo er
aus der Wand tritt, die äußere Wandschicht unterhalb etwas auf;
man kann daher, um die Niete zu formiren, die Nagelspitze dicht am
Horn abzwicken, ohne befürchten zu müssen, daß die Niete zu kurz
würde. Alle drehenden und sonstigen Bewegungen, welche den Nagel
beim Abzwicken im Hufe lockern könnten, sind zu unterlassen.

Nach dem Abzwicken wird das aufgetriebene Horn unterhalb des
Nagelrestes, aber nur dieses, entweder mit der Raspel oder mit einem
besonders dazu vorgerichteten feinen Meißel weggenommen, und das
Nagelende grade und etwas scharf gefeilt; dies geschieht, damit sämmt=
liche Nieten gleich lang ausfallen und sich durch leichte Schläge glatt
in die zur Aufnahme derselben vorbereiteten Stellen anlegen lassen.

Wenn die Nieten so lang sind, als die Breite der Nägel an der
betreffenden Stelle beträgt, so sind sie lang genug.

Jedenfalls ist es vortheilhaft, das ganze Vernietungsgeschäft bei
den Vorderhufen auf einem passenden Bocke vorzunehmen. Hinterhufe
werden dagegen aus freier Hand bearbeitet.

Wenn der zu beschlagende Huf gut zubereitet, das Eisen mit
Sorgfalt gerichtet und aufgenagelt ist, so halte ich es außerdem noch
für sehr empfehlenswerth, wenn man am Hufe, nachdem die Nägel
vernietet sind, keinerlei Unebenheiten wahrnimmt, aber es darf auch
kein Glasurverlust durch Abraspeln herbeigeführt werden.

Die Wand nach dem Beschlagen mit Fett zu bestreichen, halte
ich für keinen Fehler, dem beschlagenen Pferde aber, wenn es aus
der Schmiede fortgeführt wird, noch einige Blicke zu schenken, um zu
sehen wie es geht, halte ich für die Schuldigkeit jedes Beschlagschmiedes.

Die leichteste, mit der größten Vorsicht bewerkstelligte Vernietung der im
Hufhorn festsitzenden Nägel, bei der keinerlei Oeffnung oberhalb der Niete in der
Wand entsteht, ist vollkommen ausreichend, die Befestigung des Eisens zu be=
wirken; nicht das Häkchen, welches wir Niete nennen, ist es, das den Nagel im
Hufe hält, sondern das ihn engumschließende Hufhorn thut dies; haben wir dies
aber auf die eben beschriebene Weise erweitert, dann ist es nicht zu verwundern,
daß der Nagel verloren geht, oder wenigstens lose in seinem Loche sitzt.

Zusatz. Man hat vielfach versucht, statt der Nägel anderweite Befestigungsmittel für das Eisen zu erfinden; ich will hier nur die Hipposandalen von C. Pauli und von de Gournay erwähnen, die ihrer Zeit viel von sich sprechen machten. Bei ganz zernagelten, hornarmen Hufen habe ich durch hohe Aufzüge, die ich mit feinen Holzschräubchen befestigte, eine ausreichende Haltbarkeit des Eisens erzielt. Beim Einschlagen der Hufnägel kommt es nicht selten vor, daß sich ein Nagel staucht oder wie man zu sagen pflegt „setzt". Beim Herausziehen solcher Nägel reißen dieselben sehr häufig ab und es bleiben ihre Spitzen so im Hufe stecken, daß deren Entfernung mit einer gewöhnlichen Zange vom Tragerande aus nicht anders möglich ist, als daß man einen Theil des Wandhornes mit wegkneipt. Dieser letztere Umstand, sowie die Schwierigkeit der Entfernung selbst veranlaßten mich nebenstehend abgebildete, zur Herausnahme der erwähnten Nägel geeignete Zange zu construiren. Mittelst derselben wird der von dem umgebenden Horn in geringer Ausdehnung kreisförmig befreite Nagelrest leicht erfaßt und festgehalten und kann nun, indem die Stellschraube als Stützpunkt dient, leicht herausgehoben werden. Dieses von jedem geschickten Hufbeschläger leicht anzufertigende Instrument dürfte auch dem Thierarzt bei Entfernung alter Stifte von wesentlichem Nutzen sein. N.

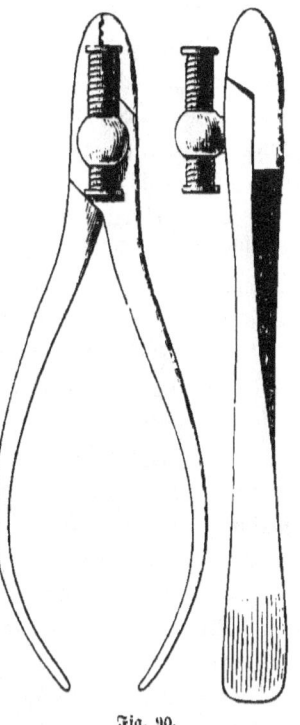

Fig. 90.

Hufpflege.

Die Begriffe von Hufpflege sind bei vielen Pferdebesitzern, besonders aber bei Schmieden und Kutschern, als denjenigen Personen, welchen das Wohl der Pferdehufe ganz besonders anvertraut ist, meist so eigenthümlicher Art, daß es bei den großen Nachtheilen, welche eine übelverstandene Hufpflege auf die Hufe ausübt, nicht überflüssig erscheinen kann, wenn hier einige Worte darüber gesagt werden.

Wenn man irgend einen Gegenstand „pflegt", so geschieht dies wohl immer nur in der guten Absicht, denselben möglichst unversehrt

---

Fig. 90. Zange zur Entfernung von Nagelspitzen und Hufstiften.

zu erhalten. Mit der Pflege der Hufe hat es im Grunde genommen dieselbe Bewandtniß; der Eine thut dieses, der Andere jenes in der guten Meinung, die Hufe seiner Pferde in einem möglichst vollkommenen Zustande zu erhalten und eine längere Dauer derselben zu erzielen. Aber nicht alles, was zu diesem Zwecke an den Hufen geschieht, ist denselben wirklich dienlich; ja es wäre oft viel besser, die Hufe würden gar nicht gepflegt.

Die verbreiteste Art, die Hufe zu pflegen besteht darin, dieselben täglich oder doch wenigstens sehr oft (bei Militairpferden häufig auf Commando) mit Kuhmist oder einem Gemisch aus Lehm und Kuhmist, oder einer sonstigen geheimen Mischung einzuschlagen, d. h. die Sohlenfläche des Hufes im Raume zwischen den beiden Eisenarmen wird damit ausgeklebt; die Wand darf nur selten an diesem Genusse Theil nehmen; diese wird vielmehr mit irgend einer aus Geheimmitteln zusammengesetzten Hufsalbe kurz vor dem Gebrauche des Pferdes bei dem Einschirren eingeschmiert. Die Erwartungen, welche sich an diese Hufpflege knüpfen, sind eben so verschieden, als es die Mittel sind, welche dazu verwendet werden.

Viele sind der Ansicht, daß der Huf dasjenige, was er zu seinem Wachsthum, zu seinem Nachschube braucht, direkt von außen in sich aufnehmen müsse; diese düngen also den Huf und glauben im Kuhmiste das beste Mittel gefunden zu haben. Andere wollen durch die Hufpflege Müdigkeit, Krankheitsstoffe oder sonst üble Säfte aus den Hufen ziehen und bedienen sich dazu der gemischten Einschläge. Wieder Andere wollen das einmal vorhandene Hufhorn zäh und geschmeidig machen oder erhalten und gebrauchen dazu einfache oder zusammengesetzte Fette und Oele, oft auch noch einige Geheimmittel. Die eigentliche Wirkung dieser mannigfachen Schmierereien ist für den Huf nun aber theils geringfügig, theils sogar nachtheilig; wenigstens treten in keinem Falle die gehofften Resultate ein, noch können sie eintreten. Diese Behauptung findet ihre Begründung in dem, was bis jetzt über den Bau und die Verrichtung des Hufes erforscht ist. Das Wachsthum des Hornes hängt von der gesunden und normalen Beschaffenheit der hornerzeugenden Fußtheile ab, und die thierischen Säfte selbst sind es, die das Material dazu hergeben. Die Feuchtigkeit die der normale Huf bedarf, erhält er ebenfalls aus diesen Säften;

das zeigt jeder gesunde Huf so lange er eben nicht durch Einweichen und Einschlagen künstlich spröde gemacht worden ist.

Die Sohlenfläche des Hufes nimmt allerdings in Folge ihres porösen Zustandes eine gewiße Menge von den zum Einschlag gewählten flüssigen Stoffen in sich auf; ihre Röhrchen saugen sich voll; das Ganze nimmt dadurch für den Augenblick an Umfang und Schwere zu, aber eine wirkliche Aneignung findet nicht statt, Horn wird daraus niemals. Der Huf wird für den Augenblick zwar weicher, um sehr bald desto härter zu werden. Ebensowenig lassen sich Müdigkeit, Krankheitsstoffe ꝛc. durch Einschläge aus den Hufen ausziehen. Das Hufhorn wird nicht müde und enthält auch keine Krankheitsstoffe, welche sich herausziehen ließen.

Das übermäßige Bestreichen der Wandfläche mit Fett und dergleichen kann ebensowenig die gehoffte Wirkung hervorbringen; die Wandfläche saugt nichts auf, sie wird nur äußerlich beschmutzt.

Eine derartige Hufpflege ist daher nicht nur völlig nutzlos, sondern sie ist für die Hufe selbst schädlich und dies gilt namentlich von dem erwähnten Einschlagen. Das Horn des Strahls und der Sohle saugt sich voll stinkender, oft ätzender Flüssigkeit (vergl. erstes Buch S. 101), der Strahl wird faul, die Sohle verliert ihre Spannkraft, und Flachhufe, getrennte Wände, Steingallen ꝛc. können die Folgen einer solchen mißverstandenen Hufpflege sein.

Dem Pferde, welches wir zu unserem Nutzen verwenden, sind wir eine Pflege des ganzen Körpers und ganz besonders auch seiner Hufe, von denen die Gebrauchsfähigkeit in nicht geringem Grade abhängt, schuldig.

Schon im Fohlenalter, namentlich da, wo wegen der örtlichen und climatischen Verhältnisse die Aufzucht der Fohlen zum größten Theil als Stallzucht betrieben wird, bei der die Abnutzung der Hufe meist eine viele geringere als deren Wachsthum ist, wird durch Unkenntniß oder Vernachlässigung der Hufpflege der Grund zu fehlerhaften und kranken Hufen für die Lebenszeit des Pferdes gelegt. Man glaubt, den Fohlen ihrer Hufe wegen einen möglichst nassen und schmutzigen Tummelplatz geben zu müssen; man schneidet auch wohl von Zeit zu Zeit die Hüfchen aus, damit Strahl und Sohle recht dünn werden und der Mist besser einwirken kann. Um die Form der Hufe kümmert man sich sonst wenig, oder freut sich sogar, wenn dieselben recht lang gewachsen sind. Dies ist aber der verkehrte Weg und führt sicher zum Ruin der Füße.

Möglichst viel Bewegung der Fohlen, besser auf festem als nassem Boden, öfteres Auskratzen und Auswaschen des eingetretenen Stallmistes, also Reinigen der Hufe innen wie außen und, wenn die Abnutzung nicht hinlänglich ist, naturgemäße Verkürzung der Wand, das ist die Pflege, welche wir den Fohlenhufen zukommen lassen müssen, wenn dieselben gesund sein und bleiben sollen.

Das Fohlen wird zum Pferde und als solches zur Arbeit verwendet. Wachsthum und Abnutzung der Hufe kommt hierbei entweder in das richtige Gleichgewicht, oder es wird mehr abgenutzt, als die Natur in derselben Zeit ersetzen kann. Im letzteren Falle eröffnet sich für die Hufpflege ein neues Feld, die Hufe müssen geschützt, sie müssen beschlagen werden.

Wie so häufig ein und dasselbe Mittel je nach der Anwendung zum Nutzen oder Nachtheil gereichen kann, so verhält es sich auch mit dem Hufbeschlage als Mittel der Hufpflege; ich theile die Ansicht Derer vollkommen, welche den Hufbeschlag als das allerwirksamste Mittel zur Verderbniß der Hufe schildern, wenn sie darunter einen schlechten Hufbeschlag verstanden wissen wollen; sonst aber bin ich entgegengesetzter Meinung. Ein Beschlag, durch welchen wir die Hufe vor zu starker Abnutzung schützen, ohne uns dabei Handlungen zu erlauben, welche den Bau derselben schwächen und ihre Verrichtungen beeinträchtigen, ein solcher Beschlag und bei solchen Pferden angewendet, bei denen sich ein Schutz des Tragrandes in Wirklichkeit nöthig macht, muß ganz bestimmt auch als eine Hufpflege betrachtet werden, die wir bei der Mehrzahl der Pferde nicht entbehren können. Der Hufbeschlag kann nur dann nicht als Hufpflege angesehen werden, wenn derselbe entweder schlecht ist, oder unnöthig angewendet wird.

Die ganze Hufpflege des beschlagenen Pferdes läßt sich daher mit sehr wenig Worten zusammenfassen: Guter Beschlag, viel Bewegung, große Reinlichkeit und zeitweiliges Bestreichen der Wand mit einfachem Fett, um die durch Beschlag und Gebrauch stellenweise abgestoßene Glasur in etwas zu ersetzen.

Zweite Abtheilung.

Beschlag kranker Hufe.

Ein Huf ist krank, wenn seine Form, seine Hornbeschaffenheit oder der Zustand der von ihm eingeschlossenen Theile nicht mit dem übereinstimmt, was man als normal bezeichnet, und wenn durch ihn gleichzeitig die Gebrauchsfähigkeit der Thiere mehr oder weniger beeinträchtigt wird.

Bei dem innigen Zusammenhange und bei der Wechselwirkung, in welcher die inneren und äußeren Fußtheile zu einander stehen, gehen gewöhnlich die Veränderungen derselben bei Hufkrankheiten so Hand in Hand, daß sich in vielen Fällen hier gar keine scharfe Grenze ziehen läßt. Es kann aus der anfänglich blos oberflächlichen Hufkrankheit eine wirkliche Fußkrankheit entstehen, bei der sich die eingeschlossenen Theile mehr oder weniger betheiligen, wie umgekehrt die Erkrankung der inneren Theile auch Veränderungen der Hornkapsel nach sich ziehen kann.

Da die Lehre der Fußkrankheiten nun eines der wichtigsten Kapitel der Thierheilkunde ist, so ist es auch ausschließlich Sache des Thierarztes, diese Lehre in allen ihren Theilen genau zu kennen. Diese Schrift hat sich nicht so weite Grenzen gesteckt. Hier soll von den Huf-, resp. Fußkrankheiten nur dasjenige zur Betrachtung kommen, was in Wirklichkeit am häufigsten vorkommt und durch seine Alltäglichkeit eine größere praktische Bedeutung erlangt hat. Kranke

Hufe, die durch fehlerhaften Beschlag und falsch verstandene Hufpflege hervorgerufen wurden und durch zweckmäßigen Beschlag geheilt oder gebessert werden können, sollen hier allein ihre Besprechung finden.

Wenn man in manchen Handbüchern über Hufbeschlag die langen Krankheitsregister, und in den Modelleisensammlungen die ungeheuere Menge künstlicher Eisen, welche fast sämmtlich für kranke Hufe erfunden sind, überblickt, so müßte man eigentlich denken, daß es Mühe und Nachdenken erfordert hätte, so viele und so verschiedene Krankheiten an einem von Natur so festen Theile des Pferdekörpers, wie es doch der Huf ist, hervorzubringen. Denn die vielen Hufkrankheiten sind entstanden, weil man den Hauptzweck des ganzen Hufbeschlages (Schutz vor zu starker Abnutzung des Tragrandes) als Nebenzweck betrachtete. Man fand einen normalen Huf in seiner runden Form, mit seiner starken Sohle, seinem gesunden Strahle und seinen kräftigen Eckstreben unschön, man raffinirte die gesunden Hufe zu verschönern und zu verbessern, und man verunstaltete und verschlechterte sie.

Ich glaube, man kann, ohne fehl zu greifen, die Vermuthung aussprechen, daß diejenigen, welche den Hufbeschlag überhaupt erfunden haben, besser beschlugen, als dies jetzt größtentheils der Fall ist; sie suchten gewiß nur, wie es die Nothwendigkeit gebot, den Huf so gut sie konnten zu schützen, ohne ihn zu diesem Zwecke mit dem Messer zu ruiniren, und waren gewiß mit der Gestalt des Hufes so zufrieden, daß sie nichts daran zu verschönern fanden. Daß der ursprüngliche Beschlag ziemlich roh ausgefallen sein mag, ist wohl kaum zu bezweifeln; aber unmöglich kann derselbe so nachtheilig auf die Hufe eingewirkt haben, als es vielfältig der jetzige feine, künstliche Beschlag, „die sogenannte Beschlagskunst" thut.

Die vielen Hufkrankheiten sind jetzt aber einmal da und wir werden dieselben, so lange nicht der Hufbeschlag überhaupt ein besserer wird, vorläufig auch noch wohl behalten müssen.

Die Ursachen der Hufkrankheiten lassen sich im Allgemeinen und mit sehr wenigen Ausnahmen auf irgend eine Schwächung der Hornkapsel, oder auf eine, ungleich auf den Huf vertheilte Körperlast zurückführen.

Wenn man die Behandlung der gesunden Hufe nun in der

Mehrzahl der Fälle schon als eine widernatürliche bezeichnen muß, so kann man sich nicht wundern, wenn die Behandlung der kranken noch verkehrter, noch widernatürlicher ausfällt. Ich glaube nicht zu weit zu gehen, wenn ich die Behauptung ausspreche, daß die meisten Beschlagschmiede lediglich durch ihre Behandlung geringfügige Hufübel in bedeutende, in manchen Fällen sogar unheilbare Leiden umwandeln. Tüchtiges Ausschneiden und recht schwere Eisen spielen bei einer solchen Behandlung gewöhnlich eine Hauptrolle. Dieselben Mittel, die die Hufe krank machten, sollen in noch verstärkterem Grade angewendet, die kranken Hufe gesund machen.

Für kranke Hufe sind die leichtesten Eisen immer noch viel zu schwer und es ist eine unverantwortliche Thierquälerei, solche Hufe absichtlich zu belasten.

Mit der Richtung solcher Kunstprodukte sieht es gewöhnlich noch schlimmer aus; manche Meister legen eine ganz besondere Geschicklichkeit an den Tag, die Eisen für kranke Hufe in eine Form zu bringen, welche jeden gesunden Huf in wenig Tagen auf alle Zeit ruiniren müßte.

Wenn wir einerseits Schwächung und ungleiche Vertheilung der Körperlast auf den Huf als die hauptsächlichste Ursache zum Krankwerden der Hufe anerkennen, so müssen wir andererseits auch in einem zweckmäßigen Schutze der geschwächten Huftheile und in einer besseren Vertheilung des Druckes, womöglich in der gänzlichen Entfernung desselben von dem leidenden Theile das wirksamste und sicherste Heilmittel finden. Die Behandlung der meisten Hufkrankheiten läßt sich mit sehr wenigen Worten ausdrücken: sie besteht in dem Niederwirken des Tragrandes dort, wo derselbe in Wirklichkeit zu hoch ist und in dem Uebertragen der Körperlast von den kranken Stellen mittelst eines gut construirten geschlossenen Eisens auf die gesunden.

Das geschlossene Eisen ist überhaupt das bequemste und sicherste Eisen, um bei den meisten kranken Hufen alle Zerrung, allen Druck von dort zu entfernen, wo er schädlich ist, und die Last auf die gesunden Theile des Hufes gleichmäßig zu vertheilen; es findet daher gegenwärtig auch von Thierärzten und geschickten Beschlagschmieden eine ziemlich ausgedehnte Anwendung desselben statt. Das gut con=

struirte geschlossene Eisen ersetzt fast allein alle jene Eisen, welche die Modelleisensammlungen zum Nutzen und Frommen der kranken Hufe enthalten!

Bei dem Beschlage kranker Hufe muß man stets bedenken, daß ein Eisen, das als Heilmittel dienen soll, stets derartig beschaffen sein muß, daß auch der gesundeste Huf sich darauf wohl befinden würde. Von den meisten Eisen, welche für kranke Hufe erfunden und uns unter dem Namen „künstliche Eisen" bekannt geworden sind, kann man dies leider nicht behaupten.

Zusatz. Bei den meisten Hufkrankheiten ist ein höherer oder geringerer Grad von Entzündung zugegen, welche den Huf entweder nur theilweise oder allgemein ergreift. Bei der Untersuchung beobachtet man die Entzündungserscheinungen (Symptome) als: vermehrte Pulsation einer oder beider Fesselbeinarterien; vermehrte Wärme, theilweise oder über den ganzen Huf verbreitet; Schmerz, der zu erkennen gegeben wird durch Schonen des Fußes und Lahmgehen. Geschwulst wird nur bei hochgradiger Entzündung, die sich den Ballen und der Krone mittheilte, höhere Röthe nur bei weißer Haut über der Hornkapsel in Betracht kommen. Entweder ist es möglich, die Entzündung zu zertheilen, oder sie steigert sich so, daß Ausschwitzung (wie in den meisten Fällen der rheumatischen Hufentzündung oder Rehe), oder Eiterung eintritt. Verjauchung und Brand haben meist den Tod des Thieres zur Folge.

Bei der Behandlung kommt es hauptsächlich darauf an, die, bei der Untersuchung gefundenen, veranlassenden Ursachen abzustellen. Nach Abnahme des Eisens ist das überflüssige Horn an Wand und Sohle, weniger am Strahl, zu entfernen, einestheils, um die Hornkapsel nachgiebiger, anderntheils, um anzuwendende Umschläge wirksamer zu machen.

Bei allgemeiner, hochgradiger Hufentzündung ist der Beschlag meist ein paar Tage ganz wegzulassen; bei theilweiser Entzündung genügt es in vielen Fällen, eine Aenderung desselben in der Weise einzuleiten, daß Ungleichmäßigkeiten in den Höheverhältnissen der Hornwand geregelt und das Eisen so aufgelegt wird, daß die kranke Stelle und deren nächste Umgebung von jedem Eisendruck verschont bleibt. Das Eisen muß freigelegt werden, entweder durch Niederschneiden des Tragrandes, wo es ohne denselben zu schwächen möglich ist, oder entgegengesetzt durch Absetzen des Eisens. Wo ein Freilegen des offenen Eisens, ohne das sogenannte Federn desselben zu veranlassen, nicht möglich ist, benutzt man das geschlossene Eisen. — Die Anwendung desselben hängt nur da von dem Vorhandensein eines gesunden Strahles ab, wo allein nur die Zehen= und höchstens ein Theil der Seitenwände zur Auflage des Eisens vorhanden ist; in Ermangelung des Strahles genügt die Zehenwand und die, der kranken gegenüberliegende Trachtenwand zur Auflage vollständig. Der gesunde Strahl erträgt die angemessene Belastung durch den zweckmäßig gefertigten und gerichteten Steg des Eisens sehr wohl; auch ohne Unterlagen von Filz oder Leder, die man auf den Steg aufnietet. Das Durchrichten des Steges ist zu tadeln, weil es die Wirkung des geschlossenen Eisens beeinträchtigt, ja in manchen Fällen ganz aufhebt. Nur bei sehr hohem Strahl ist ein Einsetzen des Steges geboten und es ist dies zweckmäßiger als das sogenannte Verkröpfen. Die Bodenfläche des geschlossenen Eisens muß ebenfalls jederzeit eben erhalten bleiben. R.

Untersuchung kranker Hufe.

Wenn die Ursache des Lahmgehens bei einem Pferde nicht offenbar außerhalb des Hufes liegt und sich durch Verwundung, Quetschung, Anschwellung ꝛc. der Haut, der Sehnen, Muskeln, Knochen ꝛc. des betreffenden Schenkels augenfällig zu erkennen giebt, so wird fast stets die erste Hülfe vor der Schmiede gesucht, und es ist auch nicht in Abrede zu stellen, daß die Mehrzahl aller Lahmheiten ihren Sitz wirklich im Hufe oder in den von diesem eingeschlossenen Theilen hat.

Abgesehen von einigen mehr oder weniger stark in die Augen springenden Veränderungen, die sich bei manchen Hufkrankheiten zeigen, ist es nicht immer leicht, Sitz, Ursache und Bedeutung des Lahmgehens sofort herauszufinden; und doch kann nur dann eine Behandlung des kranken Zustandes von Erfolg sein, wenn man sich über diese Dinge im Klaren befindet. Zu diesem Zwecke ist daher oft eine genauere Untersuchung*) des lahmen Thieres und des Hufes nöthig.

Um diese Untersuchung gehörig auszuführen, muß der Beschlagschmied vom Gange der Pferde nothwendigerweise so viel gesehen und sich gemerkt haben, um wenigstens beurtheilen zu können, ob das betreffende Pferd überhaupt und auf welchem Schenkel es lahm geht. Denn nicht immer sind die Aussagen der Ueberbringer lahmer Pferde in dieser Beziehung zuverlässig, und nicht immer ist das Lahmgehen so auffallend, daß man sich darüber auf den ersten Blick nicht täuschen könnte. Oft zeigt sich das Lahmgehen nur im Trabe oder auf hartem Boden (Steinpflaster).

---

*) Eine ausführliche Hufuntersuchung ist nicht allein bei deutlich ausgesprochenen Hufkrankheiten zu empfehlen, sondern auch bei den meisten an den Schenkeln des Pferdes vorkommenden Leiden. Durch Verbesserung des Hufes und des Beschläges unterstützt man die Behandlung vieler oberhalb des Hufes vorkommender Krankheiten, besonders wenn sie sich an Sehnen und Gelenten finden, wesentlich.

Das Lahmgehen giebt sich dadurch zu erkennen, daß das Pferd bei der Bewegung im Schritte, oder wenn die Lahmheit eine sehr geringe ist, im Trabe (besonders auf hartem Boden) mit dem kranken Fuße kurz und zaghaft auftritt, nicht regelmäßig durchtritt, mit dem kranken Fuße immer eine kürzere Zeit als mit den gesunden Füßen am Boden verweilt, und die Körperlast schneller und kräftiger auf den nebenstehenden Fuß wirft; hierbei senkt sich der Körper förmlich nach der gesunden Seite hinüber; kurz das **Pferd hinkt**. Ist der kranke Fuß gesunden, dann beginnt erst die Untersuchung des Hufes.

Eine Hufuntersuchung zur Ermittelung eines fehlerhaften oder krankhaften Zustandes läßt sich vom Beschlagschmied nur dann mit Erfolg ausführen, wenn derselbe ein vollständiges Bild des normalen, fehlerfreien Hufes inne hat, nur dann vermag er die auf das Lahmgehen Bezug habenden Veränderungen in Form, Zusammenhang, Farbe und Temperatur richtig zu erkennen und zu beurtheilen.

Wo sich das Lahmgehen nicht durch äußere Formveränderungen, offenbare Hufverletzungen und sonstige in die Augen fallenden Erscheinungen hinlänglich erklären läßt, muß der Huf besonders untersucht werden, das heißt, **es muß die schmerzhafte Stelle ermittelt werden**, die das Lahmgehen verursacht. Da diese Stelle aber häufig nur klein und unbedeutend ist, so muß die Hufuntersuchung immer mit großer Aufmerksamkeit ausgeführt werden. Dies geschieht zunächst am besten durch Betasten und ein fortrückendes nicht zu starkes Klopfen auf die verschiedenen Hufgegenden und Drücken mit der Hand. Hierbei muß man jedoch sorgfältig die allgemeine Empfindlichkeit, die auch jedes an seinen Füßen gesunde Pferd in stärkerem oder geringerem Grade zeigt, von dem durch die Krankheit bedingten Schmerze zu unterscheiden wissen.

Eine eigene Hufuntersuchungszange, sogenannte **Visitirzange**, ist bei Untersuchungen kranker Hufe nicht unbedingt erforderlich, sie erleichtert aber dies Geschäft sehr, namentlich wenn der Untersuchende eine solche Zange zu gebrauchen versteht.

Bei Hufuntersuchungen muß es aber als ein Fehler betrachtet werden, wenn der Untersuchende dies Geschäft mit der Visitirzange beginnt; dies Instrument muß vielmehr nur zur Bestätigung der aus der vorhergegangenen Untersuchung gewonnenen Ansicht dienen.

Das rohe, gewaltsame Drücken mit der Zange, ohne alle Rücksicht auf Pferd und Huf, kann man nicht mehr eine Untersuchung nennen. Selbst am gesundesten Hufe läßt sich durch ungebührlichen Klemmdruck Schmerz hervorbringen. Das Untersuchen muß eben suchend, tastend geschehen, wenn man den oft sehr beschränkten Sitz der Krankheit bei ausgebreiteter Empfindlichkeit im Hufe ermitteln will.

Die Beschaffenheit der Sohle muß für den Grad des Druckes hauptsächlich maaßgebend sein. Der leiseste Druck reicht oft hin, um eine dünne nachgiebige Sohle an die schmerzhaften Weichtheile anzudrücken und dem Untersuchenden die gewünschte Auskunft zu geben; man hat keineswegs nöthig, so fest zu drücken, daß die Zange förmlich in der Sohle stecken bleibt, wie ich dies mit angesehen habe. Es wirft auf den Untersuchenden stets ein ungünstiges Licht, wenn das Pferd bei einer Hufuntersuchung zu dem angegebenen Zwecke die Zeichen des größten Schmerzes von sich giebt, in die Höhe steigt ꝛc. Den Schmerz kann man schon an einem leichten Aufzucken der Muskeln an Schulter und Oberschenkel erkennen.

Es giebt der Hilfsmittel und Anhaltspunkte zur Untersuchung kranker Hufe noch viele, die der Thierarzt zu wissen nöthig hat; diese übergehe ich hier indeß, da sie für den Beschlagschmied nicht so wichtig sind und der Thierarzt hinlänglich Gelegenheit hat, sie aus anderen dahin einschlagenden Werken kennen zu lernen.

Eintheilung der Hufkrankheiten.

Der besseren Uebersicht wegen bringt man die Krankheiten der Menschen und Thiere in gewisse Abtheilungen, gerade so wie man die Naturkörper (Thiere, Pflanzen) in größere und auch kleinere Abtheilungen zu bringen pflegt; solche Abtheilungen erleichtern das Studium sehr. Wenn nun bei einem so begrenzten Gebiete, als es die Krankheiten des Hufes doch nur darstellen, eine Eintheilung derselben kaum nöthig erscheinen möchte, so ist es indeß von jeher Gebrauch gewesen, auch bei ihnen gewisse Abtheilungen aufzustellen und in diesen das Aehnliche dem Aehnlichen anzureihen. Indem ich hier noch einmal ausdrücklich das S. 209 Gesagte hervorhebe, daß sich für Hufkrank=

heiten genaue Grenzen zwischen den Leiden der Hornkapsel und der von dieser eingeschlossenen Theile nicht scharf ziehen lassen, theile ich die Krankheiten des Hufes folgendermaßen ein:
1. **Formveränderungen des Hufes**, ohne daß nothwendig Hornverletzungen oder auffällige krankhafte Veränderungen der vom Hufe eingeschlossenen Theile zugegen sein müssen. — Flach=huf — Vollhuf — Bockhuf — Zwanghuf — schiefer Huf.

Diese fehlerhaften Hufformen stelle ich in der Eintheilung absichtlich aus dem Grunde voran, da sie gewissermaßen die Grundlage zu den übrigen Hufkrankheiten bilden; aus ihnen gehen die anderen Huf=krankheiten meistens hervor. Völlig in der Form normale Hufe werden nur höchst selten und dann meist durch äußere Verletzungen krank.

2. **Zusammenhangsstörungen** (resp. Entartungen), welche vorwaltend die Horntheile betreffen. — Hornspalte — Horn=kluft — Hohle Wand — Strahlfäule.
3. **Verletzungen**, welche wesentlich die vom Hufe eingeschlos=senen Theile betreffen. — Vernagelung — Nageltritt — Steingalle.

Diese Eintheilung und die darin aufgenommenen einzelnen Huf=krankheiten halte ich für unsern Zweck völlig ausreichend und glaube, daß ein weiteres Zersplittern der einzelnen dieser genannten Hufkrank=heiten durch Unterabtheilungen einem richtigen Verständnisse eher hinderlich als förderlich sein dürfte. Ich übergehe daher solche Unter=abtheilungen, wie: langer Huf, schmaler Huf, verschmälerter Huf, enger Huf, spitzer Huf, breiter Huf, weicher Huf, spröder, brüchiger, mürber Huf 2c. 2c. mit Stillschweigen.

Anders möchte es sich indeß mit dem sogenannten Knoll= oder Rehhufe verhalten. Dieser entsteht aber niemals, wenigstens nicht nach=weislich, durch fehlerhaften Beschlag, sondern durch eine eigene Krankheit (die Rehe), welche die hornabsondernden Theile des Fußes betrifft, und ist im Ganzen genommen auch niemals durch den Beschlag zu heilen. Da nun einmal der Rehhuf mehr in das Gebiet des Thierarztes, als in das des Beschlagschmiedes gehört, und sich für's andere auch nicht bestimmte, für alle Fälle passende Regeln für einen schützenden Beschlag desselben aufstellen lassen, so werde ich dasjenige, was ich über ihn zu sagen überhaupt für nöthig finde, in einem besonderen Anhange kurz erwähnen.

Zusatz. Die Rehekrankheit oder kurzweg die Rehe ist eine eigenthümliche, durch Erkältung hervorgerufene Hufentzündung, welche namentlich sehr gut genährte Pferde ohne vorhergehendes Unwohlsein beim Gebrauche nach anhaltender Ruhe schlagähnlich befällt und ihren Hauptsitz in der vorderen Hufhälfte hat. Die Krankheit, welche im Allgemeinen auch rheumatische Hufentzündung oder Verschlag genannt wird, hat nach den verschiedenen Verhältnissen, die bei dem einzelnen Falle gerade in Betracht kommen, noch verschiedene andere Benennungen erhalten. So spricht man z. B. von Windrehe wenn kalte Zugluft, von Wasserrehe wenn kaltes Saufen nach starkem Gebrauche die Ursache der Hufentzündung ist. Futterrehe nennt man sie dann, wenn die Thiere bei zu geringer Bewegung zu kräftiges Futter, namentlich Hülsenfrüchte, erhalten haben; als Stallrehe wird sie bei solchen Pferden bezeichnet die, wie dies bei Bauerpferden während des Winters nicht selten der Fall zu sein pflegt, längere Zeit hindurch unbeschäftigt im Stalle stehen müssen.

Bei der Rehe, die immer mit großen Schmerzen verbunden ist, erkranken vorwaltend die beiden vorderen Füße; seltener alle vier oder auch nur ein Fuß. Im ersteren Falle werden beide Füße stelzend weit vor und mit Schonung des Zehentheiles auf die Trachten gesetzt; dabei werden die Hinterfüße weit unter den Leib geschoben. Sind alle vier Hufe ergriffen, so ist das Gehen außerordentlich erschwert, oft ganz unmöglich; in diesem Falle ist meist ein hochgradiges, fieberhaftes Allgemeinleiden zugegen. Vorzugsweise sind die Fleischblättchen, aber auch die Zotten der Fleischkrone am Zehentheil ergriffen und je nach dem Grade der Erkrankung in ihrer Verbindung mit den Horngebilden mehr oder weniger gelockert; ebenso stellt sich eine Lockerung des Hufbeines ein; dasselbe senkt sich in geringem Grade und es tritt ein gleichzeitiges Einsinken der Krone ein.

Die Behandlung der Rehe erstreckt sich in der Hauptsache auf Beseitigung des örtlichen Leidens, der Hufentzündung. Leider wiederholen sich die Anfälle dieser Entzündung sehr leicht und bringen dann solche charakteristische Veränderungen in der Form und Beschaffenheit der Hufe hervor, daß man solche Hufe gewöhnlich mit dem Namen „Rehhufe" zu bezeichnen pflegt. Diese Veränderungen bestehen zunächst darin, daß die erwähnte Senkung des Hufbeines in einem so hohen Grade stattfinden kann, daß die Sohle vor der Strahlspitze durchbrochen wird; die im normalen Zustande glatte Zehenwand zeigt mehr oder weniger auffallende Ringbildung (Ringelhuf) und wird zuweilen zu einem förmlichen Knollen verunstaltet (Knollhuf); die weiße Linie nimmt in Folge der krankhaften Veränderungen der Fleischblättchen an Breite zu und lockert sich mehr oder weniger auf rc.

Selbstverständlich ist eine solche Verbildung des Hufes nicht ohne Einfluß auf den Gang des Thieres; derselbe ist auf hartem Boden meist etwas zaghaft und wird mit schleuderndem Aufwerfen der Zehen ausgeübt. In Folge dessen stellt sich regelmäßig eine verstärkte Abnutzung der Eisen an den Schenkelenden ein. Beim Beschlage des Rehhufes kommt es in den meisten Fällen vorzugsweise darauf an, die Sohle zu schützen und den erkrankten Zehentheil zu entlaften. Demgemäß wird am Eisen meistens die Zehenkappe wegzulassen und durch Seitenkappen zu ersetzen sein; ferner ist das Eisen im ganzen Umfange des Zehentheiles freizulegen und wenn möglich hier ohne Nägel zu belassen. Die knollenförmig aufgewulstete Zehenwand kann dann vielfältig und ohne Schaden durch die Raspel abgetragen werden. Indem ich in Betreff des Beschlages des Reh= und Knollhufes auf das von Hartmann hierüber im Anhange Gesagte noch verweise, mache ich auf eine Arbeit des Prof. Dr. Siedamgrotzky „Ueber die Entstehung des Rehhufes (Bericht über das Veterinärwesen im Königreich Sachsen für das Jahr 1872) aufmerksam. Dieselbe hat wesentlich dazu beigetragen, das bisher bestehende Dunkel über diesen Gegenstand zu erhellen. R.

Formveränderungen des Hufes.
1. Flachhuf und Vollhuf.

Flachhuf nennt man einen solchen Huf, dessen Zehenwand und ein Theil der beiden Seitenwände eine schrägere Richtung gegen den Erdboden haben, als dieses bei dem normalen Hufe der Fall ist, und bei dem die Sohle gleichzeitig, statt ausgehöhlt zu sein, mit dem Trag= rande der Wand in einer Ebene liegt.

Flachhufe finden sich häufig bei Pferden gemeineren Schlages, welche in der Jugend viel auf feuchten Weiden gegangen sind. Die Vorderhufe sind mehr zum Flachwerden geneigt, als die Hinterhufe; dieser Umstand scheint einmal in der von Natur flacheren Sohle der Vorderhufe, dann aber hauptsächlich in ihrer größeren Belastung begründet zu sein. Große Hufe sind dem Flachwerden weit eher aus= gesetzt als kleinere, weil bei ihnen der Bogen, den die Sohle beschreibt, überhaupt weiter und flacher gespannt ist und sich deshalb auch leichter (wie wir dies eben bei den Vorderhufen erwähnt haben) verflachen kann.

Alles, was schwächend auf die Sohle und deren Stützpunkte ein= wirkt, ist als Ursache zum Flach= huf zu betrachten. Namentlich ist es anhaltende Feuchtigkeit, in welcher Form sie auch immer an= gewendet werden mag, welche diese Wirkung auf die Sohle und deren Umgebung ausübt. Ferner ist

Fig. 91.

Fig. 91. Durchschnitt eines Hufes mit geschwächter Sohle. a durchgebo= gene Sohle. b. geschwächte Verbindung zwischen Wand und Sohle.

jedes gewaltsame Schwächen der Sohle mit dem Wirkmesser, das starke Niederschneiden des Tragrandes, wodurch die Verbindung zwischen Wand und Sohle geschwächt wird, und letztere ihren Stützpunkt an der Wand verliert (Fig. 91), als Ursache anzusehen, welche die Entstehung des Flachhufes begünstigt. Breite, hohlgerichtete Eisen ohne Tragrand und Abdachung (Fig. 92), durch welche die Wand abgedrückt und die Sohle gequetscht wird, tragen ebenfalls zum Flachwerden des Hufes bei.

Wenn nun eine flache Sohle allerdings auch noch einen Theil ihrer Function erfüllen kann und den Huf von unten her schließt und nach Kräften schützt, so wird doch eine andere wesentliche Verrichtung derselben, nämlich einen Theil der Körperlast zu tragen und durch ihre Spannung beim Niedertreten den Huf ausdehnen zu helfen, wesentlich beeinträchtigt.

Fig. 92.

Die Natur sucht sich unter diesen Umständen in der Regel dadurch zu helfen, daß sie die Function der Sohle bei dem Flachhufe größtentheils auf den Strahl überträgt; dieser wird durch die vermehrte Belastung ungewöhnlich stark ausgebildet und daher kommt es auch, daß flachhufige Pferde meist noch zu den verschiedensten Dienstleistungen verwendet werden können, besonders dann, wenn der Beschlag dem Strahle den Auftritt auf den Boden gestattet. Entgegengesetzten Falles ist es nur ein sehr unvollkommener Gebrauch, der vom flachhufigen Pferde gemacht werden kann.

Es ist vielfach die Ansicht verbreitet, daß der Flachhuf durch ein gewisses Mißverhältniß, welches zwischen Wandstärke und Sohlenstärke bestehen soll, begünstigt werde. Am Flachhufe soll nämlich die Sohle von Natur viel schwächer und die Wand viel stärker als am normalen Hufe sein. Diese Ansicht ist aber vollständig irrthümlich. Die Sohle zeigt sich allerdings bei den meisten Flachhufen schwächer; sie war es aber nicht von vorn herein, sondern sie wurde es erst, als man den normalen Huf zum Flachhufe umarbeitete, und ist es geblieben, weil

---

Fig. 92. Hohl- und abgerichtetes Hufeisen.

die meisten Schmiede sich einbilden, die flache Sohle wieder hohl schneiden zu können.

Die Wand sieht aus dem Grunde stärker aus, weil sie beim Flachhufe schräger steht; der horizontal geschnittene Tragrand muß natürlich breiter werden, da jeder Körper, den man schräg schneidet, nach Maaßgabe des Winkels, in welchem der Schnitt geführt wird, eine breitere Schnittfläche erhält; doch ist diese Breite natürlich nur scheinbar. Die schrägere Richtung der Wand wird durch die größere Breite der flach gedrückten Sohle bedingt.

Im Allgemeinen gilt der Flachhuf als unheilbar; wenigstens kann ich mich nicht erinnern, gelesen oder gehört zu haben, wie und wo man Flachhufe heilt. Alle Vorschriften*) besagen nur, wie derselbe beschlagen werden soll, um das damit behaftete Pferd möglichst lange brauchbar zu erhalten.

Bei der Behandlung des Flachhufes kommt es besonders darauf an, ob derselbe für sich allein als einfacher Flachhuf besteht, oder ob an demselben noch gleichzeitig andere Krankheiten, wie Steingallen, Hornspalten 2c. vorhanden sind und hauptsächlich, ob der Strahl beschnitten und von Horn entblößt oder ob derselbe stark und kräftig von Horn bedeckt ist 2c. Da es sich oft nöthig macht, erst die Heilung der anderen Leiden zu fördern, ehe man an eine besondere Behandlung des Flachhufes denken kann, so sind diese Nebenumstände vorher erst sorgfältig zu berücksichtigen.

Bei allen Flachhufen ist eine Besserung, bei den meisten eine Heilung möglich. Wenn letztere wirklich nicht vollständig eintreten sollte, so ist doch immerhin durch die Besserung für den Gebrauch des Pferdes schon so viel gewonnen, daß es sich der Behandlung lohnt. Bei der Behandlung des Flachhufes müssen zunächst die veranlassenden und fortwirkenden Ursachen gänzlich beseitigt werden; zu diesem Zwecke sind Sohle und Strahl sorgfältig mit dem Messer und mit erweichenden Einschlägen zu verschonen. Die Hauptbedingung zur Heilung des Flachhufes aber ist, die Körperlast von der zum Tragen

---

*) Die besten dieser Vorschriften sind offenbar die von Mußgnug und Peters; diesen habe ich es besonders zu danken, daß ich den Flachhuf in den meisten Fällen als heilbar erklären kann.

unfähigen Sohle weg=
zunehmen und auf den
starken Strahl zu legen.
Dieses bewirkt man
durch ein gut constru=
irtes geschlossenes
Eisen, welches nur auf
die verkürzte und ge=

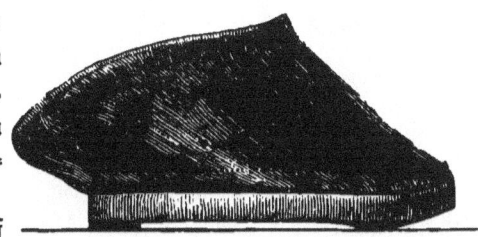

Fig. 93.

ebnete Zehenwand, einen kleinen Theil der Seitenwand und auf den
Strahl zu liegen kommt (Fig. 93). Der zu niedrige Theil der Seiten=
und Trachtenwand und besonders die Sohle ist von allem Eisendruck
frei zu halten. Ein passender Tragrand am Eisen, richtige Löcher=
stellung und eine Abdachung, welche der Form der Sohle entspricht,
sind dazu mit erforderlich.

Um jeder absichtlichen oder zufälligen Erweichung der Sohle
durch äußere Feuchtigkeit entgegen zu treten, habe ich das Einschmoren
von dickem Terpentin*) als ganz vorzüglich gefunden. Es macht die
Sohle fester und hält die Nässe ab. Da die Stelle, wo das ge=
schlossene Eisen auf dem Strahle liegt, ebenfalls leicht fault, so habe
ich auch hier diesen Uebelstand durch Einschmoren von Terpentin zu
verhüten gesucht.

Zeigt sich dagegen der Strahl des Flachhufes schwach und horn=
arm, so muß man von einem Auflegen des geschlossenen Eisens auf
denselben so lange absehen, bis sich das Fehlende wieder ersetzt hat.
In diesem Falle wäre das geschlossene Eisen nicht allein unnütz, son=
dern sogar mehr schädlich als nützlich. Man thut unter diesen Um=
ständen viel besser, die, wenn auch zu niedrige Parthie der seitlichen
Wände zur Auflage des Eisens so lange zu benutzen, bis sich das
Strahlhorn wieder genügend ersetzt hat, was am Flachhufe bekanntlich
sehr rasch geschieht.

---

*) Das Einschmoren oder Einbraten von dickem Terpentin, in dessen Er=
mangelung man auch Pech oder eine andere harzige Masse verwenden kann, ge=
schieht sehr einfach in der Art, daß man die betreffenden Theile damit mäßig
dick bestreicht und dann mit einem warmen Eisen, jedoch ohne die aufgestrichene
Masse anzubrennen, so lange überfährt, bis sie vom Horn aufgenommen ist.

Fig. 93. Beschläge für Flachhuf von der Seite gesehen.

Seitdem ich die vom Prof. Defays bekannt gemachte Mischung von Gutta-Percha und Ammoniak-Gummi (der ich für unsere Zwecke am liebsten den Namen künstliches Horn beilegen möchte und von der im Nachtrage des Näheren erwähnt werden wird) kennen gelernt habe, bin ich beim Flachhufe und auch bei anderen kranken Hufen, wo ich früher wegen mangelndem Strahlhorn es nicht wagen konnte, geschlossene Eisen anzuwenden, in dieser Hinsicht viel weniger ängstlich; ich ersetze am Strahle, sobald er nur nicht wirklich an Fäule leidet, durch dies künstliche Horn so viel, als an demselben fehlt. Diese Masse wird allerdings auch fest, aber es ist doch ein großer Unterschied, ob diese dem Strahle angegossene und demnach gleichmäßig von allen Seiten drückende Masse den Zellstrahl drückt, oder ob dies ein steifer Eisensteg thut.

Bei der bedeutenden Elasticität*) der Flachhufe, und der dadurch bewirkten starken Abreibung der ohnehin schon niedrigen Trachtenwände auf dem Tragrande des Eisens (was vielfach zu der aller Begründung entbehrenden Behauptung Veranlassung gegeben hat, daß aller Nachschub der Hornwand sich nur auf den an der vorderen Hälfte des Hufes gelegenen Theil der Wand beschränke und an dem Trachtentheile vollständig darnieder liege) ist es sehr vortheilhaft, wenn man diesen der Abreibung so ausgesetzten Theil ebenfalls durch Einschmoren von Terpentin etwas widerstandsfähiger und härter macht. Ein recht glatt gearbeiteter Tragrand des Eisens schützt gleichfalls etwas vor zu starker Abreibung des Hornes.

Ist der Flachhuf auf die eben beschriebene Art so lange ohne Verschlimmerung hingehalten, bis der Strahl zur Auflage des geschlossenen Eisens sich eignet, dann muß durch vollständige Belastung des Strahles mittelst des geschlossenen Eisens diejenige Befreiung der Sohle von der Körperlast erzielt werden, welche zur Heilung des Flachhufes unbedingt erforderlich ist.

Durch Ausdauer und durch Sorgfalt im Beschlage habe ich seit

---

*) Die Elasticität des Flachhufes unter dem gewöhnlichen Stollenbeschlage, wo der Strahl keinen Stützpunkt auf dem Erdboden finden kann, verhält sich aber keineswegs so, wie wir diese Eigenschaft am normalen Hufe kennen lernten; es findet hier ein umgekehrtes Verhältniß statt. Während des Auftrittes wird nämlich der Huf enger und beim Aufheben weiter. Sohle und Strahl drückt sich zu sehr nach unten durch und zieht die betreffenden Wände für den Augenblick etwas nach. Dieser Umstand ist schon für sich allein ausreichend, das häufige Vorkommen des Zwanghufes am Flachhufe zu erklären.

einigen Jahren eine ziemlich bedeutende Anzahl von Flachhufen gänzlich hergestellt.

Der Vollhuf ist ein höherer Grad des Flachhufes und unterscheidet sich von diesem nur dadurch, daß die flache Sohle in eine nach außen gewölbte Form übergegangen ist; er wird häufig mit dem Reh- oder Knollhuf verwechselt, doch ist letzterer durchaus etwas anderes.

Im Allgemeinen erfordert der Vollhuf ganz dieselbe Behandlung wie der Flachhuf. Wenn die Sohle des Vollhufes so stark über den Tragrand vorsteht, daß sie mit einer starken Abdachung des geschlossenen Eisens nicht übertragen werden kann, so wird es nothwendig, die Abdachung vom Tragrande aus so weit als nöthig durchzusetzen (kesselförmig) und den durchgesetzten Theil, wie auch die vorstehende Sohle so lange durch Griff und Stollen vom Erdboden etwas zu entfernen, bis der niedrige Tragrand etwas herangewachsen ist, und dadurch die Sohle niedriger wird. Schraubstollen eignen sich in solchem Falle für geschlossene Eisen am besten.

Jetzt erhöhe ich sowohl beim Flachhuf als beim Vollhuf den Tragrand, soweit es nöthig erscheint, ebenfalls durch die Defays'sche Masse und zwar mit außerordentlichem Erfolge.

Zusatz. Das Wort Heilung möchte ich als Resultat der Behandlung des ausgebildeten Flachhufes nicht angewendet wissen. Es kann nur von einer Besserung die Rede sein, die durch die angegebenen Vorschriften, besonders durch die höchstmögliche Zehenverkürzung in der Weise erzielt wird, daß die zu niedrigen Trachtenwände im Verein mit dem Tragrande der Seitenwände so hoch heranwachsen, daß sie die Sohle überragen. Die Stellung der Zehenwand wird hierdurch gebessert und der Huf erscheint wieder höher. Die Sohle bleibt aber wie sie ist; sie behält die flache Spannung und es ist Niemand im Stande, diese wieder zu erhöhen und die Sohle wieder auszuhöhlen.

Fig. 85 zeigt die von mir getadelte muldige Richtung des Eisens und den durchgerichteten Steg.

Als Beschlag für Vollhuf ziehe ich das stark abgedachte glatte Eisen, auf den durch Defays'sche Hufmasse erhöhten Tragrand gelegt, dem Kesseleisen vor. R.

2. Der Bockhuf.

Wenn ein Huf im Vergleich zum normalen Hufe an der Zehenwand zu kurz und steil und an den Trachtenwänden zu hoch ist, so nennt man denselben einen Bockhuf.

Die meisten Bockhufe kommen bei solchen Pferden vor, welche sehr strupirt (krumm in den Knieen) sind, oder welche an krankhaft verkürzten Beugesehnen*) (beginnendem Stelzfuß) und Gelenksteifigkeiten (Spat, Schaale ꝛc.) leiden.

Die eigentlichen Ursachen lassen sich jedoch in vielen, vielleicht in den meisten Fällen auf grobe Fehler im Hufbeschlage zurückführen; durch diese werden die Pferde vor der Zeit krumm und steif; sie bekommen außer ihren verkrüppelten Hufen auch verkrüppelte Gliedmaßen.

Durch hohe Stollen, versäumten Beschlag und Unachtsamkeit auf die Abnutzung der alten Eisen wird die Entwickelung des Bockhufes in der Regel begünstigt.

Obgleich der Bockhuf meist schmerzlos ist, so beeinträchtigt er doch die Gebrauchsfähigkeit des Pferdes ziemlich bedeutend. Die Pferde stoßen einerseits damit leicht an und stolpern, andererseits aber sehen dieselben wegen der durch die geradere Stellung der unteren Gelenke bewirkten Verlängerung des Schenkels lahm aus, ohne es in Wirklichkeit zu sein.

Durch den Hufbeschlag kann nur dann Besserung und Heilung des Bockhufes erfolgen, wenn derselbe noch ohne bleibende Veränderungen an den Gelenken und Sehnen besteht.

Bei dem Beschlage des Bockhufes hat man darauf zu sehen, daß die ihn verursachenden Beschlagsfehler beseitigt werden, und daß eine gleichmäßigere Vertheilung der Körperlast auf den Huf erreicht wird. Dies wird noch am besten dadurch bewirkt, daß man die zu hohen Trachtenwände durch allmäliges, öfter wiederholtes Nieder-

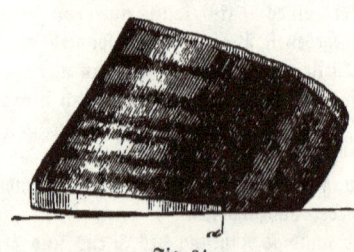

Fig. 94.

---

*) Es sind mir einige Fälle vorgekommen, wo bei den ausgeprägtesten Bockhufen die Pferde im Fesselgelenk zu weit durchtraten, ohne jedoch mit den Trachtenwänden aufzutreten. Diesen Bockhufen scheint eine Steifigkeit oder Verwachsung im Krongelenke zu Grunde zu liegen. Bei dieser Form, die ich nur an den Hinterhufen bemerkte, wurde keine Besserung erreicht.

Fig. 94. Ein Bockhuf und dessen Beschläge mit dem halbmondförmigen Eisen. a eingelassenes Ende des Eisens.

wirken nach und nach zu einer geringeren Höhe zurückführt und die kurze abgestoßene Zehenwand durch ein halbmondförmiges Eisen schützt (Fig. 94).

Dies halbmondförmige Eisen unterscheidet sich dadurch von dem gewöhnlichen Hufeisen, daß es nur die vordere Hälfte oder höchstens $2/3$ des Tragrandes zu decken bestimmt ist und nach seinen Enden zu in denselben eingelassen wird. Um durch dasselbe nicht zu stark an der Zehe aufzutragen, wird es im Ganzen nur schwach gehalten und verläuft nach seinen Enden zu noch etwas schwächer. In Bezug auf Tragrand, Abdachung, Falz und Kappe muß es alle die Eigenschaften eines guten Hufeisens haben; in Bezug auf die Nagellöcher kann es jedoch in der Art abweichen, daß es nur vier und im Verhältniß der Größe höchstens fünf Nagellöcher bekommt.

Ist die Zehenwand durch starke Abnutzung und Zernagelung zur Befestigung eines halbmondförmigen Eisens untüchtig geworden, so wähle man ein Eisen, welches zwar den ganzen Tragrand deckt, aber nach hinten sehr schwach verläuft und bringe die Nagellöcher mehr in der unbeschädigten Wand weiter nach hinten an.

Bockhufe kann man nur im Gebrauche und niemals im Stalle heilen. Winterbeschlag eignet sich zur Heilung derselben auch nicht.

Bei älteren und ausgebildeten Bockhufen wird man stets zufrieden sein müssen, wenn sich dieselben nicht verschlimmern, das heißt, wenn aus den Bockhufen nicht Stelzfüße werden.

Zusatz. In vielen Fällen und auch bei der bärenfüßigen Stellung ist der Bockhuf zur Unterstützung der fehlerhaft gestellten Gliedmaße unentbehrlich und derselbe deshalb nur da als kranker Huf zu betrachten und zu behandeln, wo er wirklich in Folge von Beschlagsfehlern entstand und wo (wie bei jungen Thieren) eine Heilung vorhandener Sehnen= oder Gelenkfehler möglich ist. Wo letzteres nicht der Fall, bei alten strupirten Pferden, würde die Behandlung nur eine Verschlimmerung derselben zu Folge haben. N.

3. Zwanghuf.

Wenn ein Huf von der normalen Form in der Art abweicht, daß er in seiner hinteren Hälfte zu eng ist, so ist es ein Zwanghuf.

Der Name „Zwanghuf" ist bezeichnend für diese abweichende Hufform; denn die von der Hornkapsel eingeschlossenen Theile werden wirklich eingezwängt und dadurch in ihren Verrichtungen je nach dem Grade des Uebels, mehr oder weniger gestört.

Wo von einem Zuengesein die Rede ist, liegt natürlich die Frage nahe, welches denn die normale Weite des Hufes sei und woran sich diese erkennen lasse? Daß diese Frage nicht mit einer Maaß=angabe nach Cm. und Mm. beantwortet werden kann, ist Jedem einleuchtend, der da weiß, daß die Weite des Hufes nach der Race der Pferde, nach der Größe ꝛc. abweichend ist. Es kann sehr wohl vorkommen, daß ein Huf von der und der Weite ein Zwanghuf ist, während ein anderer von noch geringerer Weite ein ganz gesunder Huf ist.

Für die Bestimmung der normalen Hufweite weiß ich keinen besseren Anhaltspunkt anzugeben, als das Verhalten des Strahles und sein Verhältniß zu den übrigen Theilen des Hufes. Ist der Strahl angemessen groß, stehen die Hornballen und Strahlschenkel nach hinten gehörig auseinander und haben sie eine deutlich ausge=sprochene ovale Grube zwischen sich (etwa wie es in Fig. 68 Seite 156 angegeben ist), so ist der Huf nicht zu eng.

Ist der Strahl aber im Verhältniß zum Hufe zu klein, liegen Hornballen und Strahlschenkel aneinander gedrückt, ist die Strahl=grube nicht wahrzunehmen, oder stellt sie nur einen engen Spalt dar, dann ist der Huf zu eng.

Da nun ein normales Verhalten des Strahles bei sehr vielen Pferden vermißt wird, so giebt es meiner Auffassung nach auch weit mehr Zwanghufe, als man nach dem allgemeinen Sprachgebrauche, nach welchem gewöhnlich nur die allerhöchsten Grade der Hufver=engerungen als Zwanghufe bezeichnet werden, annehmen sollte.

Die Ursachen der Zwanghufigkeit, so viele deren auch nament=lich angeführt sind, sind wesentlich auf zwei Hauptursachen zurückzu=führen, nämlich auf schlechten Beschlag und auf zu wenig Bewegung. Beide aber kommen darin wieder überein, daß durch sie die Elasticität des Hufes beeinträchtigt wird.

Durch das starke Beschneiden derjenigen Huftheile (Strahl, Sohle, Eckstreben), welche im ungeschwächten Zustande zur Erwei=terung des Hufes beitragen, durch einen Beschlag, welcher den Strahl auf festen Wegen vom Erdboden entfernt hält, durch das Einschlagen des Hufes in Mist und dadurch veranlaßte Strahlerweichung und Strahlfäule, durch zu weite*) und hohl gerichtete Eisen, und namentlich auch durch solche Eisen, welche zu weit nach hinten gelocht oder durch Seitenkappen an die Trachtenwände befestigt sind ꝛc. wird die Federkraft des Hufes mehr oder weniger geschwächt oder aufgehoben. Es wird der Grund zum Zwanghufe gelegt. Dasselbe geschieht auch, wenn man den Pferden keine Bewegung giebt. Bei viel oder fortwährend im Stalle stehenden Pferden kommt die Federkraft des Hufes ebenfalls nicht zur Geltung; wir sehen deswegen auch bei diesen, bald langsamer bald schneller Zwanghufe entstehen, selbst dann, wenn ihre Hufe unbeschlagen sind.

Die Erscheinungen, welche man bei zwanghufigen Pferden beobachtet, sind im Allgemeinen folgende: In den leichteren Graden der Verengerung ist der Gang des Pferdes für den aufmerksamen Beobachter zaghaft, gespannt; die Thiere stolpern leichter und treten nicht mehr normal durch. Die Hufverengerung wird in diesem Grade gewöhnlich übersehen; es werden die Ursachen zu den genannten Erscheinungen in angegriffenen Sehnen, zu fest angezogenen Eisen und dergleichen mehr gesucht und demgemäß dagegen verfahren. Macht das Leiden Fortschritte, so steigern sich die Schmerzen; man kann mit Recht sagen: „das Pferd steht oder geht wie auf Nadeln". Das auf diese Weise an seinen Füßen gewissermaßen gebremste Pferd ist muth- und appetitlos**).

---

*) In allen Lehrbüchern ist dort, wo von dem Zwanghufe die Rede ist, unter den Ursachen auch das zu enge Eisen aufgeführt. Wenn ein Eisen sonst weiter keine fehlerhaften Eigenschaften hat, als daß es zu enge ist, so kann dadurch wohl Vernagelung, Quetschung der Sohle und äußerer Wandhornverlust (durch Abbrechen oder Abraspeln des überstehenden Hornes) entstehen; eine seitliche Verengerung des inneren Raumes der Hornkapsel jedoch niemals.

**) Bemerkenswerth an Zwanghufen ist noch, daß in demselben Grade, in welchem die Verengerung der Hufe fortschreitet, die Abnutzung der Hufeisen am Zehentheil stärker wird, und daß mit der Erweiterung, resp. Heilung der Zwanghufe auch wieder eine gleichmäßige Abnutzung der Eisen eintritt. Ein Pferd, welches die Eisen gleichmäßig abnutzt, leidet nicht an Zwanghuf.

Alle Schriftsteller und Lehrer über Hufbeschlag sprechen sich im Allgemeinen dahin aus, daß der Zwanghuf nur an den Vorderhufen vorkäme und die Hinterhufe von diesem Leiden stets befreit blieben. Diese Ansicht beruht indeß voll

Die Erscheinungen, welche man an den Hufen selbst wahrnimmt, bestehen in krankhaften Veränderungen der Form und der Hornbeschaffenheit. Die Form des Hufes verliert an normaler Rundung; der Huf wird nach hinten zu enger und dadurch scheinbar länger, die Strahlschenkel und Ballen werden magerer, und mit der Zunahme der Hufverengerung immer stärker aneinander gepreßt. Im höchsten Grade sind die Ballen entweder vollständig geschwunden, oder sie liegen spitz aneinander, auch übereinander. Aus dem Strahle ist eine tiefliegende schmutzige und stinkende Furche geworden. Die Trachtenwände sind sehr nahe aneinander und hoch*).

Als eine eigne Zwanghufform ist noch diejenige zu erwähnen, wo bei normaler Tragrand- und Kronenrundung in der Mitte der Trachtenhöhe die Wand eingebogen erscheint. Diese eingebogene Stelle drückt zwar nur begränzt aber desto schmerzhafter und führt nicht selten an der gequetschten Stelle Blutaustretung und Eiterung (Steingalle) herbei.

Diese stellenweise Einzwängung findet man häufig bei Pferden mit großen weichen, gleichsam ausgewässerten Hufen, welche plötzlich in trockne Verhältnisse und auf Stollenbeschlag versetzt werden.

Die Veränderungen in der Hornbeschaffenheit finden wir als Folge der Hufverengerung nur am Wandhorn. Veränderungen an den übrigen Huftheilen gehören größtentheils zu den Ursachen.

Die auffallendste Erscheinung an der Wand ist, daß dieselbe an

---

ständig auf einem Irrthume. Es giebt sehr viele Hinterhufe, welche in einem hohen Grade zwanghufig sind, wofür ich viele von mir behandelte Pferde als Beispiele anführen könnte.

Bei denjenigen Pferden, welche bei sonst reinen und gesunden Hintergliedmaßen nicht normal durchtreten, sondern mehr auf dem Zehentheile des Hufes gehen und stehen, sind größtentheils Zwanghufe vorhanden. Der eigenthümliche zaghafte, klammrige Gang, welcher an den Vordergliedmaßen den Zwanghuf charakterisirt, ist allerdings in dieser Art an den Hinterfüßen nicht vorhanden; hier kennt man als krankhafte Erscheinungen nur das wirkliche Lahmgehen (Hinten).

*) Die im Vergleich zum normalen Hufe auffallend hohen Trachtenwände sind nicht, wie vielfältig angenommen wird, eine Folge von vermehrtem Hornnachschub, sondern nur Folge der aufgehobenen Elasticität; die Trachtenwände reiben sich auf dem Eisen nicht mehr so ab, als sie es an federkräftigen Hufen thun.

den Stellen, wo die Verengerung stattfindet, schwächer wird. Die weiße Linie giebt uns nach dem Grade des Zwanghufes dafür den Maaßstab ab. Das Wandhorn selbst verliert nach und nach seine ursprüngliche zähe Festigkeit, es wird hart, spröde und sehr zu Hornspalten geneigt. Die Wand trennt sich häufig von der Sohle; es entstehen sogenannte hohle Wände.

Diese an der Hornwand wahrnehmbaren Veränderungen finden in den gestörten Verrichtungen der vom Hufe eingeschlossenen Theile ihre genügende Erklärung. Es ist ein bekannter Erfahrungssatz, daß jeder anhaltende Druck, von welcher Art er auch immer sein möge, zunächst Störungen im Blutlaufe der gedrückten Theile hervorbringt. In Folge dessen kommen Störungen in den Ernährungsorganen dieser Theile und endlich ein Schwinden derselben zu Stande.

Wenden wir diesen Erfahrungssatz nun auf die vom Hufe eingeschlossenen Theile an, so sehen wir, daß es sich hier genau so verhält, wie überall im Thierkörper. Das lebende Pferd giebt durch nicht mißzuverstehende Zeichen zu erkennen, daß die eingeschlossenen Fußtheile, besonders aber die Fleischwand, vom Drucke und zwar von einem schmerzhaften Klemmdrucke zu leiden haben. Der todte Fuß zeigt verkümmerte Fleischblättchen, geschwundenes Strahlkissen und oft auch sogar Schwund des Hufbeines.

Daß unter den Umständen, die solche Veränderungen hervorbringen können, auch Veränderungen am Hufhorn selbst und zwar hauptsächlich an der weißen Linie und der Wand vorkommen, wird Jedem klar werden, der die Verrichtungen der einzelnen Horn erzeugenden Gebilde näher in's Auge faßt. — Die Fleischwand erzeugt nicht allein die Hornblättchen, sie betheiligt sich auch an der Bildung der Schutzschicht der Wand, und zwar an dem stets weißen und weicheren inneren Theile derselben. Werden die Absonderungsverhältnisse der Fleischwand gestört, wie dies durch den Klemmdruck wirklich stattfindet, so müssen in demselben Grade die Wachsthumsverhältnisse der Hornwand darunter mitleiden.

Daß dies wirklich der Fall ist, sehen wir an den vielen getrennten Wänden, die bei Zwanghufen vorkommen, und bei denen wir von einer gewaltsamen Losreißung gewiß nicht sprechen können; wir sehen es an den verkümmerten Hornblättchen, an dem bei Zwanghufen immer mehr oder weniger eintretenden, ja gänzlichen Schwinden des inneren weißen Theiles der Schutzschicht der Wand, welches man vom Tragrande aus sehr gut beobachten kann, und endlich an dem Verschwinden der natürlichen Huffeuchtigkeit, an dem Trocken- und Rissigwerden des Wandhornes.

Aeußere Trockenheit, Sonnenhitze, welche man in der Regel auch mit zu den Ursachen der Zwanghufigkeit zählt, kann nur dann austrocknend auf das Hufhorn einwirken, wenn dieses durch absichtliche oder zufällige Einweichung dazu vorbereitet ist. Der vollständig gesunde Huf ist durch seine Glasur, hauptsächlich aber durch die in den Fleischtheilen vor sich gehenden Lebenserscheinungen vor dem Austrocknen geschützt.

Wo der Zwanghuf durch grobe Beschlagsfehler gewissermaßen forcirt wird und schnell vorwärts schreitet, sehen wir sogar Quetschungen der Fleischtheile, Blutaustretung und Eiterung (Steingallen).

Die Zwanghufigkeit ist wegen der Folgen, mit welchen sie verknüpft ist, ein größeres Uebel, als man für den ersten Augenblick zu glauben pflegt. Sie vermindert die Gebrauchsfähigkeit und dadurch den Werth der Thiere; ja ich behaupte sogar, daß sie nicht ohne Einfluß auf die Lebensdauer derselben ist. Sie ist die hauptsächlichste Ursache der meisten übrigen Hufkrankheiten, unterhält diese und läßt sie selten eher zur Heilung gelangen, als sie nicht selbst beseitigt ist.

Bei den eigenthümlichen und verschiedenen Ansichten, welche noch vielfach über die Ursachen und über das Entstehen der Zwanghufigkeit vorhanden sind, ist es sehr leicht erklärlich, daß auch die zur Heilung dieses Leidens theils vorgeschlagenen, theils wirklich zur Anwendung gekommenen Kurmethoden sehr zahlreich und im höchsten Grade mannigfach sind. Ob sie alle zu erwünschten Resultaten geführt haben oder überhaupt führen können, lasse ich dahin gestellt. Nur soviel will ich von ihnen im Allgemeinen bemerken, daß man in vielen Fällen heilen wollte und nicht einmal die Ursachen beseitigte!

Unter den vielen Zwanghufen giebt es verhältnißmäßig nur sehr wenige, welche eine besondere Behandlung im thierärztlichen Sinne nöthig machten, um ihre Heilung herbeizuführen. In den meisten Fällen kräftigt und erweitert die liebe Natur den Huf von selbst, sobald wir alles das unterlassen und beseitigen, was schwächend oder einklemmend auf denselben einwirkte oder mit anderen Worten, wenn wir so beschlagen, daß trotz des Beschlages jeder Hufteil zu derjenigen Thätigkeit gelangen kann, welche ihm zuertheilt wurde. (S. Beschlag gesunder Hufe.) Einen besonderen Beschlag erfordern nur diejenigen Zwanghufe, bei denen die krankhaften Veränderungen einen so hohen Grad erreicht haben, daß die Natur ohne Unterstützung eine Erweiterung nicht mehr ermöglichen kann. Dies sind namentlich diejenigen Zwanghufe, wo der Strahl und das elastische Gewebe im höchsten Grade verdorben und geschwunden und bei welchen ein ordentliches Auf- und Durchtreten der großen Schmerzen wegen nicht mehr erfolgt.

Zu den künstlichen Eisen, mit welchen zwanghufige Pferde beschlagen werden, gehören zunächst die halbmondförmigen und die geschlossenen Hufeisen. In beiden Fällen wird es aber immer darauf ankommen, wieviel Strahl noch vorhanden, und wie das Horn desselben beschaffen ist. Ist noch so viel Strahl da, daß er beim Auftreten den Boden berührt, oder zur Auflage des die beiden hinteren Enden des geschlossenen Eisens verbindenden Steges benutzt werden kann, so begünstigen diese Eisen jedenfalls die Heilung des Zwanghufes. Entgegengesetzten Falles und namentlich dann, wenn das zwanghufige Pferd des Schmerzes wegen nicht durchtreten kann, hat man sich aber von ihnen nicht viel zu versprechen. Dasselbe gilt auch von dem in England erfundenen Eisen mit künstlichem Strahl (Colemann'sches Patenteisen).

Unter gewissen Umständen und bei vorsichtiger Anwendung ist auch das sogenannte Zwangseisen zu empfehlen. Dies Eisen hat an seinen Armenden schräg nach außen geneigte Tragrandflächen und begünstigt das mechanische Auseinandertreiben des zu stark zusammengezogenen Hufes.

Das beste Verfahren, welches ich zur Beseitigung der Zwanghufe kenne und das ich gegenwärtig bei denselben fast ausschließlich zur Anwendung bringe, ist das des Herrn Defays zu Verviers; dies Verfahren ist besonders durch den Sohn desselben, Herrn Prof. Defays zu Brüssel, welcher sich vielseitig um den Hufbeschlag große Verdienste erworben hat, bekannt geworden und hat durch ihn auch vielfache Verbesserungen erfahren. Die Defays'sche Erfindung ist der

größte Fortschritt, den die Lehre von der Behandlung der Hufkrank=
heiten seit langer Zeit gemacht hat; sie wird aber, wie es so häufig
bei guten Erfindungen der Fall ist, noch lange nicht so gewürdigt,
als sie es eigentlich sollte.

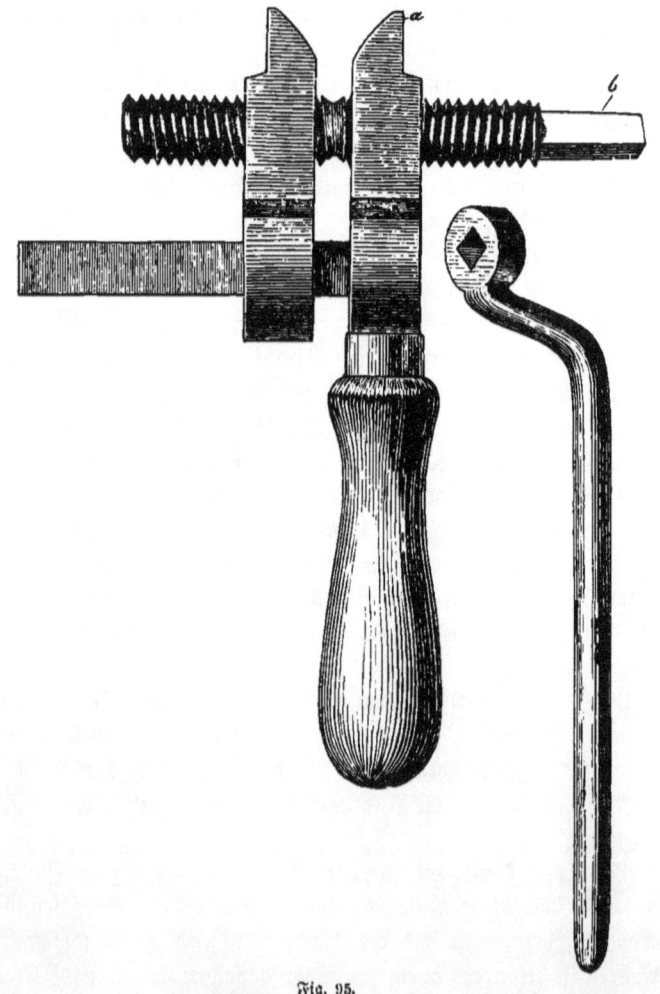

Fig. 95.

Fig. 95. Erweiterungsschraube nebst Schlüssel. a Backen, welche zwischen das
Erweiterungshufeisen eingreifen. b Stift an der mit rechtem und linkem Gewinde
versehenen Schraube zum Ansatze des Schlüssels. (Es genügt ein einfaches Gewinde. R.)

Nach der Defays'schen Methode wird der Huf auf rein mechanische Weise erweitert, es wird durch sie in kürzester Zeit erreicht, was unter günstigen Umständen sonst in Monaten kaum erreicht werden konnte; sie erfordert weiter nichts, als kleine Vorrichtungen am Hufeisen selbst und eine Erweiterungsschraube, deren Einrichtung aus der vorstehenden Abbildung (Fig. 95) ersichtlich wird.

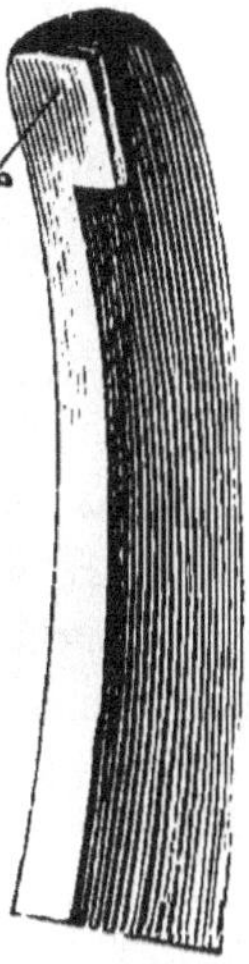

Die Vorrichtungen am Hufeisen, das im Uebrigen ein ganz gewöhnliches Hufeisen sein kann, wenn es nur aus weichem Eisen gefertigt und ausgeglüht ist, bestehen darin, daß dasselbe am Ende eines jeden Armes mit einem kleinen aber starken Aufzuge versehen wird, welcher aus dem inneren Eisenrande herausgearbeitet ist und die Tragrandfläche überragt (Fig. 96). Diese beiden Aufzüge sind dazu bestimmt, bei dem nach den allgemeinen Regeln der Hufzubereitung bearbeiteten Zwanghufe an der inneren Seite der Umbeugungsstelle der Wand, d. h. zwischen Eckstrebenwand und Strahl einzugreifen (s. Fig. 97 a), um bei der Erweiterung des Eisens die Erweiterung des Hufes zu ermöglichen.

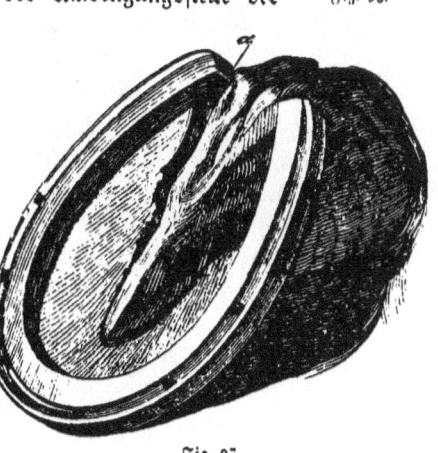

Fig. 96.

Fig. 97.

Ist das Eisen nun vollständig aufgenagelt, so wird es durch die zwischen seine beiden Arme gebrachte Erweiterungsschraube vorsichtig um etwas auseinander geschraubt.

Da die beiden an den Eckstreben liegenden Aufzüge nun der Eisenerweiterung folgen, so muß natürlich der Huf in seiner hinteren

Fig. 96. Armende eines Defays'schen Erweiterungshufeisens a Aufzug zum Eingreifen zwischen Eckstreben und Strahl.
Fig. 97. Auf den Huf aufgelegtes Erweiterungseisen. a bezeichnet die Stelle, wo die Aufzüge eingreifen müssen.

vom Strahl ausgefüllten Parthie sich um so viel auseinander geben, als die Eisenerweiterung beträgt, und der Raum für Strahl und Strahlkissen 2c. um ebenso vieles vergrößert werden.

Man kann nicht in Abrede stellen, daß ein solches Auseinanderschrauben des Hufes ein gewaltsamer Eingriff in denselben ist; deswegen ist es auch keineswegs gleichgültig, um wie viel und wie oft eine solche Erweiterung vorgenommen wird. Die Anhaltspunkte, die uns hierbei Auskunft geben, finden wir etwa in Folgendem:

Durch die mechanische Erweiterung des Zwanghufes wollen wir zunächst zwei Dinge erreichen, nämlich: 1. Beseitigung des schmerzhaften Klemmdruckes und 2. bleibende Erweiterung des den Strahl aufnehmenden Raumes. Die erste Bedingung, die wir an die Erweiterungs-Operation zu stellen haben, ist, daß sie selber keinen Schmerz verursacht; dies würde aber geschehen, wenn wir plötzlich und mit einem Male den Huf ungebührlich auseinander schraubten, oder die Aufzüge des Hufeisens zwischen Wand und Eckstrebe anbrächten und dann die Erweiterung vornähmen.

In diesem letzteren Falle würde eine Abtrennung der Hornblättchen von den Fleischblättchen erfolgen, diese für das Thier sehr schmerzhaft werden und andere Hufkrankheiten (Steingallen, getrennte Wände) veranlassen. Nur der Raum zwischen den beiden Eckstreben, welcher im Zwanghufe von den Ueberbleibseln des Strahlkissens, des Fleisch- und Hornstrahles ausgefüllt ist, läßt eine unschmerzhafte Erweiterung zu. Diese Erweiterung, vernünftig ausgeführt, ist sogar für das leidende Thier von sofort wohlthätigen Folgen, wie wir dies häufig an dem besseren Auftreten der Pferde entnehmen können. Der eingezwängte Strahl nimmt an der Erweiterung ebenfalls Antheil; man sieht, daß die mittlere Strahlfurche genau soviel auseinander tritt, als man mit der Schraube den Huf erweitert hat.

Die bloße mechanische Erweiterung würde nur von einem sehr untergeordneten Werthe sein, wenn sie nicht zu einer bleibenden Erweiterung des Hufes führte; denn sollte das Eisen den Huf immer auseinander halten, dann wäre der Nutzen der Defays'schen Methode wirklich zweifelhaft. Es folgt aber der mechanischen Erweiterung eine Ausfüllung des größer gewordenen Strahlraumes.

Bevor eine abermalige Huferweiterung vorgenommen wird, muß der Strahlraum von den Theilen, die er einschließt, ausgefüllt sein; diese Ausfüllung müssen wir als erfolgt betrachten, wenn der Huf auch nach der Entfernung des Erweiterungseisens dieselbe Weite behält.

Raum und Bewegung mit Druck und Gegendruck sind für die Strahlgebilde die Bedingungen, unter denen sie sich ausbilden und wachsen; von der Erfüllung dieser Bedingungen hängt das Wieviel und Wieoft der Erweiterung ab. Feste Bestimmungen für alle Fälle lassen sich deswegen nicht aufstellen, da es ganz besonders darauf ankommt, ob es bei der Zubereitung des Zwanghufes möglich war, den Strahl auf den Erdboden zu bringen, und ob das betreffende Pferd viel, wenig oder gar keine Bewegung bekommt. Wo der Strahl durch Niederschneiden der Trachtenwände oder durch schwach auslaufende Eisen, selbst wenn er noch so sehr verkümmert ist, beim Auftritt zur Erde kommt und das Pferd dabei täglich 8—10 Stunden arbeiten muß, da sind die Verhältnisse zur Heilung des Zwanghufes am günstigsten; in solchen Fällen kann von vier zu vier Tagen eine Erweiterung von 4—6 Mm. vorgenommen werden. Wo die Strahlverhältnisse aber ungünstiger und die Bewegungen geringer sind, da sind 2—4 Mm. in 8—10 Tagen oft schon das Höchste, was man verlangen kann. Wird das zwanghufige Pferd beständig im Stalle gehalten, so nützt alles Schrauben nichts.

Das Maaß für die Erweiterung nimmt man sich am zweckmäßigsten am Hufe selbst, und zwar in der Art, daß man mit dem gebogenen Zirkel außen an den Trachtenwänden, ungefähr an der Stelle wo innen die Aufzüge vom Eisen liegen, die Weite des Hufes abmißt und mit den Zirkelspitzen die Stelle, wo man gemessen hat, etwas markirt, damit man während der Erweiterung auf derselben Stelle nachmessen kann.

Das Eisen zu messen, oder sich nach einem Maaße zu richten, welches an der Schraube angebracht ist, führt zu Täuschungen. Ich habe es immer vortheilhafter gefunden, mir das Maaß am Hufe selbst um dessen Erweiterung es sich doch bei der Sache handelt, zu nehmen. Bei einiger Erfahrung und Uebung ist auch dieses Messen überflüssig, da man die Erweiterung des Hufes ganz genau an der mittleren Strahlfurche beobachten kann. Wie oft eine solche Erweiterung zur vollständigen Heilung des Zwanghufes nöthig wird, ist, wie schon erwähnt, vom Hufe und von den äußeren Verhältnissen abhängig. In der Regel ist eine zwei- bis dreimalige Erweiterung vollkommen ausreichend. Nur in den Fällen, in welchen man es mit sehr veralteten Zwanghufen zu thun hat, wird sich eine mehrmalige Erweiterung nöthig machen, bei Zwanghufen, wo man den äußeren Erscheinungen nach auf sehr bedeutende Verkümmerungen im Inneren des Hufes schließen muß. In solchen Fällen, welche oft zehn und noch mehr Jahre als Zwanghuf bestanden oder zu ihrer Ausbildung gebraucht haben, wird man zufrieden sein müssen, wenn Monate vergehen, ehe sich die verkümmerten Theile wieder insoweit kräftigen, daß sie den mechanisch erweiterten Huf ausfüllen und weit zu erhalten vermögen. In diesen Ausnahmsfällen ist die Erweiterung des Hufes auch in größeren Zeiträumen geboten und nützlich.

Sollte sich aus irgend einem Grunde eine mehrmalige Erweiterung nöthig machen, so ist es zweckmäßig, das Eisen nochmals abzunehmen und von neuem auszuglühen*), da die Eisen durch den Gebrauch härter und federkräftiger werden und sich dann nicht mehr so bequem auseinander schrauben lassen. Ueberhaupt macht sich in derselben Zeit, wo eine abermalige Ausglühung des Eisens nöthig wird, auch eine abermalige Zubereitung des Hufes (Niederschneiden der angewachsenen Trachtenwände ꝛc.), welche niemals außer Acht gelassen werden darf, nöthig. Das Erweiterungseisen thut es nicht allein.

Unter günstigen äußeren Verhältnissen bedarf der Zwanghuf oft nur einer kleinen Anregung und die Natur besorgt das Uebrige von selbst. Es ist mir schon wiederholt vorgekommen daß acht Tage nach der ersten Erweiterung der Huf um mehr als 5—6 Mm. weiter als das Eisen war. Der Huf war dem Eisen davongegangen.

In demselben Grade, als der Zwanghuf zur normalen Hufform zurückkehrt, bekommt auch die Wand ihre normale Stärke und Zähigkeit wieder.

Für eine besondere Vorbereitung oder Nachbehandlung der auf

---

*) Sehr zweckmäßig habe ich mehrmals kleine Einschnitte an verschiedenen Stellen solcher Eisen angebracht; die Federkraft der Eisen wurde darnach fast gänzlich aufgehoben (Fig. 98).

dieſe Art behandelten Hufe durch kühlende oder erweichende Umſchläge ſehe ich keinen vernünftigen Grund.

Dieſes Verfahren, Zwanghufe zu heilen, iſt bei einiger Sach=
kenntniß einfach und leicht, doch iſt die Möglichkeit nicht ausgeſchloſſen, daß ungeſchickte Hände auch hiermit Unheil an den Füßen der Pferde anrichten können.

Bei zwanghufigen Pferden, deren Beſitzer, wie man ſich auszudrücken pflegt, „es daran zu wenden haben", wird von vielen Thierärzten ſehr gern ein recht naſſer Weidegang empfohlen; das Pferd ſoll ſich ein halbes Jahr ohne Beſchlag ſo recht herumtummeln. Größtentheils ſieht man in ſolchen Fällen auch recht guten Erfolg; man würde aber noch einen beſſeren Erfolg erzielen, wenn man eine trockene feſte Weide benutzt hätte; die Heilung würde

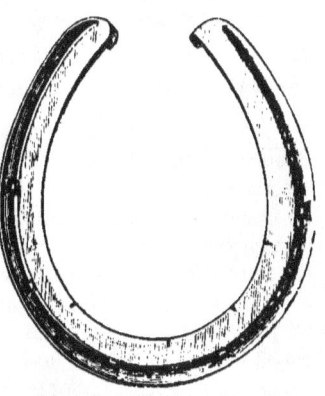

Fig. 98.

ſchneller von Statten gehen. Aus der Empfehlung einer naſſen Weide geht hervor, daß man die Urſachen des Zwanghufes nicht erkannt hat.

Wenn der Schmied mit ſeinem Wirkmeſſer und ſeinen ſchlechten Hufeiſen möglichſt weit vom zwanghufigen Pferde entfernt gehalten wird, und ſich dieſes ganz nach eigenem Gefallen bewegen kann, wird ſtets Beſſerung, auch Heilung erfolgen; dieſe hält aber natürlich nur ſo lange an, bis das Pferd wieder in die früheren Verhältniſſe zu=
rückkommt. Die erneuerte Verengerung wird um ſo ſchnellere Fort=
ſchritte machen, je feuchter die Weide war. Ein recht ein= und durch=
geweichter Huf kann den Beſchlagsunbilden keinen Widerſtand leiſten.

Andere Thierärzte ſuchen durch ſcharfe Salben und erweichende Umſchläge den Zwanghuf zu erweitern, und wollen auch Erfolge beobachtet haben. Dieſe Mittel können allerdings eine äußere Ver=
größerung des Hufes durch Auflockerung des Hornes, aber nur auf ſo lange hervorbringen, als der Huf eben naß gehalten wird. Der innere Raum der Hornkapſel wird dadurch beſtimmt nicht größer, und

---

Fig. 98. Erweiterungseiſen mit Einſchnitten im inneren Rande.

die äußere scheinbare Vergrößerung ist nicht für die Dauer; sie verschwindet so schnell als sie gekommen ist.

Bei veraltetem und sehr schmerzhaftem Zwanghufe will ich die Möglichkeit nicht bestreiten, daß erweichende Umschläge, von Zeit zu Zeit angewendet, das mechanische Erweiterungsverfahren in etwas erleichtern können; ersetzen werden sie dasselbe aber niemals.

Bei der vorerwähnten stellenweisen Einbiegung der Trachtenwand ist der Tragrand unterhalb der eingebogenen Stelle mittelst eines geschlossenen Eisens frei zu legen. (S. Steingalle.)

Zusatz. Bei der Behandlung des Zwanghufes ist hauptsächlich für genügende Erweiterung des Strahlraumes durch entsprechendes Verkürzen und Beschneiden der umgebogenen Eckwände zu sorgen; hierdurch wird in vielen Fällen allein schon der Grund für die nachfolgende Erweiterung gelegt. Ich erziele Erweiterung häufig in genügender Weise durch Anwendung des Pantoffeleisens (nach de la Broné), das aber zur Erhöhung seiner Wirkung mit der Stellung der Eckstreben entsprechenden Aufzügen versehen ist (Einsiedel'sches Strebeneisen). Es bewirkt hier die Körperlast, bei jedesmaligem Auftritt die Erweiterung der Trachtenwände auf den, vom letzten Nagelloche ab stark schräg nach außen geneigten Tragflächen, die man in den hochgradigsten Fällen durch das Expansiveisen mittelst der Erweiterungsschraube (Dilatator) ermöglicht.

Wenn hin und wieder ungünstige Resultate durch Anwendung des Defays'schen Verfahrens erzielt wurden, so lag die Schuld wohl hauptsächlich an den, nach Defays' Vorschrift angefertigten Eckstrebenaufzügen. Es sind dieselben in der Ausdehnung von vorn nach dem Schenkelende zu lang (nicht zu hoch) gewesen und entsprachen in ihrer zu geraden Stellung nicht der meist viel schräger verlaufenden Eckwand. In Folge der größeren Länge wird beim Einlassen die Eckwand vom umgebogenen Eckstrebenwandtheil getrennt und es erfolgt dann bei der Erweiterung des Eisens durch die Schraube eine Trennung und Zerreißung beider Wandtheile, die allerdings unangenehme Folgen nach sich zieht. Bei richtig gestellten und angelegten Aufzügen von in Fig. 96 gezeigter Länge ist der Erfolg nur ein günstiger, d. h. es tritt eine sofortige und dabei schmerzlose Erweiterung des Strahlraumes ein.

Unter Leitung des Herrn Geh.-Rath Gerlach habe ich in Hannover zum Zwecke der Behandlung chronischer Hufgelenklahmheit die erstmalige Erweiterung bis aufs Höchste (12—18 Mm.) getrieben, ohne einen andern als nur günstigen Erfolg eintreten zu sehen.

In dem Falle, wo die Ballen verschoben sind, sehe ich, wie oben bei Steingallen, Hornspalten ꝛc. angegeben, von der Anwendung des Erweiterungsverfahrens ab. Ich schneide die eingezogene Eckwand des zu hoch liegenden Ballens möglichst nieder und lege das geschlossene, ausnahmsweis das Dreiviertheileisen so lange auf, bis die Senkung des Ballens erfolgt ist.

Dies Dreivierteleisen ist ein gewöhnliches glattes Eisen, bei dem an der Stelle, wo die Einziehung der Wand anfängt, das Schenkelstück abgeschlagen und das Ende abgeschärft ist. Es findet außer in dem angeführten Falle auch noch Anwendung beim schiefen Huf, Hornspalt und Steingalle.

Außerdem sind das Scheereisen, ein schon lange bekanntes, mit Charnier versehenes Erweiterungseisen, und das Federeisen von Barbier zu erwähnen. Als Eisen zur Verhütung des Zwanghufes das gewöhnliche glatte Eisen mit Eckstrebenaufzügen, das Stahltableteisen von Bracy Clark und das einseitig gelochte Eisen von James Turner. In neuerer Zeit verwende ich das Pantoffeleisen mit Eckstrebenaufzügen in der von Prof. Zürn beschriebenen Weise. Das Eisen wird genau aufgepaßt, vor dem Aufnageln aber 5—10 Mm. weiter gerichtet und mit der von Zürn beschriebenen Zange zusammengedrückt auf den Huf gebracht so lange gehalten bis es durch einige Nägel befestigt ist. Das Eisen treibt dann den Huf federnd auseinander. Das Dünnraspeln der Zehenwand behufs Verminderung ihrer zusammenziehenden Kraft genügt für sich allein zur Erweiterung der Hufe nicht, unterstützt aber die oben angegebenen Verfahren ganz zweckmäßig. N.

4. Der schiefe Huf.

Man nennt einen Huf „schief", oder sagt von ihm, er habe eine „eingezogene Wand", wenn die Seiten- und Trachtenwand der einen Wandhälfte eine andere Neigung gegen den Erdboden zeigt, als die der entgegengesetzten Wandhälfte. (Bei der Beurtheilung dieser Richtungsverschiedenheit der Wand versteht es sich aber von selbst, daß man die normal vorkommende etwas steilere Stellung der inneren Wandhälfte mit berücksichtigt.)

Bei dem schiefen Hufe steht die eine Wand mehr gerade, senkrecht oder ist selbst unten nach der Mittellinie des Fußes zu eingezogen, während die andere normal steht oder auch eine schrägere Richtung nach außen hat.

Die eingezogene Wand ist meist kürzer oder niedriger als die normal stehende; hierdurch bekommt der ganze Huf eben eine schiefe Form. Man hat sich daran gewöhnt, die niedrige Seite, d. h. diejenige Seite, auf welche eben weil sie niedrig ist, auch die Last des Körpers hauptsächlich fällt, und an welcher Huf und Eisen am stärksten abgenutzt werden, die schiefe Seite oder die schiefe Wand zu nennen, obgleich es strenggenommen eigentlich richtiger wäre, die durch den schiefen Auftritt in eine schrägere Richtung nach außen kommende entgegengesetzte Wand als „schiefe" zu bezeichnen. Da nun diese

Bezeichnung sich einmal eingebürgert hat und es überhaupt auch auf den Namen nicht weiter ankommt, so will auch ich, um jeden Irrthum zu vermeiden, die niedrige eingezogene Wand die „schiefe Wand" nennen, trotzdem sie viel gerader als die andere Wand steht.

Jedes Pferd, welches den Huf oder die Eisen einseitig abnutzt, hat mehr oder weniger einen schiefen Huf; für den, welcher nicht erst wartet, bis das Pferd in Folge des schiefen Hufes lahm wird oder sich streicht, kommt derselbe ungemein häufig vor. Es giebt schiefe Vorder= und schiefe Hinterhufe; ebenso kann die innere wie auch die äußere Hufwand die „schiefe" sein.

So verschieden aber die schiefen Hufe an und für sich vorkommen, so verschieden ist auch der Einfluß, welchen dieselben auf den Gebrauch des Pferdes ausüben. Schon an der einseitigen Abnutzung des Hufes oder der Hufeisen erkennt man, daß die Körperlast ungleich auf den Huf vertheilt ist.

Die Folgen dieses Mißverhältnisses sprechen sich an den unteren Gelenken und an der Schenkelbewegung aus; Kron= und Fesselgelenkentzündung und die in deren Gefolge sich weiter entwickelnden Knochenkrankheiten, Streichen ɾc. sind die Uebel, die die ausgebildeten schiefen Hufe gewöhnlich zu begleiten pflegen. Ebenso bedeutend sind die Veränderungen an den Hufen selbst. Der Strahl schwindet auf der eingezogenen Seite, die Wand legt sich nach innen um, quetscht und verletzt die betreffenden Weichtheile und führt zur Bildung von Steingallen. In dieser Beziehung hat der schiefe Huf so vieles mit dem Zwanghufe gemein, daß man ihn auch als halben oder einseitigen Zwanghuf bezeichnen könnte.

Es ist nicht zu leugnen, daß fehlerhafte Schenkelstellungen sehr viel zum Schiefwerden der Hufe beitragen; dies ist namentlich bei der französischen, bodenweiten und kuhhessigen Stellung der Fall; bei diesen Schenkelstellungen leidet die innere Wand; bei der zehenengen Stellung findet man dagegen die äußere Wand als die eingezogene. Doch darf nicht jeder schiefe Huf auf Rechnung fehlerhafter Stellung gebracht werden. Durch Unkenntniß und Lüderlichkeit solcher Beschlagschmiede, welche auf die Abnutzung der alten Eisen und auf kleine Abweichungen in der Höhe der Wände zu einander keine Rücksicht nehmen, sondern das neue Beschläge ebenso fehlerhaft machen als das alte war, entstehen mehr schiefe Hufe als durch fehlerhafte Schenkelstellungen. Eine häufige Ursache zum Schiefwerden der inneren Wand der Vorderhufe ist auch das sogenannte Luftmachen. Man sieht gesunde Trachtenwände und Eckstreben als die Ursache zu den Steingallen an und schneidet deswegen diese Theile aus und nieder; hier tritt dann natürlich grade das entgegengesetzte von dem ein, was beabsichtigt wurde: die betreffende Wand drückt sich ein und zwar um so mehr, je niedriger man den Stollen dieser Seite macht; denn dort, wo der Huf und das Eisen niedrig ist, fällt die schwerste Last des Körpers hin. Aus diesem Grunde kann man auch die Hufeisen mit Griff und Stollen, wie dies schon oben angegeben ist, mit zu den hauptsächlichsten Ursachen der schiefen Hufe zählen, da nur sehr selten alte derartige Eisen gefunden werden, an denen die beiden Stollen und der Griff gleichmäßig abgenutzt sind.

Wenn der Pferdehuf nicht ein zu kostbarer Gegenstand wäre, so könnte man glauben, es sei das, was zur Heilung ausgebildeter schiefer Hufe in vielen Lehrbüchern empfohlen ist, nur als ein bloßer Scherz zu betrachten; denn von einer Besserung oder gar Heilung schiefer Hufe auf die dort angegebene Art kann wohl kaum die Rede sein. Ein stärkerer Eisenarm auf die niedrige und eingezogene Wand gelegt, macht die niedrige Wand nicht höher und giebt ihr auch nicht die normale Richtung wieder; er verschlimmert aber in jedem Falle den schiefen Huf.

Welcher Art die schiefen Hufe auch sein mögen, so sind sie alle einer Verbesserung und die meisten einer vollständigen Heilung fähig; es kann dies aber nur dadurch bewirkt werden, daß man **allen Eisendruck von der niedrigen und eingezogenen Wand abhält** und dafür den Strahl und die übrigen gesunden Theile der Wand zum Tragen benutzt. Das Mittel hierzu ist das passend angefertige geschlossene Eisen.

Durch den Druck des geschlossenen Eisens auf den Strahl kräftigt sich dieser Theil in seinem Innern und Aeußeren, wird besser ernährt und füllt dadurch seinen Platz besser aus. Die eingezogene Wand darf auf dem Eisen weder aufliegen noch angenagelt werden; sie muß durch Niederschneiden oder auch durch Absetzen des betreffenden Eisentheils völlig frei gelegt werden. Nur dadurch kann sich die kranke

Wand wieder normal entwickeln und erweitern. Ist sie erst soweit gekommen, daß sie weiter geworden ist, höher wird sie dann sehr bald, wenn kein Druck (also auch keine Abreibung) an derselben mehr stattfindet (Fig. 99).

Der günstige Erfolg, welchen ich von dem Defays'schen Erweiterungsverfahren bei Zwanghufen gehabt hatte, brachte mich auf die Idee,

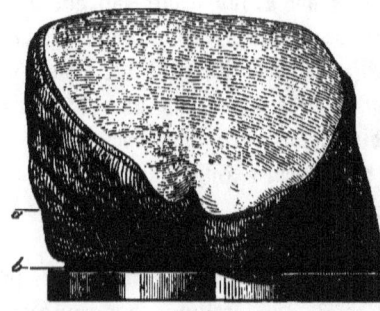

Fig. 99.

dasselbe Verfahren auch beim schiefen Hufe in Anwendung zu bringen, um so mehr, da ja auch beim Zwanghufe öfter die eine Wand mehr als die andere verengert ist und überhaupt eine große Verwandtschaft zwischen beiden besteht. Dies Verfahren schien mir auch noch aus dem Grunde wünschenswerth, da es bei schiefen Hufen mitunter vorkommt, daß der Strahl so sehr gelitten hat, daß ich das geschlossene Eisen gar nicht zur Anwendung bringen konnte; und ohne Strahl ist ein geschlossenes Eisen ziemlich wirkungslos.

Bei dem Erweiterungsverfahren kam es nun beim schiefen Hufe vorzugsweise darauf an, eine einseitige Erweiterung zu erreichen. Nach mehreren, theilweise vergeblichen Versuchen gelang mir dies so vollständig, daß ich jetzt bei dem schiefen Hufe vielfach die einseitige Erweiterung in Anwendung bringe und die allergünstigsten Resultate davon gesehen habe.

Eine solche einseitige Erweiterung mit dem Erweiterungseisen läßt sich zwar auf mehrerlei Art ausführen, doch scheint mir die einfachste und zweckmäßigste Methode die zu sein, wenn man in denjenigen Eisenarm, welchen man eben erweitern will, einige kleine Schnitte einsägt oder einfeilt; aus verschiedenen hierauf bezüglichen Messungen stellte es sich heraus, daß diese Schnitte mehr nach dem Zehentheile zu, also eigentlich noch vor der eingezogenen Wand angebracht werden müssen, wenn man eine gleichmäßige Erweiterung

---

Fig. 99. Geschlossenes Eisen gegen schiefen Huf. a die eingezogene Wand. b die freigelassene Stelle.

der ganzen eingezogenen Wand bewerkstelligen will (vergl. Fig. 98, S. 237).

In der letzten Zeit ist es mir öfter vorgekommen, daß ich sowohl beim Zwanghufe als auch beim schiefen Hufe das Erweiterungseisen deswegen nicht sofort anwenden konnte, da die eine oder andere Eckstrebe durch ungeschicktes Suchen und Graben nach Steingallen gänzlich zerstört war.

Zusatz. Ist der schiefe Huf bei fehlerhafter Schenkelstellung gewissermaßen angeboren, so ist eine Behandlung nur so lange fortzusetzen, als noch ungleichmäßige Abnutzung am Eisen ersichtlich ist. Hat man aber gleichmäßige Abnutzung erzielt, so wolle man nicht ferner verbessern; das Pferd braucht den in dem betreffenden Grade schiefen Huf bei seiner Stellung zum bequemen Gange.

Bei der Behandlung kommt es darauf an, durch entsprechende Zubereitung des Hufes ungleich hohe Wände möglichst gleich zu machen. Hierbei ist besondere Rücksicht auf Schonung des Zehentheiles der schiefen Wandhälfte zu nehmen, damit an dieser Stelle die Auflage für das Eisen erhalten bleibt; mangelnden Falls gewinne ich dieselbe durch Auftragen Defays'scher Hufmasse.

Durch das Eisen soll erzielt werden: „Abhaltung eines jeglichen Druckes auf die niedrige, eingezogene Wandhälfte, oder Uebertragung eines Theiles der Last auf den Strahl." Im ersten Falle würde das Dreiviertel- im letzteren das abgesetzte, geschlossene Eisen Anwendung finden. Will man durch das Eisen nur die zu niedrige Wandhälfte erhöhen, also die Stellung bessern, so findet das einseitige, als Ganzes oder als Dreivierteleisen so Anwendung, daß der ganze starke Arm auf die niedrige, der schwächere (halbe) Arm auf die hohe Seite zu liegen kommt. Soll nebenbei noch eine Erweiterung erreicht werden, so finden die bei Zwanghuf angegebenen Verfahren nur einseitig statt.

Bei einseitig vermehrtem Wachsthum der Fohlenhufe ist für eine genügende Verkürzung der stärker wachsenden Wandhälfte Sorge zu tragen.   R.

Zusammenhangstörungen der Hornkapsel.
1. Hornspalten.

Zusammenhangstörungen der Hornwand, welche in der Längsrichtung der Hornröhrchen vorkommen, nennt man Hornspalten. Die Hornspalten haben nach Sitz, Grad und Ausdehnung nicht allein verschiedene Bezeichnungen und Namen erhalten, sondern sie sind nach diesen Verschiedenheiten auch hinsichtlich ihrer Bedeutung für das Thier wesentlich verschieden zu beurtheilen und zu behandeln.

Nach ihrem Vorkommen an Zehen=, Seiten= oder Trachtenwand werden sie in Zehen=, Seiten= und Trachtenspalten unterschieden. Diejenigen Hornspalten, welche blos den oberen Hufrand betreffen, werden Kronenrandspalten, diejenigen, die sich auf den unteren Hufrand beschränken, Tragrandspalten, und diejenigen, welche beide Ränder gleichmäßig betreffen, d. h. welche durch die ganze Höhe des Hufes gehen, durchlaufende Hornspalten genannt. Gehen die Hornspalten durch die ganze Dicke der Hornwand bis auf die Fleischtheile, so heißen sie durchdringende, entgegengesetzt oberflächliche Hornspalten.

Außer diesen zu Tage liegenden Hornspalten hat man auch noch innere oder verborgene Hornspalten angenommen. Bei diesen ist die äußere Wandschicht noch zusammenhängend, höchstens ein wenig eingedrückt; man sieht sie nur bei der Hufzubereitung am Tragrande von der weißen Linie aus. Im Allgemeinen haben sie dieselbe Bedeutung für das Thier, wie die offenen Hornspalten.

Obgleich kein Huf und keine Stelle der Hornwand vollständig vor Hornspalten gesichert ist, so kommen doch die meisten Seiten= und Trachtenspalten an der inneren Seite der Vorderhufe, die meisten Zehenspalten dagegen an den Hinterhufen vor.

Die Hornspalten entstehen durch alle diejenigen Beschlagfehler, welche die Elasticität und somit den Nachschub oder das Wachsthum des Hufhornes und zunächst des Wandhornes beeinträchtigen, welche also, mit anderen Worten, das Wandhorn trocken und spröde machen (vergl. Zwanghuf). Außerdem werden die Hornspalten aber noch hervorgebracht durch alle jene Beschlagsfehler, welche das Wandhorn direkt schwächen oder verletzen. Ebenso können Verwundungen und Eiterungen an der Krone den Zusammenhang der Hornwand theilweise und auf mehr oder weniger lange Zeit unterbrechen.

Die Zahl derjenigen Beschlagfehler, welche direkt schwächend oder verletzend auf die Hornwand einwirken und unter Umständen Hornspalten hervorbringen können, ist so groß, daß hier nur speciell auf die hauptsächlichsten derselben aufmerksam gemacht werden kann. Zu diesen gehören das zu starke Niederschneiden und Beraspeln der

Wand mit mangelhafter Herstellung eines Tragrandes; zu seicht gelochte oder zu weite Eisen, bei deren Anwendung die Nägel nicht von der weißen Linie aus die Wand durchdringen und deswegen spalten; zu starke Nägel; das starke Anziehen oder richtiger das Krummstauchen der Nägel im Hufe, wodurch die Löcher in der Wand weit- und heruntergerissen werden; hohl- und abgerichtete Eisen; zu kurze Eisen, welche nicht das Ende des Tragrandes erreichen, und bei denen sich der Huf über die Stollen oder Stollenenden hinunterdrückt und dabei leicht von der Krone aus einreißt. (Diese von mir eben genannten Eisen sind jedoch nicht zu verwechseln mit den an den Enden in den Huf eingelassenen halbmondförmigen oder Dreiviertel-Eisen.) Von den Verwundungen und Eiterungen an der Krone sind es namentlich Kronentritte und solche Steingallen, bei denen der Eiter an der Krone zum Vorschein kommt, welche das Entstehen von Hornspalten begünstigen.

Hornspalten gehören mit zu den von den Pferdebesitzern am meisten gefürchteten Hufgebrechen, und ich will gern zugeben, daß diese Furcht in kostspieligen Erfahrungen häufig ihre Begründung findet.

Wenn auch in der neueren Zeit die Hornspalten von vielen Thierärzten wie auch schon von vielen Beschlagschmieden nicht mehr zu den so sehr gefürchteten Hufkrankheiten gerechnet werden, so sind dieselben doch immerhin noch als ziemlich erhebliche Hufgebrechen zu betrachten. Sie sind erheblich, weil sie fast immer eine fehlerhafte Hornbeschaffenheit, welche den Huf zu Hornspalten geneigt macht, voraussetzen, und weil die Heilung, die von der Länge der Spalte abhängig ist, eine lange Zeit erfordern kann; der Umstand, daß in der Heilungsperiode verschiedene Zufälligkeiten ein abermaliges Aufreißen des ungetrennt nachgeschobenen Hornes herbeiführen können, macht die Hornspalten zu um so bedenklicheren Uebeln. Alle Hornspalten sind jedoch der Heilung fähig; dieselbe erfolgt aber nicht durch Vereinigung des getrennten Hornes, sondern durch das Herabwachsen (Nachschub) eines von der Fleischkrone aus neu erzeugten ungetrennten Hornes. Wir begünstigen die Heilung, wenn wir die beiderseitigen Spaltränder zu einander feststellen und somit ein abermaliges Aufreißen des frisch nachgeschobenen Hornes

möglichst zu verhüten suchen. Dies Feststellen der Spaltränder zu einander bewirken wir je nach dem Sitze der Hornspalte
entweder durch mechanische Befestigung oder durch möglichste Schonung der getrennten Hornstellen vor Druck und Gegendruck.

Eine mechanische Befestigung der Spaltränder an einander ist
vorzugsweise bei der Zehenspalte anwendbar, und wenn das betreffende Pferd während der Heilung gebrauchsfähig bleiben soll, auch
nothwendig. Eine solche Befestigung, welche sich durch die größte
Einfachheit und Zweckmäßigkeit auszeichnet, bewirkt man durch einfaches Aufschrauben eines dünnen Plättchens Bandeisen mit vier Holzschräubchen in der Mitte der Wand quer über die Spalte (Fig. 100).
Wenn die mit tiefem und dabei feinem Gewinde versehenen
Schräubchen einen halben Centimeter in die feste Wand eindringen,
so haben dieselben einen hinlänglichen Halt und unter diesen Umständen ist an eine Verletzung der Fleischwand auch nicht zu denken*).

Aller Eisen- und Kappendruck auf die Spalte selbst und deren
nächste Umgebung ist durch Freilegen zu beiden Seiten der Spalte

Fig. 100.

und durch das Anbringen von
zwei kleinen Seitenkappen etwas
entfernt von der Spalte, abzu-
halten (vergl. Fig. 100). Hufeisen mit Stollen sind zwar bei
allen Hufkrankheiten, aber bei
Zehenspalten ganz besonders deswegen verwerflich, weil sie die
Körperlast zu sehr auf die kranke
Stelle hinbringen.

*) Meiner Befestigungsmethode hat man den Vorwurf gemacht, daß man
durch sie solche Spaltränder, welche durch Operation von einander entfernt
wurden, nicht zusammenziehen könnte. Meiner Ansicht nach ist dies viel mehr
eine gute, als eine fehlerhafte Eigenschaft derselben. Wie in aller Welt mag
man sich denn die Befestigung der Hornwand auf der Fleischwand vorstellen?
Als ob sich die Hornwand beliebig auf der Fleischwand hin und her schieben
und schrauben ließe!

Fig. 100. Beschläge gegen Zehenspalten.

Es versteht sich von selbst, daß man das Verbindungsmittel der Zehenspalte, wenn es mit der Wand herunter wächst, so lange wieder von Neuem weiter nach oben befestigen muß, bis die Spalte vollständig verschwunden ist. In der Regel hat man dies zweimal nöthig.

Bei Seiten= und Trachtenspalten ist die bei den Zehenspalten angegebene Befestigungsweise wegen der geringeren Dicke der Wand von mir noch nicht versucht worden; es hat mir für eine derartige Befestigung bei diesen Spalten auch aus dem Grunde noch kein Bedürfniß vorgelegen, da sich hierbei das erneuerte Aufreißen des nachgeschobenen Hornes auch ohnedem und ebenfalls einfach und zweckentsprechend verhüten läßt.

Bei einfachen Seitenspalten ist es nämlich zur Abhaltung von Zerrungen und Quetschungen an der gespaltenen Stelle vollständig ausreichend, wenn man sich vom oberen Ende der Spalte eine senkrechte Linie bis zum Tragrand herunter denkt und denjenigen Theil des Tragrandes, welcher zwischen dieser Linie und der Spalte liegt, durch Niederwirken, um so viel freilegt, daß bis zur nächsten Beschlagserneuerung ein Eisendruck dort nicht ausgeübt werden kann.

Bei Trachtenspalten, wo die gedachte Linie über das Ende des Tragrandes hinausfallen würde, kann ein solches Freilegen hinter der Spalte nur dann unternommen werden, wenn man ein geschlossenes Eisen so auflegt, daß es sich auf

Fig. 101.

den Strahl stützt. Der Stützpunkt auf dem Strahle muß auch in allen den Fällen bei Seiten= und Trachtenspalten gesucht werden, wenn eine Auflage des Eisens auf dem Tragrande hinter der gedachten Linie entweder wegen Steingalle, sich lang hinziehender hohler Wand oder zu weit nach hinten sitzender Hornspalte nicht möglich ist.

Das bloße Freilegen des Wandtheils hinter der Spalte, ohne irgend einen Stützpunkt, genügt keineswegs; es senkt sich bei jedem Auftritt der freiliegende Theil nach unten und zerrt an der Spalte.

Wenn von der Krone aus ein Stück ungetrenntes Horn herab=

Fig. 101. Beschläge gegen Seitenspalten.

gewachsen ist, so ist es nicht unzweckmäßig, dort mit einem schmalen Eisen eine Querriefe vorzubrennen (vergl. Fig. 101), oder ein rundes Loch (ähnlich wie dies bei vielen Holzarbeiten geschieht) vorzubohren, um so das weitere Aufreißen zu verhüten. Bei sorgfältiger Ausführung der Beschlagsregeln und bei rechtzeitiger Erneuerung des Beschlages ist diese Vorsichtsmaßregel jedoch nicht unbedingt nothwendig; Schaden wird jedoch durch sie in keinem Falle verursacht, man müßte denn dabei die Fleischwand beschädigen.

Wenn die Fleischkrone oberhalb der Spalte in der Weise krankhaft entartet ist, daß eine gesunde Hornbildung von dort nicht ausgehen kann, so ist es in diesem Falle Sache des Thierarztes, erst die Krone zu heilen; erst dann kann an Heilung der Hornspalte gedacht werden.

Mitunter sieht man Hornspalten, welche durch das sogenannte Operiren derselben zu breiten Horngassen mit krankhaften Wucherungen der bloßgelegten und gereizten Fleischwand umgewandelt worden sind; mit der Heilung so umgewandelter Hornspalten sieht es oft traurig aus; in diesen Fällen hat das Zuvielthun die Hornspalten zu bedenklichen und mit Recht gefürchteten Hufübeln gemacht. An einer einfachen Hornspalte hat man nichts zu schneiden oder zu operiren. Ein Riß in der Wand ist jedenfalls weniger gefährlich, als ein breiter und tiefer Graben in derselben. Nur in solchen Fällen, wo bei Hornspalten, namentlich bei Zehenspalten, die Ränder derselben durch Kappen und Ziehbänder so sehr nach innen gedrückt sind, daß die Wand an der gespalteten Stelle förmlich eingesunken erscheint und die so durchgedrückten inneren Wandränder zerstörend auf Fleischwand und auf das Hufbein einwirken, kann allerdings die Hinwegnahme des Eingebogenen nothwendig werden.

Mit der Heilung so übel zugerichteter Hornspalten sich zu befassen, ist dem Beschlagschmiede nicht zu rathen; dies ist mehr Sache des Thierarztes. Ebenso möchte ich auch die Anwendung reizender und scharfer Mittel um die Krone herum, durch welche das Wachsthum des Hornes beschleunigt und die Heilungszeit der Hornspalten abgekürzt wird, eher durch die Hand des Thierarztes, als des Beschlagschmiedes vornehmen lassen.

Einfache, noch nicht mißhandelte Hornspalten heilen bei dem angegebenen Beschlagsverfahren während aller und jeder Dienstleistung des betreffenden Pferdes und verursachen kein Lahmgehen.

Zusatz. Das Hartmann'sche Befestigungsmittel benutze ich auch bei Seiten-, selbst bei den meisten (nicht zu weit nach hinten befindlichen) Trachten-Spalten; nur verwende ich dann kürzere Schräubchen und breitere Blättchen, in denen ich die Schräubchen unter einander anbringe. Sind die Spaltränder unregelmäßig, übereinander geschoben, so schneide ich alle übergeschobenen Wandstücke weg. Die dadurch verbreiterte Spalte fülle ich, wenn dieselbe trocken, mit der Defays'schen Hufmasse aus und bedecke das Ganze mit einem breiten Blättchen. — Durch die Mayer'sche Schraubenklammer sollen die Spaltränder bei Zehenspalten einander genähert werden. Außerdem benutzt man zur Befestigung der Spaltränder eine einfache Klammer oder mit besonderem Erfolge auch sogenannte Agraffen; ebenso Nieten mittelst eines, quer durch die Spaltränder gesteckten Hufnagels. Das Absetzen des offenen Eisens hinter dem Seitenspalt kann ich weniger, am wenigsten wie überhaupt das Anbringen eines sogen. Beistollens empfehlen. Ich benutze das Dreiviertelseisen besonders bei eingezogener Wand oder das geschlossene Eisen. Ein entsprechendes Verdünnen der gespaltenen Wandtheile an der Krone und nachdrückliches Einfetten derselben verhütet ein erneuertes Aufreißen des nachgewachsenden Hornes. N.

2. Hornkluft.

Eine Zusammenhangsstörung der Hornwand, welche die Hornröhrchen der Quere nach trifft, nennt man eine Hornkluft.

An jeder Stelle der Hornwand können Hornklüfte vorkommen; man findet dieselben indessen meistens an der inneren Fläche der Seiten- und Zehenwand, woselbst sie gewöhnlich in Folge von Kronentritten durch scharfe, fehlerhaft gestellte Stollen hervorgebracht werden. Doch können auch eiternde Steingallen oder sonstige Eiterungen, welche ihren Sitz an der Krone haben oder ihren Ausweg dahin nehmen, durch zeitweilige Trennung des Zusammenhanges ebenfalls Hornklüfte hervorbringen.

Nicht selten entstehen Hornklüfte auch mitten an der Wand und zwar an der Trachtenwand durch Brüche der Hornfasern bei eingezogenen Wänden und trockenem Horne.

Die Hornklüfte, die wegen ihrer Entstehungsweise sowohl, als auch in ihrem Verlaufe oft recht nachtheilig auf die durch sie betroffenen Pferde, besonders auf den Gebrauch derselben, einwirken können, sind indessen keine Uebel, welche durch den Hufbeschlag (abgesehen davon, daß dieser in vielen Fällen zu ihrer Verhütung beitragen kann) fortgeschafft und geheilt werden können. Der Hufbeschlag hat nur dann erst Notiz von ihnen zu nehmen, wenn die verletzten Wandstellen nach den Gesetzen des Hufwachsthums, so weit herunter gerückt sind, daß sie in das Bereich der Hufnägel kommen.

Um den Huf nicht unnöthiger Weise zu verunstalten, muß das unterhalb der Kluft befindliche Horn so lange als möglich zu erhalten gesucht werden, indem man die betreffende Stelle durch Niederschneiden etwas freilegt und dort keine Nägel einschlägt. Ist aber eine baldige Lostrennung vorauszusehen, so nimmt man das getrennte Stück weg und klebt das dadurch entstandene Loch mit Klebwachs oder noch besser mit der Defays'schen künstlichen Hornmasse aus.

Wenn der Beschlagschmied nach dem Vorhergeschickten nun zur Beseitigung vorhandener Hornklüfte auch wenig beitragen kann, so kann er indessen zur Verhütung derselben insofern viel thun, daß er die scharfen Stollen, aus deren Tritten doch die meisten Hornklüfte hervorgehen, so stellt und formt, wie es vernünftig und sachgemäß ist. Hierüber verweise ich auf den Seite 174 beschriebenen Winterbeschlag. Daß sich Pferde überhaupt auf die Krone treten, kann Niemand verhüten; daß aber diese Tritte nicht immer so unangenehme Folgen nach sich ziehen, liegt in der Hand des Beschlagschmiedes.

Aehnlich verhält es sich auch mit den durch Steingallen, Vernagelungen ꝛc. entstehenden Hornklüften; durch die Verminderung dieser Uebel werden ebenfalls Hornklüfte vermindert. In dieser Beziehung verweise ich auf die Kapitel, in welchen die betreffenden Krankheiten abgehandelt sind.

Zusatz. Der übereck geschärfte innere Stollen wird fast ohne Ausnahme beim Auftreten zwischen Krone und Hornwand eindringen; der quer, in der Richtung des Griffes stehende, aber mehr die Hornfasern der Wand in ihrer Längsrichtung trennen. Wenn gleich in beiden Fällen durch Verletzung der Weichtheile eine Wunde entsteht, so ist die durch den übereckgestellten Stollen hervorgerufene deshalb gefährlicher, weil sie ohne Gegenöffnung zu haben, weit häufiger Veranlassung zu Eiterversenkung giebt. R.

3. Hohle oder getrennte Wand.

Wenn an irgend einer Stelle der weißen Linie die Verbindung zwischen Wand und Sohle aufgehoben ist, so nennt man diese Zusammenhangsstörung eine hohle oder getrennte Wand.

Diese Trennungen kommen häufiger an den Vorder- als an den Hinterhufen vor und finden sich meist an der inneren Seitenwand. Im Ganzen sind solche Trennungen nicht selten; man pflegt aber in der Regel erst dann Notiz von ihnen zu nehmen, wenn sie sich bis auf die Weichtheile erstrecken und das Pferd lahm machen. Wegen dieses Verhaltens hat man **oberflächliche** und **tiefgehende Wandtrennungen** unterschieden. **Verborgene hohle Wände** nennt man diejenigen, bei denen sich die weiße Linie zwar geschlossen zeigt, aber weiter oben die Hornwand von der Fleischwand getrennt ist.

Durch den Umstand, daß sehr häufig mehr oder weniger große Trennungen in der weißen Linie vorkommen, ohne daß die Pferde daran lahm gehen,*) ist die Untersuchung von lahmgehenden, mit hohlen Wänden behafteten Pferden oft überaus schwierig. Bei solchen Pferden ist man nicht selten, wenigstens für den Augenblick, außer Stande, etwas Sicheres, was auf die Lahmheit Bezug hätte, auszumitteln. Es fehlen bei diesen Thieren häufig alle Anhaltspunkte, die uns bei der Bestimmung anderer Huflahmheiten leiten und über den

---

*) Die Schmerzlosigkeit bei hohlen Wänden, deren Trennungen viel tiefer in den Huf hineingehen, als die Dicke der weißen Linie beträgt, ist bei einigen Pferden oft so groß, daß es, bei der fast allgemeinen Annahme, daß alle derartige Trennungen sich zwischen Hornwand und Fleischwand erstrecken, mein Erstaunen erregte und ich hierdurch veranlaßt wurde, solchen Hufen die größte Aufmerksamkeit zuzuwenden. Bei solchen schmerzlosen, tiefgehenden hohlen Wänden nun, die anscheinend in der weißen Linie vorkommen und sich im Wesentlichen auch durch ihr Aeußeres von anderen hohlen Wänden nicht unterscheiden, fand ich dann, daß bei ihnen die Trennungen in Wirklichkeit nicht in der eigentlichen weißen Linie vorhanden waren, sondern daß sich von der Hornwand selbst eine ganz dünne Schicht (wahrscheinlich die von der Fleischwand erzeugte) abgetrennt hatte, so daß die Fleischblättchen in diesen Fällen dennoch nicht ohne Hornbedeckung waren; hierdurch erkläre ich mir auch die Schmerzlosigkeit solcher Trennungen. (Zusatz. Zur besseren Unterscheidung bezeichne ich die vom Tragrande aus sichtbaren Trennungen in der weißen Linie als „getrennte Wand"; diese kommt im Bereiche der Seiten- und Trachtenwände (am häufigsten an der inneren Seite) vor und ist entweder „oberflächlich" oder reicht als „tiefgehend" bis auf die Weichtheile, woselbst sie dann wie oben angegeben, meist „geschwürig" werden. Die fast ausschließlich im Bereiche der Zehenwand häufig im Gefolge der Rehekrankheit auftretenden Trennungen nenne ich „lose Wand"; sie ist schmerzlos, wenn die von der Röhrchenhornschicht getrennte Blättchenhornschicht die Weichtheile deckt. R.)

Sitz derselben Kunde geben. Man nimmt bei ihnen weder vermehrte Wärme im Hufe noch ein stärkeres Pulsiren der Arterien wahr; selbst die Visitirzange läßt im Stiche, da auch durch das Zusammendrücken des Hufes an der kranken Stelle häufig kein Schmerz verursacht wird. Dagegen pflegt aber ein Auseinanderdrücken des Hufes an der kranken Stelle dem Pferde Schmerz zu verursachen. So kommt es denn, daß nicht selten der wahre Sitz des Leidens so lange übersehen wird, bis durch fortwirkende Zerrungen wirkliche Entzündungen der Fleischtheile und im Verlaufe Eiterungen eintreten (geschwürige hohle Wand).

Wenn es daher bei allen Lahmheiten schon von Nutzen ist, den Huf sorgfältig zu untersuchen, so ist es in solchen Fällen, in denen man an der ganzen übrigen Gliedmaße nichts Krankhaftes findet, ganz besonders Pflicht, dem Hufe seine Aufmerksamkeit zuzuwenden und auch auf jede selbst noch so unscheinbare Trennung zwischen Wand und Sohle Rücksicht zu nehmen. Durch ein entsprechendes Anklopfen an die Wand in ihrem ganzen Umfange überzeugt man sich häufig, daß eine Trennung der Verbindung zwischen Horn= und Fleischwand besteht. Der hierdurch veranlaßte eigenthümliche hohle Ton führt oft und selbst auch dann zur Entdeckung einer verborgenen hohlen Wand, wenn auch die meist nur geringe und leicht zu übersehende Erhöhung dieser hohlen Stelle wirklich übersehen sein sollte.

Eine besondere Anlage zu getrennten Wänden haben alle fehlerhaft geformten Hufe. Flachhufe, Vollhufe, schiefe Hufe, Zwanghufe mit eingezogenen Wänden 2c. sind den Trennungen in der weißen Linie am meisten ausgesetzt. Wenn daher ein fehlerhafter Hufbeschlag als die häufigste Ursache der fehlerhaften Hufformen zu betrachten ist, so ist er es auch indirekt zu den getrennten Wänden. Indessen giebt es auch, da selbst solche Pferde, die noch nie Eisen trugen, getrennte Wände haben können, noch andere Ursachen zu dem in Rede stehenden Hufübel. Diese Ursachen sind dann in zu großer Einwirkung von Feuchtigkeit auf die weiße Linie zu suchen, zumal dann, wenn die Feuchtigkeiten stinkende, ätzende, in Zersetzung gegangene Stoffe enthalten und aus Mistjauche 2c. bestehen.

Das Horn, welches die weiße Linie bildet, ist dem Strahlhorn wenigstens darin sehr ähnlich, daß es weich ist, es ist aber noch lockerer als dieses. Wenn wir nun zugeben müssen, daß jauchige Flüssigkeiten auf das Strahlhorn zersetzend einwirken (s. Strahlfäule), so ist dies in einem ebenso hohen, vielleicht noch höherem Grade auch bei dem Horne der weißen Linie der Fall. Man sieht daher, daß bei solchen Hufen, die viel in Kuhmist eingeschlagen oder auf sonstige Weise recht feucht gehalten wurden, auch vielfach getrennte Wände vorkommen; das nach dem Einschlagen trocken gewordene Horn reißt viel mehr, als solches, welches überhaupt nicht in solche Verhältnisse kam.

Die Behandlung ist bei einer von der weißen Linie ausgehenden, also offenbaren Trennung oder sichtbaren hohlen Wand, wenn nicht bedeutende Formveränderungen des Hufes vorhanden sind, sehr einfach. Man reinigt die getrennte Stelle sorgfältig, und ist schon Eiterung vorhanden, so füllt man sie mit Werg aus, welches mit Myrrhentinktur getränkt ist. Eine Berührung der getrennten Stelle mit dem Eisen ist zu vermeiden; dies bewirkt man bei nur kurzen Trennungen an der Seitenwand durch Niederschneiden der betreffenden Stelle, bei längeren Trennungen dagegen, welche sich weiter nach hinten ziehen, durch ein geschlossenes Eisen. Hat sich nicht schon Eiter an der kranken Stelle gebildet, so kann man dieselbe mit irgend einem Klebmittel, wozu ich besonders Terpentin und die Defays'sche künstliche Hornmasse empfehle, ausfüllen.

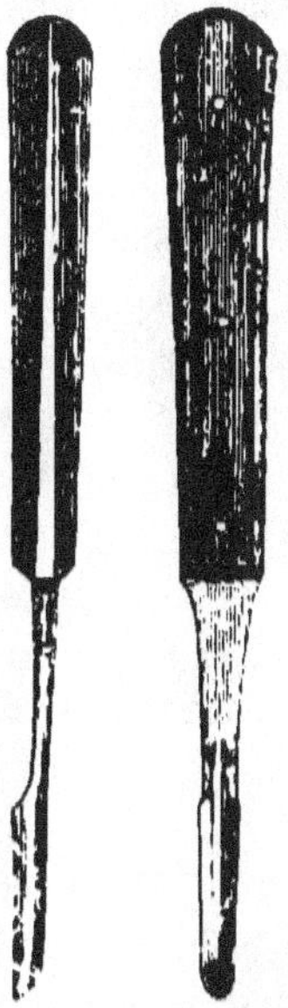

Fig. 102.

Bei der verborgenen hohlen Wand muß der unterhalb derselben befindliche Tragrand ebenfalls vom Druck des Eisens verschont bleiben. Ist nach dem hohen Grade der Schmerzensäußerungen Eiter zu vermuthen, so ist es am vortheilhaftesten, diese Stelle an ihrem tiefsten Punkte mit dem Hufbohrer*) anzubohren und die vorhandene blutige

---

*) Der Hufbohrer ist im Allgemeinen ein von Thierärzten und Beschlagschmieden wenig gekanntes und gebrauchtes Instrument, und doch ist seine Anwendung in sehr vielen Fällen bei Hufuntersuchungen dem englischen Hufmesser und dem Wirkmesser bei Weitem vorzuziehen. Man verwüstet bei ge-

Fig. 102. Hufbohrer von vorn und von der Seite gesehen; (halbe Größe).

oder eiterige Flüssigkeit zu entleeren und hierdurch den Schmerz zu mindern. Ebensogut kann man auch ein größeres Stück von der getrennten Wand herausnehmen und das Ganze dann als eine offene Wunde behandeln.

Da ich nun das Einschlagen der Hufe mit zu den Ursachen der Entstehung der hohlen Wand zähle, so versteht es sich ganz von selbst, daß dieses auch bei der Behandlung solcher Uebel zu vermeiden ist. In manchen Fällen schütze ich die Sohlenfläche sogar noch vor der Einwirkung zufälliger Feuchtigkeit durch Einschmoren von dickem Terpentin (vergl. S. 221).

Die Heilung der hohlen Wände geschieht ebensowenig wie die Heilung der Hornspalten durch ein Zusammenwachsen der getrennten Horntheile beziehungsweise Horntheile und Fleischtheile, sondern lediglich nach den Gesetzen des Hornwachsthums. Die Zeit, in welcher daher eine hohle Wand geheilt wird, richtet sich nach der Größe oder vielmehr Höhe der Trennung.

Zusatz. Die Verwendung Defays'scher Hufmasse zur Ausfüllung besonders tiefgehender getrennter Wände kann ich nicht empfehlen; die Masse wird zu starr, veranlaßt Druck auf die Weichtheile und wirkt der Heilung eher entgegen. R.

4. Strahlfäule.

Wenn der Hornstrahl vielfach zerrissen ist und in den Furchen desselben sich eine übelriechende, schwärzliche Flüssigkeit ansammelt, so nennt man solchen Strahl in der Regel einen faulen Strahl oder sagt von ihm, er sei mit der Strahlfäule behaftet.

Die Strahlfäule hat ihr Entstehen nur äußeren Einflüßen zu verdanken; fehlerhafter Beschlag und Unreinlichkeit sind die alleinigen Ursachen derselben. Wird der Strahl längere Zeit, sei es durch starkes

---

schickter Anwendung desselben den Huf viel weniger als durch die anderen Werkzeuge, da man mit ihm genau soviel Horn wegnehmen kann, als gerade nothwendig ist, um einer eingeschlossenen Flüssigkeit Abzug zu verschaffen, oder sich von der Beschaffenheit einer verdächtigen Stelle zu überzeugen. Freilich muß man sich bei seiner Anwendung vorher schon überzeugt haben, wo das Uebel sitzt. Für solche, die durch das Herumschneiden am Hufe den Sitz erst auffinden wollen, eignet er sich allerdings nicht. Dann gehört zu seiner Anwendung auch eine gewisse Handfertigkeit, die auch nicht Jedermanns Sache ist, die sich aber bei einigem guten Willen leicht aneignen läßt.

Beschneiden oder auf eine sonstige aus dem Beschlag hervorgehende Art und Weise soweit vom Erdboden entfernt, daß er beim Auftritt denselben nicht mehr kräftig berühren kann, so trocknet er, je nach den äußeren Verhältnissen, entweder aus oder verfault. Daß das Letztere der häufigere Fall ist, dafür sorgen auf Anrathen der Schmiede die Kutscher mit der größten Gewissenhaftigkeit durch das beständige Einschlagen mit Kuhmist. Ohne nachweisliche Verschuldung des Hufbeschlages tritt die Strahlfäule nur dann ein, wenn Pferde Monate lang in schmutzigen Ställen müssig stehen.

Ueber die Bedeutung der Strahlfäule sind die Ansichten ungemein verschieden; Einige halten dieselbe für eine sehr geringfügige Krankheit, welche jahrelang bestehen könne, ohne dem Pferde irgend welchen Schaden zuzufügen; Andere dagegen sehen die Strahlfäule für etwas sehr Wohlthätiges an und halten sie für eine, von der lieben Natur weislich eingerichtete Reinigung des Pferdekörpers.

Wenn die Strahlfäule nun zwar an und für sich auch nicht als eine sehr bedeutende Hufkrankheit angesehen werden muß, so wird sie jedoch durch ihre Folgen zu einer der verderblichsten Erkrankungen, von denen der Pferdehuf nur immer befallen werden kann. Eine Menge Hufkrankheiten lassen sich in Bezug ihrer Ursache auf Strahlfäule zurückführen. In den meisten Fällen werden die Hufe bei der Strahlfäule enger und es wird durch sie der Zwanghuf eingeleitet; sie gehört recht eigentlich mit zu den wichtigsten Ursachen dieses schon besprochenen Uebels; ich kann es daher nur als eine Verwechselung betrachten, wenn von einzelnen Seiten der Zwanghuf zu den Ursachen der Strahlfäule gerechnet wird. Ist die Strahlfäule einseitig, d. h. betrifft sie nur die eine Strahlhälfte, so führt sie auch nur zu einseitiger Hufverengerung und giebt zur Bildung des schiefen Hufes Veranlassung. Ferner lassen sich Steingallen, Hornspalten, selbst der Strahlkrebs 2c. auf den faulen Strahl zurückführen.

Es kommen jedoch auch Fälle vor, wo der Huf bei der Strahlfäule seine normale Gestalt behält und nicht enger wird. Diese Fälle treten namentlich dann ein, wenn die Strahlfäule nicht durch fehlerhafte Beschlagshandlungen oder falsch verstandene Hufpflege, sondern lediglich in Folge einer Vernachlässigung unbeschlagener Hufe oder durch Unreinlichkeit im Stalle entsteht. Unter diesen Umständen hält die starke Sohle mit den Eckstreben die Wände in der gehörigen Entfernung auseinander; dies ist natürlich da, wo der Strahl durch Beschlagsfehler faul wird, nicht der Fall; denn wo der Strahl schlecht behandelt worden ist, werden auch in der Regel Sohle und Eckstreben durch Aus- und Dünnschneiden schlecht behandelt und gestatten eine Hufverengerung.

Die Strahlfäule ist heilbar und die Mittel dazu sind ebenso einfach als sicher, wenn der Heilung nicht etwa durch bedeutende, durch die Strahlfäule bereits veranlaßten Veränderungen im Hufe Schranken gesetzt werden. Wenn das Uebel noch nicht veraltet und namentlich noch keine auffallenden Formveränderungen am Hufe eingetreten sind so genügt es zur Heilung schon vollkommen, daß die veranlassenden Ursachen streng vermieden und der kranke Strahl mit der Erde in Berührung gebracht und nach dem Gebrauche des Pferdes täglich einmal durch Auswaschen gereinigt wird.

Die für den faulen Strahl sehr nachtheilige Stalljauche läßt sich dadurch unschädlich machen, daß man den gereinigten Strahl mit dicken Terpentin bestreicht und diesen durch ein mäßig warmes Eisen langsam einschmort, ohne denselben jedoch anzubrennen. Ist dagegen die Strahlfäule veraltet, der Fleischstrahl beinahe völlig vom Horne entblößt und der Huf schon so zusammengezogen, daß die Trachtenwände einen starken seitlichen Klemmdruck auf Strahlkissen und Fleischstrahl ausüben, so ist das gegen Zwanghuf erprobte Defays'sche Verfahren (S. 231) mit dem besten Erfolge auch hier anzuwenden. Die durch den faulen Strahl veranlaßte Zwanghufigkeit ist in solchen Fällen die Ursache des Fortbestehens desselben, und gerade das Aufheben des Klemmdruckes trägt dann zu seiner Heilung am meisten bei. Auch in diesen Fällen muß man sich bemühen, den kranken Strahl sobald als möglich in Gebrauch zu nehmen und denselben auf den Erdboden zu bringen. Es versteht sich von selbst, daß da, wo eine Zusammenziehung des Hufes nicht stattgefunden hat, auch das Erweiterungsverfahren überflüssig ist. Mit dem Messer, mit austrocknenden Pulvern und Arzneien kann man allerdings die Strahlfäule auch beseitigen, d. h. die jauchige Masse fortschaffen, aber einen gesunden kräftigen Strahl erzielt man dadurch niemals; man verwandelt ihn höchstens in ein kleines, trockenes, verschrumpftes Ding, dem man es nur unter

Zuhülfenahme der Phantasie ansehen kann, daß es früher einmal ein Strahl gewesen sein könnte.

Von meinem Standpunkte aus betrachte ich einen faulen Strahl nur dann erst als geheilt, wenn an Stelle der schmierigen Hornmassen ein gesunder, wohl ausgebildeter Strahl getreten ist. Dies erreicht man aber nicht durch Arzneimittel. Nur eine geregelte Thätigkeit der hufabsondernden und mit diesen in Verbindung stehenden Theile bringen ein festes gesundes Horn hervor, niemals aber Pulver und Mixturen.

So lange man daher den Strahl nicht auf seine natürliche Function zurückführt, so lange wird er auch nie gründlich geheilt werden. Die Fälle, in denen durch ein fortwährendes Reizen der faule Strahl zum Strahlkrebs gemacht wurde, gehören in die Behandlung des Thierarztes; der Beschlagschmied ist in diesen Fällen hinsichtlich der Anfertigung der Verbandeisen rc. nur der Gehülfe des Thierarztes.

Zusatz. Zur Heilung der Strahlfäule sind außer dem geeigneten Beschlage und Entfernung der fetzigen Hornmassen durch das Messer ganz zweckmäßig austrocknende und zusammenziehende Mittel anzuwenden. Ein Pulver von Kohle mit Tormentillwurzel, Eichenrinde oder Tanninsäure und einem Zusatz von Kupfer= vitriol eingestreut oder mit Speichel zu einem Brei gemacht und in die Schrunden eingestrichen, verdichtet die Hornzellen und vermindert die Absonderung R.

Verletzungen der vom Hufe eingeschlossenen Theile.
1. Vernagelung.

Wenn die Fleischsohle oder die Fleischwand durch Hufnägel, welche zum Zwecke der Eisenbefestigung in den Huf eingeschlagen wurden, verletzt worden sind, so nennt man solche Verletzungen im Allgemeinen Vernagelungen.

In der Praxis unterscheidet man diese Verletzungen in der Regel noch darin, ob sie sofort oder erst später zur Wahrnehmung kommen. Die ersteren nennt man Nagelstiche, und die letzteren eigentliche Vernagelungen.

Bei dem Nagelstiche giebt sich das Eindringen des Nagels in die Weichtheile des Fußes sofort bei dem Einschlagen desselben in den Huf durch plötzliches Aufzucken des Pferdes zu erkennen. Dem=

gemäß wird der verletzende Nagel auch sofort wieder aus dem Hufe heraus gezogen. Ein solcher Nagelstich kann bei sehr zernagelten und ausgebrochenen Hufen, bei Hufen mit dünner Wand oder stark abgelaufenem Tragrande sehr leicht, selbst bei der sorgsamsten Beschlagsausführung vorkommen und veranlaßt in den meisten Fällen auch nur eine so geringe Verletzung, daß diese in der Regel nicht viel zu sagen hat.

Gewöhnlich sind es aber grobe Beschlagsfehler, welche dem Nagelstiche indirect zu Grunde liegen. Hauptsächlich ist es das zu starke Aus- und Niederschneiden des Hufes, wodurch die Verbindung zwischen Wand und Sohle, also gerade des Theiles am Hufe, wo die Nägel denselben durchbohren sollen, zu sehr geschwächt wird. Ferner veranlassen zu enge, unter gewissen Umständen auch zu weite Eisen, fehlerhaft gestellte und besonders zu weite Nagellöcher, alte Nagelstifte im Hufe, verkehrtes oder zu tiefes Ansetzen der Nägel, sowie unganze Nägel, die Nagelstiche. Dann wird auch dadurch sehr leicht und auch oft ein Nagelstich herbeigeführt, wenn Beschlagschmiede, um eine gewisse Bravour zu zeigen, die Hufnägel mit nur ganz wenigen aber sehr starken Schlägen in den Huf einschlagen.

Der Vernagelung, als derjenigen Verletzung, welche entweder aus Unachtsamkeit übersehen wurde oder deswegen von dem Beschlagschmiede nicht wahrgenommen werden konnte, weil das Pferd in Wirklichkeit während des Nagelschlagens keinen Schmerz äußerte, liegen in der Hauptsache die bei dem Nagelstich angeführten Ursachen ebenfalls zu Grunde.

Vom Nagelstiche unterscheidet sich die Vernagelung dadurch, daß bei ihr in den meisten Fällen der verletzende Nagel nicht förmlich in die Weichtheile eindringt, sondern diesen nur zu nahe in der inneren weicheren Hornschicht der Wand sitzt. Von hier aus drückt er auf die Weichtheile durch die von ihm veranlaßte Auftreibung des Hornes, welche fast die ganze Nagelstärke betragen kann und zwar um so mehr, je krummer er durch fehlerhaftes Anziehen und Zunieten in dem Hufe gestaucht worden ist. In Folge dessen wird der Nagel für die Weichtheile schmerzhaft und bringt in ihnen Entzündung und deren Folgen hervor.

Auf vielfältige Erfahrungen gestützt bin ich der Ansicht, daß weit mehr Vernagelungen durch fehlerhaftes Anziehen und Zunieten als durch fehlerhaftes Nagelschlagen herbeigeführt werden.

Das auf die eine oder die andere Weise vernagelte Pferd äußert entweder sogleich nach Beendigung des Beschlages oder nach ein bis zwei Tagen, oft sogar auch noch später Schmerzen und geht mehr oder weniger lahm. Eine sorgfältige Untersuchung muß dann das Nähere feststellen.

Verdacht auf Vernagelung liegt vor, wenn der Beschlag neu ist, die Hufe im Allgemeinen oder der Huf des lahmen Schenkels ins= besondere klein, ausgebrochen, zusammengeraspelt und die Nägel sehr hoch oder auffallend ungleich geschlagen sind. Liegt die Ursache zum Lahmgehen nicht offenbar wo anders und zeigt sich bei der näheren Untersuchung im Bereich der Nägel Schmerz, so muß das Eisen mit steter Rücksicht darauf, daß man eben den verletzenden Nagel sucht, abgenommen werden.

Zu diesem Zwecke sind die Nägel einzeln und vorsichtig auszuziehen; erst dann, wenn der eine oder andere Nagel warm, blutig oder eiterig gefunden wird, kann man mit Sicherheit eine Vernagelung feststellen. Trotzdem es schon vollständig zur Feststellung einer Vernagelung genügt, wenn auch nur ein Nagel unter den an= gegebenen Umständen gefunden wurde, so ist doch immerhin noch die Möglichkeit vorhanden, daß an einem Hufe mehrere Vernagelungen zugleich vorhanden sind; deswegen muß man es auch als einen Leichtsinn betrachten, wenn nicht jede Stelle am Hufe, nicht jeder Nagel und jedes Nagelloch einer besonderen Untersuchung unterworfen wird. Das Untersuchen der Nagellöcher ist namentlich in allen den Fällen nothwendig, wenn die Schmerzensäußerungen des Pferdes nur gering sind und die Untersuchung der Nägel nicht ein ganz bestimmtes Resultat ergab; man unternimmt sie in der Weise, daß man mit einem neuen Hufnagel in die vorhandenen Nagellöcher eindringt und dann die Spitze desselben in verschiedener Tiefe nach den Weichtheilen zu hindrückt; verräth das Thier hierbei Schmerz, so kann man mit Sicherheit annehmen, daß auch der dort befindlich gewesene Nagel dem Pferde Schmerz verursacht hat.

Die Behandlung des Nagelstiches und der Vernagelung ist, wie bei allen anderen Verwundungen, von der Größe der Verletzung, von dem Schmerz, welchen das Thier äußert, und von der Zeit abhängig, welche schon vergangen ist, ehe die Verletzung entdeckt wurde.

Wenn der verletzende Nagel die Weichtheile nur drückte, und der Druck sofort oder doch sehr bald nach der Vernagelung durch das Herausziehen desselben aufgehoben wurde, so genügt es in der Regel schon, wenn man in der nächsten Nähe des betreffenden Loches das Eisen durch ein geringes Niederschneiden dieser Stelle freilegt und vor der Hand keinen Nagel wieder einschlägt.

War hingegen die Verletzung blutig und, den Schmerzensäußerungen nach zu urtheilen, bedeutend, so müssen außerdem so lange und anhaltend kalte Umschläge angewendet werden, bis der Schmerz vollständig beseitigt ist. Natürlich versteht es sich von selbst, daß von dem verletzenden Nagel nichts in der Wunde zurückgeblieben sein darf.

Ist die Wunde rein und frisch, so hat das Nachschneiden und Bohren keinen vernünftigen Zweck; die Verwundung wird dadurch nicht kleiner sondern nur größer.

Häufig bleibt jedoch die Verletzung so lange unbeachtet oder unerkannt, bis die Schmerzen einen hohen Grad erreicht haben; in solchen Fällen pflegt dann der verletzende Nagel, wenn er ausgezogen wird, mit Eiter oder schwarzer stinkender Jauche bedeckt zu sein; in diesen Fällen muß der einen oder der anderen Flüssigkeit vollständiger Abfluß verschafft werden.

Um den Abfluß zu bewerkstelligen, ist es aber verwerflich, alles Horn an Wand und Sohle, welches durch die Eiterung von den Weichtheilen getrennt ist, wegzunehmen; es genügt hier vollkommen, wenn man das betreffende Nagelloch von der weißen Linie aus mit dem Hufbohrer bis höchstens zur Stärke eines kleinen Fingers erweitert und den Abfluß des (meist dickflüssigen) Inhalts durch warme Fußbäder befördern hilft. Wand und Sohle bilden nach Entfernung der krankhaften Flüssigkeit für die kranke Stelle so lange den natürlichsten und passendsten Schutzverband, bis sich daselbst neues Horn gebildet hat. Wenn nach Entfernung des Nagels und Eiters der Schmerz noch nicht nachläßt, so sind warme Fußbäder von Heusamen-Aufguß sehr am Platze; sie erweichen nicht allein das Horn, sondern bewirken gerade durch ihre feuchte Wärme die Linderung des Schmerzes und somit auch Heilung der Eiterfläche. Hierbei versteht es sich ganz von selbst, daß, wenn einmal warme Fußbäder angewendet werden, diese auch wirklich warm erhalten werden müssen. Ein warmes Bad, wenn es nicht erneuert wird, wird sehr bald zum kalten, und Thierbesitzer, Thierärzte und Beschlagschmiede wundern sich dann nicht selten über die unzureichende Wirkung der warmen Fußbäder. Bei schon ausgesprochenen Eiterungen im Hufe ist die Anwendung der Kälte niemals zu rechtfertigen; diese paßt nur dort, wo man eine frisch entstandene Entzündung zertheilen, also Eiterung verhüten will.

War der Schmerz überhaupt nicht bedeutend, oder hatte er sich durch 2—3 warme Fußbäder schon gemildert, dann reichen in der Regel einige auf die kranke Stelle gebrachte Tropfen Myrrhentinktur oder in Ermangelung dieser, etwas Tinte bei gehörigem Verschluß der Oeffnung mit etwas Werg zur völligen Heilung fast immer aus.

Das vernagelte Pferd ist mit einem Beschlage, welcher die verletzte Stelle nicht drückt, in einigen Tagen wieder vollkommen brauchbar.

Wenn nun, wie wir gesehen haben, die Vernagelungen in der Mehrzahl der Fälle auch nicht zu großen Nachtheilen für Pferd und Besitzer führen, so will ich doch nicht unterlassen, hier darauf aufmerksam zu machen, daß sie zu den häufigsten Ursachen des Starrkrampfes, einer Krankheit, an welcher die Pferde fast immer zu Grunde gehen, gehören. Eine Vernagelung, so unbedeutend sie auch scheinen mag, kann mithin unter Umständen den Tod des Pferdes nach sich ziehen!

Diese Bemerkung mag leichtfertigen Beschlagschmieden zur Warnung dienen und sie veranlassen, beim Aufnageln der Hufeisen vorsichtig zu Werke zu gehen, damit sie sich später nicht den Vorwurf zu machen haben, die indirecte Veranlassung zu dem Tode eines von ihnen beschlagenen Pferdes gewesen zu sein.

2. Nageltritt.

Mit dem Namen Nageltritt bezeichnet man diejenigen zufälligen und durch spitze Körper (besonders Nägel) herbeigeführten Verletzungen, welche die von der Hornsohle und dem Hornstrahle von unten her bedeckten, vom Hufe eingeschlossenen Theile betreffen.

Wenn ich die Nageltritte, welche in vielen Fällen eine thier=
ärztliche Behandlung nöthig machen, hier erwähne, so geschieht
dies einmal darum, daß ich die Ursache zu diesen oft schweren Ver=
letzungen weniger in herumliegenden Nägeln ꝛc. als in fehlerhaften
Beschlagshandlungen, namentlich in dem widernatürlichen Ausschnei=
den der Sohle und des Strahles suche, und dann, weil ich weiß,
daß bei derartigen Verletzungen gewöhnlich die erste Hülfe vor der
Schmiede gesucht wird, und oft ein zweckmäßig construirtes Ver=
bandeisen von wesentlichem Nutzen bei der Behandlung sein kann,
welches anzufertigen es dem Thierarzte häufig an Zeit und Gelegen=
heit fehlt.

An jeder Stelle der unteren Fläche des Hufes, welche nicht vom
Hufeisen bedeckt ist, können Nägel ꝛc. eingetreten werden, am häu=
figsten kommt dies indeß in der mittleren und in den seitlichen Strahl=
furchen vor.

Dies zufällige Eintreten von Nägeln ꝛc. ist, wenn wir nicht die
ganze untere Hufffläche mit Eisen bedecken wollen, überhaupt nicht
zu verhindern, doch ist es hinsichtlich seiner Folgen durchaus nicht
gleich, wie und in welcher Weise der Huf früher beim Beschlagen be=
handelt wurde.

Durch eine stark erhaltene Sohle und einen gut mit Horn be=
deckten festen Strahl, bringt der verletzende Körper in den meisten
Fällen nicht bis zu den empfindlichen Theilen vor, sondern bleibt im
Horne stecken und verletzt nur dieses; solche Verletzungen haben aber
bekanntlich, da sie wenig schmerzen und schaden, auch wenig zu be=
deuten. Dagegen bringt ein durch eine dünne, zarte Hornschicht ein=
bringender, wenn auch kleiner, spitziger Körper oft schon bedeutende
Verletzungen hervor.

Ist ein Nageltritt erfolgt, so tritt je nach der Verletzung und
dem Sitze des eingedrungenen Körpers mehr oder weniger starkes
Lahmgehen ein. Wird der verletzende Körper nicht ausnahmsweise
von den zunächst betheiligten Personen entdeckt, so findet, wie schon
erwähnt, in der Regel die erste Untersuchung des meist plötzlich und
ohne sonst wahrgenommene Ursache lahm gewordenen Pferdes vor
der Schmiede statt. Findet sich als Ursache der Lahmheit ein ein=
getretener Nagel, Glasstück oder ein sonstiger spitziger Körper vor,

so ist derselbe mit der größten Vorsicht heraus zu ziehen; hierbei hat man ganz besonders darauf zu achten, daß derselbe ganz heraus kommt und nicht ab- oder in Stücke bricht. Da es für die Beurtheilung der entstandenen Verletzung, wie auch für die einzuleitende Behandlung von Wichtigkeit werden kann, wenn der Schmied dem betreffenden Thierarzte mitzutheilen im Stande ist, wie tief, an welcher Stelle und in welcher Richtung der eingedrungene Körper eingetreten war, ob derselbe vollständig heraus oder ob er bestimmt oder muthmaßlich abgebrochen ist, ob er mit Blut oder mit Eiter (da es auch vorkommen kann, daß ein Nageltritt erst nach mehreren Tagen entdeckt wird) bedeckt war, so hat ein aufmerksamer Beschlagschmied auf alle diese Dinge genau zu achten, und es ist demselben auch zu rathen, den Körper aufzubewahren, damit er denselben nöthigen Falles dem betreffenden Thierarzte vorzeigen kann.

Hat der eingedrungene Körper das Horn nur unvollständig verletzt oder den Fleischstrahl nur leicht berührt, so ist mit der Entfernung desselben in den meisten Fällen das Uebel auch schon gehoben. Ist hingegen der Schmerz bedeutend und zeigt die Richtung und Tiefe der Verletzung auf eine Beschädigung des Hufbeines, der Hufbeinbeugesehne oder des Gelenkes 2c. hin, so ist die weitere Behandlung einem Thierarzte zu überlassen.

3. Steingallen.

Mit dem Namen Steingallen pflegt man in der Regel diejenigen Krankheitszustände des Fußes zu bezeichnen, welche vorzüglich die hornerzeugenden Theile desselben betreffen und zwischen der einen oder anderen Trachtenwand und ihrer betreffenden Eckstrebenwand, in der Nähe des Eckstrebenwinkels ihren Sitz haben. Bei der näheren Untersuchung des Hornes geben sich die Steingallen durch eine von dem Normalen abweichende Färbung des Sohlenhornes und des Hornes der weißen Linie meist auch nach außen hin zu erkennen.

Der Name „Steingallen" ist eigentlich von allen Bezeichnungen, die man für Hufkrankheiten gewählt hat, nicht allein der unpassendste sondern sogar auch der nachtheiligste. Er bezeichnet im Grunde genommen eigentlich nichts, was mit der Krankheit in Beziehung steht und hat vielleicht die meiste Schuld daran, daß man sowohl über die ursächlichen Verhältnisse dieser Krankheit als auch über das Wesen derselben im Unklaren geblieben ist. Da dieser Name nun aber einmal im Publikum, bei den Beschlagschmieden und sogar bei den Thierärzten das Bürgerrecht erlangt hat, so will ich denselben hier ebenfalls beibehalten.

Steingallen gehören zu den Krankheiten des Pferdefußes, welche sehr häufig vorkommen, öfters wiederkehren und nach und nach, besonders bei unpassender Behandlung, veralten und dadurch den Werth und die Brauchbarkeit der damit behafteten Pferde bedeutend herabsetzen. Eine besondere Bedeutung erhalten die Steingallen noch dadurch, daß sie der Hufbeschlagskunst ein entschiedenes Armuthszeugniß ausstellen. So lange noch Steingallen vorkommen, sollte der Hufbeschlag auf die Bezeichnung „Kunst" billig Verzicht leisten. Denn Hufe in dieser Art krank zu machen, zeugt eben von keiner großen Kunst.

Wenn wir über die Steingallen ins Klare kommen und uns über dieselben nicht mehr mit bloßen Redensarten behelfen wollen, so müssen wir folgende Fragen zur gewissenhaften Beantwortung an uns richten:

a) Unter welchen Verhältnissen und besonders bei welchem Beschlage kommen die Steingallen überhaupt vor?
b) Wo ist der eigentliche Sitz des Leidens?
c) Wie ist ihr Verlauf?
d) Unter welchen Umständen tritt die Heilung ein?

Wenn ich mich nun auch nicht für befähigt erachte, diese Fragen alle gleichmäßig gut und richtig zu lösen, so würde ich mich doch sehr freuen, wenn ich wenigstens durch den Versuch, dies zu thun, den Anstoß gegeben hätte, daß sich mit der Steingallenfrage competente und befähigte Männer befaßten und diese in die Hand nehmen, damit die hierüber noch bestehenden Dunkelheiten endlich verschwänden.

Zu den Ursachen der Steingallen rechnete man vor Allem **starken Quetschdruck auf die Trachtenfleischsohle.** Besonders spielten hierbei zwischen und unter die Eisen geklemmte Steine oder sonstige harte Körper eine hervorragende Rolle und haben auch zu der nichtssagenden Bezeichnung des Uebels Veranlassung gegeben. Da nun aber in der That Steine ꝛc. so selten als Ursache aufgefunden wurden, so kam man nach und nach zur Einsicht, daß dieser

Steindruck doch wohl nur ein mehr eingebildeter als wirklich vorhandener wäre und nahm seine Zuflucht zu anderen drückenden Dingen. Man klagte zu hartes Sohlenhorn, zu schmale Eisen und solche Eisen*) an, die zu kurz sind und deswegen die Sohlenwinkel nicht zu schützen vermöchten.

Je mehr man aber diese Ursachen durch entgegengesetzte Hufeisen und durch entsprechend scheinende Hufpflege zu beseitigen suchte, um so häufiger wurden die Steingallen. Mit diesen Ursachen mag es also in den meisten Fällen auch wohl nicht viel auf sich haben.

Wir müssen uns daher schon nach anderen ursächlichen Verhältnissen umsehen:

Ohne Beschlag und ohne Künstelei am Hufe keine Steingallen!

Hiermit habe ich in wenigen Worten ausgesprochen, daß die Ursachen der Steingallen und deren häufiges Vorkommen nur in der naturwidrigen Behandlung des Hufes, welcher er fast aller Orten ausgesetzt ist, zu suchen und zu finden sind.

Die fehlerhafte Hufzubereitung muß hier vorangestellt werden. Das Ausschneiden der Sohle, der Eckstreben und des Strahles, bis zur widernatürlichen Schwächung macht diese Huftheile unfähig, das zu leisten, was sie zu leisten haben. Diese Theile sind (wie schon früher erwähnt) ihrer Lage und Bauart wegen ebenso bestimmt die Körperlast aufzunehmen, als der Tragrand der Wand. Die Sohle überträgt ihren Antheil allerdings auf den Tragrand, aber wie wir im ersten Buche gesehen haben, ist es gerade die auf sie fallende Last, wodurch sie auch zur Huferweiterung im vorderen Theile mit beiträgt; die geschwächte Sohle kann dies nicht mehr; sie senkt sich unverhältnißmäßig und die ganze Last wird, namentlich wenn der Strahl auch mit geschwächt ist, auf die Verbindung der Fleisch- und Hornwand fallen müssen.

Starke Huferweichungen, die schon bei Schonung der genannten Huftheile zur Steingallenbildung beitragen können, begünstigen dieselben um so mehr, wenn ein zu starkes Ausschneiden stattgefunden hat.

---

*) Bei vielen mit Steingallen behafteten Hufen kann ein Quetschdruck auf die Trachtenfleischsohle überhaupt gar nicht stattfinden, da dies meist verengerte Hufe sind, wo die Sohle dort gerade vertieft ist.

Bei einer solchen fehlerhaften Hufzubereitung ist es eigentlich gleichgültig, welche Hufeisen man zum Beschlage verwendet; Pferde, die die besten und tadellosesten Eisen haben, bekommen bei ihr Steingallen, besonders aber wenn sie auf harten Straßen arbeiten müssen oder in schnellen Gangarten gebraucht werden.

Allerdings wird der Gebrauch solcher Hufeisen, welche schon bei vernunftgemäßer Hufzubereitung nachtheilig auf den Hufmechanismus einwirken und die Thätigkeit der einzelnen Huftheile behindern, viel eher zur Steingallenbildung führen, als die Anwendung gut construirter Hufeisen, da ein starker, in jeder Hinsicht gut erhaltener Huf den Eisenfehlern länger widersteht als ein geschwächter; aber Steingallen bekommen schlecht zubereitete Hufe schließlich bei schlechten sowohl als bei guten Eisen.

Zu den Eisenfehlern zähle ich vor allem das Vorhandensein der Stollen; wie wir schon gesehen haben, lassen sie den Strahl nicht zum Auftritt kommen und führen durch ungleiche Abnutzung einen ungleichen Auftritt herbei. Aber auch zu weite Eisen, welche vom letzten Nagelloche an den Tragrand zum größten Theil verlassen, darüber hinausstehen und den Huf zwischen sich einklemmen, verursachen früher Steingallen als gute Eisen. Ferner kann man hierzu noch zu lange Eisen welche hebelartig auf den Tragrand wirken, hohlgerichtete ꝛc., zählen. Daß Ackerpferde bei solchen und anderen schlechten Beschlägen viel seltener an Steingallen leiden, als Pferde, die auf harten Wegen gebraucht werden, ist bekannt. Dies erklärt sich aber leicht dadurch, daß diese Pferde trotz ihres schlechten Beschläges bei ihren Arbeiten in den weichen Erdboden hineintreten, wodurch Strahl und Sohle zum Auftritt kommen und die Wandverbindung eine Unterstützung erfährt. Kurz: **ein starkes Beschneiden und absichtliches Erweichen der Sohle und des Strahles, Aufhängen dieser Theile zwischen Stolleneisen, Uebertragung der ganzen Körperlast auf die Verbindung, welche die Fleischwand mit der Hornwand eingeht, das sind die wirklichen Ursachen zu den Steingallen.**

Die Steingallen kommen in der Regel nur an den Vorderhufen vor, und zwar, mit nur wenig Ausnahmen, an der inneren Hufseite derselben. Dies fast ausschließliche Vorkommen der Stein=

gallen an den Vorderhufen sucht man in der Regel dadurch zu erklären, daß die Vorderhufe trockener ständen, als die Hinterhufe. Dies scheint indeß nicht der Grund ihres häufigen Vorkommens an den Vorderfüßen zu sein, denn unter diesen Umständen müßten ja diejenigen Pferde, deren Füße viel Kuhmist= 2c. Umschläge erhalten und bei denen also gewiß vom Trockenstehen nicht die Rede sein kann, auch nicht daran leiden, und doch wissen wir, daß dies gerade recht häufig der Fall ist.

Meiner Ansicht nach ist das Vorkommen der Steingallen an den Vorderhufen dem Umstande beizumessen, daß dieselben **mehr zu tragen haben**, als die Hinterfüße; letztere sind mehr zum Fortschieben des Körpers bestimmt.

Bei den Vorderhufen findet daher auch eine andere Lastvertheilung statt, als bei den Hinterhufen; bei ersteren fällt die Last mehr auf die hintere Hufhälfte, also in das Bereich der Steingallen, während sie bei den Hinterhufen mehr auf die vordere Hufhälfte fällt. Da nun die hintere Hufhälfte für das Ausschneiden ungleich bequemer liegt, als die vordere, so wird diese in der Regel auch mehr geschwächt, als die vordere, und dies zieht bei den Vorderhufen eben die Steingallen nach sich. Ich bin fest überzeugt, daß, wenn man die vordere Hälfte der Hinterhufe mit derselben Ausdauer ruinirte, wie man dies mit der hintern Hälfte der Vorderhufe thut, so würde man auch an ihr eine besondere Hufkrankheit entstehen sehen.

Warum die Steingallen häufiger **an der inneren Hufseite**, als an der äußeren vorkommen, ist eine viel schwieriger zu beantwortende Frage. Im Allgemeinen erklärt man die Sache so, daß, da der Schwerpunkt des Körpers zwischen die beiden Vorderfüße fällt, die Last des Körpers auch mehr auf die innere als äußere Hufhälfte fallen muß. Hieraus folgert man weiter: Da durch diese ungleiche Lastvertheilung eine größere Belastung der inneren Trachtenwand und ein dadurch bedingter stärkerer Eisendruck stattfindet und die innere Wand schwächer ist als die äußere, und mithin zum Tragen der Körperlast und zum Schutze der Sohlenwinkel weniger geeignet ist, so müßten nothwendig die Steingallen auch mehr an der inneren, als an der äußeren Seite vorkommen.

Diese Annahme, die auf den ersten Blick (abgesehen davon, daß sie nicht sehr zu Gunsten einer zweckmäßigen Hufconstruction sprechen würde) etwas für sich zu haben scheint, ist aber mit den thatsächlichen Erfahrungen, die man täglich machen kann, nicht in Einklang zu bringen. — Betrachtet man nämlich alte Hufeisen, die von Pferden mit normalen Hufen und Gangarten kommen, so findet man meist eine ziemlich gleichmäßige Abnutzung derselben, doch wird sich in der Mehrzahl der Fälle herausstellen, daß der äußere Arm um etwas mehr als der innere abgenutzt ist.

Ist es nun richtig, daß dort, wo das Eisen am stärksten abgenutzt wird, auch die größte Belastung hinfällt, so muß, wenn überhaupt von einer größeren Belastung der inneren oder äußeren Hufhälfte die Rede sein kann, dieselbe eher die äußere als innere Hufhälfte betreffen. Die Steingallen müßten mithin nach der bestehenden Annahme vorzugsweise eher auf der äußeren, als auf der innern Seite gefunden werden.

Da dies nun aber nicht der Fall ist, so müssen wir den nächsten Grund der Steingallenbildung auch in etwas Anderem suchen.

Bei den Versuchen, die Herr Prof. Leisering über die Sohlensenkung machte (S. 136) und von denen ich Augenzeuge war, stellte sich heraus, daß die Sohle sich in ihren Aesten am meisten senkte. Diese Senkung wurde bedeutend vergrößert, wenn der Strahl nicht auflag. Es sind mithin gerade die Stellen, wo die Steingallen vorkommen, den meisten Zerrungen unterworfen. Neigt sich nun bei dieser Senkung die Sohle des Fußes gleichzeitig mehr auf die eine oder andere Seite, so werden sich natürlich die vom Hufe eingeschlossenen Theile um etwas nach dieser etwas niedrigeren Seite hindrängen und bei starker Sohlensenkung (wie sie besonders beim Nicht-Auftreten des Strahles vorkommt) eine mehr oder weniger starke Zerrung an der betreffenden Stelle der entgegengesetzten Hufhälfte bewirken und Veranlassung zu örtlicher Erkrankung geben müssen.

Da nun das größere Abgenutztsein des äußeren Eisenarmes im Allgemeinen für eine größere Belastung der äußeren Hufhälfte spricht, so findet also ein größeres Hindrängen der eingeschlossenen Theile nach außen hin und eine größere Zerrung der Fleischtheile an der inneren Hälfte statt, und erklärt das häufigere Vorkommen der Steingallen an der inneren Hufhälfte. Der beste Beweis für diese Annahme wird durch den Umstand geliefert, daß die Steingallen in der Regel nur dann auf der äußeren Seite entstehen, wenn auf der inneren die Trachtenwand durch Niederschneiden (durch das sogenannte Freilegen) vertieft ist, und durch das Niederschlagen des inneren Stollens die Körperlast mehr nach der inneren Seite geworfen wurde. Allerdings kann es auch vorkommen, daß sich Steingallen gleichzeitig an der inneren und äußeren Hufhälfte finden.

Die in den Eckstrebenwinkeln vorkommenden, vorzugsweise Steingallen genannten Hufübel bilden sich demnach nach meiner Auffassung 1) und zwar hauptsächlich, durch mehr oder weniger plötzlich oder langsam auftretende Zerrungen, welche die Fleischtheile betreffen und 2) durch solche von der Wand ausgehende Quetschungen dieser Theile, die in Folge von Zwanghufigkeit, Wandeinknickung ꝛc. bedingt werden.

Der Ort, wo diese Zerrungen und Quetschungen nun vorkommen, ist in der Regel der untere Theil der Fleischwand, und zwar an der Umbiegungsstelle und noch häufiger etwas vor derselben, sehr selten dagegen an dem umgebogenen Theile, der in dem ersten Buche S. 63, als Eckstrebentheil der Fleischwand bezeichnet ist. Die Fleischsohle ist bei diesen Hufübeln fast nie der zuerst erkrankte Theil, sondern wird meist durch unzweckmäßige Behandlung in den Krankheitsproceß hineingezogen. Ist sie der ersterkrankte Theil, dann ist sie dies durch Druck ꝛc., worauf ich weiter unten noch zurückkommen werde. Die an der Fleischwand ursprünglich vorkommenden Steingallen nenne ich daher, zum Unterschiede von den ursprünglich an der Sohle vorkommenden Quetschungen, Wandsteingallen, während ich die letzteren schlechtweg als Sohlenquetschungen bezeichnen will.

Je nach ihrer Ursache und Entstehung zeigen die Wandsteingallen verschiedene Symptome, von denen zunächst der Schmerz, den das Pferd durch Lahmgehen oder bei der Untersuchung der kranken Stelle durch Aufzucken zu erkennen giebt, zu nennen ist.

Wird die Steingalle bei ungleichem Auftreten, starker Bewegung auf harten Straßen ꝛc. durch starke und plötzliche Zerrung veranlaßt, so findet eine mehr oder weniger umfängliche Zerreißung der Fleischblättchen statt, und es tritt im Innern des Fußes eine

Blutung auf. In Folge dieser Blutung findet sich nach einiger Zeit eine rothe oder bläulich-rothe Hornfärbung in den Sohlenwinkeln. Diese blutige Hornfärbung tritt jedoch nicht unmittelbar nach der Zerreißung auf, sondern erst einige Zeit, öfter mehrere Tage später, während sich der Schmerz schon sofort, nachdem die Zerreißung stattgefunden hat, einzustellen pflegt. Es kommt gar nicht selten vor, daß man, wenn man ein frisch lahm gewordenes Pferd zu untersuchen hat, außer dem Schmerze nichts in den Sohlenwinkeln findet, was auf Steingalle schließen ließe, während man einige Tage später rothgefärbtes Horn vorfindet.

Trotzdem der Bluterguß aus der Fleischwand erfolgt, so färbt sich doch nicht die Hornwand selbst, sondern nur die Hornsohle und die weiße Linie, weil grade diese in Folge ihrer Lage und Hornbeschaffenheit das nach den Gesetzen der Schwere sich senkende Blut aufnehmen können. War der Bluterguß gering und die Verletzung an der Fleischwand unbedeutend, so wird das ergossene Blut bei rechtzeitiger Hebung der Ursachen aufgesaugt und hinterläßt die sogenannte trockene Steingalle, welche man dann als rothgefärbtes Horn ohne Schmerz bei der nächsten Beschlagserneuerung findet. War dagegen die Verletzung bedeutend und der Bluterguß stark, dann bildet sich im Verlaufe der Krankheit Entzündung und Eiterung aus. Das Horn bleibt aber auch unter diesen Umständen gefärbt. Erfolgt die Entstehung der Steingallen nicht plötzlich, sondern durch anhaltende, aber gelinder auftretende Zerrungen an der Fleischwand, oder durch den allmählichen Druck der Wand von außen her (wie bei Zwanghuf), so tritt keine Blutung, wohl aber, in Folge der hierdurch erregten Entzündung der Fleischtheile, eine wässerige (seröse) Ausschwitzung ein; unter Umständen kann sich aber auch hierzu noch eine Blutung gesellen, wie dies z. B. bei Zwanghufen vorkommt, die man durch zu arge Beschlagsfehler forcirt hat (vergl. S. 230). Die ausgeschwitzte wässerige Flüssigkeit senkt sich nach denselben Gesetzen und durchfeuchtet dieselben Stellen, wie das Blut; sie erzeugt aber nicht rothe, sondern gelbliche, wachsartig aussehende Hornstellen in der Sohle und in der weißen Linie.

Diese gelbliche Färbung nehmen wir auch dann wahr, wenn die

Entzündung in Eiterung übergegangen ist, ohne daß sich vorher eine Blutung eingestellt hat.

Der Schmerz, der bei den Steingallen regelmäßig vorhanden ist, nimmt in dem Grade zu, in welchem die Eiterung weiter fortschreitet. Wird nicht schon vorher dem Eiter, sei es, daß er in Folge einer Zerreißung und Blutung, oder in Folge einer anhaltenden Zerrung, oder durch Druck und Quetschung von der Wand her entstanden ist, nach unten hin Abfluß verschafft, so steigt er zwischen Fleisch= und Hornblättchen in die Höhe, trennt dieselben von einander und bricht an der Krone heraus. Unter die Sohle senkt er sich bei den hier in Rede stehenden Steingallen in den allerseltensten Fällen.

Besteht die Eiterung lange fort, oder wird sie durch schlechte Behandlung unterhalten, so entstehen die sogenannten **veralteten Steingallen**, die zu verschiedenen anderen (in die thierärztliche Chirurgie gehörenden) Krankheiten Veranlassung geben können.

An den krankhaften Vorgängen, welche die Fleischwand betreffen, betheiligt sich auch noch, besonders wenn sie von langer Dauer sind oder häufiger wiederkehren, die Hornwand. Die Fleischwand büßt nämlich an den eiternden Stellen nicht selten ihre blätterige Beschaffenheit ein und erhält eine mehr oder weniger tiefe Grube ohne Blättchen. Diese Stelle hat aber nichtsdestoweniger die Fähigkeit, Horn abzusondern; sie füllt sich mit Horn aus, erzeugt aber keine Hornblättchen, sondern vielmehr, entsprechend ihrer Form und Größe, hornige Knoten, Hornwülste von mehr oder weniger großem Umfange (Fig. 103), wovon man sich durch das Ausschuhen solcher Hufe nach dem Tode des Pferdes überzeugen kann.

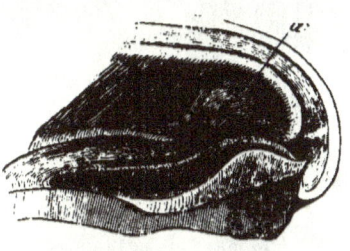

Fig. 103.

Außer den an der Fleischwand vorkommenden und sich in den Eckstrebenwinkeln zu erkennen gebenden Wandsteingallen können nun aber auch, wie schon erwähnt wurde, an der ganzen, von der Horn=

Fig. 103. Hufstück, welches die Veränderung der inneren Fläche der Wand in Folge veralteter Steingallen zeigt. a krankhafte Hornwulst.

sohle bedeckten Fläche, d. h. an der ganzen Fleischsohle und somit auch an ihren in den Eckstrebenwinkeln liegenden Theilen, Erkrankungen vorkommen, welche, wenigstens den äußeren Kennzeichen (der Farbe ꝛc.) nach, eine Aehnlichkeit mit den schon beschriebenen Wandsteingallen haben und im Allgemeinen auch Steingallen genannt werden. Diese Erkrankungen tragen in der Regel bei näherer Untersuchung die Spuren eines langsamen, allmähligen Quetschdruckes an sich, dessen Folgen sie auch jedesmal sind.

Die unmittelbaren Folgen dieser Sohlenquetschungen bestehen sowohl in Bluterguß, als in Ausschwitzung einer gelblichen, serösen Flüssigkeit, welche je nach ihrer Menge und nach dem Zustande der Fleischsohle überhaupt mehr oder weniger großen Schmerz hervorbringt. Wenn solche Quetschungen nun auch Entzündungen, Eiterungen ꝛc. hervorbringen und das Sohlenhorn färben können u. s. w., so nehmen sie doch niemals den Verlauf, welchen wir bei den Wandsteingallen kennen gelernt haben.

Die wässerigen Ergießungen aus der Fleischsohle färben das Horn so, wie sie selbst gefärbt sind, gelblich, röthlich, schwärzlich, und trennen, indem sie sich zwischen Hornsohle und Fleischsohle hinschieben, diese selbst mehr oder weniger weit von einander. Ist Eiter vorhanden und man schafft ihm nicht Abfluß, so steigt er nicht an der Wand in die Höhe, sondern breitet sich unter der Hornsohle aus und giebt ebenfalls zu Trennungen der Horn- und Fleischsohle Veranlassung.

Diese Quetschungen der Fleischtheile sind mit den an der Fleischwand vorkommenden Erkrankungen (den Wandsteingallen) gar nicht zu verwechseln, denn eine nur einigermaßen umsichtige Untersuchung des kranken Hufes wird stets ergeben, ob der Schmerz oder der Sitz des Leidens an der Fleischwand oder an der Fleischsohle ist.

Am häufigsten kommen diese Sohlenquetschungen bei Flachhufen, bei Hufen mit niedrigen Trachten und dünner Sohle vor und bei Hufeisen, welche auf der Sohle aufliegen oder durch die Construction ihrer Tragrandfläche zur Unterfütterung kleiner Steine ꝛc. Anlaß geben und diese festhalten.

Daß die Quetschungen ebenso wie die Wandsteingallen vorzugsweise im inneren Sohlenwinkel vorkommen, liegt aber nicht etwa in einer besonderen Anlage dieses Theiles zu dergleichen Erkrankungen, sondern vielmehr in einer besonderen Schwächung desselben. Es ist nämlich häufig Gebrauch, schon bei gesunden Hufen, selbst wenn solche zum ersten Male Eisen bekommen, den inneren Sohlenwinkel stärker und mit besonderem Bedacht aus- und niederzuschneiden, und zwar in der guten Absicht, um dem Entstehen der Steingallen vorzubeugen; ja man geht noch weiter und macht in derselben Absicht an dieser Stelle von Zeit zu Zeit, gewöhnlich bei jeder Beschlagserneuerung, einen förmlichen kleinen Aderlaß. Man verletzt somit an derselben Stelle den Fuß absichtlich, um gerade diese Stelle vor Erkrankung zu schützen. Hierzu kommen noch die vielen Verletzungen, welche die Fleischsohle dort durch ungeschickte Nachgrabungen nach Steingallen (die, wie wir gesehen haben, dort gar nicht ihren Sitz haben, sondern an der Fleischwand vorkommen) zu erleiden hat.

So wesentlich verschieden die Steingallen und Sohlenquetschungen nun auch hinsichtlich ihrer Entstehung sein mögen, so gleichartig ist im Allgemeinen doch die Behandlung derselben. Bei diesen Hufleiden muß man es sich zur Regel machen, in der Behandlung so einfach wie möglich zu sein, denn dadurch erreicht man die Heilung am ersten.

Bei der Behandlung aller Steingallen und Sohlenquetschungen kommt es zunächst nicht auf die Farbe des Hornes, sondern auf den Sitz und Grad des Schmerzes und die Art der wahrgenommenen Ursachen an. Diese Letzteren zu entfernen, bildet die Grundlage zu einer guten Behandlung. Steingallen geringen Grades, die wenig Schmerz zeigen und nur geringe Blutaustretung ꝛc. vermuthen lassen berechtigen zu der Erwartung, daß das ergossene Blut wieder aufgesaugt und die Steingalle zur trockenen Steingalle wird. Eine entsprechende Regulirung der Hufform, durch Verkürzung zu langer Zehenwand, oder Niederschneiden zu hoher oder einseitiger Trachtenwände, einen Beschlag, welcher keinen Theil des Hufes in seiner eigentlichen Function beeinträchtigt, ist bei diesen in der Regel das einzig richtige Verfahren.

Bei Steingallen und Sohlenquetschungen, welche dem Schmerze nach eine größere Verletzung und starke Blutergießung vermuthen lassen, muß (außer Entfernung des Hufeisens und sonstiger Ursachen) durch anhaltend angewendete kalte Umschläge die Entzündung zu beseitigen und der leicht eintretenden Eiterung vorzubeugen gesucht werden. Steigert sich trotz der angewendeten Kälte der Schmerz und gelingt die Zertheilung der Entzündung nicht, so geht dieselbe in der Regel in Eiterung über.

Bei einer sorgfältigen Untersuchung ist es nicht so schwer, sich über den Sitz des Eiters Gewißheit zu verschaffen; hat man denselben ermittelt, so ist der Eiter an der geeignetsten Stelle zu entleeren. Die Entleerung der ergossenen Flüssigkeiten und des Eiters muß auf kürzestem Wege, ohne Verletzung gesunder Weichtheile, und mit möglichster Schonung des Hornes, aber immer so geschehen, daß dieselben möglichst vollständig abfließen können. Auch dann, wenn sich der Eiter schon an der Krone einen Ausweg gebahnt haben sollte, muß nach unten eine Oeffnung zum Abfluß desselben geschaffen werden. Das einfachste, zweckmäßigste Instrument zu solchen Oeffnungen ist der schon S. 253 genannte Hufbohrer. (S. Fig. 102.)

Gewöhnlich wird zum Zwecke der Flüssigkeits- und Eiterentleerung viel zu viel, meist auch an unrichtigen Orten und wohl nur selten zu wenig geschnitten. Wo sich am bequemsten mit dem Wirkmesser ein recht großes Loch in den Huf schneiden läßt, dort soll auch der Eiter sitzen. Viele Schmiede, ja sogar manche Thierärzte, thun sich ordentlich etwas darauf zu Gute, wenn sie einen Huf in dieser Beziehung so recht durchwühlt haben.

Bei Oeffnungen, welche man Behufs der Eiterentleerung im Hufe anbringt, genügt es aber nicht allein, daß man überhaupt eine Oeffnung, wenn auch an dem richtigen Orte, macht, sondern es kommt auch viel auf die Form dieser Oeffnung an. Die zweckmäßigste Form solcher Oeffnung ist nach meiner Erfahrung die, welche am Sitze der Flüssigkeit oder des Eiters weiter ist, als nach außen. Derartig beschaffene, trichterförmige Oeffnungen erleichtern den Abfluß und bilden gleichzeitig das einfachste und natürlichste Verbandmittel.

Der blätterige Bau im Hufe und die Beschaffenheit des Eiters machen zu einer vollständigen Entleerung desselben sehr oft ein warmes Fußbad nöthig.

Warme Fußbäder aus Seifenwasser, Heusamenaufguß ꝛc. wirken überhaupt, wie auch schon S. 260 erwähnt ist, bei schmerzhaften, eiternden Steingallen außerordentlich wohlthätig und sind deswegen sehr zu empfehlen. Die Anwendung kalter Umschläge ist in solchen Fällen Thierquälerei. Kälte ist ein ausgezeichnetes Mittel, um Eiterung zu verhüten; ist aber solche einmal eingetreten, so kann sie nur schaden, und die Pferde suchen sich dann der Anwendung derselben auf alle mögliche Weise zu entziehen, während sie bei warmen Umschlägen oder Fußbädern still halten.

Ist nun durch entsprechende Behandlung der Schmerz insoweit beseitigt, daß das Pferd wieder brauchbar erscheint, so kann man durch einen passenden Beschlag die Heilung und Brauchbarkeit unterstützen. Einen passenden Beschlag nenne ich in solchen Fällen denjenigen, welcher den kranken Theil vor innerer Zerrung und äußerer Quetschung schützt; man kann ihn nur durch ein gut construirtes geschlossenes Eisen herstellen. Durch dieses überträgt man ohne sonstigen Nachtheil die Last des Körpers von den kranken auf die gesunden Theile. Die noch vorhandene Oeffnung im Hufe wird mit einigen Tropfen Myrrhentinktur oder einem sonstigen, nicht scharfen Wundbalsam angefeuchtet und

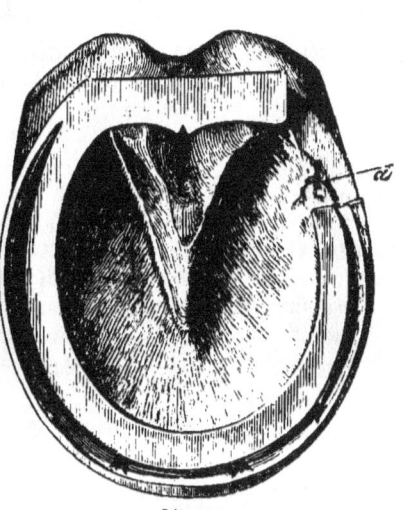

Fig. 104.

mit einem am besten vom Hufe selbst, oder wo dies nicht möglich ist, vom geschlossenen Eisen festgehaltenen Wergpfropf verschlossen*).

---

*) Hierbei will ich nicht unterlassen, des grausamen und nutzlosen Verfahrens zu gedenken, welches viele Schmiede bei den Steingallen zur Anwendung bringen. Sie gießen nämlich auf die blosgelegten und kranken Fleischtheile Schwefel- oder Salzsäure oder bringen auch wohl ein Stück Zucker hinein,

---

Fig. 104. Beschlag gegen veraltete Steingallen. a Sitz der Steingallen.

Bei veralteten Steingallen kommt es besonders darauf an, nicht nur so lange, als Schmerz vorhanden ist, die kranke Stelle zu schützen, sondern es müssen vielmehr alle jenen Einflüsse, welche die Heilung einer gewöhnlichen Steingalle stören würden, in diesen Fällen für die Dauer oder wenigstens für eine längere Zeit abgehalten werden. Ich habe meinen Zweck schon in vielen Fällen durch die Anwendung eines nach Art der geschlossenen Eisen angefertigten Hufeisens erreicht, in welchem an der betreffenden Stelle ein Stück Eisen fehlt, so daß der Tragrand der kranken Wand auf keinerlei Weise gedrückt wird. Die Abbildung Fig. 104 wird die Construction dieses Eisens hinlänglich klar machen.

Diese von mir hier angegebene Behandlung kann der Beschlagschmied ausführen. Sind aber andere verwickeltere Fußleiden aus den Steingallen und Sohlenquetschungen hervorgegangen, so gehören diese einer thierärztlichen Behandlung an.

Zusatz. Den Satz: „Ohne Beschlag und ohne Künsteleien am Hufe keine Steingallen", kann ich nur bedingungsweise anerkennen, da ich vielfach Gelegenheit gehabt habe, Steingallen (selbst eiternde) an unbeschlagenen Hufen zu beobachten. An dem umgebogenen Wandtheil (Eckstrebe) treten derartige Verletzungen allerdings seltener, dafür aber um so heftiger auf, insofern, als sie bedeutendes Lahmgehen und häufig Eiterung veranlassen. Bei näherer Untersuchung findet man neben einer mehr oder minder ausgebreiteten Verfärbung des Hornes, eine vollständige Berstung der Eckstrebe; ich halte deshalb die Bezeichnung „Eckstrebenbruch" für ganz geeignet. Außer den oben angeführten ver-

---

welches sie dann mit einem glühenden Eisen anbrennen. Außerdem legen sie ein Eisen auf, welches nur an der gesunden, aber nicht an der kranken Seite einen hohen Stollen hat; belasten, zerren und quetschen den kranken Theil um so mehr und machen durch solche und noch viele andere derartige Mißhandlungen aus einfachen und frischen Steingallen die veralteten Steingallen, welche dann durch Hufentartungen, Hornwülste ꝛc. (f. Fig. 103) einen bleibenden Keim zu neuen Erkrankungen legen. Die Stelle der Wand, wo sich innen die Hornwulst befindet, zeichnet sich in der Regel durch eine andere Färbung an der äußeren Wandfläche aus, und ich habe deswegen schon jetzt die feste Ueberzeugung, daß es bei fortgesetzter Beobachtung solcher Steingallen sehr bald gelingen wird, die Grenzen der inneren Hornwulst von außen zu bestimmen, und diese dann vielleicht durch eine kleine Operation entfernen zu können. Nur dadurch könnte meiner Ansicht nach eine gründliche Heilung der veralteten Steingallen herbeigeführt werden.

anlassenden Ursachen glaube ich besonders eine zu starke Belastung der Eckstrebe durch das Hufeisen beschuldigen zu müssen. Möglicherweise dürfte die praktische Anwendung des Complementeisens von Erdt diesen Verdacht bestätigen helfen.

Bei dem Nachschneiden nach Steingallen begehen die meisten Schmiede den Fehler, daß sie nur an begrenzter Stelle Sohlenhorn (oft viel zu viel) entfernen. Es muß auch das Horn der Umgebung gleichmäßig verdünnt werden, damit nicht von da aus ein Druck auf die dünngeschnittene Stelle stattfindet. Dabei ist jede Verletzung der Fleischsohle, also Blutung zu vermeiden. Es giebt dies häufig Veranlassung zu dem sogenannten Quellfleisch. Nur wenn Eiter im Huf, selbst wenn er an der Krone einen Ausweg gebahnt, ist das Anbringen einer Gegenöffnung an der Sohle bis auf den Eiterheerd vorzunehmen. In Folge wiederholt in Eiterung übergehender Steingallen sind Hufknorpelerkrankungen, danach Hufknorpelfisteln nicht selten. Macht sich die Entfernung des Hufknorpels theilweise oder ganz nöthig, so hat der Schmied ein gut passendes geschlossenes Eisen anzufertigen und nach der Operation aufzuschlagen.

Wo ein Schutz durch das Eisen für den ergriffenen Trachtenwinkel entbehrlich ist, wende ich statt des in Fig. 104 gezeigten Eisens besser das Dreivierteleisen an. Halten Entzündung und Absonderung längere Zeit an, so ist ein Eisenschutz nöthig, den ich dadurch herstelle, daß ich aus der betreffenden Ecke des abgesetzten, geschlossenen Eisens eine lappenförmige Verlängerung herausziehe; in gleicher Weise verbreitere ich bei Sohlenquetschung das Eisen an der Stelle, welche die Verletzung deckt. R.

Fehlerhafte Stellungen und Gangarten.

Fehlerhafte Stellungen und Gangarten sind im Allgemeinen nicht als rein für sich bestehende Fehler der Schenkel aufzufassen, sondern sie sind in der Regel auch gleichzeitig mit fehlerhaft geformten Hufen vergesellschaftet. Nur mit regelmäßigen Hufen ist eine regelmäßige Stellung und ein regelmäßiger Gang möglich, sowie umgekehrt nur bei normalen Schenkeln ein Huf normal erhalten bleiben kann.

Sei es nun, daß die Hufe von den Schenkeln aus, oder die Schenkel von den Hufen aus, in eine fehlerhafte Form oder Richtung gebracht wurden, so läßt sich doch im Allgemeinen der Satz aufstellen, daß, da durch die Befolgung der sich schon aus dem Vorhergehenden ergebenden Regeln eine Verbesserung der Hufe fast immer in mehr oder weniger ausgesprochenem Grade erzielt werden kann, sich auch durch den Hufbeschlag in der Mehrzahl der Fälle mehr oder weniger günstig und verbessernd auf fehlerhafte Stellungen und Gangarten einwirken läßt.*)

Von den vielen Abtheilungen, Unterabtheilungen und Graden der Stellungs= und Gangfehler der Pferde haben, abgesehen von denen die bei den Hufkrankheiten bereits schon genannt worden sind, für den Beschlagschmied nur sehr wenige einen so großen praktischen Werth, daß sie verdienten hier speciell auseinander gesetzt zu werden.

Von den fehlerhaften Stellungen führe ich daher nur die sogenannte stelzfüßige Stellung, von den fehlerhaften Gangarten das Einhauen und das Streichen als für den Beschlagschmied wichtig an. Bei diesen kann er durch den Hufbeschlag, der hier entweder als Unterstützungs= oder Besserungs= oder Heilmittel betrachtet werden kann, etwas leisten.

Gegen fehlerhafte Gewohnheiten der Pferde läßt sich durch den Hufbeschlag entweder gar nichts thun, oder dieselben werden, wie z. B. das Stellen eines Hufes auf den andern 2c., durch die Befolgung der beim Hufbeschlage gegebenen allgemeinen Vorschriften unschädlich oder weniger gefährlich. Gegen fehlerhaftes Liegen der Pferde ist durch gute Streu und weiten Stand mehr auszurichten, als durch besonderen Beschlag.

Zusatz. Da die fehlerhaften Stellungen der Gliedmaßen Abweichungen von den normalen Stellungen sind, so kann man sich von denselben nur dann erst eine richtige Vorstellung machen, wenn man weiß, was man unter einer normalen Stellung eigentlich zu verstehen hat. Begreiflicher Weise müssen die vorderen Gliedmaßen in dieser Beziehung anders beurtheilt werden, als die hinteren, da das Verhältniß der Knochenstellungen bei beiden ein anderes ist. Um die Stellungen des Pferdes beurtheilen zu können, betrachtet man die betreffenden Schenkel von 2 Seiten, nämlich in der Richtung der Längsaxe des Thieres, indem man sich bei der Untersuchung der Vorderfüße vor das Pferd, bei der Untersuchung der Hinterfüße hinter dasselbe stellt und dann, daß man das Thier von der Seite her betrachtet.

---

*) Wenngleich im jugendlichen Alter alle Gewebe elastischer und bildungsfähiger sind, so scheint Hartmann meiner Ansicht nach doch etwas zu weit zu gehen, wenn er annimmt, daß durch den Beschlag allein fehlerhafte Stellungen wesentlich corrigirt und verbessert werden könnten. Bei alten Pferden ist dies wenigstens immer sehr problematisch. Ich verweise in dieser Beziehung auf das, was ich oben beim schiefen Hufe S. 243 im Zusatze gesagt habe. N.

a. Vorderschenkel.

Die Stellung der Vorderschenkel von vorn betrachtet ist normal, wenn dieselben den Rumpf in gerader (senkrechter) Richtung unterstützen, d. h. wenn ein von der Spitze des Bug= oder Schultergelenkes gefälltes Loth gerade vor der Mittellinie des Schenkels herabläuft und zwar vor dem Hufe, aber genau in der Mittellinie desselben auf den Boden trifft. In diesem Falle findet bei gleichmäßig hohen Hornwänden eine gleichmäßige Belastung der inneren und äußeren Hufwand statt. Bei Ab= weichungen von dieser normalen „geraden" Stellung fällt das Loth entweder mehr nach der inneren oder entgegengesetzt nach der äußeren Hufhälfte. Die dem Lothe zunächst gelegene Hufhälfte ist dann stärker belastet, steiler gestellt und niedriger, während die entgegengesetzte von der Mittellinie des Hufes ab schräger gestellt und höher ist.

Die Hauptabweichungen von dieser von vorn her wahrnehmbaren normalen, geraden Stellung der Vorderschenkel sind die boden= weiten und bodenengen Stellungen.

Die bodenweite Stellung findet sich meist bei schmaler Brust; bei ihr verlaufen beide Vorderschenkel schräg nach unten und außen; es wird demnach die innere Hufhälfte stärker be= lastet, die innere Wand ist steil und niedrig. Hierher gehört auch die sogenannte französische Stellung, bei welcher, bei sonst geradem Verlaufe des Schenkels bis zum Fesselgelenk, der Fuß erst von hier ab schräg nach außen gerichtet ist (Tanz= meisterstellung). Ebenso ist die sogenannte

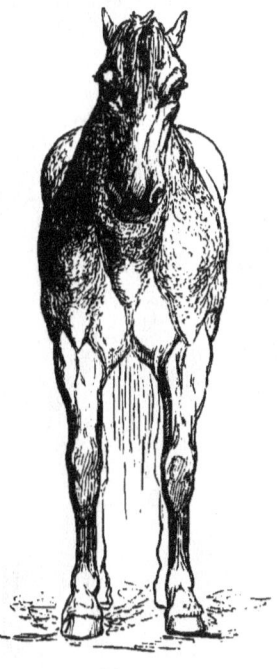

Fig. 105.

Ochsen= oder X=beinige Stellung hierherzuzählen, bei welcher die Vorder= knie zu eng gestellt sind und Schienbein und Fuß schräge nach außen laufen.

Die bodenenge Stellung findet sich bei sehr breiter Brust (Löwen= brust); bei ihr verlaufen die Gliedmaßen nach unten und innen; die äußere Huf= hälfte ist stärker belastet, die äußere Hufwand steiler und niedrig. Hierher gehört die Zehentreterstellung, bei welcher, bei sonst geradem Verlauf, der Fuß vom Fesselgelenk an nach innen gestellt ist und die knieweite oder O=beinige Stellung, welche sich dadurch auszeichnet, daß bei zu weit gestellten Vorder= knieen, Schienbein und Fuß schräge nach innen verlaufen. Rücksichtlich des Be= schlages vergl. schiefer Huf.

Fig. 105. Normale Vorderschenkelstellung (Roloff'sche Abbildung).

Die Stellung der Vorderschenkel von der Seite betrachtet ist normal, wenn eine von der Mitte des Schulterblattes (dem sogenannten Drehpunkte) gezogene senkrechte Linie, den Vorderarm, das Vorderknie, das Schienbein und das Fesselgelenk in der Mitte schneiden und unmittelbar hinter den Ballen auf den Boden treffen. Mit dieser Linie bildet das Fesselbein nach vorn einen Winkel von 135° und steht mithin zur horizontalen Bodenfläche in einem Winkel von 45°, also in einem gleichen Winkel wie die Zehenwand des normalen Hufes zur Bodenfläche.

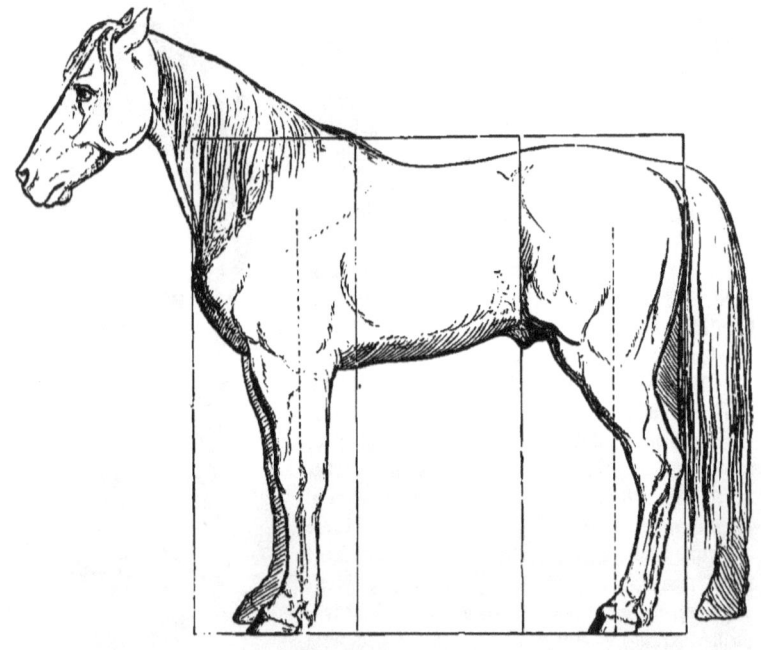

Fig. 106.

Weicht die Stellung der Schenkel von dieser Linie in der Art ab, daß sie vom Rumpfe abwärts und vorwärts oder abwärts und rückwärts laufen, so nennt man im ersteren Falle die Stellung die vorderständige, während man sie im letzteren Falle als rückständige Stellung bezeichnet.

Die vorderständige Stellung ist zuweilen angelernt, so namentlich bei Reitpferden und auch wohl bei Handelspferden, oder sie ist erworben in Folge angestrengten Gebrauches oder aber sie ist bedingt durch Schmerz in den Hufen. Bei dieser Stellung zeigt sich in der Regel der Winkel des Fesselbeines zur hori=

Fig. 106. Normale Stellung der Schenkel (Roloff'sche Abbildung).

zontalen Bodenlinie kleiner, eine Abweichung, welche man in geringerem Grade die weiche Fesselstellung, im höherem Grade das Durchtreten und im höchsten Grade die bärenfüßige Stellung zu nennen pflegt. Hierbei findet eine stärkere Belastung der hinteren Hufhälfte statt in der Regel mit bedingt durch lange Zehen bei niedrigen Trachten. (Bärenfüßige Stellung vergl. Bockhuf.) Hierher gehört noch die hammelbeinige (rückbiegige) Stellung, bei welcher das Knie nach hinten durchgebogen, das Schienbein und der Fuß aber schräg nach vorn verlaufen.

Die rückständige, auch unterständige Stellung genannt, findet sich oft bei Pferden mit zu langem Rücken, bei steiler Schulter und in Folge angestrengten Gebrauches. Bei dieser Stellung wird die vordere Hufhälfte stärker belastet; es findet sich bei ihr die steile Fesselstellung vor mit hohen Trachten und stumpfer Zehe. An diese Stellung schließt sich die vorbiegige oder kniehängige Stellung an, bei welcher das Vorderknie nach vorn ausgebogen ist und das Schienbein schräg nach hinten läuft. Diese Stellung ist zuweilen angeboren, meist aber erworben und nicht selten Folge von Sehnenleiden. (Struppirte Pferde.)

b. Hinterschenkel.

Die Stellung der Hinterschenkel ist normal, wenn eine von dem Sitzbeinhöcker gefällte lothrechte Linie von hinten betrachtet in die Mittellinie des Hufes trifft, von der Seite betrachtet aber die Kante des Sprung= oder Fersenbeines berührt und in einiger Entfernung hinter dem Ballen auf den Boden auffällt. Eine von der Mitte des Hüftgelenkes aus zur Erde gezogene senkrechte Linie muß bei normaler Schenkelstellung die äußere Seitenwand des Hufes streifen. Wie an den Vorderfüßen unterscheidet man als fehlerhafte Stellungen auch an den Hinterfüßen bodenweite und bodenenge Stellungen. Die Bodenweite findet sich in der Regel bei zu eng gestellten Sprunggelenken (kuhhessige Stellung); die innere Wand ist hier stärker belastet. Die Bodenenge findet sich bei zu weit gestellten Sprunggelenken (faßbeinige oder O=beinige Stellung); bei ihr ist die äußere Wand stärker belastet.

Ebenso findet sich an den Hinterschenkeln eine vorderständige und rückständige Stellung. Zur ersteren gehört die säbelbeinige

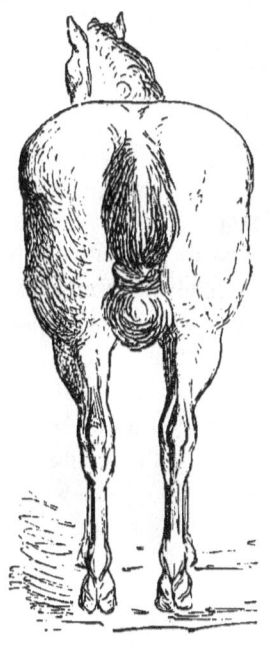

Fig. 107.

Fig. 107. Normale Hinterschenkelstellung (Roloff'sche Abbildung).

Stellung, bei welcher das Sprunggelenk zu stark gebeugt ist und das Schienbein und der Fuß zu schräg nach unten und vorn verlaufen. Hinsichtlich des Beschlages ist hier zu erwähnen, daß man dadurch, daß die Zehe verkürzt und somit mehr belastet wird, eine Entlastung der hinteren Hufhälfte erreichen kann. Mit Rücksicht auf die weiche Fesselstellung ist ein langes Eisen zu empfehlen.

Bei der rückständigen Stellung der Hinterschenkel ist, wie an den Vorderschenkeln, die Fesselstellung zu steil, die Zehe zu kurz und stumpf. Nach angestrengtem Gebrauche beobachtet man häufig beim Ansetzen des Fußes eine mehr oder weniger knickende Bewegung des Fesselgelenkes nach vorn, das sogenannte Ueberköthen. Was den Beschlag betrifft, so verweise ich auch hier auf das, was bereits über den Bockhuf gesagt worden ist.

Die Bewegung der Gliedmaßen findet bei normaler Stellung in allen drei Tempi geradlinig statt. Von vorn oder auch von hinten beobachtet sieht man die Schenkel so gehoben und vorwärts geschwungen, daß alle Theile des Tragerandes beim Aufsetzen den Boden gleichmäßig berühren. Bei Abweichungen findet eine Aenderung in der Bewegung während des einen oder anderen Tempos oder auch aller drei Tempi statt; hierdurch werden die fehlerhaften Gangarten veranlaßt. Durch den Beschlag selbst kann man auf solche Fehler im Gange wenig einwirken; man kann durch ihn indeß die Nachtheile fehlerhafter Gangarten auf die Gebrauchsfähigkeit der Thiere vermindern und unter Umständen auch wohl ganz aufheben. R.

1. Stelzfuß.

Unter Stelzfuß, stelzfüßiger Stellung, versteht man diejenige krankhafte Schenkelstellung, bei welcher durch Verkürzung der Beugesehnen oder Gelenkverwachsung das Fesselbein senkrechter steht, als es im normalen Zustande stehen muß. In einzelnen Fällen steht es vollständig gerade, in noch anderen sogar in einer der normalen Richtung entgegengesetzten, so daß der Huf blos mit dem Zehentheil zum Auftritt kommt.

Durch den Hufbeschlag allein ist der Stelzfuß weder zu bessern, noch zu heilen; in der Regel wird er nur als ein Mittel angewendet, stelzfüßige Pferde noch längere Zeit dienstfähig zu erhalten, um solche unglückliche Pferde bis zum letzten Blutstropfen ausnutzen zu können. Doch zur Ehre der Menschheit sei es gesagt, daß der Gebrauch stelzfüßiger Pferde sehr im Abnehmen begriffen ist.

Der Hufbeschlag soll den Stelzfuß in zweierlei Richtung stützen; hinten und vorn.

Das Stützen nach hinten besteht anfänglich in der Anwendung so hoher Stollen, als die Entfernung bei unangestrengtem Auftritte zwischen Eckwand und Erdboden beträgt. Eine bestimmtere Stollenhöhe läßt sich, da die angedeutete Entfernung bei den verschiedenen stelzfüßigen Pferden eben verschieden sein kann, nicht im Voraus bestimmen; sie muß aus der jedesmaligen Stellung genommen werden; so viel ist indeß sicher, daß diese Höhe von einem Beschlage zum andern immer zunimmt und die Stollen in der Regel immer höher werden müssen, bis endlich der Huf und der ganze Schenkel nach vorn überköthet.

Nun beginnt das **Stützen nach vorn**. Dies führt man in der Art aus, daß man am Zehentheile des Eisens eine Verlängerung, einen Schnabel, anbringt und diesen so formt und biegt, wie man glaubt und sieht, daß er für das Pferd am nützlichsten und bequemsten sein könnte. Da es bei der großen Verschiedenheit in der Bewegung des stelzfüßigen Schenkels geradezu unmöglich wird, über Form und Richtung dieses Schnabels eine gültige Regel aufzustellen, so muß man dies der Einsicht des Beschlagschmiedes für den betreffenden Fall selbst überlassen.

Zusatz. Die hebelartige Wirkung des Schnabels am Schnabeleisen für Stelzfuß veranlaßt häufig ein Abreißen des Eisens, weil die Trachtennägel nicht im Stande sind, genügend Widerstand zu leisten. Dem zu begegnen und gleichzeitig die Wirkung des Hebels im Schnabel mehr nach dem Krongelenk zu bringen, verlängere ich den Schnabel so, daß er entsprechend verdünnt, in ein mit Lederscheibe versehenes Blatt endend, genau an die Zehenwand unter dem Kronensaum angelegt werden kann. Das englische Federeisen für Fohlenstelzfuß ist ein glattes, mit einem rechtwinklig aufgebogenen Schnabel versehenes Eisen, an welchem eine bis über das Fesselgelenk reichende, der vorderen Fläche des Schienbeines entsprechend ausgehöhlte Feder angepaßt ist. Diese ist mittelst eines gepolsterten Gürtels an dem Schienbein befestigt und soll durch federnden Druck dem Ueberköthen entgegenwirken und die verkürzten Beugesehnen allmälig wieder ausdehnen.

Durch Ausführung des Sehnenschnittes ermöglicht man zwar das Durchtreten, doch meist nur vorübergehend. Zur Unterstützung nach dieser Operation oder auch wenn Pferde beim Schlagen an scharfkantige Gegenstände sich die Beugesehnen verletzten, wende ich, statt des sehr complicirten und schweren Defays'schen Eisens ein geschlossenes Eisen an, welches mit einer den Biegungen des Fußes nachgeformten, am Stege angeschweißten Verlängerung versehen ist, die in ihrem oberen breit ausgeschmiedeten Ende mit Lederpolster versehen, dem zu stark nach abwärts tretenden Fesselgelenke als einfache und zweckmäßige Unterstützung auch im Gehen dient.   R.

2. Einhauen.

Einhauen nennt man jene fehlerhafte Gangart des Pferdes, bei welcher sich dasselbe, namentlich bei der Bewegung im Trabe, mit dem Zehentheil der Hintereisen an die Stollenenden oder an die untere Fläche der Vordereisen derselben Seite anschlägt (anklappt).

Das Einhauen ist nicht allein durch das immerwährende Anklappen (Schmieden) für die Ohren lästig und unangenehm, es ist auch gefährlich; die Pferde verletzen sich die Ballen der Vorderfüße, beschädigen sich die Zehenwände der Hinterhufe, schlagen sich die Eisen ab oder bleiben auch wohl mit dem Hinterfuß am Vordereisen hängen und kommen hierdurch zum Stürzen.

Die Ursachen, die das Einhauen veranlassen, liegen entweder in einem fehlerhaften Baue des betreffenden Pferdes oder sie liegen in fehlerhaftem oder versäumtem Beschläge. Pferde mit verhältnißmäßig zu kurzem Leib und langen Beinen, überbaute Pferde, welche, so zu sagen, vorn überhängen, hauen gern ein. Häufiger ist aber ein schlechter Beschlag die Veranlassung; zu lange Eisen an den Vorder- und zu lange Zehe an den Hinterfüßen. In den meisten Fällen sind es aber zu lange Zehen und zu niedrige Trachten an den Vorderfüßen, welche Einhauen hervorbringen; hierdurch wird die Bewegung der Vorderschenkel ungemein schwerfällig. Pferde mit solchen Vorderhufen treten viel zu tief durch und die lange Zehe erschwert das leichte Fortschreiten des Schenkels; es bleiben die Hufe daher länger als nöthig unter dem Pferde zurück und werden von den Hinterhufen überholt und getroffen.

Bei der Verschiedenheit der Ursachen, welche das Einhauen hervorrufen und bei der Abweichung, die man beim Einhauen selbst wahrnimmt, liegt es auf der Hand, daß auf die bisherige Art, mit recht kurzen Vordereisen, bei welchem die Stollen, wie an einem Klinkhaken, schräg nach vorwärts stehen (Klinkstolleneisen) und einem Hintereisen mit zwei seitlichen Kappen, so aufgelegt, daß an der Zehe ein Stück Huf vorsteht (damit man das Einhauen nicht so hören soll), nur selten etwas geholfen sein kann*). Nur durch allgemeine Verbesse-

---

*) Das bloße Verkürzen der Vordereisen verschlimmert oft geradezu das Einhauen, weil die Pferde dadurch nur zu stärkerem Durchtreten gezwungen werden.

rung der Hufe und des Beschlages kann man vortheilhaft auf den Gang solcher Pferde einwirken. Der umsichtige Beschlagschmied wird gewiß selten in den Fall kommen, gegen das Einhauen besondere Eisen anfertigen zu müssen; denn es schlagen sich die meisten einhauenden Pferde nicht an die Stollen, sondern mehr an die untere Fläche der Vordereisen*).

Ist man im Winter genöthigt, den Hintereisen Griffe zu geben, so versteht es sich von selbst, daß man diese nicht vorwärts, sondern etwas schräg nach rückwärts stellt. In allem Uebrigen verweise ich auf das, was ich über den regelmäßigen Beschlag gesagt habe.

3. Streichen.

Von einem Pferde, welches bei der Bewegung mit dem einen Fuße den nebenstehenden Fuß wiederholt berührt und dadurch die berührten Stellen mehr oder weniger beschädigt, sagt man: „es streicht sich".

Die durch das Streichen entstandenen Verletzungen kommen an der inneren Seite des Fußes von der Krone bis zum Fesselgelenk, an den Vorderschenkeln oft sogar bis zum Knie hinauf, vor, und geben sich als haarlose oder wirklich durchgestoßene Hautstellen zu erkennen. Manche Pferde streichen sich mit allen, manche mit zwei Füßen; noch andere streichen sich nur mit einem Fuße.

Die Ursachen zum Streichen sind sehr mannigfach, sie liegen eben so oft im Beschlage, als im Gebrauche, der von den Pferden gemacht wird; in einigen Fällen wird es durch fehlerhafte Schenkelstellung noch mehr begünstigt. Der Beschlag wird zur Ursache, wenn die Hufe zu lang bleiben, wenn sie schief gelassen werden oder schief gemacht worden sind; ebenso befördern zu schwere und zu weite Eisen oder vorstehende Stollen und Nieten das Streichen.

Viel häufiger aber, als man im Allgemeinen glaubt, liegt die Ursache zum Streichen in dem Gebrauche, welcher von den Pferden gemacht wird, und namentlich in der Art und Weise, wie dieselben gespannt und geführt werden. Es ist nämlich Thatsache, daß die sogenannten Luxuspferde und besonders solche, welche im zweispännigen Kutschdienste gebraucht werden, sich verhältnißmäßig viel häufiger streichen, als z. B. Droschkenpferde, obgleich in der Regel zu erstge-

---

*) Wenn sich die Pferde an die Stollen schlagen, so mag man diese nur wegnehmen.

nanntem Dienste viel bessere und regelmäßiger gebaute Pferde gewählt werden, als dies zum Droschkendienste oder zu anderen Arbeitsleistungen der Fall ist. Der Grund zum Streichen liegt bei den Kutschpferden nun darin, daß sie in Folge des kurzen Spannens durch die Widerhalter mit dem Vordertheil zu sehr nach der Deichsel gezogen werden, so daß sie förmlich schief vor dem Wagen zu stehen kommen und in dieser schiefen Stellung doch geradeaus laufen müssen. Oft sind bei ihnen auch die inneren Zügel kürzer geschnallt, als die äußeren, so daß den Pferden die Köpfe nahe zusammengestellt werden. Ein Pferd vermag aber nur dann seine Schenkel regelmäßig zu bewegen, wenn sein Oberkörper nebst Hals und Kopf genau in derselben Richtung steht, in welcher es laufen soll. Dies gilt vom Wagenpferde ebenso, als vom Reitpferde. Als Uneingeweihter in die Geheimnisse der Fahr= und Reitkunst kommt es mir nicht bei, beurtheilen zu wollen, welchen wahren oder eingebildeten Zweck eine schiefe Stellung und Führung des Pferdes überhaupt hat; mir sind diese Stellungen eben nur als eine häufige Ursache zum Streichen bekannt.

Außerdem kann der Gebrauch Ursache zum Streichen werden, wenn man die Pferde bis zur vollständigen Ermüdung und Entkräftung im schnellen Dienst verwendet, oder wenn Ernährung, Jugend und Alter der Thiere zu der von ihnen zu leistenden Arbeit im Mißverhältniß stehen.

Von den fehlerhaften Schenkelstellungen, welche das Streichen veranlassen oder begünstigen können, sind es vorzüglich diejenigen, bei denen die Schenkel nach innen oder außen von der geraden Linie abweichen, wie dies bei der kuhbeinigen, französischen und Zeheneinwärtsstellung besonders der Fall ist.

Alles, was man zur Beseitigung des Streichens unternimmt, muß mit Rücksicht auf die jedem einzelnen Falle zu Grunde liegenden Ursachen unternommen werden; es kann wirklich nichts Verkehrteres geben, als jedes sich streichende Pferd mit sogenannten Streicheisen*) zu beschlagen. Ist ein fehlerhafter Beschlag als Ursache anzusehen, so ist solcher in einen regelmäßigen Beschlag umzuwandeln. (S. d.)

---

*) Eisen, welche auf der äußeren Seite einen kleinen Stollen haben und auf der inneren Seite in einen schmalen, hohen Rand auslaufen.

Gegen das Streichen, welches durch schiefe Stellungen der Pferde vor dem Wagen und unter dem Reiter, durch Widerhalter, Zügel und Schenkel hervorgebracht wird, wird der Beschlagschmied sich so lange vergeblich abmühen, bis nach jahrelanger Uebung sich mitunter die Pferde an solche künstliche Stellungen und Gänge gewöhnt haben, und dann ist der Schmied in Bezug auf das Streichen überhaupt überflüssig.

Gegen das Streichen, welches durch übermäßige Anstrengung, durch unverhältnißmäßige Arbeit, durch zu große Jugend oder zu hohes Alter, oder durch zu geringe Ernährung und dadurch herbeigeführte Entkräftung veranlaßt wird, giebt es keinen Beschlag; die etwaige Abhülfe ergiebt sich hier aus den Ursachen selber, insofern dieselben nämlich zu beseitigen sind oder nicht.

Fehlerhafte, das Streichen veranlassende Schenkelstellungen haben oft ihren Entstehungsgrund schiefen Hufen mit fehlerhaften Beschlägen zu verdanken. Durch Verbesserung der Hufe und des Beschläges, durch Erzielung einer gleichmäßigen Eisenabnutzung wirkt man in solchen Fällen verbessernd auf den Gang und beseitigt auf diese Weise das Streichen.

Je einfacher, leichter und sauberer man überhaupt und ganz besonders bei dem Streichen beschlägt, um so seltener wird der Beschlag als Ursache zum Streichen angesehen werden können.

Findet das Streichen nur mit einem Fuße statt, so ist die Ursache dazu weit öfter in dem Fuße, welcher gestrichen wird als in dem Fuße, welcher streicht, zu suchen.

Zusatz. Bei sich streichenden Pferden ist zunächst die Stelle zu ermitteln, mit welcher das Pferd streicht. Der aufmerksame Beschlagschmied erkennt dies am Eisen, am Hufe, oder bei der Beobachtung des Thieres im Gange. Bei dem nachfolgend abzuändernden Beschlage ist es, neben entsprechender Regelung ungleich hoher Wände Hauptsache, das Eisen an der streichenden Stelle so aufzulegen, daß der Huf etwas übersteht; man schmiedet oder feilt das Eisen dort schmäler und richtet es genügend enger, dafür muß es aber in den meisten Fällen auch höher werden.

In Folge dessen sind die Nägel dort wegzulassen und dafür an anderer Stelle anzubringen. Hierdurch wird das Eisen zum Streicheisen; dasselbe darf daher nicht immer nur die von Hartmann angegebene Form zeigen, sondern muß für jeden einzelnen Fall besonders geformt und gefertigt sein. Im äußersten Falle finden gut construirte sog. Streichleder von Zeug, Leder oder Gummi zweckmäßige Verwendung. R.

Anhang.

1. Ueber den Beschlag des Reh- oder Knollhufes.

Wenn ich der besseren Uebersicht wegen die verschiedenen Hufkrankheiten nach ihren wesentlichsten Erscheinungen in gewisse Abtheilungen brachte, so war dies bei dem Rehhufe aus dem Grunde nicht möglich, da bei ihm so mannigfache Abweichungen vorkommen, daß er eigentlich gleichmäßig gut in alle von mir aufgestellten Abtheilungen gepaßt hätte. Die Form desselben ist in der Regel ebenso fehlerhaft, als das Horn und die von ihm bedeckten Weichtheile krank sind.

Der Rehhuf ist das Produkt einer, gewöhnlich nur den vorderen Theil, höchstens die vordere Hälfte der Fleischwand betreffenden Entzündung der hornerzeugenden Gebilde.

Ohne mich weiter über das Wesen dieser Krankheit, noch über die Ursachen derselben, über welche Dinge man, beiläufig gesagt, noch nicht so im Klaren ist, als es gewünscht werden könnte, zu verbreiten (da sich für solche Betrachtungen wohl ein geeigneterer Platz finden dürfte), will ich hier nur dasjenige näher erwähnen, was für den Beschlag der Rehhufe zu wissen nöthig ist, und dies betrifft hauptsächlich die verschiedenen Formen derselben.

Zwischen den leichtesten Graden des Rehhufes mit fast unmerklichen, geringen Graden des Flachhufes ähnlichen Formveränderungen, und den mit dicker, knollig aufgeworfener Zehe vorkommenden (Knollhufen), giebt es so viele Zwischenformen, daß es für unsere Zwecke viel zu weit führen würde, sie alle einzeln speciell zu beschreiben.

Für den Beschlagschmied, welcher den Beschlag gesunder Hufe und die außer dem Rehhufe am Hufe vorkommenden und in das Bereich des Hufbeschlages gehörenden Fußkrankheiten kennt, kommt es übrigens auch gar nicht darauf an, welche besondere Form der oder jener zum Beschlag gebrachte Rehhuf hat, er wird den Huf immer nur dort verkürzen, wo er zu lang, dort niederschneiden, wo er zu hoch und dort durch einen entsprechenden Beschlag schützen, wo er des Schutzes bedürftig ist. Der äußere Umkreis der Hornsohle giebt ihm den Maaßstab für die Zubereitung, und die Beschaffenheit der Sohle zeigt ihm das Schutzbedürfniß derselben.

In dem einen Falle wird sich daher ein ganz gewöhnliches, nur als künstlicher Tragrand zu betrachtendes Eisen eignen, während in dem anderen Falle, wo die Sohle weniger in Folge der ursächlichen Krankheit als in Folge eigenthümlicher Behandlungsmethoden durch das sehr beliebte Verdünnen oder Durchschneiden gelitten hat, ein mehr oder weniger als Verbandeisen sich gestaltendes Hufeisen zur Anwendung kommen muß. In einem dritten Falle, wo vielleicht der Strahl der einzige einigermaßen gesunde und zur Auflage eines Eisens taugliche Theil am Rehhufe wäre, wird ein geschlossenes Eisen, dem man die sonstigen, für die besondere Form und Beschaffenheit des Hufes nöthigen Eigenschaften giebt, ein sehr gutes Hufeisen für einen Rehhuf sein.

Seit einiger Zeit bessere ich auch die Rehhufe mit der künstlichen Defahs'schen Hornmasse da aus, wo sie auszubessern sind.

2. Verbandeisen.

Bei der Behandlung von Erkrankungen der unteren Fußfläche, sei es, daß sie von Verletzung durch Nageltritte, Quetschungen der Fleischsohle ꝛc. ꝛc. oder von sonstigen Ursachen herrühren, hängt der Erfolg der Behandlung häufig von einem guten Verbande ab. Der Zweck eines solchen Verbandes kann verschieden sein; entweder will man durch denselben die Wunde vor Schmutz und neuen Verletzungen schützen oder Medicamente darauf festhalten, oder man findet es auch für nöthig, einen Druck auf hervorquellende Weichtheile ꝛc. auszuüben.

Da nun ein Verband im gewöhnlichen Sinne (d. h. durch Bandagen in den meisten Fällen am Hufe das nicht leistet, was man von ihm fordert, und das Anlegen desselben auch oft mit vielen Schwierigkeiten verbunden ist, so wendet man hier in der Regel ein sogenanntes Verband eisen (Deckeleisen) an.

Die Construction solcher Verbandeisen ist sehr verschieden ausgefallen; größtentheils entsprechen sie aber nicht vollständig dem Zweck, da sie nicht alle Ansprüche erfüllen, die man an sie stellen muß.

Diese Ansprüche sind folgende:

1. Das Verbandeisen muß leicht sein, um den kranken Huf nicht unnöthig zu belasten, und sich mit wenigen und feinen Nägeln befestigen lassen.
2. Es muß möglichst schmal gehalten werden, damit bei der weiteren Behandlung der vorhandenen Verwundung ꝛc. die Breite des Eisens nicht störend wird.
3. Der Deckel muß sich bequem abnehmen und wieder befestigen lassen.
4. Man muß durch den Deckel einen beliebigen Druck ausüben können.

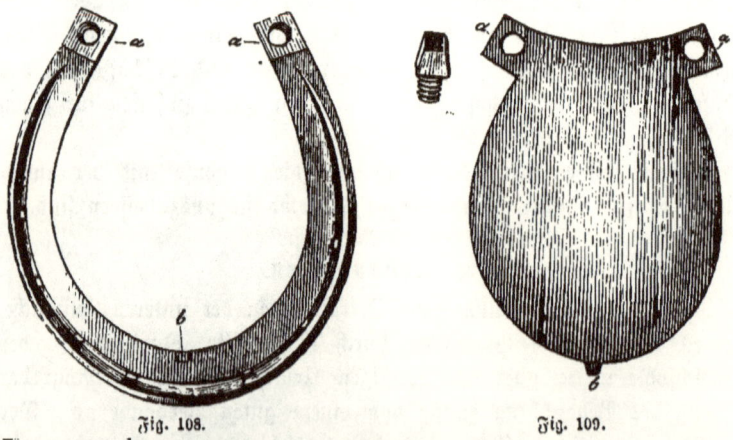

Fig. 108.   Fig. 109.

Fig. 108. Zum Verbandeisen eingerichtetes Hufeisen. a zur Aufnahme des Deckelvorsprunges zubereitete und mit Schraubenlöchern versehene Stollenenden. b im inneren Rande befindliches Loch zur Aufnahme des Deckelstiftes.

Fig. 109. Zum Verbandeisen gehörender Deckel nebst Schraubstollen a mit einem Loche versehener Vorsprung des Deckels, welcher auf die Stollenenden des Hufeisens greift b Stift des Deckels, welcher in das Loch am Zehentheile des Hufeisens (Fig. 108) eingreift.

Griffe sind für Verbandeisen ebenso unzweckmäßig, wie die Befestigung des Deckels mittelst feiner Schräubchen (sogenannter Holzschräubchen), welche sich schon bei dem ersten Gebrauche abbrechen oder sonst unbrauchbar werden und im Stalle leicht verloren gehen können; einen Druck kann man hiermit niemals in geeigneter Weise ausüben.

Da ich von dem von mir construirten Verbandeisen glaube, daß es den Ansprüchen genügt, welche man an dasselbe stellen kann und sich auch von mancher Seite her viel Beifall erworben hat, so gebe ich von demselben hier eine kurze Beschreibung, die, wie ich hoffe, durch die Abbildungen Fig. 108, 109 und 110 in einer so genügenden Weise verständlich werden wird, daß der Praktiker sich darnach unschwer in geeigneten Fällen das Nöthige selbst anfertigen lassen kann

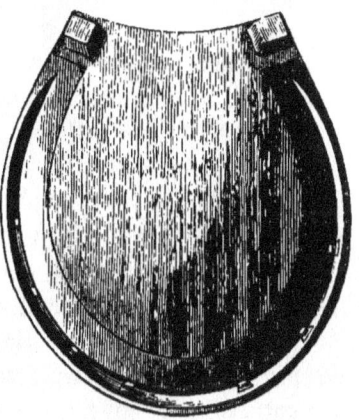

Fig. 110.

Dieses Verbandeisen hat in seinem ganzen Umkreise in Bezug auf Flächen, Löcher ꝛc. ganz die Eigenschaften, welche eigentlich jedes Hufeisen haben muß und welche bereits ausführlich beschrieben sind. Es ist nur aus den oben angegebenen Gründen ganz besonders leicht und schmal, und hat im inneren Rande und zwar in der Mitte des Zehentheils ein Loch, welches zur Aufnahme des am Deckel befindlichen Stiftes bestimmt ist. An den Stollenenden ist es ein Schraubstolleneisen, und damit durch Deckel und Stollen keine nachtheilige Erhöhung der hinteren Hufparthie hervorgebracht wird, ist dort der Deckel um seine Dicke eingelassen und die kleinen Schraubstollen sind eben nur so hoch, um angeschraubt werden zu können.

Wie, unter welchen Umständen und zu welchem Zwecke man dieses Verbandeisen anwenden will, muß selbstverständlich Jedem überlassen bleiben.

Zusatz. Mit Rücksicht auf das angeführte Verbandeisen will ich noch hinzufügen, daß der innere Rand des Eisens von der Boden- nach der Huffläche

---

Fig. 110. Verbandeisen, auf welches der Deckel eingepaßt und durch die Schraubstollen befestigt ist.

abgeschrägt (verbrochen) und der äußere Rand des Deckels dem entsprechend so
gefeilt sein muß, daß, wenn der letztere eingefügt ist, er in seinem ganzen Um=
fange auf dem Eisen aufliegt. Ist der Deckel blos in den inneren Ausschnitt
des Eisens eingepaßt, so hat er seine Stützpunkte nur an dem Schenkelende jeder
Seite und in der Zehe und drückt sich deshalb leicht durch. Soll das Pferd
mit dem Verbandeisen arbeiten, so macht sich meist ein Schutz des Deckels durch
Griff und Stollen nöthig. Ein sehr einfacher und in vielen Fällen genügender,
ist der sogenannte Spahnverband. Man schiebt abgeschärfte Spähne in der Längs=
richtung zwischen Huf und Eisen und befestigt dieselben durch einen, unter die
Schenkelenden gesteckten Querspahn.

Außerdem benutzt man Leder= oder Gummisohlen als Verbandmittel. Die
Patent=Unterlagen von Downie und Harris sollen die Prellungen beim Auf=
tritt mindern und gleichzeitig dem Ausgleiten entgegenwirken. R.

3. Notheisen.

Es kommt nicht so selten vor, daß Hufeisen auf Reisen, bei Ma=
növern ꝛc. verloren gehen, und es dem Fahrenden oder Reiter (bei
der Unmöglichkeit das verloren gegangene Eisen durch einen Beschlag=
schmied sofort erneuern zu lassen) wegen der Hufbeschaffenheit des
Pferdes oder wegen der Beschaffenheit der Wege ꝛc. doch daran ge=
legen ist, das Eisen möglichst bald zu ersetzen.

Die zu diesem Zwecke construirten und von dem betreffenden
Pferdeinhabern mit sich geführten Hufeisen heißen Notheisen. Die=
selben müssen so beschaffen sein, daß sie sich ohne Hufnägel, leicht
und von Jedermann an den betreffenden Hufen befestigen lassen kön=
nen und denselben für einige Zeit einen genügenden und vorläufigen
Schutz gewähren.

Von solchen Notheisen sind viele erfunden, viele sogar patentirt
worden; aber nicht alle haben diejenigen Eigenschaften, die man für
den genannten Zweck fordern muß. Die meisten dieser Notheisen sind
entweder sehr umständlich oder ungenügend zu befestigen oder beschä=
digen auch wohl den schutzbedürftigen Huf noch mehr, als dies ohne
Eisen geschehen würde. Sie machen Menschen und Pferden viel eher
Noth, als daß sie denselben aus der Noth helfen.

Die beste derartige Erfindung, die ich kenne, ist unstreitig der
in London sehr gebräuchliche Nothschuh, ein Charniereisen, mit dar=
auf festgenietetem Lederschuh, zum Anschnallen an den Huf.

Die Abbildung Fig. 111 dürfte eine weitere Beschreibung über Anfertigung und Anwendung dieses Nothschuhes überflüssig machen.

Fig. 111.

Daß das dazu verwendete Leder stark, aber zu gleicher Zeit sehr biegsam sein muß, versteht sich eigentlich von selbst.

4. Die Ausbesserung der Pferdehufe durch das Defays'sche künstliche Horn.

Herr Prof. Defays in Brüssel (hat in einem Aufsatze „über die künstliche Aufbesserung des Pferdehufes" (Annales de méd. vét. Janvier 1861. S. 20) ein Mittel veröffentlicht, welches die Aufmerksamkeit der Beschlagschmiede und Thierärzte in so hohem Grade verdient, daß ich es für meine Pflicht halte, dasselbe hier nicht mit Stillschweigen zu übergehen. Die Betheiligten sind dem Herrn Defays für die Veröffentlichung seines Mittels zum größten Danke verpflichtet, um so mehr, da wahrscheinlich viele, wie auch ich selbst, vergeblich nach einem Mittel gesucht haben, das sich zur Ausbesserung des Pferdehufes eignet.

Im Eingange seines Aufsatzes sagt Defays: „Die Lücken und zufälligen Trennungen, welche man so oft am Pferdehufe antrifft, sind nicht allein fürs Auge unangenehm, sondern auch für die Haltbarkeit des Beschlages und für die Dienstleistungen des Pferdes schädlich. Der Gedanke, diese Fehler durch die Anwendung einer formbaren (plastischen) Masse, welche die Eigenschaften des Hornes

---

Fig. 111. Nothschuh. a Charnier des Hufeisens desselben.

hat, zu verbergen und zu verbessern war der Grund, daß man Forschungen anstellte, die indeß bis jetzt fast ohne Erfolg geblieben sind. Dieses negative Resultat erklärt sich durch die Schwierigkeit eine Substanz zu finden, welche alle die zu diesem Zwecke nothwendigen Eigenschaften mit einander verbindet. Diese Masse muß nämlich die **Festigkeit des Hornes** haben, damit sie ohne zu spalten das Einschlagen der Nägel verträgt; sie muß sich **leicht erweichen**, damit sie sich an den Flächen, mit welchen man sie in Berührung bringt, leicht formen läßt: sie muß **unlöslich im Wasser** sein, damit sie sich nicht verändert, wenn die Füße der Feuchtigkeit ausgesetzt sind, und endlich muß sie sich so mit dem Hufe **verbinden (verlöthen) lassen**, daß sie gleichsam eine einzige Masse mit ihm ausmacht."

Herr Defays glaubte (wie viele Thierärzte und ich selbst) dies Mittel im Gutta-Percha gefunden zu haben, sah sich aber (wie wohl die Meisten, die hiermit Versuche anstellten) getäuscht. Nach einigen vergeblichen Versuchen mit Mischungen von Gutta-Percha und anderen Mitteln, war ihm von Herrn Lambotte das Ammoniak-Gummi als ein Mittel empfohlen worden, das mit Gutta-Percha vermischt die gewünschten Eigenschaften darbieten dürfte. Die Versuche, die er mit dieser Mischung machte, fielen sehr günstig aus. Die Vorschrift, die er zu derselben giebt, ist folgende:

„Das Gutta-Percha wird in warmem Wasser erweicht und dann in haselnußgroße Stücke zertheilt; dann vermischt man dieselben mit halb so viel (an Gewicht) grobgestoßenem Ammoniakgummi und läßt alles in einem Geschirre von verzinntem Eisenbleche über einem gelinden Feuer schmelzen, indem man die Masse sorgfältig umrührt, bis sie sich gleichmäßig vermischt und die Farbe und das Ansehen der Chocolade angenommen hat."*)

Ich glaube nicht erst versichern zu dürfen, daß ich nach Kenntnißnahme des von dem von mir so hochgeschätzten Herrn Prof. Defays Veröffentlichten sofort Versuche mit der Masse, die ich als künst-

---

*) Nach Defays Berechnung kommt das Kilogramm dieser Mischung auf ungefähr 5 Franken zu stehen; nach dieser Berechnung würde das Pfund etwa 2 Mark kosten.

liches Horn bezeichnen will, vornahm. Wenn allerdings die Zeit, in der ich das Mittel kenne, auch nur kurz ist — es sind etwa 5 Monate — so brachte ich dasselbe doch in einem so großen Umfange und unter so verschiedenen Verhältnissen zur Anwendung, daß ich mir jetzt schon zutraue, ein Urtheil über dasselbe zu haben.

Ich kann nur versichern, daß die Resultate, die ich größtentheils schon bei den ersten Versuchen erhielt, über Erwarten günstig ausfielen; und wo dies nicht der Fall war, stellte sich jedesmal ein Versehen, entweder in der Zubereitung oder in der Anwendung heraus.

Nach meinen bis jetzt gemachten Erfahrungen ist die Anwendung des künstlichen Hornes unter folgenden Umständen zu empfehlen.

1. Bei zu niedriger Wand, besonders zu niedriger Trachtenwand.
2. Bei schiefen Hufen, Flachhufen, Vollhufen, Rehhufen.

In allen diesen Fällen kann man mit dem künstlichen Horn einmal die Wand in Wirklichkeit erhöhen, anderseits aber auch ausgebrochene Stücke an derselben ersetzen.

3. Bei den verschiedenen Arten von Hornspalten.

Hier dient das künstliche Horn nicht allein dazu, um dieselben zu verschließen, sondern hauptsächlich auch, um die getrennten Hornfasern dauernd zu verbinden und ein ferneres Einreißen des sich nachschiebenden Hornes zu verhüten.

4. Bei Trennungen in der weißen Linie (hohlen Wand); bei diesen versteht es sich von selbst, daß sie trocken und nicht eitrig etc. sein dürfen.

5. Bei zu kleinem vertrockneten Strahle, um denselben so viel zu erhöhen, daß er dem Drucke des Erdbodens ausgesetzt werden kann.

Da ich durch Zufall in den Besitz von zwei verschiedenen Mischungen von Gutta=Percha und Amoniakgummi gekommen war, und beide unter gewissen Umständen anwendete, so wurde mir bald klar, das es überhaupt nicht allein vortheilhaft, sondern sogar nothwendig ist, um allen Zwecken gleichmäßig gut zu genügen, sich zwei verschieden harter Mischungen zu bedienen.

Die eine ist genau nach Defays Vorschrift gemacht und besteht, wie oben ersichtlich ist, aus zwei Theilen Gutta=Percha und einem Theil Ammoniakgummi; diese ist die weichere. Die andere besteht aus gleichen Theilen dieser Mittel und ist härter.

Wo es sich nun darum handelt, namentlich in kälteren Tagen ein mehr zähes Bindemittel zu haben, wie z. B. bei Hornspalten, ziehe ich die weichere Mischung vor, wo aber Erhöhung der Wand beabsichtigt wird, verwende ich die härtere.

Die Anwendung des künstlichen Hornes ist sehr leicht. Man trägt die geschmolzene Masse mittelst eines hölzernen Spatels auf die Stelle, die ausgefüllt oder erhöht werden soll auf und formirt sie dann mit einem eigens dazu gefertigten mäßig warmen Eisen, wie man es grade für zweckmäßig hält.

Doch sind vor der Anwendung gewisse Vorsichtsmaßregeln nicht zu versäumen; von ihrer Beobachtung kann der ganze Erfolg des Mittels abhängig sein.

Die Hauptsache bei dem Auftragen des künstlichen Hornes ist, wie auch Defays schon sehr richtig bemerkt, daß diejenige Stelle am Hufe, wo man die Masse anwenden will, nicht im Geringsten fettig sein darf.

Da nun eine ganz kleine Menge Fett, die man mit dem bloßen Auge öfter gar nicht wahrnimmt, schon hinreicht, den Erfolg in Frage zu stellen, so bediene ich mich zur völligen Beseitigung des Fettes des Schwefeläthers, indem ich die betreffende Stelle mit einem vorher mit Aether befeuchteten Wergbausch tüchtig abreibe.

Eine zweite Vorsichtsmaßregel, die ich hier anführen will, ist die, daß man, da durch das öftere Schmelzen ein und derselben Masse die guten Eigenschaften derselben allmälig verloren gehen, nie mehr von der Masse (die ich in Stangenform vorräthig halte) verwendet und über Kohlen schmilzt, als eben verbraucht werden soll.

Das sich bei aufmerksamer Anwendung das Defays'sche künstliche Horn viele Freunde erwerben wird, bezweifle ich nicht, und da voraussichtlich diese Freunde der intelligentere Theil der Beschlag=schmiede und Thierärzte sein wird, so steht zu erwarten, daß durch das Mittel noch manches erreicht werden wird, woran man für den Augenblick nicht denkt. Wenn nach unaufmerksamer und ungeschickter

Anwendung der Erfolg nicht so sein sollte, als es erwartet wurde, und wie es dann in dergleichen Fällen gewöhnlich zu geschehen pflegt, der schlechte Erfolg auf Rechnung des Mittels und nicht auf die Fahrlässigkeit der Menschen gesetzt wird, so muß sich Herr Defays durch solche nicht beirren lassen in seinem rühmlichen, dem Hufbeschlage zugewendeten Eifer fortzufahren. Bis jetzt ist sein Mittel wenigstens das Beste, was man zur Reparatur und zum Ersatze des Hufhornes verwenden kann, und wir sind, wie gesagt, Herrn Defays für die Veröffentlichung desselben allen Dank schuldig.

---

5. Einige Worte über den Einfluß, welchen Pferdebesitzer und Kutscher auf den Hufbeschlag ausüben.

Beim Schlusse unserer Schrift halte ich es für nicht überflüssig, im Interesse des Hufbeschlages auf einen Punkt aufmerksam zu machen, der in der Regel mit Stillschweigen übergangen, oder nur so ganz beiläufig erwähnt wird, und der nichtsdestoweniger eine größere Bedeutung für den Hufbeschlag hat, als man im Allgemeinen glauben sollte. Es ist dies das Verhältniß der Pferdebesitzer und Kutscher zum Hufbeschlage oder besser gesagt, zum Beschlagschmiede.

Ich will nicht verkennen, daß einzelne Pferdebesitzer durch ihre Kenntnisse, welche sie sich aus Neigung überhaupt, oder aus Liebe zu ihren Pferden, im Hufbeschlage erworben haben, höchst vortheilhaft auf solche Schmiede, mit denen sie der Pferde wegen eben verkehren, eingewirkt haben und ich könnte in dieser Beziehung die rühmlichsten Beispiele anführen.*) Umgekehrt ist es aber auch That=

---

*) Ich kann nicht unterlassen, hier den Herrn Grafen von Einsiedel-Reibersdorf namentlich aufzuführen. Derselbe ist unausgesetzt bemüht, durch Wort, Schrift und That den Hufbeschlag auf eine immer höhere Stufe zu bringen, so daß er in dieser Beziehung den Dank der Betheiligten in hohem Grade verdient.

Zusatz. Ich pflichte dem Vorhergesagten um so freudiger bei, als ich gerade in der letzteren Zeit Gelegenheit gehabt habe, das rastlose, uneigennützige Bemühen des Herrn Grafen, um Hebung und Förderung des Hufbeschlages zu beobachten. Es ist gewiß der innigste Herzenswunsch eines jeden Betheiligten, daß alle Pferdebesitzer, Alle, welche Interesse für Ausübung eines rationellen sache, daß Pferdebesitzer oft nur eingebildete Kenntnisse in dieser Hinsicht besitzen*) und solche dann besseren Beschlagschmieden gegenüber zur Geltung bringen wollen und wirklich zu bringen wissen. Hieraus erwächst nicht allein ein eigener Nachtheil, sondern ein Nachtheil für den Hufbeschlag überhaupt. Unter den Schmieden, und namentlich auf dem Lande, giebt es nur wenige, welche im Stande wären, irrigen Ansichten im Hufbeschlage, Besitzern gegenüber, entschieden entgegen zu treten; einmal weil es manche selbst nicht besser wissen, hauptsächlich aber, weil sie in zu großer Abhängigkeit von denselben leben. Aus Furcht vor Ungnade, d. h. Entziehung der Kundschaft, oder aus sonstigen Rücksichten glaubt der Schmied nicht widersprechen und seine besseren Kenntnisse zur Geltung bringen zu dürfen.

Es ist mein innigster Wunsch, daß recht viele Pferdebesitzer ein Interesse an dem Beschlage ihrer Pferde nehmen möchten, und daß sich jeder so viel Kenntnisse von der Sache anzueignen suchte, um einen Beschlag beurtheilen, namentlich einen guten von einem schlechten Beschlage unterscheiden zu können. Zu diesem Zwecke genügen aber nicht einige allgemeine Redensarten, sondern wirkliche Kenntnisse. Man muß den Beweis seines besseren Wissens auch führen können. Ein Pferdebesitzer aber, welchem es nicht um eine bloße

Hufbeschlages haben müssen, diesem Vorbilde nachstreben möchten, um auf diese Weise die Wunde zu heilen, welche durch Einführung des norddeutschen Bundes-Gewerbegesetzes, nach Aufhebung des obligatorischen Prüfungszwanges dem Hufbeschlage auf so empfindliche Weise geschlagen wurde. R.

*) Der Pferdebesitzer kennt in der Regel nur einen Beschlagsfehler und dieser ist das „Vernageln". Andere durch den Beschlag hervorgebrachte Hufkrankheiten werden dem Schmiede nicht angerechnet; wenn er nicht oft vernagelt, so gilt er für einen tüchtigen Beschlagschmied, und wenn auch alle Pferde an kranken Hufen zu Grunde gehen. Was kann der Besitzer ohne Sachverständiger zu sein, auch von Formveränderungen der Hufe wissen? was kann er wissen, welchen Einfluß dieselben auf die im Hufe eingeschlossenen Theile ausüben? Was weiß der Besitzer von fehlerhafter Hornbeschaffenheit, und woher weiß er, daß diese größtentheils durch Beschlagsfehler hervorgebracht wird? — Alle diese Dinge kennt er nicht, kümmert sich auch nicht weiter darum; ihm ist es genug, zu wissen, daß ein Pferd vernagelt werden kann.

Wenn das Vernageln der einzige oder nur der hauptsächlichste Beschlagsfehler wäre, so stände es sehr gut um den Hufbeschlag.

Rechthaberei, sondern um den wirklichen Beweis zu thun ist, wird es sich auch sehr gern gefallen lassen, und wird sich nur freuen, wenn ihm sein Schmied den Beweis eines besseren Wissens giebt. Demnach wird es also ganz auf die Einsicht des Pferdebesitzers ankommen, ob der Einfluß, welchen er auf den Hufbeschlag ausübt und ausüben kann, ein wohlthätiger oder ein nachtheiliger sein soll. Besser dürfte es jedenfalls sein, wenn die, welche sich mit dem Beschlage beschäftigen, sämmtlich so viel gelernt hätten, um keiner Beaufsichtigung zu bedürfen, so daß ihnen jedes Pferd ohne Bedenken übergeben werden könnte. Dem ist nun aber leider im Allgemeinen nicht so, und es ist nur zu viel Grund vorhanden, zu wünschen, daß die Beaufsichtigung zum wirklichen Nutzen und nicht zum Nachtheile ausgeübt werde.

Ganz anders verhält es sich in der Regel mit dem Einflusse, welchen der Kutscher auf den Beschlag ausübt; es fällt dieser fast durchgängig zum Nachtheile der Pferde und somit zum Nachtheile des Besitzers aus. Nur wenige Kutscher haben einen schwachen Begriff vom Hufbeschlage, aber die meisten bilden sich ein, ungeheuere Kenntnisse von der Sache zu besitzen; kaum daß er gelernt hat, auf dem Bocke zu sitzen, mit der Peitsche zu wedeln und nothdürftig ein Pferdefell auszubürsten, so spricht er klug über Hufbeschlag und weiß sich dem Schmiede gegenüber ein solches Ansehen zu geben, daß dieser denselben oft mehr fürchtet, als den Besitzer selbst. Alle Beschlagshandlungen müssen nach seiner Vorschrift ausgeführt werden, selbst wenn diese noch so widersinnig ist. Für diese Folgsamkeit ist aber auch der Kutscher dankbar und sucht, natürlich für ein entsprechendes Trinkgeld, die Ursache des Lahmgehens seiner Pferde auf etwas ganz anderes, als auf den nach seiner Vorschrift ausgeführten schlechten Beschlag zu schieben. Wehe aber dem Schmiede, welcher in dieser Beziehung knauserig ist, er muß an Allem schuld sein, und es bleibt dem Besitzer, um des lieben Friedens willen, nichts weiter übrig, als sich von seinem Kutscher einen klügeren und geschickteren Schmied vorschlagen zu lassen.

Der ungeschickte Beschlagschmied kann unter solchen Lehrmeistern nicht besser werden, und dem tüchtigen Beschlagschmied bleibt die Wahl entweder die Kundschaft zu verlieren, oder der Handlanger der Kutscher zu werden. Schlimm bleibt es freilich, daß oft gewissenlose Schmiede sich die Bestechlichkeit mancher Kutscher zu Nutzen machen; förmliche Contracte werden in dieser Beziehung geschlossen und der Besitzer zahlt, ohne sein Wissen, beide. Die Kutscher sind dann allerdings „vor der rechten Schmiede", ob es aber die Pferde sind und ob es die Besitzer sind, das lasse ich freilich dahingestellt.

6. Ueber den Beschlag anderer Thiere.

Es ist sehr gebräuchlich, in Büchern, welche den Hufbeschlag des Pferdes zum Gegenstande haben, auch mehr oder weniger ausführlich den Beschlag des Esel- und Maulthierhufes und den der Ochsenklaue zu beschreiben.

Nach meiner Ansicht sind die Hufe des Esels und Maulthieres eben Hufe, welche ebenso als die Hufe der Pferde unter Umständen

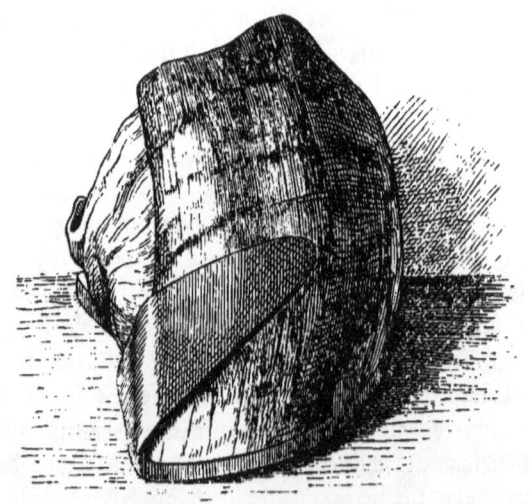

Fig. 112.

schutzbedürftig werden können, und daher ganz nach den Regeln des Hufbeschlages zu schützen sind. Daß die Größe und Form und etwaige Krankheitszustände bei diesen Hufen beim Beschlagen ebenso berücksichtigt werden müssen, wie beim Pferde, versteht sich von selbst.

Fig. 112. Beschlagene Rindsklaue.

Nicht viel anders verhält es sich mit der zwar in Form und Bau vom Pferdehufe abweichenden Ochsenklaue. Die Bedingungen, welche wir durch den Beschlag dieser zu erfüllen haben, bleiben aber immer die Bedingungen des Hufbeschlages, d. h. Schutz des Trage=randes und Berücksichtigung des Mechanismus des Fußes. Da nun die Ochsenklaue aus zwei nicht verbundenen Theilen besteht, so darf natürlich auch nicht ein einziges Eisen für beide, sondern für jede Klaue ein besonderes Eisen zur Verwendung kommen.

Uebrigens bin ich der festen Ueberzeugung, daß, wer die Hufe der Pferde naturgemäß und zweckdienlich zu beschlagen versteht, auch die Ochsenklaue mit allen ihren Abweichungen zu schützen wissen wird.

Zusatz. Das Eisen für die Rindsklaue muß mit Rücksicht auf die flache, dünne Sohle und die niedrigen Ballen, breit, dafür aber etwas schwächer ge=halten werden. Da man die Befestigung jeder Eisenhälfte zweckmäßig nur an der äußeren Seite mittelst feiner, kurzer Nägel und diese nur seicht geschlagen vornehmen kann, so muß im Zehentheil der, dem Spalte anliegenden Seite des Eisens ein hoher schwacher Aufzug (sogen. Feder), aufgezogen und nach rückwärts über die Klauenspitze angelegt werden; eine kleine Kappe an der äußeren Seite erhöht die Haltbarkeit.

Große Schwierigkeiten bereitet oft das Aufhalten der Füße. Es ist nöthig, die Thiere mit dem Kopfe an einem Baum oder an einer Wand gut zu be=festigen. Der Vorderfuß wird mit einem Bande angeschleift und dieses über den Widerrüst gezogen, auf der anderen Seite gehalten. Der Hinterfuß wird durch einen, zwischen beide Schenkel gesteckten Baum ausgehoben, oder durch die über dem Sprunggelenk angebrachte Bremse gebeugt erhalten. Widersetzliche Thiere werden oft durch Anschlagen an den Grund der Hörner mittelst eines kurzen Stockes beruhigt. In Gegenden, wo viel Rinder zum Zuge verwendet und be=schlagen werden, benutzt man vielfach den Nothstall. R.

Verlag von **G. Schönfeld's** Verlagsbuchhandlung in Dresden.

Die Gesundheitspflege
der landwirthschaftlichen Haussäugethiere
mit besonderer Berücksichtigung ihrer Nutzleistung.
Von Dr. **G. C. Haubner,**
K. S. Medicinalrath, Professor an der K. S. Thierarzneischule u. Landesthierarzt.

Dritte neu bearbeitete Auflage.
gr. 8. eleg. geh. 42 Bogen. Preis 10 ℳ.

Ueber dies anerkannt beste Buch seiner Art sagt **Th. Adam** in der „Wochenschrift für Thierheilkunde und Viehzucht." 1865. Nr. 52" u. A.: „Wenngleich die Gesundheitspflege der Haussäugethiere vor Allem dem Landwirth und Thierzüchter obliegt, so kann sich doch auch der **Thierarzt** der Obsorge für die Gesundheitserhaltung dieser Thiere nicht entziehen, wenn anders er seinen Beruf ganz erfüllen und er auf die Bezeichnung eines wissenschaftlich gebildeten Veterinärs Anspruch machen will, um so mehr, als demselben ja auch zum Zwecke der Heilung von Krankheiten eine genaue Kenntniss der zuträglichen, sowie der schädlichen Einwirkungen, welchen die Hausthiere unter den verschiedenen Verhältnissen ausgesetzt sind, **geradezu unentbehrlich ist.**"

Handbuch der Veterinär-Polizei.
Zum Gebrauche für Behörden, Verwaltungs- und Veterinär-Beamte, Aerzte und Thierärzte, und zur Belehrung für Landwirthe und Viehbesitzer.

Von Dr. **G. C. Haubner,**
K. S. Medicinalrath, Prof. an der K. S. Thierarzneischule in Dresden und Landesthierarzt.

gr. 8. eleg. geheftet. Preis 7 ℳ.

Der Jahresbericht der gesammten Medicin, 1868, herausgegeben von Virchow und Hirsch, sagt Bd. I. S. 491: „Das von **Haubner** verfasste Handbuch der Veterinärpolizei ist die bei weitem gründlichste und vollständigste Arbeit, die über Veterinärpolizei überhaupt je erschienen ist."

Wochenblatt f. Thierheilkunde u. Viehzucht, 1869, Nr. 34: „Der Herr Verfasser ordnet — nach vorgängiger Einleitung über Zweck und Aufgabe der Veterinärpolizei, Obliegenheiten, Massregeln, Grundlagen, Bedürfniss, Geschichte und Literatur — das ganze Material in einen allgemeinen und in einen besonderen Theil. Der allgemeine Theil umfasst I. die Organisation des Veterinärwesens und zwar hinsichtlich der Behörden, Stellung und Wirkungskreis, Diensteseinkommen, Qualification der Veterinärbeamten; dann bezüglich des Studiums und der Ausübung der Thierheilkunde — thierärztliches Personal, Selbstdispensiren der Arznéien und Taxe der thierärztlichen Verrichtungen. — II. Allgemeines über Seuchen und ansteckende Krankheiten; allgemeine veterinärpolizeiliche Grundsätze und Regeln; Schutz-, Tilgungs- und Desinfectionsmassregeln. Der besondere Theil behandelt I. die

Verlag von **G. Schönfeld's** Verlagsbuchhandlung in Dresden.

Abwehr und Tilgung der einzelnen, allgemeingefährlichen Krankheiten und zwar: Rinderpest, Lungenseuche, Schafpocken, Maul- und Klauenseuche, die ansteckenden Krankheiten der Geschlechtsorgane, Milzbrand, Wuthkrankheit, Rotz und Wurm, Räude, bösartige Klauenseuche und im Anhange Influenza und Druse der Pferde. II. Beaufsichtigung und Prüfung der Zuchtthiere, Untersuchung des Schlachtviehes und Beaufsichtigung des Abdeckereibetriebes.

Der Herr Verfasser hat bei der Bearbeitung dieses Handbuches, gestützt auf langjährige und reiche Erfahrungen, an dem bis jetzt über Veterinärpolizei Vorhandenen strenge Kritik geübt; Einiges als nicht dahin gehörig ausgeschlossen. Anderes herbeigezogen und in Manchem die bisher daraufgelegte Bedeutung mehr oder weniger moderirt aufgefasst. Bei der Verschiedenartigkeit jedoch, welche hier und dort in den Anforderungen wie in der Handhabung der Veterinärpolizei durch längere Uebung etc. sich herausgebildet, können selbstverständlich in manchen Punkten auch hiervon abweichende Anschauungen ihre Berechtigung haben, ganz abgesehen davon, dass bis zur Zeit bei der Erlassung veterinärpoliceilicher Bestimmungen häufig den eigentlichen Thierärzten nur ausnahmsweise und in beschränkter Weise ein Einfluss gestattet war. Jedenfalls muss aber Herrn Haubner das Verdienst zuerkannt werden — vorurtheilsfrei — hauptsächlich solche Grundsätze für die Ausführung veterinärpolizeilicher Massnahmen aufgestellt und befürwortet zu haben, welchen die möglichst praktische Anwendbarkeit zur Seite steht, wodurch dieses Werk einen unbestreitbar hohen Werth besitzt und den früheren schätzbaren Arbeiten des Herrn Verfassers sich würdig anreiht. Die buchhändlerische Ausstattung ist vortrefflich.
Th. Adam.

Anleitung
zur
mikroskopischen u. chemischen Diagnostik
der Krankheiten der Hausthiere
für
Thierärzte und Landwirthe.
Bearbeitet von
Dr. O. Siedamgrotzky,   **Dr. V. Hofmeister,**
Professor   Chemiker der Versuchsstation
an der Königl. Thierarzneischule zu Dresden.
Mit 50 Original-Holzschnitten.
1876. gr. 8. eleg. geh. Preis 4 Mark.

Inhalt: Einleitung. — I. Allgemeines über die Anwendung des Mikroskopes. — II. Die häufigsten Verunreinigungen mikroskopischer Präparate. — III. Allgemeines zur chemischen Analyse. — IV. Blut. — V. Milch. — VI. Schleim. — VII. Harn. — VIII. Koth. — IX. Haut. — X. Eiter (Wundsecrete). — Anhang: Futter. — Wasser. — Fleisch. — Milch.

Verlag von G. Schönfeld's Verlagsbuchhandlung in Dresden.

Bericht über das Veterinärwesen
im Königreich Sachsen.
Herausgegeben von der
Königl. Commission für das Veterinärwesen
durch
G. C. Haubner.
XV.—XIX. Jahrgang. à 3 ℳ 50 ₰.

Ueber die Steinsalz-Ablagerung bei Stassfurt
und
die dortige Kali-Industrie,
sowie über die Bedeutung derselben für Gewerbe und Landwirthschaft
von C. Reinwarth.
3 Bogen. 8. eleg. geh. Preis 1 ℳ.

Die zweckmäßigste Ernährung des Rindviehes
vom wissenschaftlichen und praktischen Gesichtspunkte.

Eine von der Schlesischen Gesellschaft für vaterländische Kultur
gekrönte Preisschrift
von Dr. Julius Kühn,
ord. öffentl. Professor und Director des landwirthschaftlichen Instituts der Universität Halle, früherem prakt. Landwirthe.

6. Auflage.

Sechste vermehrte und verbesserte Auflage. Mit 62 Holzschnitten.
8. eleg. geh. Preis 4 ℳ 80 ₰.

Ueber dies vortreffliche Werk — dessen Verfasser, wie selten, gründliche Praxis und Tiefe der Wissenschaft in sich vereinigt — sagt das „Hannov. land- und forstwirthsch. Vereinsblatt" 1867. Nr. 37. u. A.: „Seit dem Erscheinen der ersten Auflage obigen Meisterwerkes sind 5 Jahre vergangen. Dr. Julius Kühn steht an der Spitze der besuchtesten höheren landw. Lehranstalt Deutschlands und vor uns liegt die 3. vermehrte und verbesserte Auflage jenes Werkes, durch welches er sich mit einem Schlage einen hervorragenden Platz unter den Koryphäen deutscher Landwirthschaft erobert hat. Wir sind gewiß, daß ein großer Theil unserer Leser Kühn's Werk besitzt; und wer es benutzt, von dem wissen wir, daß er es werthschätzt und lieb hat. Wir haben Gelegenheit genug, diese Wahrnehmung an den Schülern unserer oberen Klassen zu machen, in welchen das Buch dem betr. Unterricht zu Grunde gelegt wird. — Wer das Buch noch nicht besitzt und gleichwohl auf den Namen eines rationellen Landwirths Anspruch machen will, der kaufe es sich bei nächster Gelegenheit, studire es mit Ernst, und er wird bei der Lectüre für Geist und Wirthschaft das beste Geschäft machen. Denn der Satz ist und bleibt wahr, mit welchem Kühn seine Schrift beginnt: „Ein rationeller Betrieb der Viehzucht ist die Grundlage für das Gedeihen des Ackerbaues und für die Rentabilität des gesammten Wirthschaftsbetriebes."

Ackerbauschule Hildesheim. E. Michelsen.

Verlag von **G. Schönfeld's** Verlagsbuchhandlung in Dresden.

Signaturen für Hausapotheken
der
Thierärzte.

Nomenclatur nach der neuesten Pharmacopoea germanica.

149 Etiquetten auf weissem Papier ⎱ mit schwarzem Druck,
70 Etiquetten auf rothem Papier ⎰ Lettern in 3 Grössen.

17 Bogen.

Preis: — 2 Mk. 80 Pf.

Schriftproben der 3 Grössen.

Spiritus saponat.

Magnesia carbonica.

Liquor Kali arsenicos.

Obige Signaturen, welche die wichtigsten und in den meisten Hausapotheken der Thierärzte befindlichen Arzneiwaaren und Präparate in verschiedener Grösse (die Gifte mit schwarzem Druck auf rothem Papier) enthalten, ermöglichen eine billige, deutliche und allen Aufforderungen der Pharmacopoe entsprechende Bezeichnungsweise.

Bei richtiger Behandlung kann man auf eine bis 10jährige Dauer dieser Signaturen recht gut rechnen.

Verlag von **G. Schönfeld's** Verlagsbuchhandlung in Dresden.

Die chemische Zusammensetzung
der
wichtigsten Nahrungsmittel und Futterstoffe,
bildlich dargestellt von
Prof. Dr. **Alexander Müller**.
Ein Tableau in fünffarbigem Druck.
Vierte verbesserte Auflage. Preis 2 Mark.

„Alexander Müller war unseres Wissens der Erste, welcher eine bildliche Darstellung der Zusammensetzung von Nahrungs- und Futtermitteln, wie sie seither vielfach nachgeahmt wurde, veröffentlichte, und für die Zweckmässigkeit einer solchen Darstellung spricht wohl deutlich der Umstand, dass nunmehr in einer 54 Centimeter breiten, 70 Centimeter hohen Tafel bereits die vierte Auflage derselben vor uns liegt. Die einzelnen Bestandtheile der Nahrungs- und Futtermittel sind durch verschiedene Farben dargestellt, welche nicht blos willkührlich gewählt sind, denn schwarz, die Farbe für die Aschenbestandtheile, erinnert an den Verkohlungs- und Verbrennungsprocess, das Roth für Protein an das Blut, das Blau für Kohlenhydrate (Stärkemehl, Zucker etc.) an die blaue Färbung, welche die Stärke bei Behandlung mit Jodtinktur annimmt, das Gelb für Fett und Harz an das Aussehen der Fette, das Grün der Cellulose an die allgemeine Pflanzenfarbe und das Weiss für Wasser an dessen Farblosigkeit. Die Länge des Streifens jeder Farbe entspricht dem Antheile, welchen der durch diese Farbe dargestellte Bestandtheil an der Zusammensetzung jedes Nahrungsmittels nimmt. Die Tafel stellt in solcher Weise die Zusammensetzung von 16 Nahrungsmitteln und Getränken thierischen und ebensovielen pflanzlichen Ursprunges, ferner von 16 Körnerfrüchten, 16 Rauhfuttermitteln, 32 Arten von Saft- und Nassfutter und 16 Arten von trockenen, zur Fütterung dienenden Abfällen, im Ganzen also von 112 Stoffen dar. Ein Blick genügt, um den Vergleich verschiedener Futter- oder Nahrungsmittel zu ermöglichen. Wir können diese Tafel allen unseren Lesern, insbesondere aber allen Schulen als werthvolles Unterrichtsmittel auf das Wärmste empfehlen." Der Steirische Landbote 1875, Nr. 4.

Landwirthschaftliches Lesebuch für den kleineren und angehenden Landwirth.
Zugleich Leitfaden zum Unterricht in den landwirthschaftlichen Fortbildungsschulen.
Von **Armin Graf zur Lippe-Weißenfeld**.
gr. 8. eleg. geh. 18¾ Bogen. Preis 2 Mark 50 Pf.

„Die klare faßliche Sprache, die äußerst geschickte Zusammenstellung des von der Theorie Gebotenen und die Weglassung aller Hypothesen machen das Buch auch für den höher gebildeten Landwirth werthvoll."

Die „Annalen der Landwirthschaft in d. kgl. Preuß. Staaten XI. No. 7 sagen über das Buch: „„Nirgend mehr als in der Landwirthschaft werden die fortschreitenden dieses Gewerbe begründenden Wissenschaften ihr volles Licht belebend nur dann entfalten, wenn wir uns nicht mehr allein damit begnügen, wenige Bevorzugte durch deren Entwicklung in ihrem gewerblichen Thun gefördert zu sehen, sondern, wenn wir Alles aufbieten, auch die große Masse der kleineren Landwirthe theilnehmen zu lassen an den

Fortschritten, die unsere Gewerbe durch die rationelle Erkenntniß natur- und volkswirthschaftlicher Gesetze in den letzten Jahrzehnten gemacht hat."" Von diesem Gedanken ausgehend hat der bekannte Verfasser das vorliegende Büchelchen bearbeitet, und zwar mit tiefem Sinn und reichem Verständniß in packender und doch allgemein verständlicher Sprache, ohne den vorliegenden Schablonen zu folgen. Das Buch ist populär im edelsten Sinne des Wortes, nicht trivial, wie leider so viele sich „populär" nennende Bücher es sind; insbesondere sind auch die naturwissenschaftlichen Abschnitte höchst fesselnd geschrieben. Wir haben schon wiederholt Gelegenheit gehabt, an dieser Stelle darauf aufmerksam zu machen, daß populäre Bücher sich vor Allem zu befleißigen hätten, in ihren Erklärungen und Erläuterungen die größte Schärfe zu erreichen, dagegen es zu vermeiden, Hypothesen, auch die wahrscheinlichsten, als unumstößliche Wahrheiten aufzustellen. Auch in dieser Beziehung hat der Verfasser Vortreffliches geleistet u. s. w.

Landwirthschaftliche Vorträge und Abhandlungen.
Den landwirthsch. Fortbildungsschulen gewidmet.
Von Armin Graf zur Lippe-Weißenfeld.
Des landwirthschaftl. Lesebuchs für den kleineren und angehenden Landwirth zweiter Theil.
gr. 8. eleg. geh. 15 Bogen. Preis 2 Mark 50 Pf.

„Der Name und die gediegene Schreibweise des Herrn Verf. sind im großen landwirthschaftlichen Publicum zu wohl bekannt und anerkannt, als daß es einer eigentlichen Empfehlung für das Buch noch bedürfte. Es ist als zweiter Theil des landw. Lesebuchs zu betrachten, dessen erster „für den kleineren und angehenden Landwirth" bestimmt, durch seine geschickte und leicht faßliche Darstellung und Zusammenstellung sich des allgemeinsten Beifalls erfreute. Graf Lippe weiß in seinen Aufsätzen allseitig anzuregen und macht Front gegen die alten Grundübel: Gewohnheit, Schlendrian, Bequemlichkeit und Scheu vor dem selbstständigen Denken. Aus den sechs Arbeiten dieses Buches, deren jede ihren besonderen Werth hat, möchten wir das IV. Capitel: „Die Düngerlehre", ganz speciell hervorheben. Wir haben selten in gedrängter und instructiver Uebersicht die Verwerthbarkeit practischer Fragen und Fingerzeige so vortrefflich behandelt gefunden, als hier. Ueberall ist ernsteste Wissenschaftlichkeit das Fundament der Belehrungen und gegebenen Resultate." Deutsche Landw. Presse 1876, Nr. 55.

Illustrirtes Handbuch
der
Federviehzucht
von A. C. Eduard Baldamus,
Dr. phil. honor.
I. Band: Die Federviehzucht vom wirthschaftlichen Standpunkte.
Hühner, Enten, Gänse.
Mit 66 Holzschnitten, zumeist von Prof. Bürkner.
1876. Lex. 8. eleg. brosch. Preis 10 ℳ.

Ein Buch, dem bis jetzt in der deutschen Literatur nichts Aehnliches an die Seite zu setzen ist. Gegenstand mehrfacher Prämiirungen auf Ausstellungen hat es sich bereits wenige Monate nach seinem Erscheinen ungetheilten Beifall zu erringen gewußt.

Verlag von **G. Schönfeld**'s Verlagsbuchhandlung in Dresden.

Ueber die Structur und das Wachsthum
der
Hornscheiden der Wiederkäuer
und der
Krallen der Fleischfresser.
Von **Otto Siedamgrotzky**,
Professor an der Königl. Thierarzneischule in Dresden.

Mit 4 lithogr. Tafeln. gr. 8. eleg. geh. Preis 2 ℳ 50 ₰.

Uebersicht der Skeletmuskeln des Hundes
von Dr. A. G. T. Leisering,
Professor an der Königl. Thierarzneischule zu Dresden.

Mit 8 Holzschnitten. 8. broch. Preis 1 ℳ.

Die Abwehr der Rinderpest von den Grenzen Deutschlands.
Von Dr. Reuning.

8. eleg. geh. Preis 40 ₰.

Der Obstbau auf dem Lande.
Nach seinen Vorträgen in den landwirthschaftlichen Vereinen zusammengestellt von
Otto Lämmerhirt,
Baumschulenbesitzer in Ober-Gorbitz 2c. 2c.

Dritte vermehrte und verbesserte Auflage.

8. eleg. geh. 3 Bogen. Preis 50 ₰.

Die Zucht des französischen Kaninchens
und deren
Verbreitung in Deutschland.
Ein Vortrag von **E. After**,
Hauptmann a. D. auf Reinhardtsgrimma.

Herausgegeben von der Oekonomischen Gesellschaft im Königreich Sachsen.

gr. 8. eleg. geh. 8 Bogen. Preis 60 ₰.

Die Löhnung nach der Arbeitsleistung
in einer sächsischen Landwirthschaft.

Vortrag gehalten am 8. Januar 1875 in der Oekonomischen Gesellschaft im Königreich Sachsen zu Dresden
von **Georg Moritz Calberla**, Dr. phil.

8. br. Preis 60 ₰.

www.ingramcontent.com/pod-product-compliance
Lightning Source LLC
Chambersburg PA
CBHW030757230426
43667CB00007B/995